한국정책체계론

-기구와 기능-

민 진

도서출판 대영문화사

머리말

현대 사회에서 정책문제는 매우 복잡하고 전문적이다. 이러한 정책문제를 다루는 정책 체계 역시 단순한 체계에서 복잡한 체계로, 일반적 체계에서 전문적 체계로 변화해 가고 있다. 따라서 우리가 정책 세계에서 막연히 알고 있다고 생각하는 것들이 모르는 것으로 가득 차 있는 것을 발견한다.

저자가 정책 과정과 정책 체계에 관심을 갖기 시작한 것은 서울대학교 행정대학원에 석사학위 과정을 입학하던 1978년부터이다. 국회 입법조사국의 행정사무관으로 근무하면서 대한민국 국회의 입법 과정을 조금이나마 관찰할 수 있었다. 하지만 본격적으로 저술을 준비한 것은 거의 20년 전으로 거슬러 올라간다. 저자가 국방대학원 및 국방대학교 교수로 「공공정책론」, 「정책관리론」을 강의하면서 주제별로 틈틈이 준비한 내용을 수정과 보완 작업을 거쳐 이제 발간하게 되었다. 준비 기간이 길었기 때문에 전체적 서술 체계의 구성, 사용하는 용어의 통일, 문맥과 장절 분량의 조절 그리고 제목의 확정 등에서 다소 애로를 겪기도 했다.

『한국정책체계론: 기구와 기능』은 대한민국의 국가 정책에 직접 관여하거나, 또는 간접적으로 참여하면서 영향을 주고 있는 기구와 집단, 그리고 정책행위자들에게 요구되는 정책 체계적 지식과 정보를 제공하기 위해 작성되었다.

주된 독자는 공공 부문의 정책공동체 구성원이지만 민간 부문의 정책행위자들도 될 수 있다. 따라서 독자는 입법부, 행정부, 사법부 등 공공 부문과 정당, 언론, 시민사회단체 등 민간 부문에서 정부의 정책 문제에 관심이 많은 사람들이 될 것이며, 앞으로 정책 관련 업무를 담당할 대학생 및 대학원생들은 잠재적인 고객이 될 것이다.

지금까지 나와 있는 정책학 관련 저서들은 정책 과정, 정책분석 평가기법 그리고 정책이론 중심의 저서가 주류를 이루고 있다. 이 책은 '한국의 정책 체계', 특히 정책기구와 정책행위자를 대상으로 한 것으로 비교적 연구가 부족한 분야이다. 이 책을 구상하면서 다음과 같은 점을 염두에 두었다.

첫째, 정책 체계에 따라서 정책행위자와 정책기구를 주된 탐구 대상으로 했다. 여기서는 정책적 시각과 조직적 시각을 연계시키려 했다. 정책을 움직이는 실체로 정부 부처 등 정책조직과 정책행위자로 보았기 때문이다. 따라서 정책기구의 구조화, 기능, 그리고 역량 증진 방법 등을 검토했다. 즉, 정책 과정이나 정책분석 및 평가 자체는 주된 논의 대상이 아니다.

둘째, 정책 관련 이론보다는 정책 관련 실제를 다루었다. 이 책은 이론 지향적이고 규범 지향적이기보다는 실천 지향적이고 실용 지향적이다. 따라서 정책기구나 정책행위자별 관련 이론은 필요한 최소한에 그치도록 했고, 오히려 관련 법령과 제도, 기능 그리고 관계, 역량들을 다룸으로써 문제 해결에 기여하도록 했다.

셋째, 대한민국의 정책 체계를 다루었다. 가능한 한 1948년 대한민국 건국 이후부터 2015년 현재까지의 정책 체계를 다루려 했다. 필요한 범위 내에서 외국의 예도 소개하지만, 한국에서 정책 체계의 역사, 현황과 실제를 다루면서 한국 사회 정책 체계의 특질을 발견하고 이에 따라 정책의 질을 개선하려 했다.

넷째, 학제적(學際的) 접근을 했다. 정책 문제에 대한 접근은 학제적이며, 많은 학문이 정책연구에 도움을 줄 수 있다. 정책학을 중심으로 행정학과 지방자치론, 정치학과 국제정치학, 사회학, 신문방송학, 법학(헌법 및 국제법) 등에서 축적된 지식들을 활용했다.

다섯째, 독자들이 좀 더 쉽게 이해할 수 있는 용어로 내용을 설명하려 했다. 때로는 정책사례, 참고자료, 그림과 표를 제공해 자칫 지루하기 쉬운 책이 되지 않고 읽을거리가 있는 책이 되도록 했다. 특히 비공식적 행위자 부문에서는 대표적인 정책기구들을 6~7개 선정해 정책 기능을 제시했다.

이 책은 3부로 나뉜다. 체계적 접근에 의해 정책 산출 체계, 정책 투입 체계, 정책 전환 체계로 구분했다. 구체적인 내용은 아래와 같다.

제1부는 책의 도입 부분으로 기본 개념을 다루고, 정책의 대표적 산출인 법률과 조약, 그리고 투입 기능을 하는 국민을 포함한다.

제2부는 정책 과정에서 공식적 기구와 참여자들의 정책 기능을 다루는데, 대통령, 행정부처, 정책 조정기구, 지방자치단체, 국회, 그리고 사법부의 정책 기능을 포함한다.

제3부는 정책 과정에서 비공식 기구와 참여자들의 정책 기능을 다루는데 정당, 언론, 이익집단, 시민사회단체(NGO), 그리고 전문가 집단(싱크 탱크)의 정책 기능을 포함한다.

각 장에서는 개별 주제의 정책 관련 제도와 이론, 정책행위자의 의의, 대한민국에서의 정책 활동 현황, 정책 능력 개선 방안 그리고 주제별로 특수한 세부 주제를 포함시켰다.

이 책을 쓰면서 여러분들의 도움을 받았다. 우선 정책학 분야의 학문에 입문해 가르침을 주신 건국대학교 및 서울대학교 행정대학원 은사님들 그리고 끊임없이 창작물을 생산하는 정책학 및 관련 분야 전문가들에게 감사드린다.

그리고 저자가 30년 이상 재직한 국방대학교(원)에 감사한다. 국방대 안보과정 및 석・박사 학위과정에 재학 중인 공무원 및 장교들과 토론 과정이 매우 유익했다. 국방대 도서관과 국방전자정보 체계를 통해 유익한 자료를 활용했다. 그리고 김병조・문영세 교수님을 비롯한 국방대학교 교수님들의 격려가 큰 힘이 되었다. 특히 2012년에 1년간 플로리다주립대(FSU)에 방문교수로서 기회를 주어 저서의 집필이 쉬워졌다.

책의 체계를 잡고 교정하는 과정에서 전상경 교수, 이시원 교수, 진정구 수석전문위원, 임재봉 부이사관, 신동헌 서기관, 박자숙 박사, 김민석 박사, 한동훈 소령, 이금천 소령, 이성연 소령 그리고 미국 플로리다주립대에서 수학 중인 딸 나온이 참여했다. 이 분들에게 감사한다.

아내 인경님과 아이들 나온, 지원, 그리고 장현과 함께 출판의 기쁨을 갖고 싶다. 끝으로 전문서적의 출판 사정이 여의치 않는데도 쾌히 이 책을 출판해 주신 대영문화사 임춘환 사장님께 감사드린다.

2015년 4월

민진 씀

차 례

제 1 부

한국의 주요 정책 과정과 국민

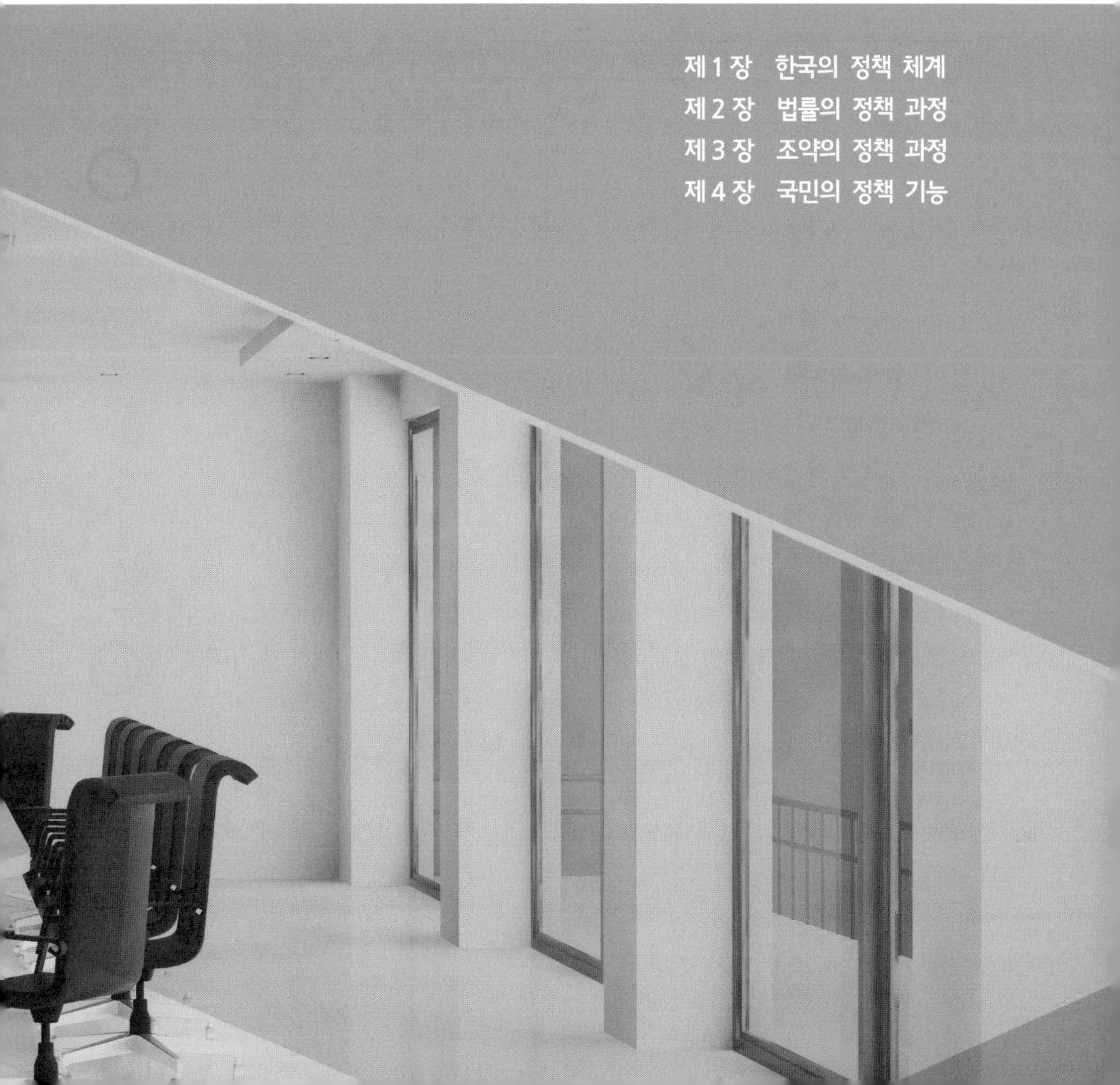

제 1 장

한국의 정책 체계

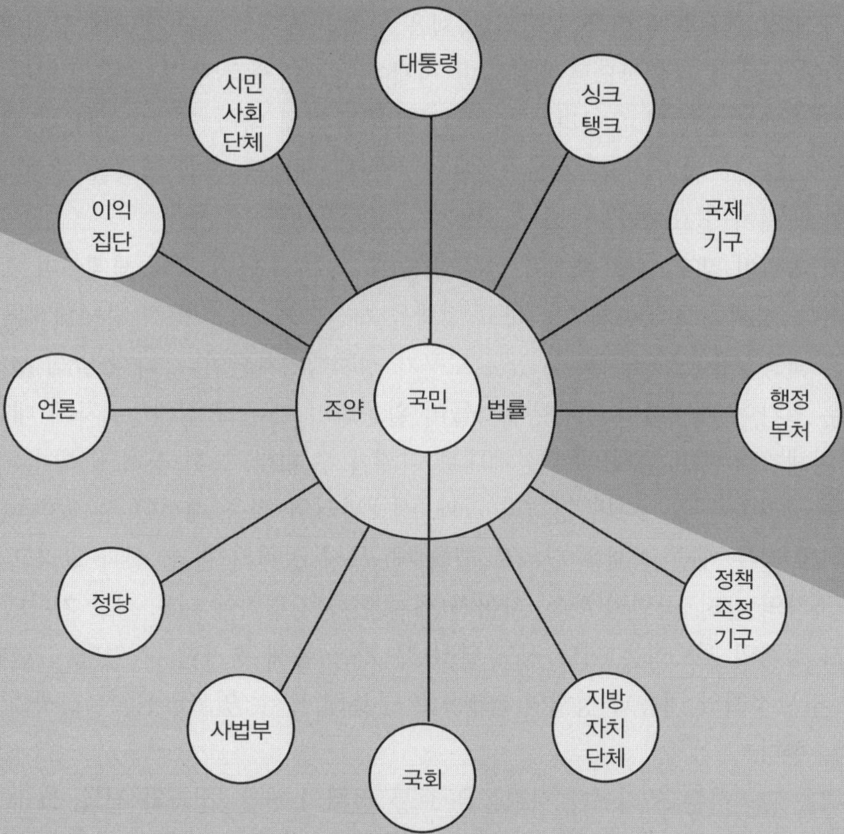
대통령
싱크 탱크
국제 기구
행정 부처
정책 조정 기구
지방 자치 단체
국회
사법부
정당
언론
이익 집단
시민 사회 단체
조약
국민
법률

제1절 정책 체계의 기본 개념

1 정책관리의 질을 어떻게 높일까?

정책활동은 정부로서는 매우 일상적이며 끊임없이 반복된다. 또한 정책활동은 수많은 참여자가 있고 수많은 세부적 활동으로 구성된다. 정책문제가 복잡해짐에 따라 정책 과정에서 참여자가 증대하고, 정책을 결정하거나 집행할 때 고려 요소가 많아지고 어려워지고 있다.

정책 과정이나 정책 단계에 따라 정책을 이해하고 관리하면 정책이 합리적으로 결정되고 정책이 효율적으로 집행되며 정책이 공정하게 집행되는가? 동일한 정책 관련 제도에도 불구하고 나라에 따라, 정책의 유형에 따라 정책의 내용과 과정이나 절차 그리고 결과는 왜 차이가 있는가? 정책 체계의 정책 역량을 개선하려면 어떠한 노력이 필요한가?

정책 과정이 갖고 있는 한계를 극복해 줄 수 있는 수단이 정책 체계이며 정책행위자이다. 정책을 정확하게 인식하고 정책을 개선할 수 있는 틀이 정책체계론이며, 정책의 역동성을 설명해 줄 수 있는 도구가 정책행위자론이다. 다시 말해 정책 과정에는 인간이 개입하며 정책행위자들이 활동하기 때문에 정책행위자에 대한 올바른 이해가 없다면 정책 체계를 제대로 이해할 수 없다. 또한 정책 능력이나 정책 역량을 고려하지 않는다면 정책의 결과, 정책관리의 질을 개선할 수 없다.

정책의 질은 개별 정책을 단위로 했을 때, 특정 정책의 결과, 성과 그리고 영향 등이 국가의 발전, 국민의 행복, 나아가 세계 인류의 평화에 어느 정도 기여했는가, 그리고 정책의 제도화는 어느 정도 달성했는가를 통해 평가할 수 있다. 그런데 정책의 질은 정책의 내용과 정책의 과정으로 구분해 볼 수 있고, 이들은 정책의 관리에 의존한다.

정책을 관리하는 조직이나 사람들은 보통 정책의 산출, 성과와 결과, 그리고 영향력의 증대를 도모한다. 이들 조직과 행위자의 능력과 태도를 개선시킨다면 정책

관리의 질(quality in policy management)은 개선될 수 있다. 이를 위해 먼저 그 기초로서 정책 체계를 이해하고, 다음으로 정책 체계의 하위 구성 요소들로 쪼개어 분석하며 살펴보는 작업이 필요하다. 나아가 정책행위자들의 정책활동을 분석하고 정책 능력을 개선할 수 있는 방안이 모색되어야 비로소 정책이라는 서비스의 품질이 향상될 수 있다.

선진국 정부들은 효과적인 거버넌스를 바탕으로 결과 지향 정부관리(result oriented government)를 내세운다. 그런 노력의 일환으로 고객 지향, 실적관리, 이해관계자 고려, 실적 지향 예산·인사·조직관리, 평가분석 등을 추진하고 있다(Callahan, 2007: 5-22).

한국 정부의 정책 성과에 대해서는 대한민국이 출범했던 1948년부터 1950년까지 세계 최빈국에서 2015년 현재 민주화와 경제 성장을 이룩해 OECD에 가입하고 선진국 대열에 들어섬으로써 성공적인 개발도상국 시기를 보냈다고 평가하고 있으나 일부 학자[1]는 정책 체계상의 문제를 신랄하게 지적한다.

어느 나라도 완벽한 정책 체계는 없다. 하지만 적합한 정책 체계를 구축해 운영하는 것은 정책의 질을 높일 것이다. 또한 정책행위자들의 태도와 능력을 포함한 정책 역량을 개발한다면 정책의 질이 높아질 것이다.

2 정책 체계

정책 체계론은 정책을 체계적 시각에서 접근하는 방법이다. 하나의 체계는 보통 두 가지 속성을 갖는데, 첫째는 그것이 상호 의존하는 부분들로 구성되며, 둘째는 환경과 구분되는 경계를 갖는다는 것이다. 정책 체계는 사실상 정치 체제와 밀접하게 관련이 있다. 즉, 그것은 정부의 구성 및 작동 원리와 직결된다. 대부분의 국가에서 정부는 3권분립의 원리에 따라 입법부, 행정부 그리고 사법부로 구성된다. 정부 의사를 결정하는 데 국회, 행정부 그리고 사법부의 정책 결정은 대부분의 국

1) 예컨대 박재창 교수는 한국 행정국가의 정책실패 요인으로 수직적 분업의 심화, 이익집단에 의한 포섭, 외부 전문가 활용의 형식성 등을 들고 있으며, 한국 정치국가의 정책실패 요인으로는 정당 체계의 관료화, 정부 관여 범위의 광역성, 사이버 참여공간 부족 등을 들고 있다(박재창, 2010: 176-190). 한편 이상안 교수는 정부관료제의 고비용, 저효율을 든다(이상안, 2001: 327-339).

가 의사를 결정하는 데 기본이 된다. 하지만 국가의 의사를 결정하는 데는 그 밖에도 국민에 의한 정책 결정, 즉 국민투표나 선거에 의한 정책 결정이 있다.

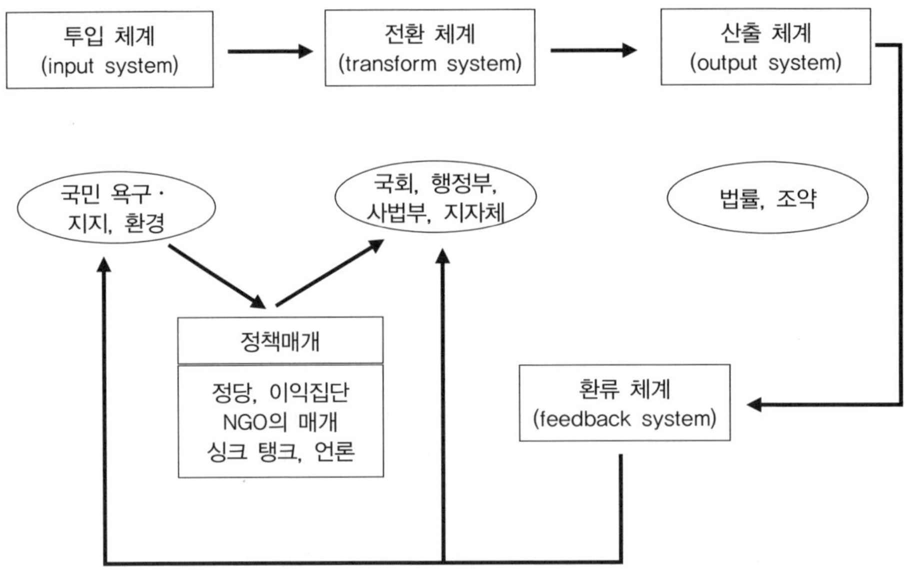

그림 1-1 정책 체계의 흐름과 정책행위자

이스턴(David Easton)에 따르면 체계(system) 또는 체제는 투입-전환-산출이라는 과정상의 흐름으로 구분해 설명할 수 있다(Easton, 1965). 즉, 정책 체계는 정책의 투입 체계, 산출 체계 그리고 전환 체계로 구성된다. 여기서 정책의 투입 체계(policy input system)는 국민의 요구나 지지 그리고 환경의 변화가 언론, 정당과 같은 정책 매개체를 통해 정책 전환 체계로 전달되어 영향을 미치는 활동이나 구조를 의미한다. 정책의 산출 체계(policy output system)는 정책 체계가 국민이나 정책환경의 요구를 받아 전환 과정을 거쳐 정책환경으로 내보내는 것으로 정책 제품으로 생산·전달되며 대표적으로 법률과 조약의 형태를 띤다. 정책 전환 체계(policy transformation system)는 정책 투입을 정책 산출로 바꾸는 체계이며, 다시 입법 체계, 행정 체계 그리고 사법 체계로 구성된다. 그리고 이런 과정 체계는 환류하면서 끊임없이 계속된다.

전체로서의 체계는 하나 또는 그 이상의 명시적 속성이나 기능을 갖고 있다. 체계는 상호작용하는 요소들의 복합체라 할 수 있다. 체계의 부분이나 구성 요소가 체계 전체의 기능이나 속성에 영향을 미친다. 그리고 체계를 구성하는 하위 요소나 부분들이 상호작용을 계속하면서 체계의 안정성과 불안정성이 반복된다. 하위 요소나 부분들은 상호 협력과 상호 충돌을 반복하면서 공생한다. 또한 하나의 체계는 환경 체계와 유기적인 관계를 맺는다(이준형, 2000: 1-129).

따라서 한국의 정책 체계는 전체로서 하나의 속성과 기능을 갖는다. 그리고 [그림 1-1]에서 보듯이 하위 체계나 부분 체계들의 상호작용 속에서 안정과 변동을 계속하며, 개별 부분 체계들도 각자 하위 체계(sub system)로서의 기능과 속성을 갖는다.

3 정책행위자

1) 정책행위자의 의의

정책행위자(policy actor)에 대해서는 '정책 과정에서의 참여자'라는 제목으로 많은 학자가 다루어 왔으며, 이를 공식적 참여자와 비공식적 참여자 또는 제도적 참여자와 비제도적 참여자로 구분해 왔다. 즉, 정책활동이 제도화된 공식적 참여자로는 의회, 대통령, 사법부, 행정기관을 들고 있으며, 비공식적 참여자로는 정당, 언론매체, 이익집단, NGO 등을 들고 있다(정정길 외, 2012; 노화준, 2012: 173-195).

정책행위자는 정책 과정에서 정책과 관련된 직·간접적 활동을 하거나 영향을 미치는 사람, 집단 그리고 조직을 의미한다. 따라서 국회, 헌법재판소, 대통령, 정부부처, 언론사, 이익집단, NGO와 같은 정책기구도 있고, 국회의원, 헌법재판관, 장관, 기자, 시민운동가 같은 개인도 있다.

정책행위자들은 개별적 이해 관계와 의견을 갖고 있고 이들은 구체적인 정책 과정에 영향을 미치는 요소이다. 개인의 이익과 손해, 집단이나 조직의 이익과 손해, 심지어 특정 국가의 이익이나 손해는 정책행위의 동기를 부여한다. 이 밖에도 정책행위자들의 정체성, 자존심, 그리고 역사관 등은 정책행위를 하는 데 영향을 미친다.

정책행위자들은 독자적으로 활동하기도 하지만 타인 또는 다른 집단이나, 다른 기관, 다른 조직, 다른 국가와 연대해 활동하기도 한다. 즉, 거버넌스의 시대에는 정책행위자들이 정책을 옹호하고 반대하는 활동을 하면서 그 조합이 매우 다양하게 나타난다.

2) 정책기구

정책행위자들 중에서 조직화된 행위자, 법적으로 기관으로서의 지위를 인정받는 기구들이 있다. 이들을 좁은 의미의 정책행위자와 구분해 '정책기구(policy organization, policy institute)'라 부른다. 정책기구로는 대통령, 의회, 사법부, 행정 각 부처, 지방자치단체, 정당, 언론사, 이익집단, 시민사회단체, 그리고 싱크 탱크 등을 들 수 있다. 이들은 대부분 조직으로서 특징을 갖는다. 그들은 대외적으로 활동할 수 있는 지위와 자격이 있으며, 공식화되어 있어서 정책활동이 안정적이고 계속적이며 그들의 활동의 결과에 대해 책임을 진다. 그들은 다른 기구들과 비교되어 평가된다. 좁은 의미의 정책행위자와 정책기구를 구분하는 실익은 전체로서의 기구와 소속 정책행위자 간의 활동이나 역량이 차이가 있다는 것이다. 예컨대 국가기관으로서 국회의원의 의사와 역량은 집단이나 기구로서 제도화된 국회의 의사와 역량과는 구분되며, 헌법재판관 개인의 견해는 헌법재판소 전체로서의 견해와 차이가 있다. 또한 개별 언론사의 견해는 언론계의 견해와는 다를 수 있다.

3) 정책 네트워크

정책 네트워크 모형은 정책 과정에서 행위자들의 상호의존 내지는 상호작용을 분석하는 데 유용하다(Hudson & Lawe, 2004). 정책 네트워크(policy network)는 학자들에 따라 다양하게 정의되고 있으나 여기서는 정책 하위 체계에서 공공 및 민간 분야의 행위자들 사이에 경험적으로 나타날 수 있는 상호작용의 형태를 의미한다(남궁근, 2008: 338). 정책 네트워크의 분석 요소로는 행위자, 상호작용, 네트워크 구조, 권력과 영향력 등을 들 수 있다(김순양, 2010: 177-205).

정책 네트워크는 하위정부모형, 정책공동체모형 그리고 이슈네트워크모형으로 구분된다(남궁근, 2008: 345-353). 하위정부모형(sub government model)에서 참여자는 특정 정책 분야에 지속적인 상호작용을 통해 정책 결정을 좌우하는 이익집단의 대변자, 입법가와 이들의 보좌관, 주요 행정기관의 행정관료로 구성된다. 이 모형은 철의 삼각 관계(iron triangle) 등의 명칭으로 불린다. 정책공동체모형(policy community model)은 정책 결정에서 하위정부모형의 구성원인 행정관료, 국회의원 그리고 이익집단 외에 전문연구가 집단을 포함한다. 이슈네트워크모형(issue network model)에서 정책 결정은 폐쇄적 삼각 관계보다 규모가 큰 네트워크상에서 이루어진다고 본다. 따라서 경계가 없고 매우 많은 행위자가 참여한다.

4) 정책 거버넌스

'거버넌스(governance)'라는 용어는 중앙정부의 국정관리뿐만 아니라 지방정부 거버넌스, 국제 관계 거버넌스, 기업 거버넌스 등 다양하게 사용되고 있다. 정책 거버넌스(policy governance)는 다양한 이해 관계를 가진 참여자들 사이의 협상과 타협을 통한 사회적 조정 과정을 말한다(남궁근, 2008: 242). 전통적 거버넌스에서는 정부가 정책 결정을 주도하나 새로운 거버넌스에서는 정부와 기업(시장) 그리고 시민사회가 함께 정책문제를 풀어간다. 정부의 기능과 역할이 변화하면서 순수정부 영역이 민관 협력의 영역으로 탈바꿈한다.

정부와 국민과의 관계는 시민을 고객으로 보던 신공공관리(New Public Management: NPM)에서 벗어나 정부가 시민과 협업해 국정 운영 전반에 걸쳐 시민의 의견을 적극적으로 청취·반영하고 정책 형성 과정에 참여를 유도하는 등 행정 전반에 걸쳐서 협치(協治)를 지향하는 참여 거버넌스(collaborative governance)로 변화했다(황성수, 2012: 29-46). 국민과 시민들의 정책 참여가 받아들여지고 있으며, 정부와 시민이 동반자(partner)라는 점이 강조되고 있다.

거버넌스는 중앙정부보다는 지방자치단체에서 쉽게 발견된다. 홀렛(M. Howlett)과 워커(R. M. Walker)는 도시정책 과정에 영향을 주는 주요 집단으로 정부/공공부문에서는 도시정부의 공무원과 정책분석가 그리고 자문위원회 등을, 비정부 부문에서는 자문위원, 정당 관련자, 대학 등을 들고 있다(Howlett & Walker, 2012: 211-233).

4 정책 역량

정책역량(policy capacity, policy capability or policy competency)의 개념이나 정의에 대해서는 아직 합의가 이루어지고 있지 않다.[2] 그것이 다루는 범위와 학자에 따라 다양하게 정의되고 있다. 저자는 정책 역량을 "주어진 임무를 수행하는 데 정책 주체의 정책과 관련된 능력"이라고 정의하고자 하며 세부적 특성을 제시한다.

정책 역량은 정책 주체의 임무 수행과 관련이 있다. 그것은 정책 주체 또는 정책 기관은 법적 혹은 제도적으로 부여된 임무나 목표가 있으므로 이들의 수행 및 달성과 관련이 있다. 정책 역량은 막연한 능력이나 역량이 아니라 직접적인 임무 수행과 관련이 있다.

정책 역량은 정책과 관련된 능력과 역량을 의미한다. 정책 주체의 주된 기능은 정책의제 설정, 정책 결정, 정책분석과 평가, 정책 집행 등 다양하므로 정책 역량이란 그들에게 부여된 정책 분야의 문제 해결 능력을 의미한다. 따라서 정책 결정 역량, 정책 개발 역량, 정책분석 및 평가 역량, 정책 집행 역량 등으로 구분할 수 있다.

정책 역량은 정책과 관련된 문제의 해결 능력이다. 문제를 해결하려는 기술, 자원, 의지, 그리고 관리 등을 포함한다. 인적 자원, 물적 자원은 물론, 시설과 장비, 정보지식 자원을 보유하고 있는가 혹은 그들을 동원할 수 있는가 등이 자원 역량을 평가하는 지표가 된다. 정책 역량에는 정책의 관리 역량도 포함된다. 정책의 관리 역량이란 정책의 성공을 도모하고, 실패를 줄이려는 노력과 의지를 의미한다.

정책 역량은 정책과 관련한 제도화와 조직문화를 포함한다. 각종 법규 등 제도는 정책관리를 위한 기본이 되며 지침을 제공한다. 정책기구에 소속된 구성원들의 정책 태도는 정책 역량을 구성한다. 태도의 적극성, 긍정성, 그리고 책임성 등은 정책의 효율성을 측정하는 지표가 된다.

정책 역량은 현재적 능력뿐만 아니라 잠재적 능력을 포함한다. 특히 잠재적 역량의 향상을 위한 정책학습 체제 등은 미래의 정책 역량을 확보하는 데 필수적이

2) 국내에서는 노화준 교수가 페인터(M. Painter)와 피에르(J. Pierre)의 정의에 바탕을 두어 개념을 발전시켜 왔다. 정책 역량이란 국가가 정책행위를 할 때 한정된 자원으로 공익을 실현하는 데 필요한 전략적 방향과 집합적 선택을 규정짓는 개념이다(Painter & Pierre, 2005: 2; 노화준, 2012: 664-693).

다. 정책 사례에 대한 교육훈련과 학습을 통해 잠재적 정책 역량을 증진시킬 수 있다.

또한 어느 정도까지는 국가의 역량이 정책 역량에 영향을 미치며 그 외곽의 역할을 한다. 국가의 역량에는 통치 역량과 인프라 역량이 포함된다(권기헌, 2007: 43-44). 통치 역량에는 국가의 방위·유지와 같은 헌법적 행위와 입법부와 행정부의 관계와 같은 통치구조가 포함된다. 인프라 역량에는 전자정부와 같은 하드웨어적 개념과 사회자본(신뢰, 정직, 투명)과 같은 소프트웨어적 개념이 포함된다.

제 2 절 정책기구의 정책활동 기반

1 헌법과 헌법 원리

1) 헌법의 의의와 헌법 원리

국가와 정부의 정책활동의 뿌리는 헌법이다. 모든 국가의 정책활동은 헌법 원리에 근거하며 그것을 위반할 수 없다.

헌법은 국가공동체의 근본법으로서 국가의 통치조직과 통치작용의 원리를 정하고 국민의 기본권을 보장하는 최고법이다. 헌법은 각국의 역사적 경험에 따라 발전해 오고 있다. 대부분의 나라에서는 실질적 의미의 헌법을 가지고 있으나 영국처럼 형식적 헌법인 성문 헌법이 없는 나라도 있다

헌법은 국가조직들을 조직하는 근본 규범이며, 국민의 기본권을 보장하고 국가권력을 제한하는 규범이다. 그리고 헌법은 다른 법규범보다 최고의 지위에 있으며, 헌법 제정에 관한 것을 규정하고 있는 규범으로서 특징을 갖고 있다(김철수, 2010; 장영수, 2014).

국가마다 헌법이 규정하고 지향하는 기본 원리가 있다. 대한민국 헌법의 기본 원리에 대해서는 많은 헌법학자가 비슷한 견해를 제시하고 있는데 민주주의, 법치주의, 사회국가주의 원리, 평화통일주의, 그리고 국내 질서와 국제 질서에 관한 원

리 등이 있다(장영수, 2014; 김철수, 2010; 권영성, 2013; 성낙인, 2013). 이러한 헌법 원리는 국가의 모든 중요한 정책을 결정할 때 방향을 제시해 주므로 이것은 정책 결정의 기준과 기초가 된다. 여기서는 헌법이 규정하고 있는 권력분립의 원리와 주요 원리인 민주주의, 법치주의, 사회국가주의 원리 그리고 기타 헌법 원리로 구분해 다룬다.

2) 권력분립 원리

국가의 정책 체계, 특히 정책 결정 체계에 대해 대부분의 성문법 국가에서는 헌법에서 규정하고 있으며, 일부 불문법 국가에서는 관습법이나 법률에서 규정하고 있다.

모든 국가기관은 헌법에서 위임한 범위 내에서만 권한을 행사할 수 있다. 권력분립 원리는 미국의 독립과 프랑스대혁명을 거치면서 제도적으로 실현되었다. 권력을 가진 기관은 그것을 남용할 가능성이 크므로 이를 방지하려면 권력기관을 분산시키는 것이다.

권력분립론에서 출발한 견제와 균형의 원리는 국가의 정책 결정 과정에서도 원용될 수 있다. 즉 행정부, 입법부, 사법부로 국가 권력기관을 분리해 국정을 관장하게 하고 있는데, 이들이 국가 의사를 결정하면서 유기적으로 연결되고 있고, 상호간에 견제와 균형이 이루어지도록 설계되어 있는 것이 민주주의 국가에서의 정책 결정 체계이다.

정부는 보통 입법부, 행정부와 사법부로 나뉜다. 법률을 중심으로 할 때 그들 간의 관계를 살펴보면 입법부는 법률을 제정하고, 행정부는 이를 집행하며, 사법부는 집행상의 분쟁이 있을 때 재판을 통해 사법적 분쟁을 해결하는 것이다.

법률만이 국가 의사를 대표하는 것은 아니다. 정부는 법률 외에도 숱하게 많은 국가 의사를 결정해야 한다. 국가 의사를 결정하는 단계에서 가장 많은 영향을 주는 것은 헌법에서 규정하고 있는 정치 체제이다.

3) 헌법의 주요 원리

첫째, 민주주의 원리이다. 민주주의(democracy)라는 용어는 민중을 의미하는

'demos'와 지배를 의미하는 'kratein'으로 구성되는 것으로 초기에는 귀족의 지배, 군주의 지배에 대응하는 개념으로 사용되었으나 민주주의가 갖는 개념의 다의성으로 인해 그것을 이해하는 데 많은 혼란을 주고 있다. 따라서 헌법 조문을 통해 해석하는 것이 수용되고 있다.

한국 헌법에서 민주주의 원리란 민주주의의 중요한 요소들이 준수되는 것으로 이들로는 국민 주권, 다수결, 대의제, 책임정치, 다원주의, 의회제도, 정당제도 등을 들 수 있다. 이 중 국민 주권이란 국민의 양도할 수 없는 최종의 권력이라는 의미이다. 헌법에서는 국민 주권의 원리를 인정하면서도 대의제 민주주의를 보장하고 있다.

둘째, 법치주의 원리이다. 법치주의는 국민의 안정적 지위를 보장하기 위해, 즉 국민의 기본권 보장을 위해 법이라는 객관적 수단을 통해 통치하는 것이다. 자의적 통치가 아니고 법치가 되려면 법을 만드는 자와 법을 집행하는 자가 구분·독립되어야 한다. 법치주의 원리는 영국의 법의 지배, 미국의 권력분립, 프랑스의 정치적 전통, 그리고 독일의 법치국가의 형성과 같은 주요 국가의 정치적 전통에 뿌리를 두면서 발전해 왔다.

한국 헌법에서 법치주의 원리란 헌법 질서의 계속성을 유지하면서 법적 기준에 구속된 국가 권력을 구성하고 국가생활의 계속성과 안정성을 확보함으로써 국민의 전체 생활을 안정시키는 기능이다. 법치주의에서는 국가의 행위는 법률에 근거해 행사할 것과 국민의 기본권 침해에는 일정한 한계를 인정하고 있다.

셋째, 사회국가 원리이다. 사회국가의 원리는 공존의 사회, 연대성을 강조하는 개념으로 사회적 정의의 실현을 내용으로 한다. 정의는 실질적 정의와 절차적 정의로 구분되며, 사회국가 원리는 실질적 자유와 실질적 평등 위에서 사회국가를 형성하는 것이다.

한국 헌법에서 사회국가의 원리란 국가에서 사회적 정의가 구현되는 원리이다. 사회국가 원리는 국민들에게 실질적 자유와 실질적 평등이 보장되어야 한다는 것이다. 빈부의 격차 및 그로 인한 사회적 갈등을 해소하고 사회적 국가, 즉 복지국가를 지향한다.

4) 기타 헌법 원리

기타 국내 질서에 관한 헌법 원리에 대해서는 문화국가의 원리, 환경국가의 원리 등을 들 수 있고, 국제 질서에 대한 헌법 원리에 대해서는 국제평화주의 등을 들 수 있다.

문화국가의 원리는 유구한 역사 속에서 꽃피워온 민족문화의 보존과 진흥에 대한 국가적 책임을 부과하고 있는 원리이다. 우리 헌법 제9조에서는 "국가는 전통문화의 계승·발전과 민족문화의 창달에 노력하여야 한다."고 규정하고 있다.

환경국가 원리는 국가가 산업을 발전시키면서도 환경을 보호해 지속적 성장을 할 수 있도록 하는 것이다. 환경 파괴를 막고 환경을 보호해 현 세대는 물론 미래세대에 대한 환경권을 보장하는 것을 품고 있다.

국제평화주의는 국가 간의 관계에서 침략적 전쟁을 부인하고 평화적 통일을 지향하는 원리이다. 그러나 자위(自衛)전쟁을 부인하는 것은 아니다. 우리나라 헌법에서는 헌법 전문, 헌법 제4조, 헌법 제66조 3항과 제69조(대통령의 책임) 등의 조항에서 평화 통일에 대한 국가와 대통령의 책임을 규정하고 있다.

2 정부 형태와 정치경제 체제

1) 정부 형태의 분류: 전제정체와 입헌정체

정부 형태는 정책 체계의 기반이다. 정부의 형태는 여러 가지로 분류되고 있는데, 이들은 국가의 정책 결정에 지대한 영향을 미친다. 정부의 형태(政體)에 대해서는 여러 가지 유형이 제시되고 있는데, 헌법학자인 김철수 교수의 견해를 주로 소개한다.

전제정체와 입헌정체로 구분한다. 전제정체(專制政體)란 국가 권력이 어떤 제한 없이 1인, 1정당, 1계급에 의해 행사되는 것을 말한다. 전제정체에는 인민공화국과 신대통령제가 있다. 입헌정체(立憲政體)란 국가 권력의 행사가 제한되는 제한정체의 하나로 헌법에 의해 그것이 제한된다. 입헌정체에는 직접민주제, 의원내각제, 대통령제, 그리고 2원정부제가 있다(김철수, 2010).

인민공화국은 옛 소비에트연방공화국, 북한 사회주의인민공화국, 중화인민공화국 등 일부 사회주의 국가에서 볼 수 있는 정치 체제이며, 1당(공산당) 혹은 1계급(근로자계급)에 권력이 놓여 있다. 신대통령제는 행정수반이 다른 모든 국가기관보다 우월한 지위에서 권력을 행사할 수 있는 정치 체제이다. 우리나라의 유신헌법 하의 정치 체제가 그 예이다.

직접민주제는 국민이 직접 입법 및 국가작용에 참가하는 형태의 정치 체제이다. 국민투표제는 이것의 한 수단이다. 의원내각제는 국회(parliament)와 행정부가 동등한 비중을 가져 상호간 의존 관계에 있는 정치 체제이다. 영국과 독일식 의원내각제를 들 수 있다. 대통령제는 정부와 국회(congress)가 서로 독립된 채로 분리되어 있는 권력분립적 정부 형태이다. 미국식 대통령제를 들 수 있다. 2원정부제란 대통령제적 요소와 의원내각제적 요소를 가지고 있는 정치 체제로서 프랑스식 정치 체제를 들 수 있다.

우리나라는 현재 입헌정체로서 내각책임제적 요소를 가미한 대통령중심제를 통치 체제로 운영하고 있다.

(2) 정치 체제의 분류

정치학 영역에서 비교적 많이 소개되고 있는 정치 체제 분류는 민주주의 정체, 전제주의 정체 그리고 권위주의 정체이다(한배호, 2000: 358; 김창희, 2014: 321-325).

민주주의 정치 체제는 법치주의와 대의정치를 정통성의 기반으로 한다. 자발적인 정치 참여와 활발한 이익집단 활동을 보인다. 정책결정층은 다원적이며, 국가의 중요 정책은 다수결 원칙에 의해 결정된다. 미국, 영국, 프랑스, 독일 등 현대 사회의 선진국에서 볼 수 있다.

전체주의 정치 체제는 공식적 이념(이데올로기)의 구현을 정통성의 기반으로 한다. 강제적으로 국민을 동원하며, 이익집단을 부정한다. 정책결정층은 일원적이며 당이 정책 결정을 독점한다. 공산당 정권과 구(舊)독일 히틀러 정권을 들 수 있다.

권위주의 정치 체제는 권력 엘리트가 정권을 자의적으로 행사하는 체제로서, 정치 동원 능력은 제한적이며, 이익집단을 통제한다. 정책결정층은 일원적이며 관료와 소수집단이 정책 결정을 독점한다. 군부·관료정권을 일컫는다.

이외 정치 체제의 분류로는 다음과 같다.

첫째, 단일국가 체제와 연방국가 체제는 국가의 영토적 관점에서 정부 형태를 분류한 것이다(Keating, 2003: 105-113). 즉, 지역적으로 집권과 분권의 정치 체제로 구분된다. 단일국가(unitary state)는 헌법에 의해 중앙정부에 모든 정치 권력을 위임하고 중앙정부의 재량에 의해 그 권한의 일부를 지방정부에 위임할 수 있다. 연방국가(federal state) 체제는 미국, 러시아, 스위스에서처럼 헌법에 의해 연방정부와 주정부 또는 공화국정부 간에 정치 권력이 배분되어 있다. 따라서 연방정부에서 주정부나 공화국정부는 독자적인 권력을 행사할 수 있다. 연방국가 체제인가 단일국가 체제인가에 따라 다루게 될 공공문제와 정책문제, 즉 의사 결정 대상의 범위가 달라진다. 연방정부보다는 단일정부에서 더 많은 공공문제를 다룬다.

둘째, 독임제와 합의제는 행정부의 구성 형태를 중심으로 분류한 것이다. 독임제는 행정부의 의사결정권이 대통령 등 행정수반 1인에게 있는 경우로 보편적이다. 합의제는 행정부의 최고 의사 결정 권한이 여러 사람에게 있는 경우인데 예컨대 스위스연방회의, 유고슬라비아의 연방집행위원회 그리고 과거의 소비에트연방의 최고회의를 들 수 있다. 대법원과 헌법재판소의 합의제도 여기에 해당한다.

우리나라의 정치 체제는 민주주의 정치 체제를 띠고 있으며, 단방국가이며 지방자치를 어느 정도 허용하고 있다. 행정부는 대통령이 행정수반으로 있으며, 행정부처는 독임제 형태의 장관책임제를 운영하고 있고, 부분적으로 합의제 위원회를 운영한다.

3) 경제 체제의 분류

경제문제를 풀어가는 방식이나 제도를 경제 체제라고 한다. 이 지구상에는 원시시대부터 현대에 이르기까지 다양한 경제 체제가 있었으나 크게 전통경제, 자본주의경제, 사회주의경제로 크게 나눌 수 있다(김대식 외, 2006: 13-16). 여기서는 자본주의경제와 사회주의경제를 중심으로 설명한다.

자본주의경제란 사유재산제도와 경제적 자유를 두 축으로 하여 개별 경제 주체가 자기 책임 하에 자기 이익을 추구하는 가운데 시장에서 기본적인 경제문제들이 해결되도록 하는 경제 체제이다. 대한민국, 미국, 영국, 스웨덴 등 대부분의 나라에서 채택하고 있는 경제 체제이다. 사유재산제도란 한 사회의 자본과 토지 등 생산수단을 대부분 개인이 소유하고 소유자가 생산 수단을 자유롭게 사용하고 처분할 수 있는 제도를 의미한다. 자유시장경제는 개별 경제 주체들이 자유롭게 생산, 교환, 소비활동을 하며 자유경쟁이 특색이다. 자본주의의 폐해는 독점과 소득 분배의 불공평 등이다.

사회주의경제의 기본 특징은 생산 수단의 국유화와 중앙계획이다. 생산 수단을 개인이 소유하는 것이 아니라 국가가 소유하고 생산·분배·소비가 국가의 계획에 의해 이루어지는 경제 체제가 사회주의경제 체제이다. 마르크스(K. Marx)와 엥겔스(F. Engels) 등이 주도한 공산주의 경제이론에 바탕을 두었으며, 북한, 구소련, 과거의 중화인민공화국, 베트남에서 채택하고 있는 경제 체제이다. 사회주의의 폐해는 경제적 행위의 이윤동기가 저하되고, 경제 성장이 더디다는 것이다. 대부분의 나라에서는 이런 자본주의와 사회주의의 순수한 형태에서 벗어나 다양한 형태의 경제 체제를 채택하고 있다. 가스틸(Raymond D. Gastil)의 프레임워크에 따라 그레고리(Paul R. Gregory)와 스튜어트(Robert C. Stuart)의 정치경제 체제(politico-economic system) 분류는 이를 잘 설명해 주는데 다음과 같다(Lane & Ersson, 1997: 130).

① 자본주의 체제(capitalist): 고도의 경제적 자유와 상대적으로 낮은 국가의 시장 개입
② 자본주의-국가 체제(capitalist-statist): 사적 재산제도를 허용하면서도 기본적으로 국가의 시장 개입과 대규모 공공 부문
③ 혼합자본주의 체제(mixed capitalist): 정부예산의 직접적 할당은 크지 않지만 소득재분배, 시장 개입 그리고 경제 규제를 적극적으로 하는 국가
④ 혼합사회주의 체제(mixed socialist): 사회주의경제 체제 내에서 약간의 경제적 자유, 사적 재산 허용, 개인적 창의 인정
⑤ 사회주의 체제(socialist): 경제적 자유, 사적 재산 소유, 개인의 창의가 거의 없는 통제경제

우리나라의 경제 체제는 원칙적으로 혼합 자본주의 경제 체제를 띠고 있지만 부분적으로는 자본주의 국가 체제이기도 하다.

3 지정학적 조건

각국의 정책 체계와 정책기구는 그 국가가 놓여 있는 상황이나 여건에 따라 좌우되는 경우가 많은데 지정학적 조건도 그들 중 하나로서 정책 여건을 제약한다.

지정학이란 공간이라는 지리적 요소가 국가 간 권력 관계에 미치는 영향을 연구한다. 최근에는 지정학이 정치학, 경제학은 물론이고 다른 사회과학에까지 적용되고 있다. 지정학은 국가안보 및 외교정책을 중심으로 활용되고 있다. 지정학이 정치지리학에 바탕을 두기는 했지만 둘 사이에는 약간 차이가 있다. 정치지리학이 공간의 관점에서 국가(정책)를 분석하는 것이라면 지정학은 국가(정책)의 관점에서 공간을 분석하는 것이다. 정치지리학이 정적인 순수과학이라면 지정학은 동적인 응용과학이다. 그리고 정치지리학이 과거 지향적이라면 지정학은 현재와 미래 지향적이다(이영형, 2006: 1-61).

지정학적 요소는 다양한 부분에서 정책적으로 나타난다. 미국에서 국민주의는 다양한 민족이 이민을 와 만드는 미국에 대한 정치적 일체감을 높이는 지정학적 표상이다. 미국인들은 매일 아침 성조기(미국 국기)에 대한 경례를 하면서 하루를 시작한다. 반면 지정학적 요소 중 가장 극단적인 형태가 민족 청소이며 다른 민족을 특정 땅에서 몰아내는 것이다(Flint, 2006, 지정학연구회 옮김, 2007: 177-197).

국가의 지정학적 조건과 국제 체계, 즉 일국의 타국과의 관계나 국제기구와의 관계, 국제적 역학 관계 등은 일국의 정책 결정에 영향을 미친다. 국제화는 국가 간 민사, 상사, 군사, 그리고 형사상 관계를 긴밀하게 하므로 국가 간에 조약을 체결해 정책문제를 해결하며 다자간 조약이나 협력이 일상화되므로 정책 체계가 국내 체계에서 국제 체계로 확대된다.

지정학적 조건은 국가 간에도 적용되지만 지방자치단체들의 지역적 공간도 정책 과정에서 고려 대상이 될 것이다.

대한민국의 지정학적인 조건은 동북아시아의 반도국가이며 남북한이 분단된 지 70년 정도라는 점이다. 주변 세계 강대국인 중국, 일본, 러시아와 국경을 마주하고 있으며 태평양 건너에 미국이 버티고 있다. 국토가 넓지 않아 자급자족이 매우 어렵고 천연자원이 풍부하지 않아 대외적으로 교역하지 않으면 국가 융성이 매우 어렵다.

제 3 절 정책환경으로서 한국 사회와 한국인

1 한국 사회의 변화와 한국인

1) 정책환경의 시간적 변화와 한국의 정책 체계 개관

농업사회적인 전통에서 한국의 정책 체계는 왕정 하에서 왕과 관료(사대부)가 협력하면서 국가를 통치하는 정책 체계였다. 관료제 내부에 견제와 균형 장치가 있었으며 부분적으로 선비집단의 언론 기능이 있었다. 대한민국 정부 수립 이후 남북 분단과 국가 형성 과정에서 행정수반인 대통령의 독재가 있었으며, 제2공화국의 내각책임제는 꽃을 피우기도 전에 시들었다.

제3공화국이 들어서면서 조국 근대화를 위한 중앙집중식 개발독재가 실시되었으며, 제4공화국부터는 소위 유신헌법에 의해 신대통령제가 실시되어 입법부와 사법부의 권위가 대폭 축소되면서 정책 체계는 대통령과 행정부에 독점되었다. 이런 분위기는 제5공화국에까지 진행되면서 경제적 성과를 달성했으나 민주주의는 대폭 후퇴했다.

제6공화국이 들어서면서 민주공화국으로서, 3권분립 국가로서 정책 체계가 확립되었으며, 헌법재판소에 의한 위헌법률심사, 지방자치의 실시 그리고 시민사회단체의 급부상 등이 일어났고, 주민과 시민들의 직접적 시위는 물론 간접적 정책 참여가 증가하고 있다.

따라서 우리나라에서는 정책 거버넌스에서 짧은 기간 동안 큰 변화가 있었다. 정책문제는 복잡해지고 있으며, 정책 체계도 복잡해지고 있고 정책기구와 정책행위자들이 정책 과정과 때로는 마찰을 빚으면서 정책의 질을 낮추기도 했다. 중앙집권적 행정부 위주의 정책 거버넌스에서 입법부, 사법부 등의 관여와 시민사회단체 등 비공식적 참여자들의 활동이 수반되는 복합적 거버넌스로 변화하고 있다.

(2) 현재 및 미래의 한국 사회

정책환경으로서 한국 사회는 어떤 변화 모습을 갖고 있는가, 그리고 이런 점들은 정책 체계에 어떻게 반영될 것인가, 지향하는 미래는 어떠해야 하는가? 여기서는 체계나 구조는 제외하고 실태를 민주화, 국제화, 정보화(민진, 2006: 406-407), 그리고 성숙사회 등을 간략하게 살펴본다.

첫째, 한국 사회는 민주화 사회로 접어들었다. 과거 권위주의 사회에서 현재는 민주주의 사회로 변화하고 있다. 민주화 사회는 국민의 의사가 정책 과정에 최대한으로 반영되는 사회로서 국민이 주인으로서 지위를 확보하고 국민의 국정 참여가 보장되며 국회와 지방의회가 입법 기능을 제대로 행사하는 사회이다. 국민의 기본권과 법치주의가 확보되는 사회이기도 하다. 그리고 국민들은 국민투표와 같은 직접적 참여는 물론, 이익집단, 시민사회단체, 그리고 정당 등 정책 매개집단을 통해 정책 과정에 영향을 미친다.

둘째, 한국 사회는 국제화 사회에 접어들었다. 국제화 또는 세계화란 국가 간의 갈등과 대립, 평화와 전쟁이 공존하는 국제사회 속에서 타국 또는 국제기구와의 관계를 맺는 정도가 많아지고 다양화하는 현상이다. 국가 간의 교류가 증대하고 국가 간의 상호의존성이 높아가며 국가 간의 경쟁이 치열한 사회이다. 특히 우리나라는 대외의존도가 심하며, OECD 등 국제기구에 가입한 이후 한국의 국제적 지위가 높아졌고 동시에 국제적 의무 부담도 많아지고 있으며 정책 산출로서 조약의 체결이 증가하고 있다. 따라서 국제적 규범과 기준이 국내 정책을 결정할 때 중요한 고려 요인이며 제약 요인이 된다.

셋째, 한국 사회는 지식정보 사회에 접어들었다. 컴퓨터, 인터넷의 보급으로 정보화 속도가 빨라지고 있다. 인간의 생활과 조직에서의 의사결정에 정보와 지식의 중요성이 높아지고 있으며 개인, 기업, 시민단체, 정부에서 정보기술의 활용이 높아지고 있고, 빅 데이터(big data)의 활용으로 지식정보 사회의 편익을 제고하고 있다. 하지만 정보사회의 부정적 측면인 컴퓨터 해킹 등에 따른 개인정보 보호, 국가정보 보호, 사회적 신뢰감 감소 등의 문제도 정부가 관심을 갖고 다루어야 할 과제이다.

넷째, 성숙사회는 한국 사회가 지향해야 할 미래 사회이다. 산업사회에서 대한민국은 양적 팽창과 경제 성장을 지향해 왔으나 이제는 질적 발전을 도모하는 성숙한 사회로 나아가고 있다. 각종 불안정과 심리적 불안을 해소하고 자연환경을 보존하며, 진정한 삶의 의미를 찾으면서 행복을 추구하고, 국제적으로 평화 통일과 세계 평화에 기여하는 사회로의 이동을 꿈꾸고 있다.

(3) 현재 한국인의 모습

현대 한국인은 어떤 사람들인가? 한국갤럽조사연구소가 2009년부터 2010년까지 성인 남녀 1,503명을 개별 면접해 한국인의 철학에 대해 여론조사를 한 바 있는데, 이를 근거로 하여 한국인의 가치관의 측면에서 모습을 제시한다(한국갤럽조사연구소, 2011: 37-131).

한국인의 약 90%는 인생이 의미가 있다고 보며, 약 83%는 행복하다고 느끼고 있는데 행복감은 1981년의 63%에 비해 20%P가 증가했다. 또한 인생에서 가장 중요한 것은 가족이며, 그 다음으로 마음의 평안과 재산이었다.

자녀의 이상적인 직업으로는 아들은 공무원, 딸은 교사를 선택했다. 가훈에서 가장 중요한 덕목으로는 정직(39%)과 근면 성실(13%)이었다. 그리고 가부장제와 같은 전통적 가족관은 점점 줄어들고 있다. 20대의 54%는 혼전동거에 동의하고 있으며 전체 한국인의 68%는 이혼할 수 있다고 본다. 한국인의 50%는 점괘와 현실이 어느 정도 일치한다고 보며, 한국인의 절반 이상은 종교적 신념을 믿는다.

한국인의 85%는 국민으로서 자부심을 가지며, 국민의 65%는 전쟁 시 참전 의향이 있다. 한국인의 69%는 한국 사회의 도덕성이 낮다고 본다. 그 이유는 국민 개개인의 이기주의 때문이라고 본다. 한국인은 자유와 평등의 관계에서 자유가 더 중요하다가 55%, 평등이 더 중요하다가 45%를 차지한다. 한국인의 68%는 정치에 관심이 없으며, 한국인의 정치적 성향은 다소 보수적이다.

2 한국 사회의 정책환경 분야별 특징

1) 정치행정적 환경

우리나라는 조선 및 대한제국 시대까지는 절대 군주인 왕과 황제가 사대부들의 힘을 빌려 국가를 통치하는 왕정을 실시해 왔다. 1900년대 전반에는 일본제국주의에 의한 식민 통치를 실시해 왔으며 미군정을 거쳤다. 1948년부터 대한민국이라는 입헌공화정을 실시해 오면서 개발도상국 중에서 산업화와 민주화를 동시에 실현한 국가로 인정받고 있다.

1972년부터 1986년까지 제4공화국과 제5공화국에서는 소위 신대통령중심제를 실시해 대통령에게 강력한 권한이 집중되었고 의회와 사법부의 기능이 축소되었다. 이런 권위주의 정부 시대에서 정당과 주요 정치인의 활동이 금지되었으며, 전국적으로 정치적 이유 때문에 비상계엄이 선포되었다. 1986년 민주화 이후 문민정부가 들어서면서 대한민국의 정치적 민주화가 활짝 문을 열었지만 아직 정당의 정책적 기능이 취약하다고 평가받고 있다. 1990년대 초에 지방자치제가 부활해 약 20여년 이상 풀뿌리 민주주의가 확산되고 있지만 지방재정 여건의 열악 등 해결해야 할 지방자치제의 문제가 많이 남아 있다. 국민들은 절차에 따른 정책 참여보다 집단적 시위를 통해 영향을 주려는 모습이 자주 보인다.

정부관료제는 국가를 발전하는 과정에서 유능하고 열정을 가진 엘리트 관료들과 집행 업무를 담당하는 공공기관(국영기업체 등) 직원들에 의해 국가 경제 성장을 견인해 왔으며, 충성스런 장병들에 의해 국가 방위 업무를 완수했다. 그렇지만 고속 성장의 후유증으로 인해 부정부패, 민간의 과대한 정부 의존이 아직 남아 있다. 한편 노무현 정부 이후 정부 혁신을 추구하는 과정에서 정부행정의 공정성보다는 정부행정의 효율화가 지나치게 강조되기도 했다. 또한 선거 과정에서 과도한 복지공약 등으로 인해 재정적 어려움을 겪고 있다.

2) 경제적 환경

대한민국의 경제 체제는 자본주의 경제 체제이다. 전통적으로 우리나라는 농업중심의 경제활동을 해왔다. 하지만 국토가 비좁아 농산물의 자급자족이 어려웠다. 우리나라는 산업혁명에 앞선 일본제국주의의 식민지로 전락해 지내다가 해방 이후 자본주의 경제 체제를 받아들여 오늘에 이르고 있다. 이승만 정부에서 국외 차관을 중심으로 전후 복구를 위한 경제부흥을 도모했으며, 박정희 정부에서 제조업을 중심으로 한 경제성장정책에 따라 수출 진흥, 경제개발계획제도를 실시하면서 개발도상국으로서 중진국 대열에 합류했으나, 1997년 소위 외환위기에 빠져 IMF 관리 체제에 들어갔으며, 이제 회복해 지식정보산업 발전을 통해 선진국 대열

(OECD)에 진입했다. 고도성장기의 후유증으로 정부와 기업 간에 유착 관계, 소득 분배의 불평등, 대기업 위주의 산업구조, 청년실업 등 문제가 남아 있다.

경제 면에서 대한민국은 1960년대 초까지는 후진국에서 1970년대에는 중진개도국으로, 2000년대에는 선진국으로 진입했다. 삼성과 LG, posco, 현대기아자동차 같은 우수한 세계적 대기업이 있지만 부품산업 기반과 중소기업이 상대적으로 취약한 구조를 띠고 있다. 국민소득(GNP)은 20,000달러를 상회하고 있다.

산업구조는 1차 산업(농어업)의 비중이 급격하게 줄어들고, 2차 산업(제조업)과 3차 산업(서비스업)의 비중은 증가하고 있다. 노동력 기준으로 2005년의 경우 제1차 산업 8%, 제2차 산업 19%, 제3차 산업 74%이다. 그런데 3차 산업의 경우 정보사회와 직접 관련된 산업보다는 부동산업 등 서비스산업의 비중이 크며 부가가치도 낮은 편이다(유홍준, 2009: 187-207). 취업구조에서는 여성 인력의 취업률이 높아진 반면 20~30대 남성 청년 실업률이 높으며, 취업자 상당수가 계약직, 임시직으로 고용되는 구조를 보인다. 소위 '미생(未生)'으로 고용이 불안하다.

대외 경제의존도가 지나치게 높아 국제적 경제 상황 변동에 대한 취약성이 매우 높으며 국가 간 경제 협력 기반이 상당히 취약한 편이다.

3) 사회적 환경

한국 사회는 전통적으로 토지에 바탕을 둔 농경사회적 전통 때문에 농촌중심사회, 씨족 중심의 혈연사회였으며 양반, 중인, 상민이라는 신분이 구분되는 계급사회적 특성이 매우 강했다. 또한 다른 나라와 교류가 많지 않아 폐쇄적이면서 비교적 안정적인 사회였고, 이런 점들 때문에 중국(당, 원, 청 등), 일본 등 주변국에 의해 국토가 유린되는 경우가 왕왕 있었다. 대한제국 이후에 주변 열강들의 간섭이 심해지면서 일본의 식민지가 되었고, 1945년 해방이 되면서 조국이 남북으로 분단되고 6·25전쟁을 겪었다. 전쟁으로 인한 사회적 이동은 물론 산업화 과정에서 도시의 증가 등으로 지역 간 이동이 심해졌고 신분 변동도 심해졌다.

1960년대 이후 인구 수의 급증 현상이 있었으며, 2000년대에 와서는 인구증가율이 격감하면서 OECD 국가 중 인구증가율이 가장 낮은 국가가 되었다. 인구구조는 서울, 경기 등 수도권에 인구가 집중되어 있고 지방은 인구가 줄어들었다. 세대별로는 생산 가능 인구는 줄어들고 있으나 의료기술 발전과 경제 성장으로 평균수명이 증가하면서 노령 세대가 증가하고 있다. 한국은 전통적으로 대가족제도에서 생활해 왔으나 1960년대 산업화 이후 부부를 중심으로 하여 핵가족화했고 지금은 1인 가족도 증가하고 있는 추세이다.

한국 사회는 사회 변동의 속도가 빠르고 광범위한 가운데 사회 갈등이 다양하게 존재한다. 남북 분단과 이념 갈등, 정치 과정 경쟁에 따른 지역 갈등, 노령화에 따른 세대 갈등, 다종교문화에 따른 종교 갈등, 산업화 과정에서 노사 갈등, 결혼의 불안정에 따른 양성평등 등 사회 갈등이 폭넓게 발생하고 있다.

1980년대 후반 민주화 이후 시민사회단체가 결성되어 활동하는 경향이 증가했고, 정부에서도 이를 활용한 결과 NGO 등 시민단체의 영향력이 커졌다.

4) 문화적 환경

한국인의 정신세계, 사고방식 그리고 가치관을 한마디로 말하기는 쉽지 않다.

전통적으로 한국인은 한민족이라는 단일민족으로 알려져 있고 민족적 유대감이 강하며 민족중심적이다. 하지만 민족주의는 다른 민족에 대한 이질감은 물론 배타성을 야기한다. 민족의 언어인 한글은 민족의 우수성을 보여줄 뿐만 아니라 국민을 한데 뭉치게 하는 마력이 있다. 다만 최근 외국의 다른 민족들이 결혼, 취업 등으로 이민해 온 사람들이 늘어나 민족 문제에 대한 재음미를 요구하고 있다.

한국인은 수직적 관계가 강조되는 강한 신분제 속에서 살아왔으나 평등 의식 또한 강하다. 사회와 조직 내에서 상하 관계, 서열 의식이 매우 엄격하면서도 배분적 정의, 절차적 정의에 대한 관심이 지대하다.

한국인은 '우리'라는 의식이 강해서 개인보다는 집단과 조직, 국가가 강조되는 경향이 있다. 개인적 자유, 특수성보다는 집단적 규범에 대한 수용과 복종을 요구한다. 우리 집, 우리 가족, 우리 지역, 우리 조직에 대한 울타리를 중심으로 경계를 엄격하게 긋는 경향이 있어서 다른 집, 다른 가족, 다른 직장과 구분한다.

한국인은 춤과 노래를 좋아하고 흥겨움을 대단히 좋아하는 민족으로서 소위 '한류(韓流)'를 만들어 내어 세계 속으로 퍼져나가고 있다. 한편으로 한국인의 놀이문화는 대단히 단조롭고 형식적이다. 어려운 경제환경 때문인지 일 중독자들이 많고 여가를 활용해 놀 수 있는 여유가 아직은 부족한 편이다.

한국인은 이성보다는 감성이 발달되어 정서적 유대감이 높고 감정적으로 쉽게 격정에 휩싸이는 경향이 있다. 한국인들은 정적(情的) 인간 관계가 강조된다. 인간적으로 베풀고 배려하며 보듬는 인간 관계를 추구한다. 신바람이 나면 열정이 배가한다.

한국에서는 국교가 인정되지 않으며 특정 종교가 지배적이지 않다. 전통형 종교인 불교와 유교, 서양형 종교인 기독교(개신교와 천주교)와 기타 자생적 종교집단으로 구분된다. 한국인의 종교를 보면 2005년 현재 유 종교자와 무 종교자가 각각 50% 정도이다. 이 중 불교 1,073만 명, 개신교 862만 명, 천주교 515만 명, 유교 10만 명, 원불교 13만 명 등의 분포를 보인다(정근식 · 씨에리종, 2013: 270-281; 문화체육관광부, 2008). 한국인은 다양한 종교를 수용해서 신앙생활을 하고 있으며, 때로는 이로 인해 종교 갈등이 일어나기도 한다.

한국인은 내면적인 것보다는 외형적인 지위, 모양을 중시하는 경향이 있다. 실용적인 것보다는 겉치레와 형식이 더 강조되곤 한다. 호화로운 결혼식, 장례식장의 수많은 조화는 이를 나타낸다. 실질적인 내용보다는 의식과 형식이 더 강조된다.

5) 국제적 환경

우리나라는 지정학적으로 동북아의 중급 규모의 반도국가이다. 외국을 침략한 적은 거의 없고 외국(외부)으로부터 침략을 받아온 역사를 갖고 있다. 고구려, 백제, 신라의 3국 정립 시대에는 한반도와 만주 지방이 대한민국의 영토이자 생활 무대였으나 조선 시대 이래 한반도가 생활무대로 축소되었다. 1900년대 초반에는 일본의 식민지로 전락해 수탈당하고 위안부 문제, 독도 문제 등으로 일본과 국제적 갈등에 놓여 있다.

1945년 해방 이후 미국 군정청에 의해 군정이 실시되었으며 북한의 남침에 의한 6 · 25전쟁 때 미군이 중심이 된 UN군의 참전으로 남한만을 회복할 수 있었으며, 그 이후 대한민국은 남한과 북한 간 군사적 대치 속에서 적대감을 가진 채 통일을 준비하고 있다. 세계 최강국 미국과는 6 · 25 전쟁 이후 동맹 관계를 형성해 국가 안전보장을 확실하게 확보하고 있다. 일본, 중국, 러시아 등 주변 강대국은 물론 동남아 및 태평양국가(ASEAN), 아랍의 이슬람문화권 국가, 중남미 국가, 유럽권 국가 그리고 아프리카 국가들과 자원, 무역, 관광, 문화 등 여러 면에서 교류를 확대하고 있다.

지금은 국제화, 개방화가 필수적인 사회이며 세계 각국과 교류가 확대되고 있으므로 정치적 영토는 한반도 남쪽에 국한되어 있으나 경제적 영토와 문화적 영토는 확대되고 있다.

국가의 지정학적 조건과 국제 체계, 즉 일국의 타국과의 관계나 국제기구와의 관계, 국제적 역학 관계 등은 일국의 정책 결정에 영향을 미친다. 국제화는 국가 간 민사, 상사, 군사, 그리고 형사상 관계를 긴밀하게 하므로 국가 간에 조약을 체결해 정책 문제를 해결하며, 다자간 조약이나 협력이 일상화되므로 정책 체계가 국내 체계에서 국제 체계로 확대된다.

제 2 장

법률의 정책 과정

제1절 법의 의의와 대한민국의 입법 절차

1 법의 의의와 법치주의

1) 법의 의의

(1) 법의 의의

법(法, ius, law, Recht, Droit)은 국가라고 하는 정치적 권력에 의해 승인되고 강제되는 사회규범이다(손주찬, 2005: 9-11). 첫째, 법은 규범성을 지닌다. 법은 사회 구성원인 인간이 지켜야 할 행위의 일반 원칙이라 할 수 있다. 둘째, 법은 외면성을 가진다. 법은 인간 내면의 세계를 규율하는 것이 아니라 겉으로 드러난 행동이나 행위를 규율한다. 셋째, 법은 국가에 의해 승인되고 강제성을 지닌다. 법은 국가 권력에 의해 지지되고 강제된다.

법의 존재 형태를 법원(法源)이라 부른다. 법원은 그 표현 형식에 따라 성문법과 불문법으로 구분된다. 성문법은 문자로 표현되고 문서의 형식을 갖춘 법을 의미하며 일정한 절차와 형식에 따라 공포된다. 우리나라에서 성문법에 속하는 것으로는 헌법, 법률, 명령, 자치법규 및 조약이 있다. 불문법은 성문법 이외의 법으로서 문장으로 표현되지 않으며 일정한 법 제정기관에 의한 소정의 절차를 거치지 않고 생기는 법으로서 관습법, 판례법, 조리가 있다(최종고, 2014: 63-75). 법률은 가장 대표적인 법으로서 성문법에 해당한다.

(2) 법의 분류

법은 분류 기준에 따라 여러 가지로 나뉜다. 즉, 지지하는 주체에 따라 국제법과 국내법, 적용 범위의 차이에 따라 일반법과 특별법, 내용에 따라 절차법과 실체법, 효력에 따라 강행법과 임의법으로 나뉜다. 이 중 일반법과 특별법에 대해 살펴본다.

법은 적용의 일반성 여부에 따라 일반법과 특별법으로 나뉜다. 일반법은 어떤 사항에 대해 널리 일반적으로 규정하는 법률을 말하며, 특별법은 어떤 사항에 관해 특정의 사람, 지역, 기간 등을 한정해 적용되는 내용을 규정하는 법률을 말한다(임종휘 외, 2000: 105).

일반적으로 특별법은 일반법의 적용으로는 새로운 입법 수요를 충족시키기 어렵고, 법 적용의 탄력성을 확보하기 위해 제정한다. 또한 긴급한 정부 행정 수요의 충족을 위해, 입법 기술적인 어려움을 해소하기 위해 그리고 입법경제 면에서 특별법을 제정할 수 있다(임종휘 외, 2000: 105-106). 일반법과 특별법을 구분하는 실익은 법률의 적용에서 특별법 우선의 원칙에 따라 일반법보다 특별법이 우선해서 적용되기 때문이다.

2) 법률과 법령 체계

(1) 법령 체계

법령 체계는 각국마다 다소 차이가 있는데 우리나라에서는 헌법, 법률, 행정법규 그리고 헌법상 독립기관이 정하는 법령 및 지방자치단체가 정하는 조례 등이 있다(박수철, 2011: 189-191).

헌법이란 국가의 기본법이자 최고법으로서 모든 법령의 근거가 되며 헌법 이외 모든 법령은 헌법을 위반할 수 없다. 법률은 국민의 대표인 국회가 제정한 것으로 일정한 입법 절차에 따라 심의·의결하고 국가원수인 대통령이 공포하면 효력을 발생하는 헌법 하위의 법 규범이다.

행정법규는 행정부에 의해 제정되는 법규로서 이는 다시 헌법에 근거해 법률의 위임이나 집행을 하기 위한 사항을 규정하는 법규명령(위임명령과 집행명령)과 헌법에 근거하지 않으면서 행정기관이 자신의 고유한 사항을 규정하는 행정명령인 행정규칙으로 구분된다.

헌법상 독립기관이 정하는 법령으로는 해당 기관의 독립성과 자율성을 보장하기 위해 부여한 것으로 우리나라에서는 국회의 규칙제정권, 대법원과 헌법재판소의 규칙제정권, 중앙선거관리위원회의 규칙제정권을 인정하고 있다. 지방자치단체가 정하는 법령으로는 지방자치의 원리상 독자적인 법규제정권을 갖고 있으며, 조례와 규칙을 제정할 수 있다.

우리나라 현행 법령에는 2014년 7월 31일 현재 헌법 1건, 법률 1,335건, 대통령령 1,534건, 총리령 69건, 부령 1,127건 합 4,066건의 법령이 있다. 이 밖에도 국회규칙,

대법원규칙, 헌법재판소 규칙 등 330건이 있다.

(2) 법률의 의의

법률(法律)은 법(法)을 표현하는 한 형식이다. 그런데 법은 인간의 사회생활에 관한 규범으로서 국가와 같은 정치적으로 조직된 사회의 강제성을 띤 규범이다. 즉, 사회가 있는 곳에 법이 있다. 그리고 법은 자기를 거부하는 자에게 반드시 제재를 가한다(최종고, 2014: 66).

법률은 실질적 의미에서는 법과 동일한 뜻으로 사용하지만, 형식적 의미에서는 국회의 의결을 거쳐 대통령이 서명·공포하는 법을 의미한다. '법'은 좀 더 포괄적·추상적이며, 법률은 구체적·가시적이다. 실질적 의미에서 법률은 모든 법규, 즉 법규 사항(국민의 자유와 재산에 관한 사항)을 정하고 있는 법 규범이다. 법률과 법규는 동의어이다. 한편 형식적 의미의 법률은 헌법에 규정된 입법 절차에 따라 입법기관에 의해 만들어진 모든 의사행위를 말한다(장영수, 2014: 1011).

법률은 일반성, 강제성 그리고 동태성 등의 특성을 지닌다. 첫째, 법률은 국민의 일반 의사를 나타낸다. 법률은 국민의 일차적 대표기관인 의회에서 국민의 의사를 최대한으로 수렴해 제정된 것이다. 따라서 법률은 모든 국민에게 평등하게 적용되어야 한다. 둘째, 법률은 강제성을 띤다. 일단 법률로 제정되면 모든 국민은 이를 지켜야 할 의무가 있다. 외국인도 국내에서 활동하기 위해서는 국내법의 적용을 받는다. 법률을 지키지 않으면 법규 위반이 되어 법이 규정한 죄와 벌을 받는다. 셋째, 법률은 동태성을 띤다. 법률을 제정·개정·폐지할 때 다양한 행위자가 참여하며, 법률이라는 정책환경의 변화에 따라 탄생, 변동, 그리고 폐지된다. 법률의 내용은 그것의 본질적 가치와 내용을 변형시키지 않는 범위 내에서 끊임없이 수정되고 변경된다. 즉, 법안이 법률로 확정된 이후에도 법률의 개정, 헌법재판소의 위헌법률심사 후 법률의 변동, 법률의 폐기 등의 과정이 계속된다.

3) 법치주의의 의미와 기능

개인의 권리 보호, 즉 자유와 재산을 보호하기 위해 모든 국가 활동은 법치주의의 적용을 받는다(Heywood, 1999: 152-156). 법치주의(法治主義, rule of law)는 법에 의한 다스림과 권력에 대한 통제라는 두 가지 핵심 요소로 구성된다(Lautenbach, 2013: 19-20).

법치주의는 법에 의해 정부 권력이 국민을 통치하는 것이다. 따라서 모든 국가의 작용은 국회가 제정한 형식적이고 일반적인 법률에 근거를 두어야 하며, 특히 국민의 기본권과 관련된 영역은 법률에 근거해야 한다. 또한 법규 내용이 명확해야 하며, 법률은 일반적 성격을 가지되 개별적 사건 법률은 금지된다. 한번 제정된 법률은 계속적으로 적용되어 사회구성원의 신뢰를 확보해야 하며, 법률은 불소급을 원칙으로 한다. 또한 법률은 국민의 법의식에 부합되어야 한다(김도균 외, 2006: 16-19).

법치주의는 '인치(人治)' 즉 정치적 권력자의 변덕에 의한 지배와 대립되는 개념이다. 법치란 모든 통치 권력은 법에 의해 행사되어야 한다는 것이다. 정부 권력의 자의적 집행을 방지함으로써 국민의 기본권을 보장할 수 있다. 자의적 권력을 통제하기 위해 행정부, 입법부, 사법부라는 3권을 기능적으로 분립해 권력의 견제와 균형을 도모한다. 또한 모든 사람은 법 앞에 평등하다. 정부도 법을 지키고 국민 역시 법을 지켜야 한다.

한편 법치주의 또는 법의 목적은 무질서와 사회적 불안정성을 해결해 준다. 질서는 규칙적이고 지루한 패턴(양식)을 가리킨다. 사회생활에서 질서는 행동의 규칙적이고 안정적이며 예측 가능한 형태를 말한다(Heywood, 1999: 162-167). 따라서 사회적 질서는 계속성과 안정성을 보여준다. 법률은 시민들의 생활에 안정성을 확보해 준다. 법의 근본 기능은 사회적 협동의 안정적 체제를 제공해 평화와 안정을 유지하고 예측가능성을 높인다는 것이다.

풀러(Lon L. Fuller)는 법은 내용에서 다음의 여덟 가지 요건을 충족해야 한다고 주장한 바 있다. 법은 일반적이어야 하며, 법은 공포되어야 하고, 법은 회고적이어서는 안 되며, 법은 명백해야 하며, 법은 모순적이어서는 안 되며, 법은 불가능한 것을 요구해서는 안 되며, 법은 상대적으로 오래 지속되어야 하며, 공식적 행위와 선언된 법규 간에 괴리가 있어서는 안 된다.

4) 입법활동의 한계

법률을 만들 때는 그 내용, 형식, 절차(박수철, 2011: 562-582), 그리고 체계 면에서 일정한 한계가 있다.

첫째, 국회는 입법을 할 때 법률에 규정한 내용에 대해 자유로이 결정할 수 있는 입법재량권을 갖고 있다. 그러나 이런 입법재량권은 무제한이 아니며 일정한 제한이 있다. 즉, 헌법의 원리나 원칙, 기본권 제한에 관한 헌법의 규정 등에 합치되어야 하고, 국제법상의 일반 원칙을 부정하거나 입법재량권을 남용해서는 안 된다.

둘째, 입법자는 입법 형식의 면에서 광범위한 재량권을 갖고 있다. 그런데 입법자는 헌법상의 규정은 물론 입법 형식의 일반 원칙을 어겨서는 안 된다. 그러한 원칙들로는 명확성의 원칙, 포괄위임 금지의 원칙, 의회 유보의 원칙, 죄형법정주의 원칙, 조세법정주의 원칙 등이 있다.

셋째, 입법 과정에서는 헌법과 국회법 등 소정의 입법 절차를 합법적으로 거쳐서 입법되어야 하며, 그렇지 않을 경우 법률안 의결행위에 대한 유효성(합헌성 및 합법성)에 대한 논란에 휩싸인다.

넷째, 법률을 입법할 때는 체계정당성을 지켜야 한다. 체계정당성이란 법규범 상호간에 규범 구조나 규범 내용에서 상치 또는 모순되어서는 안 된다는 원칙이다(허영, 2013: 890). 즉, 전체의 법령이 헌법을 중심으로 서로 모순되지 않는 체계를 형성해야 한다. 특히 새로 법령을 제정할 때는 상위 법령은 물론 동등한 효력을 갖는 법령과도 모순되거나 저촉되어서는 안 된다(홍완식, 2014: 182).

2 법률 입법 과정과 절차

1) 입법 과정의 의의와 가치

입법이란 실질적 의미에서는 국가기관에 의한 일반적·추상적인 성문의 법 규범을 정립하는 행위를 말하고, 형식적 의미에서는 의회가 입법 절차에 따라 법률의 형식으로 발하는 모든 지시를 의미한다(박영도, 2008: 57). 따라서 법률의 제정은 물론이고 법률의 개정이나 폐지에 관한 결정도 여기에 포함된다.

입법 과정은 입법의 동태적 측면을 강조하는 것으로 입법 절차뿐만 아니라 실제로 입법 과정에서 일어나는 행위자들 간의 관계적 측면까지도 반영하는 개념이다.

나라에 따라 약간씩 다른 입법 과정과 절차를 가지고 있는데, 이들을 법안의 준비 과정, 법안의 기초 과정, 법안의 제출 및 접수 과정, 법안의 보고 또는 일반 원칙과 위원회 회부 과정, 위원회 심사 과정, 본회의 심사 과정, 법안의 이송 과정, 법안의 확정 과정으로 구분할 수 있다. 이에 대해 다시 법률안 입안과 심사, 법률안의 발안·심의·의결 그리고 법률안의 확정으로 묶을 수 있다.

표 2-1 의회 입법 과정의 단계와 주체

단계		주체
1. 법률안 입안과 심사	1-1. 법률안 준비 과정	정부, 의원, 국민
	1-2. 법안의 기초 과정	정부, 의원, 국민
2. 법률안의 발안·심의·의결	2-1. 법안의 제출 및 접수 과정	정부, 의원, 의장
	2-2. 법안의 보고 또는 일반 원칙의 토론과 위원회 회부 과정	본회의, 의장
	2-3. 위원회 심의 과정	위원회
	2-4. 본회의 심의 및 의결 과정	본회의
3. 법률안 확정	3-1. 법안의 이송 과정	의장, 정부
	3-2. 법안의 확정 과정	정부, 본회의

입법 과정에서 추구할 기본적인 가치는 민주성과 효율성이다(임종휘 외, 2000: 13-22). 민주성(democracy)이란 입법 과정이 특정 세력에 의해 좌지우지되지 않고 국민 다수의 의사를 충실히 반영해 입법 내용이 결정될 수 있도록 제도화되어야 한다는 의미이다. 입법 과정에서 '다수의 횡포'와 '소수의 횡포'는 모두 없어야 한다. 한편 입법 과정에서 효율성(efficiency)이란 가장 적은 비용과 노력으로 양질의 법률이 가능한 한 많이 적시(適時)에 제공될 수 있어야 한다는 의미이다.

민주성과 효율성의 가치는 입법 과정의 성과, 절차 그리고 실적을 평가하는 요소가 된다. 이들 간에는 입법 과정에서 서로 충돌할 수 있는데, 같은 조건이라면 민주성이 효율성보다 앞서야 한다.

3 대한민국에서 법률 입법 과정의 특색

1) 우리나라 역대 국회의 법률안 처리

법률안은 누가 법률안을 발의하고 제안하는가에 따라 정부제출 법안과 의원발의 법안으로 나뉜다.

제헌국회에서부터 제17대 국회에 이르기까지 19,725건의 법률안이 접수되어 8,894건이 가결됨으로써 46%의 가결률을 보이고 있으며, 부결은 23건, 폐기 4,565건, 철회 등이 389건, 회기 만료로 인한 폐기가 2,569건, 비상국무회의에의 이관이 3,285건이었다. 제출자별 가결률을 보면 정부제출 법안은 72%, 의원발의 법안은 30%를 각각 차지하고 있다. 법률안은 제15대 국회에서 1,120건, 제16대 국회에서 948건, 제17대 국회에서 1,875건이 가결되어 법률안의 접수 및 가결이 급증하고 있으며 이것은 의원 발의의 증가에도 그 원인이 있다. 가결률로 보면 국가재건최고회의와 국가보위입법회의에서 각각 87%와 100%를 차지함으로써 비상시, 국회 기능 정지 시에 가결률이 압도적으로 높았다. 부결률은 대별(代別) 평균 1회 정도로 매우 낮으나 폐기율이 약 70%로 매우 높다(대한민국 국회, 2008: 1000-1003).

2) 우리나라 법률안 입법 과정의 특색

우리나라의 법률안 입법 과정의 특색을 체제·제도적 측면, 기구·절차적 측면, 행태·문화적 측면으로 구분해 살펴본다.

체제·제도적 측면에서는 법률안 입법 과정은 단원제 의회 체제를 띠고 있어 양원제 의회 체제 국가에 비해 절차가 상대적으로 단순하다. 또한 대통령중심제 정치 체제를 띠고 있음에도 불구하고 국회와 함께 정부도 법률안 발안권을 갖고 있다. 국회에서의 입법 심의는 본회의중심제가 아니라 위원회중심제를 운영하고 있으며, 위원회중심제 속에서도 소위원회 중심으로 운영되고 있다. 행정부(대통령)는 법률안 재의 부의권을 갖고 있으며, 대법원이 아닌 헌법재판소가 위헌 법률에 대한 심판권을 갖고 있어 입법에 영향을 주고 있다. 비교적 권력분립적 원리에 따라 견제와 균형을 이루면서도 국가 권력기관 간에 법률의 입법작용에 함께 관여하고 있어 책임이 분산되는 점도 있다.

기구·절차적 측면에서 보면 행정부에서는 법제처에서 법률안을 심사하며, 국회에서는 법제실에서 심사한다. 다만 위원회에서 위원들이 법률안에 대한 심의를 하기 전에 전문위원이 검토하며 위원회의 심의가 여기에 많이 의존하고 있다. 입법 과정에서 기구나 절차는 거의 선진국 수준으로 완비되어 있다고 평가하고 있다. 국회입법조사처, 국회예산정책처가 적절한 심의 관련 정보를 제공해 법률안의 심의가 효율적이고 민주적이 되도록 기여하고 있다. 종전에 비해 법률안 입법 과정에서 환경영향평가, 입법영향평가, 성별영향평가 등이 실시됨으로써 국민에 대한 재정 부담을 줄이고 미래 성장을 지향하도록 하는 데 기여하고 있다.

국회 의사 절차가 잘 구비되어 있으나 「국회선진화법」에 의해 국회의원 60% 이상이 찬성하지 않으면 법률안의 통과가 어렵기 때문에 국회가 공전된다는 지적이 있다.

행태·문화적 측면에서는 국회가 상징적으로 대응하고 부실하게 입법을 심사해 왔다(박재창, 2003: 81-83). 또한 위헌 법률의 수가 상당수 있어 법률안 심의와 의결이 미흡하다는 것이 지적되고 있다. 본회의 및 위원회에서 토론과 의결 과정에서 선진국 수준의 토론문화, 회의문화가 정착되지 않았다. 2014년 국회의 경우 「(가칭)세월호 특별법」과 관련해 약 5개월 동안 법안 통과가 없는 등 여야 간 정당 대립으로 입법 산출이 제약을 받고 있다. 아직도 입법 과정 중 토론문화가 정착하지 못하고 막말을 하는 등 언어적 표현에서 비난을 받고 있다. 세종특별자치시로 정부 주요 부처 청사 이전 이후 더 심각해진 것은 행정부처 장·차관 그리고 고위공무원 등의 다수가 국회의사당으로 가서 대면보고를 하는 등 정부 업무의 효율적 진행에 애로가 있다.

제 2 절 법률 입법 과정의 주요 행위자

1 국회, 행정부 그리고 사법부의 입법 관여

1) 국회의 입법권

입법권은 법률에 국가가 공식적 권위를 인정하는 권한으로 법률안에 대한 심의를 거쳐 법률(안)로서 의결하며 이를 확정하는 것으로 심의와 의결이 핵심이다.

원래 입법권은 국민의 대표기관인 국회의 독점적인 권한이었다. 그런데 입법에 관한 이런 독점적 지위는 행정부와 사법부에 의해 잠식당한다. 행정부는 기관을 구속하고 공동체를 구속하는 법규범을 만든다. 이런 규범으로는 법규명령과 행정규칙을 들 수 있다. 행정에 의한 법 정립은 법률 유보에 의해 그리고 의회가 직접 입법을 행하지 않는 범위 안에서 그 한계를 갖는다. 사법부는 법관(혹은 재판관)에 의한 법 해석에 의해 실질적으로 법을 정립하는 작용을 한다. 그들은 판결을 통해 법의 구체적 내용을 확정한다.

국회는 원칙적으로 입법독점권을 갖지만 모든 사안에 대해 그런 것은 아니다. 이것은 국회의 입법독점권이라고 표현하는 것보다는 국회의 입법특권이라고 표현하는 것이 바람직하다(김승환, 1987: 61-63). 입법부가 입법권을 갖는 경우에도 중국에서처럼 전국인민대표대회는 비상설 입법기구로서, 전국인민대표대회 상무위원회가 상설기구로서 각각 입법권을 갖는다.

2) 행정부의 입법계획 및 심사권

현대 복지국가에서는 입법부와 더불어 행정부가 입법권을 실질적으로 행사하고 있다. 행정부는 입법의 체계적 관리를 위해 입법계획을 하고 있으며, 행정 각 부처에서 제기된 정부법률안을 심사해 정부법률안을 작성한다.

입법계획제도란 행정부가 장래의 일정한 영역에서 스스로의 입법활동에 대한 행동 초안으로서 목표와 수단의 종합적인 체계를 구상해 외부에 공표한 것이다. 대체로 1년, 혹은 4년간의 정부의 입법계획(legislative program)에 대한 대강을 공표하는 것으로 외국의 경우를 보면 미국의 관리예산처(OMB), 영국 내각의 입법계획위원회, 스위스의 연방내각처 등이 관장하며 일부 국가에서만 제도화되어 실행되고 있다(박영도, 2008: 279-291).

입법심사제도는 행정부나 입법부에서 법률을 제출하기 전에 심사하는 과정에서 심사 업무를 관장하는 기관이 법적 적합성을 검토하는 제도로서 대부분의 나라에서 실시하고 있다. 심사기구로는 한국의 법제처, 영국의 의회협의기구(Parliamentary Council Office), 미국 관리예산처의 입법심사부(Legislative Reference Division), 독일의 연방법무부, 프랑스의 내각사무처 법제실(service Legislatif), 스위스의 연방법무국, 일본의 내각법제국 등이 있다(박영도, 2008: 300-309). 그리고 우리나라에서는 국회사무처에 국회의원이 제안한 법률을 심사하는 법제실이 있다.

3) 사법부의 위헌 법률 및 위법명령 심사권

사법부(법원과 헌법재판소)는 정부의 입법 과정에 소극적으로 관여한다. 국회와 정부가 만든 법률이 헌법에 위반하는가 여부를 헌법재판소가 심사하며, 정부의 행정법규가 법률에 위반되는지 여부를 법원이 심사한다. 각국 헌법은 정부 권력기관 간에 견제와 균형을 이루게 하기 위해 법적 전문성을 바탕으로 한 사법부에 헌법과 법률을 해석하게 한다.

2 법률의 입법 과정에서 주요 행위자

현대에서 법률의 입법권은 발안권자, 심의 및 의결권자, 공포권자 등으로 나뉘며, 입법권에 대한 제약으로서 법률안 거부권과 위헌법률심사권이 있다.

1) 법률안의 발안권자

법률안의 발안(발의 또는 제출)이란 의회에 대해 법률안의 심의·의결을 요구하는 것, 즉 의회에 대한 법률안의 심의 의결청구권이라고 할 수 있다.

근대 헌법사상 법률발안권은 군주를 수장으로 하는 정부의 권한에 속했다. 그런데 민주주의의 발전에 따라 의회의 권한이 신장되면서 의회에도 발안권이 인정되기에 이르렀다. 그러나 입법의 민주화는 의회의 내부 발안의 승인에 그치지 않고 국민발안제도를 승인하기에까지 이르렀다. 이것은 국가독점발안주의를 명백히 부인하는 것이다(박영도, 2008: 315-316).

현대 사회에서 정부 발안 우위의 경향이 발생하게 된 이유로서는 국가 이념이 자유국가에서 사회국가로 변천했으며, 국가 기능의 확대와 행정부와 입법부 간에 기술적인 분업의 필요성에서 비롯된다.

법률안 제출권자는 크게 정부, 국회의원, 국회 위원회, 그리고 기타로 구분할 수 있으며, 각국의 사정에 따라 다르다. 의원내각제를 실시하는 국가에서는 정부와 국회에서 법률안을 제출할 수 있다. 대통령제 국가에서는 미국 등 일부 국가를 제외하고는 정부도 법률안을 제출할 수 있다. 의회에서 법률안을 제출하는 경우는 국회의원과 국회 위원회로 구분될 수 있는데 상당수의 국가에서 위원회 제출을 허용하고 있다. 스위스, 오스트리아 등은 정부와 국회 이외에 지방정부, 그리고 일정 수 이상의 주민 등이 법률안을 제출할 수 있다.

2) 법률안 심의 및 의결권자

법률안의 심의 및 의결권은 대부분의 민주주의 국가에서 국회에 부여하고 있다. 국회는 국민의 대표기관으로서 국민의 다양한 이해 관계를 심의 과정에서 충분히 드러나게 하며, 토론의 과정을 통해 법률안의 주요 쟁점, 긍정적인 측면과 부정적인 측면이 밝혀진다.

법률안의 심의와 의결권은 각국의 헌법에서는 원의 구성과 관련해 양원제와 단원제로 구분한다. 양원제를 채택하고 있는 나라에서는 동일 법률안에 대해 상하 양원의 의사가 다른 경우에는 양원협의위원회를 하여 국회의 의사를 결정하며, 프랑스·일본 등 일부 국가에서는 하원(중의원)에서 최종적으로 의결한다.

심의의 중점 회의체에 따라 본회의중심제와 위원회중심제로 구분된다. 이는 제9장 '국회의 정책 기능'의 장에서 상세하게 다룬다. 법률 안건이 2개 이상의 위원회의 소관 사항과 관련이 있을 때는 관련 위원회 회부제도 이외에 연석회의를 하고 있으며 주도권은 소관위원회에 있다.

3) 법률안의 재심사요구권, 공포권 그리고 위헌법률심사권

국회가 제정 또는 개정한 법률안을 행정부에서 공포하기 전에 재심사를 요구할 수 있다. 또한 이것은 심의 및 의결기관으로서 국회의 불완전성에 대한 우려 때문에 인정하고 있는 것으로 국회의 심의와 의결 과정에서 다수당의 횡포나 여야 정당 간의 불합리한 타협에 의해 법률안의 내용과 결과, 영향 등이 적절하게 심의되지 않는 경우를 해결하기 위한 것이다.

법률의 공포는 보통 국가원수(the Head of State)가 하도록 되어 있으나 예외도 있다.[1] 국왕제를 취하는 정치 체제에서는 공포는 국왕이 승낙하는 형식을 취한다.

---

1) 의회가 단독으로 공포의 책임을 지는 나라들이 있다. 쿠바, 체코, 예멘, 나우루, 스리랑카의 경우 행정부는 법률의 공포에 참여하지 않는다. 스위스에는 공포의 형식적 행위가 없다. 의회가 이를 통과시키고 공식적인 법전으로 간행한 후 5년이 지나면 효력을 갖는다. 핀란드, 이스라엘, 독일연방공화국 등에서는

이러한 절차의 숨은 의미는 주권자인 국왕이 의회와 함께 입법 기능을 공유한다는 것을 의미한다.[2]

우리나라에서 법률의 공포권자는 대통령이다. 그런데 국회가 제정 또는 개정한 법률안에 대해 행정부가 거부권을 행사할 수 있다. 이는 법률안 재심사의 요구 이유와 더불어 대통령중심제 국가에서 입법부인 국회와 행정부의 견해가 다를 때 취할 수 있는 입법통제 수단이다. 일종의 국회에 대한 행정부의 입법 관여이다.[3] 법률안이 대통령에게 이송되어 왔을 때 세 가지 처리 방법이 있다.[4]

그리고 법률의 헌법 위반 여부를 헌법재판기관(대법원이나 헌법재판소)에서 판결할 수 있다. 국회가 제정 또는 개정한 법률이 법규범의 최상위법인 헌법에 위반되는가의 여부를 가리고, 이에 따라 법률로서의 효력을 유지하거나 중지시킬 수 있도록 한다.

3 입법 과정에서 공식적 참여자

이상의 법률안 발안권자, 심의 및 의결권자, 공포권자 및 거부권자를 제외한 다른 공식적 참여자들을 보면 다음과 같다.

먼저 법률안에 대한 의견 조정 단계에서는 법률안 특히 중요한 법안을 제출하려는 경우에는 당해 법률과 관계가 있는 정책 주체 및 참여자는 물론 이해관계자와 법률안을 확정하기 전에 의견 조정과 수렴이 필요하다. 그러한 방법으로는 관련 전문가 단체, 기관, 이해관계자에 대한 자문, 청문, 간담회나 여론조사 등을 통해서나 언론에 흘리는 방법 등을 통해 수집할 수 있으며, 여당은 물론 야당의 견해(우

대통령과 소관 각료가 서명했을 때 공포된다(박종흡, 1998: 129-131).

2) 국왕 승낙제도는 벨기에, 덴마크, 일본, 요르단, 쿠웨이트, 모나코, 네덜란드, 노르웨이, 스페인, 태국 등에서도 활용되고 있다. 총독이 국왕의 대리자로 되어 있는 호주, 캐나다, 피지, 모리셔스, 뉴질랜드, 솔로몬군도 등에서 국왕 승낙제도가 시행되고 있다.

3) 이와 같은 거부권제도를 택하고 있는 나라는 브라질, 코스타리카, 핀란드, 요르단, 리히텐슈타인, 네덜란드, 태국, 미국 등이다. 이 제도는 특히 미국형 대통령제의 특징을 보여준다.

4) 첫째는 신속히 서명해 법률로서 완성시킨다. 둘째는 어떤 행동도 취하지 않고 법률을 보류시킨다. 이 경우 법률은 자동적으로 법률이 될 수 있다. 셋째는 법률안에 대해 거부권을 행사하는 것으로 이의서를 첨부해 국회로 되돌려 보낸다. 이 때 거부권은 일시 중지의 효과를 갖는다.

리나라에서는 당정협의에 해당)도 수집해야 한다. 정부제출 법률안의 경우 정부 내에서 법령 협의와 내각이나 국무회의(cabinet)의 결정이 필요하게 된다.

법률안 확정 단계에서는 관련 기관 또는 이해관계자와의 의견 수렴 과정을 거친 후 초안을 검토하고 수정해 최종적으로 법률안을 확정한다. 정부제출 법률안의 경우 법제처의 심사를 받는다.

4 입법 과정에서 비공식적 참여자

의회가 법률안을 심의하는 과정에서 이익집단, 공익단체 그리고 일반국민과 여론 등이 영향을 미친다.

이익집단(혹은 압력단체)이 정책 결정 과정에 영향을 미치는 방법은 크게 두 가지로 나눌 수 있다(정정길 외, 2012: 183-184).

첫째, 지적인 것으로서 시간과 능력이 부족한 국회의원에게 문제 해결에 필요한 전문지식, 문제 상황 및 문제의 원인과 결과에 관한 정보와 자료를 수집해 제공하는 기능을 한다. 이러한 정보, 자료와 관련 이론을 제공할 때는 자신들에게 유리한 정보만을 제공하거나 유리하게 조작할 가능성이 크다.

둘째, 정치적인 것으로서 정치적 지원을 미끼로 의원들이 자신에게 유리한 법률안을 결정하도록 정치적 압력을 가한다. 이러한 정치적 지원에는 선거 때에 많은 표를 모아 주는 것, 선거 때에 후보자를 지원하는 것이 포함되며, 이미 지원하고 있던 이러한 정치적 지지를 철회하겠다는 협박도 포함된다.

공익집단은 비영리단체라고도 하는데, 자발성이 강하며 시민의 참여가 가능하고 정부와 시장에 대한 견제 기능을 담당한다. 공익집단은 정부나 기업 등 영리 부문이 충족시키기 어렵고, 영향력을 미칠 수 없는 부문에 공공 서비스를 제공한다. 특히 시민단체들은 인권 보호, 소비자 보호, 그리고 환경 보호 등의 분야에서 정부의 정책을 견제하는 기능을 행사한다(김준기, 1999: 225-226). 그들은 정부가 법률안을 수립하는 과정이나 국회에서 법률안을 심의하는 과정에서 개별적으로 성명서를 발표하는 등 영향력을 행사하려 하며, 법률안 심의 과정에서 공청회를 할 때 여기에 대표자를 보내어 의견을 개진한다.

시민이나 일반국민은 다른 영향 인자들에 비해 정책 결정에 미치는 영향 정도는 매우 약하지만 제한된 범위에서 영향을 미친다(정정길 외, 2012: 217-218). 즉 첫째, 법률안에 대한 직접 투표를 통해 영향을 미친다. 둘째, 선거를 통해 간접적으로 영향을 미친다. 셋째, 평상시에 개인들은 국회의원들과의 접촉을 통해 간접적으로 영향을 미친다.

여론이란 국민이나 시민이 정책과 관련해 갖고 있는 공통적인 의견이라고 할 수 있다. 법률안 채택과 같은 정책 결정 과정에서는 여론이 충분히 형성되지 않을 때가 많다. 신문, 텔레비전, 인터넷 매체와 같은 언론매체는 여론 형성의 주된 기능을 한다. 소개된 전문가들의 견해와 신문사의 논설이나 텔레비전의 논평 등은 여론 형성에 많은 영향을 미친다.

법률 제정 사례: 생명윤리 및 안전에 관한 법률 제정 사례

1997년 2월 영국에서 전해진 복제양 돌리의 뉴스는 인간 복제의 가능성을 전 세계에 선포한 사건이었다. 국내에서도 1999년 우리나라 최초의 복제 가축인 영롱이가 태어나는 등 생명윤리 문제가 사회문제, 공공의제, 그리고 정책의제가 되면서 2003년 12월 「생명윤리 및 안전에 관한 법률안」이 국회를 통과했다.

생명과학기술의 발전에 따라 새로운 가능성과 윤리의 쟁점들이 제기되었는데 인간 복제, 인간유전자정보의 해독, 유전자 조작 변형, 복합기술 등의 면에서 그렇다. 종교적 측면에서 생명윤리의 문제, 그리고 생물학적 측면에서 인간의 안전성 등이 지적되었다.

1997년 종교계와 시민단체를 중심으로 관심을 갖기 시작했으며, 특히 한국천주교주교협의회(의장 정진석 주교)는 청와대와 국회 통신과학위원회에 인간복제실험을 금지하도록 하는 입법청원을 제출했다.

국회에서는 1997년 장영달 의원 등, 1998년 이상희 의원 등, 1999년 이성재 의원 등이 각각 생명공학육성법 개정안 등을 제출했으나 보류되었다. 한편 행정부에서는 2000년부터 보건복지부와 과학기술부가 각각 생명윤리 관련 법률 제정활동을 주도했다. 보건복지부는 보건사회연구원을, 과학기술부는 생명윤리자문위원회를 각각 앞세워 법률안 초안을 작성했다. 2002년 7월 25일 국무조정실은 차관회의에서 법률 주관 부처를 보건복지부(과학기술부 협조)로 조정해 단일 법률안을 추진하도록 결정했다.

2002년 9월 24일 보건복지부는 동 법률안을 입법예고했으며, 동년 10월 25일 관계차관회의를 실시했다. 2003년 2월 26일 규제개혁위원회의 규제심사에서는 몇 가지 사항을 개선하도록 권고했다. 이어 국무회의를 거쳐 행정부의 법률안으로 국회에 제출되었으며, 마침내 2003년 12월 29일 국회 본회의를 통과했다.

자료: 노화준(2006: 87-116).

정책 결정 과정에서 전문가와 지식인들은 문제의 해결책이나 정책 대안을 제시하고 또 이들을 비교·평가하는 등 중요한 지적·분석적 작업을 함으로써 영향을 미친다. 물론 이런 지식은 전문가들, 학자들, 행정관료들 간의 상호 접촉과 의견 교환을 통해 이루어진다. 이를 정책공동체라 부른다.

제3절 법률 입법 과정의 주요 활동

1 대한민국 국회의 입법 절차

1) 법률안의 입안과 심사 과정

우리나라에서 법률안 제출자는 정부, 국회의원, 그리고 위원회이다. 정부가 법률안을 발의하는 경우에는 부처 안(案)의 작성, 법제처의 심사 그리고 대통령의 재가 절차를 거친다.

부처 안은 해당 행정 각 부처가 초안을 작성하며, 부처 내의 협의를 거친 후 부처 안을 작성한다. 이 과정에서 관계 부처와 협의를 거친 후, 필요한 경우 당정협의를 한다. 당정협의 후에는 일정한 기간 동안 입법예고(立法豫告)[5]를 한다. 이해관계자들의 건의를 받은 후 부처 안을 확정한다. 확정된 부처 안은 법제처의 심사, 관계 부처 장관회의와 국무회의 등을 거친다. 이어서 대통령의 재가를 받으면 정부제출 법률안으로 확정된다. 한편 국회의원이 발의한 법률은 사전에 국회사무처 법제실에서 초안을 작성할 수 있다.

5) 입법예고는 법령 안의 내용을 사전에 국민에게 공개해 국민의 의견을 받아서 그것이 합리적일 때 이를 입법에 반영하는 것으로 국민이 입법 과정에 참여할 수 있는 기회를 확대해 법령의 실효성을 높이는 것은 물론 민주성을 확보할 수 있는 제도이다. 입법예고의 대상은 다수의 일반 국민의 생활과 직결되는 사항이며, 각 부처 장관이(예외적으로 법제처장)이 예고의 책임을 진다. 예고는 보통 관보에 하고 있으며, 국민이 제출한 내용은 주관 기관과 국무회의에서 수용 여부를 판단한다(조정찬, 1990).

2) 법률안의 발안 · 심의 · 의결

국회의원이 법률안을 제출하는 경우에는 의원 20인 이상의 찬성을 얻어 발의하며 안을 갖추어 제안 이유를 기재한 문서로 의장에게 제출한다(「국회법」 제79조). 국회사무처 의사국 의사과에서는 의장을 대신해 이를 접수한 후 접수부에 기록하고 계선조직(의사국장 → 입법차장 → 사무총장)을 거쳐 의장의 재가를 얻은 후 인쇄해 전 의원에게 배포한다. 접수한 시점이 본회의 개의 중일 때는 본회의에 보고한 후 소관 위원회에 회부하고 폐회 또는 휴회 중인 때는 본회의 보고를 생략하고 회부한다.

소관 상임위원회의 결정은 의장이 하고 소관 상임위원회가 불명확할 때는 운영위원회와 협의해 결정한다. 특히 필요하다고 인정하는 안건에 대해서는 본회의의 의결을 얻어 특별위원회에 회부할 수 있다(「국회법」 제81조 제2항, 제82조). 정부제출 법률안에는 관계 국무위원의 부서(副書)가 따르므로 이것이 소관 위원회 결정의 기준이 된다.

상임위원회에서 법안을 다루는 회의가 개회되면 먼저 정부제출 법률안의 경우는 소관 부처 장관(또는 차관)으로부터, 의원발의 법률안에 대해서는 발의 의원으로부터 제안설명을 듣고, 이어서 전문위원의 예비검토 보고를 받은 후 대체 토론에 들어간다.

위원회에서 법안 심의를 마치거나 입안(위원회 제안 법안)한 때에는 본회의에 보고하기 전에 법제사법위원회에 회부해 체계와 자구(字句)에 대한 심사를 거쳐야 한다(「국회법」, 제86조).

법안은 본회의에 부의되어 심사보고 또는 제안설명, 질의와 토론의 절차를 거친다. 본회의에서 토론은 교섭단체별로, 그 소속 의원 수에 비례해 정한다. 법안에 대한 표결의 결과는 의장이 선포한다.

3) 법률안의 확정

법률안의 확정은 정부로의 이송, 공포로 마무리되며, 이 단계에서 대통령이 거부권을 행사할 수 있다. 확정된 이후에는 위헌법률심사가 있다.

국회에서 의결된 법률안은 의장이 이를 정부에 이송한다. 정부에 이송된 법률안은 거부 또는 재의 요구가 없는 한 공포를 함으로써 확정된다. 공포는 국무회의의 의결을 거쳐(「대한민국 헌법」 제89조 3호) 대통령이 서명한 후 대통령인을 날인하고 일자를 명기해 국무총리와 각 국무위원이 부서하며 법률의 번호를 붙여서 관보에 게재해 이를 공포한다. 법률의 공포일은 관보가 발행한 날이 된다.

만약 법률안에 이의가 있으면 대통령은 정부 이송 15일 이내에 이의서를 붙여 국회로 환부하고 그 재의를 요구할 수 있으며, 국회가 재의에 붙인 결과 재적의원 과반수의 출석과 출석의원 3분의 2 이상의 찬성으로 전과 같은 의결을 하면 그 법률안은 법률로서 확정된다(「대한민국 헌법」 제53조 제2항, 제4항).

우리나라에서는 국회가 제정하고 대통령이 공포해 효력을 발생하고 있는 법률이 헌법에 위반되는지 여부를 헌법재판소에서 판결할 수 있도록 하고 있다.

2 법률안 작성

1) 법률안의 입안

법률안의 작성은 정책 형성의 첫 단계로서 정책문제가 정책 목표와 정책 수단을 구비한 정책으로 구조화되고 이것이 법률로 탈바꿈해 법률안의 형식을 밟게 된다. 법률안의 입안은 제안 주체가 입법하고자 하는 내용을 법률에 담아 국회에 제안하는 것이다. 그런데 그것은 제출권자가 국회의원(혹은 위원회)인가 정부인가에 따라 달라진다.[6] 여기서 제안된 법률안은 제정안, 개정안 그리고 폐지안으로 구분된다. 법률안 입안 단계를 법률안 입법화 결정, 초안 작성, 관계자 의견 수렴, 법률안 형식과 내용 확정의 순으로 진행된다. 이 중 핵심적 단계는 입법화 결정과 초안 작성이다.

법률안 입법화를 결정하려면 먼저 해당 분야 법률의 입법화가 필요한지를 확인해야 한다. 입법환경 및 관련 현행 법률을 분석 평가하고, 주요 외국의 입법 사례를 연구하거나 법 이론을 탐구한다. 이에 근거해 새로운 법률 입안의 당위성을 제시하기 위해 법률의 필요성, 실현가능성, 제정의 시의성, 법적 체계성 등을 검토한다.

---

6) 국회의원이 법률안을 발의하는 경우에 대해서는 박수철(2011: 450-457) 참조, 정부에서 법률안을 제안하는 경우에는 http://www.moleg.go.kr 참조.

법률안 입안 단계에서 당해 법률의 제정 이유, 의의와 기대 효과 등에 관한 사항 등에 대해 의사소통이 요구된다. 법률의 심의·의결기관, 집행기관(집행자)이나 국민 등 법률의 정책대상자 등 이해관계자와 의사소통을 위해 서술되거나 선언되는 표시가 필요하다.

법률안 초안의 작성이란 입법 관계 사실을 파악하고 입법 사실을 확정하는 것이다. 법률안 요강은 정책을 실정법 체계 가운데 정합성을 지니게 실현하는 것으로서 입법정책을 구체화해 법적인 가공과 정서를 하는 것이다. 여기에 법적 표현을 가해 형식을 구비하면 법률안이 된다(박영도, 2008: 296-297; 최대권, 1984: 83에서 재인용). 이 단계에서는 일반적인 법체계에 따라 조문별로 문장화해 배치한다.

법률안의 구성 및 규정의 순서에 대해서는 명문상의 기준은 없으나 본칙과 부칙으로 구성되어 있으며, 본칙에는 총칙규정, 실체규정, 보칙규정 그리고 벌칙규정으로 구성된다. 일반적인 법률안 구조 체계는 다음과 같다.

일반적 법률안의 구성 체계와 특별법 사례의 구조

1. 본칙
   가. 총칙규정: 목적규정, 정의규정, 해석규정, 기본 원칙, 효력 순위, 적용 범위
   나. 실체규정: 행정행위(행정처분), 제재적 행정처분, 위임입법, 결격 사유, 행정기관, 부관
   다. 보칙규정: 보고·검사, 청문절차, 행정심판과 행정소송, 손실보상, 권한의 위임과 위탁, 수수료
   라. 벌칙규정: 위반 요건, 처벌 범위 및 형량, 양벌규정, 행정질서벌(과태료)
2. 부칙: 시행일, 유효 기간, 다른 법률의 폐지, 적용례, 경과 조치, 다른 법률의 개정 등

자료: 국회법제실(2011: 74).

신행정수도 후속 대책을 위한 연기·공주지역 행정중심복합도시 건설을 위한 특별법

상기 특별법은 2005.3.18. 제정된 특별법(제7391호)으로서 49차 개정에 이르렀으며(2014. 6.11., 일부 개정 법률 제12754호) 그 세부 내용은 다음과 같다.

제1장 총칙: 목적, 정의, 국가 및 지방자치단체의 책임, 국가균형발전 시책의 병행 추진, 행정중심복합도시 건설의 기본 방향, 다른 계획과의 관계

제2장 예정 지역 등의 지정 및 관리: 개발행위 허가 및 건축허가 제한의 특례, 예정 지역

의 등의 지정/고시/지정 효과/해제 등
제3장 행정중심복합도시 건설사업 등: 사업시행자의 지정, 개발계획의 수립 등, 선수금, 준공검사
제4장 추진기구: 위원회의 설치/조직/심의사항, 위원장, 자문위원회
제5장 행정중심복합도시건설 특별회계
제6장 사업시행자 등에 대한 지원
제7장 보칙: 도・시・군계획에 대한 특례, 외국 교육기관의 설립・운영 등
제8장 벌칙: 업무상 비밀누설죄 등

자료: http://likms.assembly.go.kr/law/jsp/prt/Print 2014-09-23 검색.

2) 법률안의 심사

법률안의 심사라고 해서 특별한 것이 있는 것이 아니라 이념적으로 앞서 살펴본 법률안의 작성 과정을 다시 검토하는 것이다. 심사는 법률안이 법률로서의 내용과 형식을 동시에 구비하고 있는가의 관점에서 행해지는 것이며, 기본적으로는 정책 내용이나 가치에 관여하는 것은 삼간다. 물론 법률적인 관점에서 정책 내용이나 가치가 합리성을 지니고 있는가의 검토는 가능하다(박영도, 2008: 299).

본래 법률안이 전술한 절차나 과정을 거쳐 작성된다면 특별히 심사할 필요는 없으며, 그 의미에서 법률안의 입안에서 심사는 절대 불가결한 것이 아니다. 그러나 실제로는 국가조직에서 법체계의 통일성의 유지를 위해 실무적으로 심사 단계를 거친다.

한 국가의 법 제도는 성문법을 중심으로 하는 법문화 아래서 하나의 체계를 구성하며 개개의 법령은 그 가운데 다른 법령과의 조화를 도모하면서 효력을 갖는다. 개별 법령은 같은 형식을 지니고 일정한 규칙의 표현 방법에 따르며, 그 내용도 법체계 가운데 모순 없이 균형되게 조정된다. 이러한 법문화를 담보하는 기구적인 보장이 심사기관의 존재이며 심사의 임무는 바로 여기에 있다. 나아가 개별 법령의 법적 객관성의 확보나 법률로서 구성의 견고함 보장이라는 심사의 목적과 역할이 존재한다. 좀 더 실질적인 견지에서 본다면 입법의 전문가로부터 내용과 형식에 관한 철저한 검토를 거침으로써 법률의 생명력이 유지된다(박영도, 2008: 300).

3 법률안 심의와 의결

1) 입법 과정에서 심의

(1) 입법 과정에서 심의의 의의

국회에서의 심의란 법률안을 의결하기 이전 단계로서 법률안으로서 타당성과 법적 적합성 그리고 법 기술적 측면, 국민의 입장에서 법률의 의도 등을 논의하는 활동을 말한다. 심의야말로 사실상 국회에서 법률안 입법 과정의 핵심 단계라 할 수 있다. 법률안의 심의의 대상은 제출자의 신분에 구애받지 않는다.

법률안의 심의에서 질의, 토론, 표결 등 적법한 입법 절차를 거치는 입법작용은 의회주의의 본질에 속한다. 따라서 이러한 절차를 거치지 아니한 입법은 입법의 본질적 절차를 결여한 것으로서 위헌으로 보아야 한다. 국회에서의 법률안 심의 절차는 국가에 따라 다르며 본회의중심제와 위원회중심제로 크게 구분된다. 국회에서의 심의를 위해서는 심의 대상 법안과 그 관할권, 심의 및 심사 기간 등이 중요한 논점이 된다.

(2) 토론과 독회, 관련 활동

입법 과정, 특히 심의 과정의 정수는 토론이다. 법률안이 제출되어 통과될 때까지 몇 번의 토론 기회가 부여될 수 있으며, 수정안의 제출 기회가 주어진다.

독회(讀會, readings)란 법안이 통과되는 각각의 단계에서 이루어지는 계속적인 의미의 승계적 토론이다.[7] 우리나라에서는 해당 법안 제안자의 취지 설명과 전문위원의 검토가 끝난 다음부터 대체 토론(general debate)[8]에 들어간다. 한편 축조심의가 끝난 다음에는 찬반 토론(贊反討論)을 실시한다.

국회에서 토론을 활발하게 하기 위해 공청회 및 청문회를 개최한다. 공청회(公聽會)는 법률안 등 안건을 심의하기 위해 이해관계자 또는 학식과 경험이 있는 자

---

7) 국제의회연맹이 83개국 의회를 대상으로 조사한 바에 따르면 30국이 1독회제, 18개국이 2독회제, 그리고 35개국이 3독회제를 택하고 있는 것으로 나타났다(IPU, 1986: 921).

8) 「국회법」에서 규정하는 대체 토론이란 법률안 등 안건 전반에 대해 문제점과 당부에 관한 일반적 토론을 말하며, 제안자와 위원 간의 질의와 답변을 포함한다. 즉, 국회 위원회 위원이 소관 행정부처의 관계 국무위원 등을 출석하게 하여 의문점을 묻고, 제안자는 질의한 위원에게 답변한다(박수철, 2011: 488-489).

등으로부터 의견을 듣는 일종의 의견 청취제도이다. 청문회(聽聞會)는 안건을 심사하기 위해 증인이나 감정인 또는 참고인으로부터 증언이나 진술을 청취하고 증거를 채택하기 위한 제도이다.

2) 법률안의 의결

법률안의 의결은 발안된 법률안의 내용 및 정도에 관해 심사하고 그 존부를 판단하는 것이다. 법률을 가결할 것인가의 여부는 심의를 통해 국민적 합의가 형성되고 획득되었는가에 관한 국회의 판단이며, 이것은 입법기관인 국회의 전권에 속하는 사항이다. 한번 의결되면 동일 회기 내에 의결기관이 변경할 수 없다(박영도, 2008: 392).

입법 과정에서 의결 방법은 다수결 원리를 원칙으로 하며 기타 가부 동수의 문제와 표결 문제 등이 있다(박영도, 2008: 394-395). 회의의 의사 결정의 방법으로는 다수결의 원칙이 채택되고 있으나, 다수결에는 절대 다수, 비교 다수 및 특별 다수의 구별이 있다.[9)]

표결은 회의의 의사 결정에 직접 참여하는 것을 말하며, 그 방법으로는 기립, 거수, 기명투표, 무기명투표, 이의 유무를 묻는 방법 등 다섯 가지가 있으나 이는 의사규칙 등에서 자주적으로 결정된다.

---

9) 절대 다수는 과반수에 의한 다수결로서 회의 의사 결정의 방법으로서 가장 원칙적인 것이다. 비교 다수는 주로 선거의 경우 많이 쓰이는 방법으로 득표 수가 상대적으로 많은 자를 당선인으로 하며 득표 수가 투표 수의 과반수에 도달할 것을 요건으로 하지 않는다. 특별 다수는 특정의 수를 기준으로 회의의 의사를 결정하는 방법이다. 이것은 소수의 보호, 현상 존중 등 어떠한 특별한 의미를 지닌 의결에서 사용된다. 가부 동수(可否同數)의 경우에 이를 해결하는 방법으로 일반적으로 ① 의장에게 표결권과 결정권을 부여하는 방법, ② 의장에게 결정권을 부여하는 방법, ③ 의장에게 표결권만 부여하는 방법의 세 가지가 있다.

제 3 장

조약의 정책 과정

제1절 조약의 의의

1 조약의 의의

1) 조약의 정의와 명칭

조약의 명칭은 조약(treaty), 협약(convention), 협정(agreement), 각서교환(exchange of notes), 의정서(protocol), 헌장(charter or constitution) 및 규약(statute), 잠정협정(modus vivendi), 의사록(process-verbal) 및 합의의사록(agreed minute), 정교협약(concordat) 등이 있다.[1)]

아우스트(Anthony Aust)는 조약을 "국가 간의 문서화된 국제적 동의로서 국제법에 의해 통제받는다."고 정의한다(Aust, 2013: 14-20). 하지만 대부분의 조약은 비엔나협약에 의해 도출된다.

조약법에 관한 비엔나협약 제2조 1항에 따르면 조약이란 그 명칭이 어떻든 간에, 한 개의 문서로 되어 있든 여러 관련 문서로 되어 있든 관계없이 국제법 주체들이 법적 구속력을 받도록 체결한 국제법의 규율을 받는 국제협정이다. 조약이란 국제법에 의해 규정된 의무를 만들어 내는 국제행위자들 간의 하나의 동의이다. 이 개념은 조약이 국가 간 혹은 국가의 조직 간 동의이며, 이것은 쌍방 간에 법적인 권리와 의무를 창조한다(Binder, 1988: 17). 이 중에서 동의 결정 절차는 상당한 부분이 국내 헌법의 적용을 받는다.

2) 조약의 분류

조약은 다음과 같이 분류된다. 첫째 정식조약과 약식조약이다. 정식조약은 국가

---

1) exchange of note(교환공문 또는 교환서한)는 일반적으로 조약의 보충으로서 작성되지만 그 자체 조약과 똑같은 의미를 가지며 또한 독립적으로 사용된다. concordat는 바티칸 시국, 즉 로마교황이 체결하는 조약이다. 다자간 조약을 의미하는 용어로는 charter(헌장), covenant(규약), statute(규정), constitution(헌장), regulation(규정) 등이 있다.

원수의 비준을 필요로 하는 것이며, 약식조약은 비준이 필요 없는 조약을 말한다. 약식조약도 교환서한의 형태로 체결된다. 둘째 조약은 양자조약과 다자조약으로 구분된다. 양자조약은 두 국가 사이에 체결된 조약을 말하며, 다자조약은 3개국 이상의 조약을 말하는데 이것도 WTO협정(세계무역기구 설립을 위한 마라케시협정)에서처럼 모든 국가에 적용되는 다자간 무역협정과 복수국 간 무역협정으로 나눌 수 있다(김대순, 2013: 74-77).

3) 조약과 양해각서

1919년 미국 윌슨(W. Wilson) 대통령이 MOU란 용어를 사용한 이래 끊임없이 발전하고 있는 양해각서(Memorandums of Understanding: MOUs)는 국가 간에 정치적 관여를 약속한 것으로 법적인 구속력은 없다. 조약과 MOU는 다음과 같이 다르다(Aust, 2013: 28-31, 41-44).

조약이 세부 조항을 표현하는데, MOU는 문단으로 표현된다. 조약이 동의하는 것이라면, MOU는 결정하고, 수용하며, 인정하고, 배열하며 양해하는 것이다. 조약이 계속 강제하는 것이라면 MOU는 계속 유효한 것이다. 조약이 의무를 부과하고 권리를 강조하는 것이라면 MOU는 관여하고 편익을 강조한다. 조약의 주체가 상대방이라면 MOU의 주체는 참여자이다. MOU는 조약에 비해 초안에 대한 세심한 숙고가 불필요하며, 집행입법이 부족하고 등록하지 않기 때문에 MOU를 쉽게 발견하기 어렵다.

2 조약의 특성과 영향 요인

조약이 유효하게 성립하기 위해서는 조약당사자 간의 진정한 의사 합치가 필수적이다. 이러한 의사 합치를 위해서는 조약당사자가 조약체결권을 가진 자일 것, 조약 체결의 합의가 하자 없이 성립할 것, 조약의 내용이 적법하고 가능한 것일 것, 그리고 일정한 조약 성립의 절차를 거칠 것 등이 요구된다(김정균·성재호, 2006: 622-636).

조약은 국가 간의 합의를 문서로 나타낸 것이다. 따라서 조약은 공익 중에서도 국익 또는 국가의 명성 등을 결정의 가치로 삼는다. 조약은 국가 간의 자유로운 합의를 전제로 하며 강압이나 협박에 의한 조약 체결은 불법적인 것이다. 조약은 문서로 표현한 국가 간의 합의이다. 다양한 형태의 국가 간의 합의가 있을 수 있다. 즉, 신사협정이나 구두약속 등도 조약에 포함된다. 조약이 구속력이 있으려면 문서화되어야 하고, 문서화하는 과정에서 일정한 절차를 밟아야 한다.

실제 조약이 형성되어 결정될 때는 다양한 요소에 의해 영향을 받는다.

첫째, 국가 간의 힘의 역학 관계나 신뢰가 영향을 준다. 조약을 체결하는 분야에서 조약 상대국의 힘의 크기는 조약의 내용을 결정하는 데 영향을 준다. 조약 체결 상대국 쌍방의 국가 이익에 도움을 주어야 하며 힘의 크기에 따라서 조약의 내용이 강자에게 유리하게 체결될 수 있다. 또한 국가 간의 신뢰가 어느 정도 있어야만 조약이 체결된다.

둘째, 조약을 체결하는 당사국 국내에서의 정치 체제, 경제 상황, 사회문화, 법령 체계 그리고 조약에 관한 기본 정책 등이 영향을 준다. 대통령, 행정부, 입법부(국회), 사법부(헌법재판소 포함) 간의 정치적 권력 관계는 조약의 체결과 동의, 위헌 심사에 영향을 준다. 경제적 상황과 사회문화는 조약의 필요성과 그 이행에 영향을 준다. 법령 체계와 존재 여부는 조약의 이행에 영향을 준다. 조약에 관한 기본 정책은 당해 연도의 조약의 수립 등에 영향을 준다.

3 대한민국에서 조약 체결 현황

우리나라에서 조약 체결 현황은 〈표 3-1〉과 같다. 1945년 정부 수립 이후 2012년 말 현재까지 대한민국이 체결·발표한 조약은 총 2,882건에 달하며, 이 중에 양자조약은 2,257건 그리고 다자조약은 625건이다. 해방 이후 주로 미국이 조약 체결의 상대방이었으나 점차 당시의 우방이었던 영국, 서독, 프랑스 등으로 확대되어 나갔으며, 1960년대 일본과의 수교 그리고 1992년 유엔 가입 등으로 점차 조약 체결의 상대국이 늘어갔다.

조약 체결의 상대가 다변화하는 동시에 조약 체결 대상(분야)도 다양화되었다. 1950년대까지만 해도 미국이나 우방으로부터 경제·군사원조에 관한 사항이 중요

표 3-1 분야별 조약 체결 현황(2008.12.31 현재)(발효 기준)

양자조약		다자조약	
분야	건수	분야	건수
군사, 안보	91	군축, 원자력	39
범죄, 사법 공조	46	국제범죄, 인도법	31
경제, 과학, 기술	424	사회, 문화	41
무역, 통상	175	무역, 경제	110
조세, 차관, 투자 보장	523	농업, 어업	64
항공, 해운, 교통	173	해사, 항공, 교통	57
외교, 영사, 사증	130	노동, 인권	48
문화, 관광, 사회보장	162	우편, 방송통신	105
환경, 자원, 통신 기타	174	환경	42
국제기구 기타	118	기타	33
계(건)	2,016		570

자료: 배종인(2008: 89).

표 3-2 시대별 조약 체결 현황(2012.12.31 현재)(발효 기준)

연도	양자조약	다자조약	계
1948~1960	88	38	126
1961~1970	231	62	293
1971~1980	329	90	419
1981~1990	326	112	438
1991~2000	523	136	659
2001~2010	649	132	812
2011~2012	111	163	135
계(건)	2,257	625	2,882

자료: 외교부 홈페이지 자료. http://www.mofa.go.kr/trade/treatylaw/treatykorea/activities/index.jsp?menu=m-30, 2014-05-19 검색.

한 비중을 차지했으나 그 후 경제 성장의 단계에서 통상, 어업, 섬유 분야에 이어 항공, 원자력, 그리고 사회보장, 형사 사법 공조 등과 같은 분야에서의 조약 체결이 늘어갔다.

우리나라의 조약 체결을 살펴보면 몇 가지 경향을 발견할 수 있다. 우선 조약 체결 건수가 점증하고 있는 추세를 보인다. 이는 국가 간의 상호의존성이 심화되고 협력 필요성 등이 제고됨에 따른 당연한 결과이다. 우리나라의 조약 업무 체결을 10년 단위로 정리하면 〈표 3-2〉와 같다.

4 대한민국 조약정책의 전망과 역량의 개선

국가 간 관계가 증대되고, 확대되며, 의존도가 높아짐으로써 조약의 중요성이 강조되고 있다. 우리나라는 선진국의 일원으로서 국제화·개방화 시대에 부응하기 위해 노력하고 있다. 조약 체결의 내용은 다변화하고 있으며 그 정도 역시 심화되고 있다. 국가 수준의 조약이 아닌 부처나 자치단체 수준의 국제협약도 증가하고 있어 정부(외교부 및 관련 부처 등)의 조약에 대한 체계적인 계획과 관리가 요구되고 있다.

조약이 국가 간의 합의를 바탕으로 하며 그것은 국가 간의 호혜와 평등, 자주라는 기본적 가치에 바탕을 두는 것으로 조약의 체결은 국익을 증진하기 위한 치열한 싸움이라고 해도 과언이 아니다. 조약 업무를 아마추어 수준에서 탈피하고 전문적인 수준에서 다루어야 할 것이며, 개별적인 조약에서 전체적인 조약정책의 일환으로서 관리하는 체계적 접근이 요구된다.

조약이 체결되면 그 영향과 효과는 국민의 생활과 국가의 존망에 영향을 주게 되므로 개별 조약의 중요도, 파급 효과 그리고 정책 대상자들에 대한 이해 관계를 면밀하게 검토하는 사전 준비와 분석 과정이 매우 중요하다.

따라서 조약의 중요 정책행위자들인 외교부, 정부 각 부처와 지방자치단체, 국회 그리고 헌법재판소 등은 주어진 책무를 다하기 위한 제도와 비제도적 노력을 기울여야 한다. 아울러 조약 관련 외교관을 포함한 정책담당자들의 조약에 대한 깊은 이해와 지식관리가 요구된다.

조약 체결 사례: 한 · 미 FTA 비준

정부는 우리 경제의 지속적인 성장 동력 창출과 선진 통상국가 실현을 위한 정책 수단의 하나로 자유무역협정(Free Trade Agreement: FTA)을 적극 추진해 오고 있다. 전 세계적인 자유무역협정 체결 건수의 급증 등 갈수록 심화되는 지역주의 확산에 능동적으로 대응하기 위해 2003년 FTA 추진 로드맵을 채택하고, 이를 토대로 세계 주요 국가와의 FTA를 본격적으로 추진해 왔다. 이런 추진 노력의 결과 2012년 말 현재 칠레, 싱가포르, EFTA, 인도, EU, 페루, 미국(총 8건, 45개국)과의 FTA가 발효되었다. 콜롬비아, 터키 등 국가와의 FTA 협상도 상당히 진척되었다.

한 · 미 FTA는 2006년 2월 3일 협상 개시에 합의하고, 2006년 6월 제1차 협상을 시작으로 2007년 3월 말 고위급 협상에 이르기까지 총 10차례 협상을 개최했다. 2007년 4월 2일 협상을 타결하고 2007년 6월 30일 미국 워싱턴에서 협정문에 서명함으로써, 한 · 미 양국 간 무역과 투자를 자유화하고 서비스 및 정부 조달시장 개방 확대, 지적 재산권 보호 강화 등을 통해 양국 간 경제통상 관계를 한층 확대 · 강화할 수 있는 기틀을 마련했다. 그러나 서명 이후 당초 예상과는 달리 국내 정치 · 경제적 여건으로 인해 발효가 계속 지연되었다. 이에 이명박 대통령과 오바마 대통령은 2010년 6월 토론토 및 2010년 11월 12일 G20에서 개최된 한미정상회담에서 한 · 미 FTA 진전을 위한 양국 협의 개시 및 노력에 합의했다. 이에 따라 2010년 11월~12월 3일간 양국 통상장관 간 추가 협상이 진행되어 합의가 이루어졌고, 2011년 2월 10일 한 · 미 FTA 추가 협상 결과 합의문서를 서명 · 교환했다. 정부는 2011년 6월 3일 추기 협상 결과를 포함한 한 · 미 FTA 비준동의안을 국회에 제출했다. 동 동의안은 2011년 9월 16일 외교통상통일위원회에 상정되었으며, 2011년 11월 22일 국회 본회의에서 통과되었다. 미국의 경우 2011년 10월 12일 한 · 미 FTA 이행법안이 미 상 · 하원에서 통과되었고, 2011년 10월 21일 오바마 대통령이 이행법안에 서명했다. 양국에서 입법 조치가 마무리된 후 정부는 미측과 협정 시행을 위한 상호 법령 정비 등 한 · 미 FTA의 발효에 필요한 상황 점검회의를 했다.

한 · 미 FTA는 상품, 서비스, 투자 등을 포함하는 높은 수준의 자유무역협정이다. 상품 분야에서 양측은 공산품과 임수산물에서 전 품목을 예외 없이 개방하기로 했고, 즉시 철폐를 포함해 5년 내 조기 철폐되는 품목 수가 우리 측 92%, 미측 92.8%이다. 2011년 8월 5일 대외경제정책연구원 등 10개 연구기관이 합동으로 발표한 보고서에 따르면, 한 · 미 FTA로 향후 15년간 대미 무역수지는 연평균 1.4억 달러, 대(對)세계 무역수지는 27.7억 달러 흑자가 확대될 것으로 보이며, 장기적으로 실질GDP는 5.66%, 소비자후생은 321.9억 달러 증가될 것으로 전망된다.

자료: 외교부(2013: 125-127)에서 발췌 정리.

제 2 절 조약 과정에서 주요 행위자

1 국가 내의 주요 행위자

1) 조약 체결 권한과 조약 체결권자

조약 체결 권한은 조약 체결 능력과 구분되는 개념으로 스스로 주권국가를 대표해 외국 또는 여타 국제법의 주체와 조약을 맺는 권한을 말한다. 조약체결권은 ① 국가를 대표해 조약에 서명하고 비준서를 교환하는 대외적 대표권과 ② 조약의 교섭, 서명, 비준이라는 일련의 과정에서 결정을 내리는 실질적 의사결정권으로 구분할 수 있다.

국가원수와 행정수반은 정치 체제에 따라 대통령, 국왕, 국회의장 등이 맡고 있다. 보통 대통령중심제 국가에서는 대통령이, 내각책임제에서는 수상이, 이원집정부제에서는 대통령과 수상이 함께 행정수반이 된다.

외무부 장관이 발급한 전권위임장

전 권 위 임 장(FULL POWERS)

본인 대한민국 외무부 장관 ○○○은 대한민국 외무부 제1차관 ○○○ 씨에게 대한민국 정부를 대표하여 대한민국정부와 벨라루스공화국 정부 간의 외교관·관용여권 소지자에 대한 사증 면제에 관한 협정에 서명할 권한을 부여하였다.

이상의 증거로 본인은 2007년 11월 1일 서울에서 이에 서명하고 대한민국 외교통상부 장관인을 날인하였다.

외교통상부 장관

아래에서는 조약 체결권자에 대해 배종인과 정인섭의 견해를 바탕으로 하여 주로 소개하고자 한다(배종인, 2009: 95-127; 정인섭, 2014: 347-349).

우리나라에서 대통령은 국가원수 및 행정수반으로서 조약체결권을 갖고 있다. 「대한민국 헌법」 제73조의 대통령의 조약·체결비준권은 단순히 국가를 대표해 서명하는 대표권에 그치지 아니하고 실질적인 의사결정권을 의미한다.

외교부 장관은 대통령이 임명하는 행정각부의 장관 중 하나이지만 국제법상으로는 조약체결권이 일반적으로 주어진다. 또한 외교부 장관은 외교정책을 총괄하며 조약 체결 업무를 소속 부서인 조약국을 통해 집행한다. 외교부 장관은 정부대표 임명권, 조약 서명자 임명권, 전권위임장 발급권 등을 대통령으로부터 포괄적으로 위임받고 있다. 재외공관장(대사)은 전권위임장이 없는 한 조약에 대한 교섭권은 있으나 결정권은 없다.

국무총리는 서열상 외무 장관보다 우위이나 우리나라에서 국무총리는 행정수반은 아니므로 대통령의 전권위임이 있어야 조약에 서명할 수 있다. 행정각부의 장은 외국의 상대 기관의 장과 기관 간 약정을 체결할 수는 있으나 조약 체결의 권한이 있는 것은 아니다. 기획재정부 장관은 「공공차관의 도입 및 관리에 관한 법률」에 의해 정부를 대표해 교섭하고 조정하도록 하고 있다.

정부기관 간 국제협정을 체결할 때는 개별 부처가 자신의 권한 하에 일정한 법적 구속력을 가지는 기관 관 약정을 맺을 수 있다고는 인정하되, 다만 해당 행정부처가 이러한 약정을 교섭하기 전에 외교통상부의 동의를 얻도록 하는 것이 바람직하다.

지방자치단체의 장은 외국의 자치단체와 기관 간 약정을 체결할 수는 있으나 조약 체결의 권한이 있는 것은 아니다. 지방자치단체의 국제 활동이 증가하고 있다. 지방자치단체의 국제협약 체결에 대해서는 각국의 헌법이나 법률에서 다양하게 인정하거나 부인한다. 우리나라 지방자치법에서는 자치단체의 조약 체결을 허용하지는 않으나 조약의 성격을 가지지 않은 대외적 합의서 체결은 허용된다.

2) 조약의 정책 과정에서 의회의 관여

조약이 일반화된 후 지난 몇십 년 동안, 행정부가 조약의 시작, 협상, 결론 그리고 운영 과정에서 핵심적 역할을 해왔다. 의회의 역할은 집행부가 비준한 후 승인과 거부하는 행위를 포함하는 등 부차적이었다. 그럼에도 불구하고 의회의 조약 체결 과정에서 역할은 더욱 커져가고 있다(Reisenfeld & Abbott, 1993: xi).

서구 선진국에서의 조약을 체결할 때 의회가 참여하는 것은 일반적으로 제도화되어 있다. 우리나라에서도 「대한민국 헌법」 제60조 제1항에서는 "국회는 상호원조 또는 안전보장에 관한 조약 등 …… 조약 체결의 비준에 대한 동의권을 갖는다."고 규정하고 있다.

이처럼 국회의 동의권을 허용하는 것은 대통령(행정수반)의 자의적인 조약 체결을 방지하고 국민의 대표기관인 국회를 통해 국민적 합의를 도출함으로써 조약의 민주적 정당성을 확보하기 위한 목적으로 인정되는 예외적 부차적 권한이다(김부찬, 2014: 83; 정인섭, 2014).

여러 나라의 비교 결과를 요약하면 다음과 같다(Reisenfeld & Abbott, 1993: 565-568).

첫째, 조약의 제안 및 협상의 단계에서 대부분의 선진국에서는 조약 협상의 주도권을 행정부가 쥐고 있다. 협상을 시작하기 전과 협상 단계에서 제한된 범위 내에서 의회는 행정부에 자문을 한다.[2] 조약이 입법적 집행을 요구하는 경우 자문의 수준은 증가한다.

둘째, 동의(approval) 단계에서 대부분의 나라에서는 의회의 동의나 약식 조약 체결이 허용되는 경우가 헌법에 나타나고 있다.[3] 또한 대부분의 나라에서는 특정한 조약의 의회 승인이 요구되고 있다. 그러나 국가에 따라 약간 다른 면을 보여준다.[4]

셋째, 운영(operation) 단계에서 대부분의 나라에서 행정부는 조약 이행 과정에서 조약을 해석한다. 예컨대 미국에서 상원은 행정부에 소위 이해의 공유(shared understanding)에 입각해 의회 승인 단계에서 발전된 구체적인 조약의 해석을 하도록 요구한다. 그렇지만 조약과 관련해 입법이 일관성이 없이 계속되고 있다. 조

2) 미국의 헌법에서는 대통령이 상원의 조언을 받아 조약을 체결할 수 있는 권한을 부여한다. 미국에서 대통령은 무역협정을 신속하게(fast track) 동의해야 할 때, 의회의 자문을 받도록 법제화되어 있다

3) ① 이미 국회의 동의를 얻은 것으로 생각되는 협약, ② 법규적 권위에 호소하는 타협이 끝난 협약, ③ 단기간 그리고 특별 임시적인 협약, ④ 일상적·행정적 문제나 소규모 수입에 관련한 협약, ⑤ 어떤 나라(독일, 스위스와 미국 등)에서는 행정부에 의해 조약이 처리되도록 요구한다. ⑥ 네덜란드에서는 국회의 동의를 받지 않는 조약들을 헌법에 명백하게 열거하고 있다. 예컨대 법령에 규정되어 있거나, 승인된 조약을 집행하거나, 상당한 재정적 부담을 부과하지 않는 경우 그리고 1년을 초과하지 않는 경우, 그리고 국익 달성을 위해 꼭 필요한 경우.

4) 스위스에서는 국민투표(Referendum)에 의한 조약의 승인은 선택 사항이며, 다른 조약에 대해서는 의무 사항이다. 어떤 나라에서 선택적 국민투표는 헌법적으로 허용될지 모른다.

약과 국내 법률의 우선순위는 나라에 따라 차이가 있다. 프랑스에서 조약의 우월성은 조약 상대국에 의해 상호적 적용 조건에 따르도록 한다. 아르헨티나, 브라질, 독일, 이태리, 스위스 그리고 미국에서 국회는 일반적으로 조약이 국내법보다 우위에 놓이도록 할 수 있는 입법적 권한을 갖고 있는 것으로 알려지고 있다. 영국에서는 조약이 국내법상의 내용을 저촉하는 경우 국내적 효과는 없으며, 조약은 국내법에 우선할 수 없다.

3) 조약의 정책 과정에서 헌법재판소의 관여

모든 나라에서 조약을 해석하는 최종적 권한은, 자체 집행력을 부여하는 문제를 포함해 사법부에 있다. 독일과 미국에서는 법원이 동의 자격 요건을 첨가함으로써 국내적 해석을 하도록 하고 있다.

우리나라에서 헌법재판소는 조약의 위헌 여부를 심사할 수 있는 사법부로서 국가기관이다. 우리나라에서 조약이 국내 법률과 같이 위헌 법률의 심사 대상이 된다는 것은 판례로써 확립되었다. 헌법재판소는 1994년 「주한미군지위협정(Status of Forces Agreement: SOFA)」 관련 사건에서 SOFA조약에 대해 위헌심사를 했고, 이어 2001년 '국제통화기금조약 제9조 제3항 등 위헌소송'에서 헌법재판소법 제68조(위헌 법률의 심사 대상) 제2항에서 말하는 '법률'에는 '조약'이 포함된다는 점을 분명히 했다. 또한 조약의 국회 동의에 관한 쟁의심판에서도 국회의 동의권을 침해할 수 없다고 판결했다(배종인, 2009: 272-278).

2 조약과 국제기구

1) 국가의 국제기구 가입과 지위

국가는 개별 정치공동체로서 국가기구에 회원으로 가입하면 권리와 의무를 갖게 된다. 대표적인 국제기구는 국제연합(UN), 유럽연합(EU)이며, 중요한 국제기구들이 많이 있다. 우리나라의 국제기구에의 가입 현황을 보면 2014년 12월 현재 유엔 및 유엔 산하 전문·독립기구에 가입되어 있으며, 이들은 국제연합(UN), 세계보건기구(WHO), 세계무역기구(WTO) 등 26개 기구이다.[5] 또한 우리나라는 정부 간 기구에 가입되어 있는데 경제협력개발기구(OECD), 국제의회연맹(IPU), 세계박람회기구(BIE) 등 82개 기구에 가입되어 있다(외교부, 2012).

국제연합(United Nations: UN)은 국제연합헌장에 의해 창설된 국제기구로서 국제연합의 목적은 국제 평화와 안전, 우호 관계의 발전, 인권과 기본적 자유, 국제 활동의 중심 등이다(김정균 · 성재호, 2006: 257-260). 우리나라는 1991년 정식 회원국으로 가입했다. 「국제연합헌장」 제4조에 따르면, 국제연합 회원국은 이 헌장에 포함된 제반 의무를 수락하고 이 기구들의 판단에 따라 이들 의무를 이행할 능력과 의사가 있는 한 평화를 사랑하는 다른 모든 국가에 개방된다. 국제연합의 기구로는 총회, 안전보장이사회, 신탁통치이사회, 경제사회이사회, 사무국 등이 있다(김한택, 2007: 235-247). 이 중 안전보장이사회는 국제연합의 실효적이고 행동을 확보하기 위해 국제 평화의 안전 유지를 위한 1차적 책임을 지며, 회원국들은 안보리의 결정을 수락하고 실시해야 한다(김대순, 2013: 1330-1339).

안전보장이사회에 의한 국제 입법 문제

국제연합의 안전보장이사회가 일반적 성격을 갖는 입법을 할 수 있는가와 관련해 안보리 결의 제1373호(2001.9.28), 안보리 결의 제1504호(2004.4.28)는 법규범으로서 국제 입법의 요건을 충족하고 있다고 본다.

안보리 결의 제1373호는 테러행위에 대항하기 위한 모든 국가가 취해야 할 조치들을 규정했는데 이는 테러행위에 대한 자산의 동결 및 테러행위에 대한 형사처벌 의무 등을 포함한다. 또한 안보리 결의 1504호는 대량살상무기 및 관련 물질이 테러조직 등 비국가 행위자들에게 확산되는 것을 방지하기 위한 포괄적 의무를 모든 국가에 부여한다.

자료: 김부찬(2014: 114).

5) 유엔 산하전문기구에 회원국은 당연히 가입되며, 국제연합의 기타 기구에 가입한 경우는 유엔식량농업기구(FAO), 만국우편연합(UPU), 유엔교육과학문화기구(UNESCO), 국제전기통신연합(ITU), 국제민간항공기구(ICAO), 국제통화기금(IMF), 국제부흥개발은행(IBRD), 국제개발협회(IDA), 국제금융공사(IFC), 국제투자보증기구(MIGA), 국제투자분쟁해결본부(ICSID), 세계기상기구(WMO), 국제해사기구(IMO), 유엔공업개발기구(UNIDO), 세계지적재산권기구(WIPO), 국제농업개발기구(IFAD), 국제노동기구(ILO), 세계관광기구(UNWTO), 국제원자력기구(IAEA), 제네바군축회의(CD), 유엔아태경제사회이사회(ESCAF), 유엔중남미카리브경제위원회(ECLAC), 유엔무역개발회의(UNCTAD)이다.

한편 유럽연합(European Unions: EU)은 평화, 유럽연합의 모든 가치 그리고 유럽연합 국민들의 안녕을 증진하기 위해 설립된 유럽의 국제기구이다. 유럽연합(EU)은 기존의 유럽공동체(European Community: EC)를 리스본협약에 의해 승계했다. 유럽연합은 유럽헌법을 제정하려 했으나 각국의 비준을 받지 못해 아직 제정되지 않은 상태이다. 유럽연합은 유럽연합집행위원회, 유럽의회, 유럽공동은행, 유럽재판소 등의 기구를 갖고 있다(김대순, 2013: 1699).

경제협력개발기구(Organization for Economic Cooperation and Development: OECD)는 1961년 9월 30일 설립된 국제기구로서 상호 정책조정 및 협력을 통해 회원국의 경제사회 발전을 모색하고 세계 경제문제에 공동으로 대처하기 위한 정부 간 기구이다. OECD는 개방된 시장경제, 다원적 민주주의 및 인권 존중이라는 3대 가치를 공유하는 국가들에만 개방된다. 우리나라는 1996년 12월 29번째 회원국으로 가입했다. 2014년 9월 현재 회원국은 34개국이다.[6)]

2) 국제기구에서의 의사 결정 문제

주권국가는 국제기구에 가입함으로써 어느 정도 주권의 제한을 받는다. 주권국가들이 국제기구의 효율성과 주권의 보전이라는 문제를 어떻게 조화시키는가에 대한 해결책은 국제기구들이 채택하고 있는 의사 결정 방식을 통해 살펴볼 수 있다.

국제기구들의 의사 결정 방식은 만장일치제, 주권의 위임, 그리고 다수결제로 구분해 살펴볼 수 있다(박재영, 1998: 45-54; 김정균·성재호, 2006: 314-315).

(1) 만장일치제

만장일치제는 의사 결정이 이루어지기 위해서는 모든 국가의 찬성을 필요로 하는 제도로서, 모든 국가에게 거부권을 부여하는 것과 같다. 이처럼 만장일치제는 회원국의 주권을 절대적으로 보장해 주지만 국제기구의 독립성을 가장 떨어뜨린다.

만장일치제는 완전만장일치제와 만장일치제와 더불어 다른 의사 결정 방식을 채택하는 경우로 나눌 수 있다. 전자는 국제연합 안전보장이사회에서 상임이사국

6) 오스트리아, 캐나다, 덴마크, 프랑스, 독일, 그리스, 아이슬란드, 아일랜드, 이탈리아, 룩셈부르크, 네덜란드, 포르투갈, 스페인, 스웨덴, 스위스, 터키, 영국, 미국, 일본, 핀란드, 호주, 뉴질랜드, 멕시코, 체코, 헝가리, 폴란드, 한국, 슬로바키아, 칠레, 슬로베니아, 에스토니아, 이스라엘이다.

의 선출과 관련해 완전만장일치제도의 하나인 거부권제도를 채택하고 있다. 후자는 유럽연합이사회에서는 신입 회원국의 가입, 준회원국 협정의 체결, 농업 관련 특수문제 등 극히 중요한 문제는 만장일치제와 더불어 다른 의사 결정 방식을 채택한다.

(2) 주권국가로부터 독립된 기관에 의한 의사 결정

주권의 위임에 의한 의사 결정은 주권국가의 정부대표가 의사 결정에 참여하지 않고 이들로부터 위임을 받은 독립된 기관이 의사 결정을 한다. 주권의 위임에 의한 의사 결정은 극도로 제한되어 있으며, 국제기구의 사무국 등에서 전문적이고 기술적인 문제에 한해 법적 구속력이 없는 결정을 하는 경우가 많다.

(3) 다수결제

주권국가의 대표들이 다수결로 결정한다는 주권의 공동 행사에 의한 의사 결정 방식은 다양한 견해를 통합하는 기술이지만 주권국가들이 원하지 않는 결정에 구속될지도 모른다는 위험성을 최소화하기 위해 다음과 같은 다양한 제도적 장치를 고안했다.

첫째, 표결력의 차별화이다. 국제기구는 국가 간의 세력이 표현되는 장이다. 따라서 한 국가에 1표를 인정하는 일국일표제와 강대국에 여러 표를 인정하는 가중표제를 인정하기도 한다. 가중표제는 국제통화기금, 세계은행, 국제농업개발은행, 유럽연합[7] 등에서 의사 결정 시 사용하는 방법으로 강대국의 영향력이 크다.

둘째, 가결표 수의 차별화이다. 가결표를 결정할 때 단순다수결과 특별다수결 등으로 구분해 합의를 보게 한다. 이 때는 문제의 중요도에 따라 달라진다.

(4) 합의제

합의라는 것은 일반적인 의견의 일치가 존재하는 상태를 말한다. 국제기구에서는 실질적으로 완전한 동의를 필요로 하지 않는, 즉 본질적인 의견의 불일치를 포함하는 합의가 많이 이루어진다. 의제로서 다루어야 할 문제가 상당히 논쟁적이어

7) 예컨대 유럽연합에서는 니스조약에 의해 국가별 가중표를 인정하고 있다. 프랑스 · 독일 · 이태리 · 영국은 29표, 스페인 27표, 네덜란드 13표, 벨기에 · 그리스 · 포르투갈 12표, 스웨덴 · 오스트리아 10표, 덴마크 · 아일랜드 · 핀란드 7표, 룩셈부르크 4표이다(외교부, http://www.mofa.go.kr/system/popup/index3.jsp 2014-05-19 검색).

서 표결로 결정할 경우 회원국 간에 갈등과 대립이 심화될 것을 우려해 대립하는 세력 간에 긴밀한 협의와 교섭을 통해 표 대결이라는 최종 국면을 피하고자 하는 것이다.

제 3 절 조약 입법 과정의 주요 활동

조약의 정책 과정은 조약의 기획, 집행, 평가와 환류 및 변동과 소멸로 이어진다. 이 중 조약정책의 일반적 입법 과정에 대해서는 조약의 결정, 집행, 개정 그리고 소멸로 구분해 단계별 특성을 살펴본다. 조약의 정책 결정에서는 조약의 체결 단계가 가장 핵심적이므로 여기서는 이들을 중심으로 다룬다.

1 조약의 정책 과정

1) 조약의 정책 결정

조약 과정의 첫 단계는 조약 체결에 관한 정책과 계획을 수립하는 것이다. 다자조약과 양자조약이 있기 때문에 조약의 종류에 따라 조약정책의 수립은 달라진다. 양자조약에서는 어느 국가와 무슨 내용으로 조약을 체결할 것인지를 결정해야 한다. 동일한 내용, 혹은 유사한 내용의 조약을 체결하는데 당사국만 다를 때가 있다. 예컨대 자유무역조약(free trade agreement: FTA)에 대한 체결은 상대 국가에 대한 조약당사국으로서의 적합성 등을 분석한 후 조약을 체결한다. 범죄인 인도협정, 투자협정, 항공협정 등은 여러 나라와 같은 내용으로 조약을 체결하게 되므로 모델 조약안을 만들어놓고 조약을 체결할 때 이를 해당국에 맞게 수정한 후 체결한다.

한편 다자조약에서 기존의 조약에 참여할 때는 기존의 가입국들의 조약 체결 후 상황을 검토한 후 특별한 문제가 없거나 국익에 도움이 될 때 참여를 결정한다. 새로운 다자조약을 만들 때는 관련국들과 협의해 결정한다.

외교부와 조약을 관장할 행정부처는 조약 체결과 폐지에 대한 정책이나 계획을 입안해야 하며, 외교부는 국가 전체적으로 조약 계획을 마련해 관리한다.

조약은 조약안이 작성되면 이를 법제처의 심사와 국무회의의 심의 그리고 대통령의 재가를 거친 후 서명해야 한다. 그런데 대부분의 조약안은 국회의 동의를 받아야 한다.

2) 조약의 정책 집행

체결된 조약이 별도의 국내 법령이 필요 없는 경우에는 체결된 조약에 따라 조약을 집행한다. 그런데 조약을 체결했더라도 국내 법령이 필요한 경우에는 조약에 대한 이행법령을 제정해야 한다. 조약에 조약 주관 정부기관이 명시되기도 한다.[8)]

이행입법의 의무는 일차적으로는 행정부가 가진다. 국회가 동의를 한 조약에 대해서는 집행을 위해 후속되는 이행입법을 해야 한다. 이행입법의 시기는 조약 동시에 발효할 수 있도록 이행입법의 관례가 있는 일본처럼 새로운 관행으로 성립되는 것이 바람직하다(배종인, 2009: 203).

3) 조약의 개정

조약은 조약법 협약(소위 비엔나협약)에 따라 일정한 유효 기간이 있는 경우 그 적용을 받는다. 다만 조약을 유지해야 할 조건이나 상황이 야기되면 조약은 개정된다. 조약의 상황이나 환경 등을 평가해 조약의 유지, 개정, 그리고 폐지 등에 관한 것을 결정한다.

「비엔나협약」 제39조는 조약의 개정(amendment)에 관한 일반 원칙으로서 "조약은 당사국들 간의 협약에 의해 개정될 수 있다."고 규정하고 있다. 다만 다자조약의 경우에는 개정 시 모든 당사국이 참여하는 경우에는 다자조약의 개정으로 보나, 둘 이상의 당사국이 그들 사이에서만 조약을 수정하기 위해 협정을 체결할 수 있다(김대순, 2013: 186-187).

조약의 개정에 관한 국내절차는 원칙적으로 조약의 체결 절차에 준하며 개정이

---

8) 예컨대 「대한민국정부와 남아프리카공화국 정부 간 원자력의 평화적 이용에 관한 협력을 위한 협정」(2011.2.24. 발효)에서는 대한민국은 교육과학기술부가, 남아프리카공화국은 에너지부가 협정의 이행을 책임지는 권한 있는 당국으로 명시한다(외교통상부, 2012: 470).

본질적인 사항이 아닌 경우에는 국내 절차상으로 간소한 절차를 취하는 것이 합리적이다. 구체적으로는 개정의 내용이 중요한 사항이 아닌 일부 사항이라면 개정할 내용을 상대방 국가와 합의한 후 이를 교환각서에 포함시킨다. 기존 조약의 내용을 전면적으로 개정할 때는 합의의 내용을 협정(agreement) 등의 제목으로 조약에 담아서 정식 조약 체결 절차를 밟는다. 만약 조약에 개정 사항이 있으면 이를 조약 당사국에게 위임한 것으로 본다(배종인, 2009: 223-234).

4) 조약의 종료

현실적으로 영원히 존재하는 조약은 없다. 조약이라 하더라도 변동하는 국제 관계의 현실을 외면할 수 없다. 조약의 종료는 결코 자의적이어서는 안 되며, 언제나 상대방과의 합의에 의해 이루어지지 않으면 조약의 규범성은 파괴된다.

대부분의 조약은 조약의 종료, 탈퇴 등에 관해 조약 내에 ① 유효 기간을 규정하거나, ② 종료 시일을 규정하거나, ③ 종료 조건을 마련하거나, ④ 조약에서의 탈퇴 혹은 조약의 효력 정지에 관한 규정을 두고 있다.

그런데 조약 종료의 사유는 크게 합의에 의한 종료, 일방적 의사에 의한 종료, 자연적 종료의 세 가지로 분류할 수 있다(정인섭, 2014: 331-347; Dixon, 2013: 81-85).

첫째, 조약은 합의에 의해 종료된다. 「비엔나협약」 제54조에서는 조약의 종료에 관해 조약의 규정에 의하거나 합의에 의해 종료할 수 있다고 규정하고 있다. 조약이 유효 기간을 규정하고 있는 경우에는 유효 기간의 만료와 더불어 조약은 종료한다. 그러나 당사국은 새로운 합의에 의해 조약을 갱신할 수 있다. 또한 당사국의 합의에 의해 조약은 종료된다. 명백히 구(舊)조약을 대신하는 신(新)조약을 체결한 경우 구조약은 효력을 상실한다. 목적의 달성으로 조약은 종료되는데, 영토할양조약은 영토의 할양이 이루어짐으로써 조약은 종료된다.

둘째, 조약은 일방적 의사에 의해 종료된다. 일방적 의사에 의한 종료는 조약규정에 의한 폐기, 권리의 포기, 중대한 조약 위반 그리고 사정 변경 등을 들 수 있다. 조약은 상대방이 있다. 상대방 중 일부가 조약을 폐기하거나, 자국의 권리를 포기하거나, 중대하게 조약 내용을 위반하거나, 중대한 사정 변경이 생기면 조약은 종료된다.

셋째, 당사국의 의사에 의하지 않더라도 조약은 종료될 수 있다. 조약은 국가의 소멸, 신(新) 강행규범과의 충돌, 전쟁과 무력 충돌이 있을 때는 종료한다. 전쟁 등 국가 간의 적대행위는 조약을 무효로 할 수 있다.

2 조약의 체결과 협상

1) 일반적인 조약 체결 절차와 효력

(1) 조약 문안의 교섭·채택과 인증

조약을 체결할 때 첫째의 절차는 조약 문안을 마련하는 것이다. 조약 문안의 마련이란 교섭자들이 모여 그 주장하는 바를 교섭(negotiation)한 다음, 교섭 결과로서 문안을 작성(drafting)하고 채택(adaption)하는 것이다. 이들 과정은 거의 동시에 이루어진다.

조약 문안을 교섭하거나 채택하려면 전권위임장이 있어야 한다. 양자조약의 경우 두 당사국의 언어를 사용하나 다자조약의 경우 다양한 언어를 사용하며, UN에서 체결되는 조약은 영어·불어·러시아어·중국어·스페인어의 5개 국어로 되어 있다.

조약문의 인증(認證) 또는 확정(確定, authentication)이란 조약문이 작성된 다음에 조약을 채택하고 그 조약문을 진정하고 최종적인 것으로 끝맺는 절차이다. 조약문의 인증은 서명(signature), 가서명, 또는 약식 서명에 의해 이루어진다. 조약이 인증되고 난 후에는 다시 수정할 수 없다(유병화, 1987: 150-155; 배종인, 2009: 172-191).

(2) 조약의 구속을 받겠다는 동의

조약의 구속을 받겠다는 동의(consentment)는 조약 당사자가 조약문 규정의 구속을 받겠다는 서약행위이다(유병화, 1987: 168-172; 배종인, 2009: 187-194). 조약의 구속을 받겠다는 동의를 표시할 권한이 있는 기관은 각국에 따라 다르다.[9]

9) 미국에서는 연방헌법에서 상원에서 출석의원의 2/3 이상의 찬성을 얻도록 하고 있으며, 군사조약이나 법 시행에 관한 조약은 상원의 동의 없이 가능하다. 많은 의원내각제 국가에서는 국회와 행정부 간에 조약 체결에 관한 권한을 배분하고 있다. 프랑스에서는 국제조약이 헌법의 운영에 영향을 줄 때 국민투

동의를 표시하는 방법은 정식조약과 약식조약에 따라 다르다.

정식조약(正式條約, formal treaty)이란 조약문의 채택과 인증을 위한 서명과는 별도로 그 조약에 의해 구속을 받겠다는 동의를 표시하는 2중의 절차를 거치는 조약을 말한다. 동의를 표시하는 방법은 비준(批准, ratification),[10] 수락(受諾, acceptation), 확인(確認, approval) 등이 있는데, 이들은 그 의미가 같다.

약식조약(略式條約, agreement in simplified form)이란 서명만으로 조약문의 인증과 구속을 받겠다는 동의 표시를 동시에 행하는 간단한 절차의 조약으로 별도의 비준 없이 조약은 효력을 발생한다. 약식조약에는 휴전협정(休戰協定)과 행정협정(行政協定)이 있다.[11]

(3) 조약의 효력 발생

조약이 언제, 어떻게 효력이 발생하는가는 그 조약의 종결 조항(終結條項, final clause)에서 규정하고 있다. 조약은 원칙적으로 구속의 동의를 표시한 후에 효력이 발생하나 조약문의 채택과 동시에 효력이 발생하거나, 효력이 발생하기 전에 임시적으로 적용되기도 한다(유병화, 1987: 173; 배종인. 2009: 197).

조약이 유효하기 위해서는 국가들의 진정한 동의에 기초해 체결되어야 한다. 조약의 무효란 외견상 조약 체결 절차가 완료된 것처럼 보이지만 조약 체결의 기초가 되는 국가의 동의에 중대한 하자가 있는 경우 그 법적 효력이 부인되는 것을 의미한다(「비엔나협약」 제69조 1항).[12]

표를 하여 헌법을 개정하도록 한다. 공산국가에서는 다양하나 과거 소련연방에서는 소비에트 최고간부회의에서 조약체결권(條約締結權)을 갖고 있다. 스위스는 연방회의에서 조약체결권을 갖고 있다.

10) 비준이란 조약문이 확정된 다음에 헌법상 조약체결권을 가진 국가최고기관의 전권대표에 의해 작성된 조약을 확인하며, 이 조약의 구속을 받겠다는 동의를 표시하는 것이다. 비준은 비준서 내지 비준 문서를 교환함으로써 성립한다.

11) 휴전협정은 전쟁행위를 빨리 중지해야 하므로 사실상 약식조약의 성질을 갖는다. 행정협정이란 미국에서 발전된 것으로 의회 상원(上院)의 동의 없이 대통령이 좀 더 자유롭게 국제 관계에 대처하기 위해 고안된 것이다.

12) 조약이 무효가 되는 경우는 국가대표에 대한 강박, 국가에 대한 강박, 강행규범의 위반, 조약 체결 권한에 관한 국내법(특히 헌법) 규정의 위반, 국가의 동의 표시 권한에 관한 특별 제한(즉 훈령)의 위반, 착오, 사기, 국가대표의 부패(매수) 등이다(김대순, 2013: 186-189).

2) 다자조약 체결의 특성

다자조약(多者條約, multilateral treaty)이란 3개국 이상의 국제법 주체들 간에 체결된 조약이다. 당사자 수가 많다 보니 교섭 방식이나 조약문의 작성 및 채택이 합의제적 의사 결정의 방식에 따라 이루어진다. 따라서 다자조약은 양자조약의 계약적 특성을 벗어버리고 국내 입법 절차에 접근하게 된다. 다자조약 체결의 절차상 특성은 다음과 같다.

다자조약은 조약문 작성과 채택 절차가 제도화되어 있다. 그런데 조약문 작성의 절차는 일반국제회의를 통하는가 아니면 국제기구의 개입이 있는가에 따라 다르다(유병화, 1987: 181-185). 다자조약에서 조약 체결 절차는 다음과 같다(유병화, 1987: 187-194).

다자조약의 체결을 제의하는 것은 매우 다양하며 누구라도 제의할 수 있다. 회원국이 단독으로 혹은 공동으로 제의할 수 있으며, 국제 전문기구도 제안할 수 있다. 조약 체결이 제의되면 정식으로 체결 절차를 밟기 전에 사전적인 조사와 연구를 수행하게 된다.

일반국제회의를 통해 조약문을 작성하고 채택할 때는 먼저 특정 국가 또는 몇몇 주동 국가들이 협의해 회의를 소집한다. 그리고 나서 조약문안작성위원회를 구성한 후 회장단을 구성해 전체회의를 진행한다.

조약 체결 절차가 시작되면 조약의 기초로 삼을 수 있는 조약문의 시안(試案, initial draft) 내지 초안(草案)이 마련된다. 시안을 작성하는 과정에서 각국 정부와 자유로운 의견 교환이 충분히 이루어진다. 조약문의 시안이 마련되면 교섭을 통해 조약문을 작성한다. 조약 초안의 구체적인 작성·수정·정리를 하고 동시에 여러 공식 언어 간의 조정 등의 문제를 해결하기 위해 조약문안작업위원회 또는 초안작성위원회를 두는 것이 일반적 관례이다.

국제회의에서 조약문을 채택할 때는 만장일치에서 다수결제도로 전환되고 있다. 이 밖에 총의(總意)를 들 수 있다. 참석 국가가 많으면 이해 관계가 복잡해지므로 내부적인 조정과 타협의 과정을 거쳐 투표에 부치지 아니하고 의장이 선언한 후 이의가 없으면 동의받은 것으로 보고 결정한다.

3) 조약 체결과 국제 협상

국가 간의 공동 현안 문제를 해결하기 위해 당사국은 각종 회의 또는 회담 등의 형식을 통해 접촉한다. 이 때 각국은 자국 입장 또는 이익을 극대화(손실과 비용의 극소화)하기 위해 흔히 사전에 치밀한 계획과 전략을 수립해 상대국과 접촉하고 수시로 적절한 대응전략과 전술을 구사해 일정한 합의에 이른다. 이것이 이른바 협상 또는 교섭(negotiation or bargaining)이다. 국제 협상 단계는 예비 단계, 중간 단계, 최종 합의 단계의 세 가지로 나눌 수 있다(박정택, 1996: 184-207).

첫째, 협상 예비 단계에서는 본격적으로 협상하기 전에 협상가능성을 타진하며, 협상의 방법 등을 결정한다. 이 때 결정 사항 들은 주로 절차적인 문제와 실행과 관련된 문제들이다. 여기에는 대체로 당사국, 의제, 장소, 일시, 대표 자격 및 규모, 사용 언어, 공개 여부 등이며, 기타 부수적인 문제가 뒤따른다.

둘째, 중간 단계는 합의를 유도하고 협상을 진행하는 단계이다. 이 단계에서는 ① 협상 대표단을 선정해 참석시키고, ② 협상에서 자국의 입장과 요구를 제시하고 상대방의 요구와 입장 등에 대응할 정부의 협상 방향, 입장과 지침을 담은 협상 정책 또는 정부 훈령을 수립하고 시달하며, ③ 협상 사안을 세부적이고 구체적으로 실행하기 전에 먼저 그 실질적 해결의 틀이자 지침, 원칙, 기준인 해결 방식(formula)의 합의를 유도하는 활동이 필요하다.[13]

셋째, 최종 단계에서는 세부 사항의 합의를 추구한다. 세부 사항을 타결할 때는 개별 항목별 타결과 일괄해서 타결하는 것이 좋은가의 문제인데 대체로 일괄타결이 효과적이다. 다만 이견이 크게 상반되는 대쟁점(大爭點, big issue)의 경우에는 때때로 개별 처리한다.

효과적으로 협상하기 위해서는 충분한 협상자원, 협상력을 바탕으로 필요한 전략과 전술을 적절히 구사해야 한다.

첫째, 협상자원이란 협상에 직접 또는 간접적으로 이용될 수 있는 모든 물질적·인적·제도적·이념적 요소를 총칭한다. 물질적 요소에는 각국의 경제 규모

---

13) 이러한 과정에서 협상 시 타협의 범위를 둘러싸고 부처 간, 세력 간의 첨예한 대립이 있을 수 있다. 예컨대 농산물 시장 개방을 두고 통상 담당부처와 농수산 담당부처 간에 큰 이견이 있을 수 있다. 협상 상황에 응하는 협상자는 자국의 입장, 요구 또는 조건을 제안하고 상대방의 반응 즉 대응 제안 또는 역제안(counterproposal)을 접수하며 상호 설득, 약속, 위협, 공약, 양보 등을 통해 상호 합의에 이르게 된다. 이 과정에서 타협이 이루어진다.

등 경제력, 군사력 그리고 부존자원 등이 포함된다. 인적 자원에는 정치가, 관료, 기업가 등의 능력이 포함되며, 제도적 자원에는 일국의 타국과의 관계 형성 정도 등이 포함된다. 한편 협상력이란 의도한 협상 목표를 달성할 수 있는 능력이다. 협상력은 협상자원을 효율적으로 동원하고 결합해 이를 동태적인 실제 협상 과정에서 협상자의 의지를 관철시키는 영향력으로 전환시키는 영향력이다.

둘째, 국제 협상의 방법으로 피셔 등(Fisher et al., 1991; 김병렬, 1994에서 재인용)은 ① 협상 목표와 협상자를 분리할 것, ② 협상을 통해 얻을 수 있는 이익에 관심을 둘 것, ③ 대안을 개발할 것, ④ 객관적인 기술을 제시할 것, ⑤ 협상전술을 사용할 것을 제시하고 있다.

셋째, 협상 목표의 달성을 위해서는 적절한 전략과 전술의 사용이 요구된다. 협상의 기술로는 설득, 공약, 보상, 위협 등이 제시되고 있다(박정택, 1996: 215-223).

제 4 장

국민의 정책 기능

제1절 정책 과정에서 국민

1 국민의 의의와 지위

1) 국민에 대한 인식: 주관주의와 객관주의

국가라는 정치공동체에서 기초가 되는 개념들을 든다면, 국가 구성 요소로서 주권, 국민, 그리고 영토이다. 국가 권력은 국민으로부터 나온다. 「대한민국 헌법」 제1조에서는 "대한민국은 민주공화국이다."라고, 그리고 「대한민국 헌법」 제2조에서는 대한민국의 국민이 되는 요건은 '법률'로 정한다고 되어 있다. 이것을 우리나라에서는 「국적법」에 위임했다. 그런데 국민에 대한 명확한 규정이 없기 때문에 국민을 어떻게 해석하는가 하는 본질적 문제가 남게 된다.

국민의 인식에 대한 것은 주관주의와 객관주의로 나눌 수 있다(조한상, 2012: 79-88). 주관주의란 국민이 되는 주체의 인식이나 의사 속에서 국민의 징표를 찾는 이론이며, 객관주의는 주체의 인식이나 의사와는 무관한 객관적 대상에서 징표를 찾는 이론이다. 다민족 국가를 이루고 있는 미국 · 중국 · 싱가포르 등은 당연히 주관주의적 해석을 따르지만, 상대적으로 단일민족으로 이루어지는 국가에서는 객관주의적 해석[1)]을 따른다.

그런데 우리나라에서는 혈통 중심의 객관주의가 우세하다. 대한민국의 국민은 한민족 혈통을 공유하고 있는 사람들이라는 생각이 지배적이다(조한상, 2012: 82-83). 건국 헌법부터 현행 헌법에 이르기까지 헌법 전문에는 "정의 · 인도와 동포애로써 민족의 단결을 공고히 하고"라고 규정되어 있다. 여기에는 단일민족사상이 근간이 되고 있다. 그런데 한민족이 단일민족이라는 가설에 대해서는 많은 반론이 제기되고 있다.

이러한 국민에 대한 해석과 관련해 혈통주의와 국적이탈자 문제, 이중국적 문제,

---

1) 객관적 요소에는 언어와 전통, 관습과 정서, 종교와 같은 문화적 요소들이 포함된다 하지만 동일한 혈통 또는 종족적 동일성과 같은 원초적 유대관계를 중시하는 경우도 있다(Miller, 1998).

귀화의 요건과 심사 문제, 외국인 참정권 문제 등이 야기된다.

2) 국민의 헌법상 지위

헌법상 국민과 외국인은 다른 법적 지위를 갖고 있다. 우리나라 헌법학자들은 대부분 국민의 헌법상 지위를 다루고 있는데(권영성, 2010: 123-124), 약간의 표현상 차이가 있지만 대체로 ① 주권자로서의 지위, ② 주권행사자(국가기관)로서의 지위, ③ 기본권의 주체로서의 지위, ④ 피치자(被治者)로서의 지위 등으로 나누고 있다(도회근, 2013: 431-433).

첫째, 주권자로서 국민은 국민 전체, 모든 국민을 의미한다. 「대한민국 헌법」에는 제1조 2항에서 "주권은 국민에게 있다."고 규정하고 있다. 이 국민에는 국적을 가진 자연인만이 포함되며 외국인과 법인은 포함되지 않는다.

둘째, 주권행사자 또는 국가기관으로서 국민은 전체 국민을 뜻하는 국민 중에서 연원되는 권력 또는 권리를 구체적으로 행사할 수 있는 능동적 시민, 즉 유권자 집단만을 말한다. 이러한 의미의 국민은 일정한 연령에 달해 국민투표권이나 선거권을 가지게 된 국민만이 해당된다. 따라서 선거에 결격 사유가 있는 국민이나 외국인은 여기에 해당하지 않는다.

셋째, 기본권 주체로서 국민은 개개인으로서 국민을 말한다. 우리 헌법 제10조에서부터 제37조까지 열거되어 있는 기본권을 향유하는 국민이 바로 이것이다. 그런데 헌법상의 기본권은 외국인이나 법인에 대해서도 인정되는 경우가 많다. 그렇다고 외국인이 국민으로 취급되는 것은 아니다.

넷째, 피치자(의무 부담자)로서 국민은 국가로부터 보호의 대상이 됨과 동시에 국가의 통치권의 대상, 즉 피치자로서의 지위도 갖는다. 국민은 납세의 의무, 국방의 의무, 교육을 받게 할 의무, 근로의 의무, 환경 보전의 의무 등을 부담한다. 외국인은 대한민국에 있는 동안 외교특권이나 면제의 대상이 되지 않는 한 의무자가 되며, 외국인이 의무 주체가 된다고 해서 국민이 되는 것은 아니다.

3) 국민과 비교 개념

국민이라는 개념과 유사하게 사용되고 있지만 다른 여러 가지 의미를 가지는 용어들이 있는데 그들은 민족, 인민, 시민, 공민, 주민 등을 들 수 있다(도회근, 2013:

435-443).

민족(民族, nation)이란 동일한 민족적・지역적 기원을 가지는 역사적 운명 및 문화적 전통, 특히 언어, 종교, 역사 그리고 생활양식 등을 공통으로 하는 기초적 사회집단을 의미한다. 민족이 사회적 개념이라고 한다면 국민은 정치적・법적 개념이다.

인민(人民, people)은 국민과 거의 같은 개념이나 공산주의・사회주의 국가에서 사용하고 있는 계급적 의미를 지닌다. 즉 북한 헌법과 중국 헌법에서 전체 인민을 뜻할 때는 인민으로, 공민(公民)은 국적을 가진 자로 보고 있다.

시민(市民, citizen)은 국가 또는 지방자치단체의 정치에 참여할 수 있는 권리와 의무를 가진 사람을 가리킨다. 북한의 공민이라는 말도 같은 의미이다. 그리고 주민(주민, inhabitants)이란 국가 안에 거주지를 갖고 있는 모든 사람을 의미하며 외국인도 포함한다.

2 정책 대상으로서 국민

1) 정책 대상집단의 의의

국민은 정책관리의 대상으로서 정책고객이고 정책 대상 목표(policy target)이다. 정책 대상은 정책 집행을 통해 영향을 미치고자 하는 것으로 사람과 제도, 물적 재산 등이 포함되며, 여기서 정책 대상 목표는 사람 개개인이나 집단을 의미한다.

정책 대상집단은 정책으로부터 받는 이해 관계, 즉 혜택과 피해를 중심으로 수혜집단과 피해집단으로 구분할 수 있으며, 이들을 이해관계자(stake-holder)라 부른다.

수혜집단(beneficiary group)은 정책의 혜택을 받는 자들을 말한다. 즉, 그들은 정책으로부터 재화나 서비스 혹은 상징을 제공받는다. 피해집단은 정책 때문에 희생을 당하는 사람들로서 넓은 의미의 정책비용을 부담하는 자들이다(정정길 외, 2012: 46-47).

정책이나 제도에 수혜자와 피해자가 명시되어 있는 경우도 있지만 그렇지 않은 경우도 많다. 이해관계집단은 수혜와 피해의 성질에 따라 직접적 이해관계자와 간접적 이해관계자로 구분되기도 한다. 또한 수혜와 피해가 드러나는 정도에 따라 현재적 이해관계자와 잠재적 이해관계자로 구분할 수 있다.

이처럼 정책 과정에서는 수많은 이해관계자가 나타나며, 이들을 몇 가지 집단으로 유형화할 수 있다. 그들은 자신의 이익을 주장하고 관철하기 위해 이익집단(pressure group)을 형성하는 등 집단화할 수 있으며, 이들과 유사한 이해 관계를 갖거나 동조하는 무리들이 정책옹호연합(policy advocacy coalition)을 이루기도 한다.

2) 정책 대상집단의 유형

정책 대상으로서의 국민은 국민연금이나 국민건강보험에서처럼 전체 국민 또는 대부분의 국민으로서도 존재하지만 실제 정책 영역에서는 다양한 형태로 구분되어 존재하면서 이해 관계를 갖고 이익을 관철한다. 그 기준으로는 연령과 세대, 부(富)와 소득계층, 고용자와 피용자, 정부 공무원과 민간기업 종사자, 성별, 지역별, 업종별로 나눌 수 있다.

표 4-1 정책고객의 유형 분류

성별	남성, 여성, 중성
연령과 세대별	노인, 중년, 청소년, 유아
부와 소득	부자, 빈곤층, 중산층, 극빈층
지역별	대도시, 도시, 농촌, 어촌, 비무장지대
직업별	공무원, 민간기업 종사자, 공공기관 종사자, 정치인, 교원, 경찰, 군인
업종별	대기업, 중소기업, 방위산업, 은행업
이념별	진보주의자, 보수주의자
기타	국가유공자, 사회적 약자(장애인), 범죄자

3 국민의 정책 과정에의 참여

1) 국민의 정책 과정 참여

국민이 정책 과정에 참여하는 방법은 여러 가지가 있는데, 참여의 종류로는 정책 참여의 방법과 정책 참여의 주체인 헌법기관에 따라 구분할 수 있다.

국민이 정책 과정에 참여하는 방법은 참여의 형태에 따라 직접 참여 방법과 간접 참여 방법으로 나뉜다. 직접 참여 방법은 국민이 개인으로서 직접적으로 참여하는 방법으로 대통령선거 등 선거, 국민투표와 주민투표, 입법청원 등이 있다. 간접 참여 방법은 국민을 대신해 언론, 전문가, 시민단체나 이익집단 등이 국가정책에 영향을 미치는 것이다. 지식정보 사회에서는 국민들이 인터넷을 통해 의견을 개진하거나 댓글 등을 통해 정책 과정에 영향을 미친다.

표 4-2 국민의 정책참여 종류

참여 방법	직접 참여, 간접 참여
참여 기관	입법 과정 참여, 행정 과정 참여, 사법 과정 참여, 주권자로서 선거권 행사

2) 국민의 헌법기관별 정책 참여: 입법참여, 행정참여, 사법참여

(1) 국민의 입법참여

국민이 입법 과정에 대해 참여하는 제도나 방법으로는 청원제도, 공청회와 청문회, 입법예고 등이 있다.[2)]

첫째, 청원제도는 국민이 국회에 청원할 수 있는 제도이며, 국회는 이를 심사해야 한다. 국회에 대한 청원에는 제한이 없으므로 입법에 대한 청원이 가능하다. 다만 국민은 국회에 청원할 때 의원의 소개를 얻어 청원서를 제출해야 한다는 제한 절차규정(「국회법」 제123조 1항)이 있다.

둘째, 공청회나 청문회는 입법 과정에서 전문가의 의견을 듣는 장치로서, 국회의 위원회나 소위원회가 중요한 안건이나 전문지식을 요하는 안건을 심사하기 위해 그 의결 또는 재적의원 1/3 이상의 요구로 공청회를 열고 이해관계자 또는 학식과 경험이 있는 자를 진술인으로 하여 그 의견을 들을 수 있다.

셋째, 입법예고제는 법률안의 내용을 국민에게 주지시켜 그들에게 입법참여의 기회를 제공하는 것으로 국민의 의사를 입법의 결과인 법률에 반영시키는 것이다.

2) 이성환은 이 밖에도 의사 공개의 원칙, 언론·출판·집회·결사의 자유 등을 들고 있다(이성환, 2009: 116).

(2) 국민의 행정참여

행정부의 주요 의사 결정 과정에 국민이 참여할 수 있는 제도로는 위원회 참여, 여론조사 참여, 행정예고제, 그리고 계획에 대한 국민참여 등이다. 첫째, 위원회 참여는 정책과 계획에 대한 정책참여, 각종 위원회(대통령위원회, 부처청 소속위원회 등)에 민간 위원으로 참여해 의사를 결정하거나 자문하는 경우이다. 둘째, 여론조사 참여는 국민이 정부의 의사 결정을 위한 여론조사에서 조사 대상으로서 의견을 개진하거나 각종 정책 민원의 제기 등을 통해 의사 결정에 참여하는 것이다. 셋째, 행정부에서는 입법부의 입법예고처럼 행정예고제를 두어 국민이나 이해관계자의 의견을 행정적으로 결정하기 전에 수렴한다. 넷째, 계획에 대한 국민참여(public involvement)제도는 국민참여형 고속도로건설사업에서 2005년부터 도입된 제도로서 사전에 건설사업의 문제점 등을 해소하는 제도이다.[3)]

(3) 국민의 사법참여

우리나라의 국민참여 재판제도는 2003년부터 사법개혁의 일환으로 논의되기 시작했다. 판사와 검사가 주된 관여자인 재판이 전문성을 확보할 수는 있지만 민주적 정당성을 확보하지는 못했다고 판단했기 때문이다.

국민참여 재판이란 국민이 형사재판에 배심원 또는 예비배심원으로 참여하는 제도이다. 2007년 6월 공포된 「국민의 형사재판 참여에 관한 법률」을 근거로 2008년부터 시작되었다. 배심원은 형사소송을 담당하는 법원의 관할구역 내의 20세 이상의 국민 중 무작위로 선출한다. 형사소송의 피고인은 국민참여 재판이나 일반 형사재판 중에서 선택해 재판을 받을 수 있다.

국민참여 재판은 형사재판 중에서 살인, 강도상해, 성범죄에 국한하기 때문에 엄밀한 의미에서 국민이 정책(결정 및 집행) 과정에 참여하는 것으로 보기는 어렵다.

3) 국민참여와 심의적 민주주의

국가기관의 정책 결정에 국민 다수의 여론이 심각하게 저항하면 어떤 제도 또는 방식으로 문제를 해결할 수 있는가에 대한 답의 하나가 심의민주주의(deliberative

---

3) 춘천-양양고속도로 건설사업에서 최초로 국민참여(PI)가 실시되었는데 주요 쟁점 사항으로 경제적 타당성, 국도와의 중복 투자문제, 철도 및 양양공항과의 문제, 국가 및 지역균형 발전과 고속도로 사업과의 상관성 등이 검토되었다.

democracy)이다.

심의민주주의는 국가기관과 국민 사이의 지속적인 대화와 심사숙고를 제안한다. 심의민주주의 대안에서는 일반 국민의 일상적인 대화와 토의에 의존하는 것이 엘리트에 의한 심의제도보다 주류를 이루고 있다(주성수, 2005: 147-148).

심의민주주의 제도의 수단으로는 합의회의, 시민배심제, 공론조사 등을 들 수 있다. 합의회의(consensus conference)는 정책 분쟁 이슈에 대해 전문가 견해와 시민패널의 이해를 절충해서 최종 사회적 합의를 모색하는 제도인데(Blume, 2001: 107), 최근 한국에서는 환경운동, 생명운동의 영역에서 배아복제, 원자력 정책 등에 관해 시민사회단체들이 실험적으로 시행한 바 있다(주성수, 2005: 151). 시민배심제(citizen's jury)는 정책 형성에서 시민들이 배심원이 되어 전문가 자문과 조언을 받아 심사숙고의 토의를 거쳐 정책의 필요성을 인정하거나 거부하는 등의 중요한 역할을 하는 제도이다(주성수, 2005: 181; 김명식, 2001). 공론조사(deliberative polling)는 심사숙고된 여론을 중시하는 제도로서 일반 여론조사 방식으로 먼저 표본 추출에 따라 주어진 사안에 대해 질문을 하고 이에 대한 결과를 수집한다. 이후 참여한 국민대표들을 며칠간의 토의 모임에 초청해서 서로 찬반 토론하는 공개적 심의를 거쳐 다시 의견 취합을 해서 최종 심사숙고된 의견을 수렴하는 방식이다(Ackerman & Fishkin, 2004: 46-47; 주성수, 2005: 160-161에서 재인용).

제 2 절 선거와 정책공약

1 선거의 의의

1) 선거의 의의

선거는 대의민주주의 하에서는 국민이 정책 결정에 참가하는 가장 기본적인 행위이며, 또한 주권 행사의 구체적인 방법이다. 즉, 현대 사회에서 국민을 정치적으로 통합시키는 주요한 방식은 선거이다(이극찬, 1999: 417).

민주주의 국가에서는 국민이 주권자이며 정부의 권력은 국민으로부터 나온다. 국민은 주기적인 선거를 통해 중앙정부, 연방정부는 물론, 지방정부를 합법적으로 구성해 정부에게 정당성을 부여한다.

국민은 선거를 통해 정부에 그들의 의사와 요구 및 정책적 선호를 전달하고 관철시킬 수 있다. 선거를 통해 지도자를 교체함으로써 시민들이 선호하는 정책을 실현시킬 수 있는 합법적인 수단이다. 국민은 선거를 통해 그들의 요구나 생각을 공약의 형태로 변형시키며 선거 후 당선자는 공약을 정책의 형태로 다시 변형시킨다.

선거는 주기적으로 시민을 정치의 객체에서 주체로 변환시켜 주어 주인 의식을 갖게 한다(어수영, 2006: 5). 선거는 원칙적으로 주기성(週期性)을 띤다. 다만 예외적으로 해당 직위가 공석일 경우 재선이나 보궐선거를 한다. 공직임용자(대통령 및 국회의원 등)들의 임기를 규정함으로써 그들의 임기를 보장해 안정성을 보장할 뿐만 아니라 일정한 기간이 지나면 다시 신임을 묻게 함으로써 결과적으로 정권을 교체하고 정치적 변동을 가져온다. 국민은 보통 때는 정책의 수혜자이며 의무 부담자이지만 선거 때만큼은 자신이 국가의 진정한 주인이자 주권자라는 것을 느낀다.

2) 선거권

선거권의 확대는 근대민주주의 발전 과정에서 나타나기 시작했다. 이에 따라 각국의 헌법에서 국민의 선거에 관해서는 대체로 국민의 직접투표선거, 비밀투표선거, 보통선거, 평등선거를 규정하고 있다. 선거를 통해 국민의 대표인 대통령과 국회의원 등을 선출한다. 선출하는 방법으로는 국민대표 원리에 대해서는 다수대표제, 소수대표제, 비례대표제 등이 있다.

선거의 종류에는 대통령 선거, 국회의원 선거 그리고 자치단체장 및 자치단체의원 선거 등으로 구분할 수 있다.

3) 대한민국에서 선거의 실태

우리나라에서는 대한민국 정부 수립 이후 크고 작은 선거를 해왔다. 그 구성을 보면 대통령 선거, 국회의원 선거, 지방자치단체장과 의회의원 선거 그리고 국민투표 등이다. 세부적으로 다음과 같다.[4)]

대통령 선거는 초대 대통령(이승만, 1948.07.20. 선거)에서 제18대 박근혜 대통령(2012.12.19. 선거)에 이르는 18회의 대통령 선거가 있었다. 박정희 대통령의 후반, 최규하 대통령, 전두환 대통령은 통일주체국민회의에서 선출되었으며, 나머지는 국민의 직접선거에 의해 선출되었다. 제1공화국에서는 부통령 선거도 있었다.

국회의원 선거는 초대 제헌의회(임기: 1948.05.31~1950.05.30)에서 제19대 국회(임기: 2012.5.30~2016.05.29)에 이르기까지 19회의 선거가 있었으며, 그중 1회는 제5대 참의원 선거가 있었다. 그리고 국회를 대신해 위기 시에는 국가재건최고회의(1961.05.26~1963.12.6), 비상국무회의(1972.10.18~1973.03.11) 그리고 입법회의(1980.10.16~1981.04.10)를 운영한 바 있다.

지방자치단체와 관련된 선거는 1952년 시·읍·면 의회의원 선거를 실시한 이래, 1960년 지방의회를 해산할 때까지 지방의회의원 선거 6회, 시·읍·면의 장 선거 2회, 서울시장 및 도지사 선거를 1회 실시했으며, 지방자치가 부활된 1991년부터 2014년 6월 실시된 제6회 전국동시지방선거까지 9회 실시했다.

국민투표는 헌법 개정과 관련해 1962년 12월 17일 실시한 후 총 6회 실시했으며, 찬성률은 대체로 90%를 상회했다.

우리나라의 선거에서는 1960년의 대규모 부정선거(소위 3·15부정선거)로 얼룩진 기억도 있으며, 아직까지도 일부 선거 과정에서 부정·부패 선거가 남아 있다. 또한 지역 갈등, 세대 갈등 그리고 이념 갈등이 아직도 남아 있다. 투표율의 저하로 국민들의 직접적 정치 참여에 대한 문제도 제기되고 있다. 하지만 선거관리의 공정성과 중립성에 대해서는 최근 들어 많이 개선되었다.

선거의 세대 간 변화의 모습은 15대 대통령 선거와 16대 대통령 선거에서 두드러지게 나타난다. 15대 대통령 선거에서 20대와 30대가 김대중 후보를 이회창 후보보다 상대적으로 많이 지지했으며, 16대 대통령 선거에서는 노무현 후보를 이회창 후보보다 상대적으로 많이 지지했다. 40대 이상에서는 당시 여당 후보였던 이회창 후보가 더 많은 지지를 받았다(정구종, 2006: 109-131).

4) http://www.nec.go.kr&... 2014-07-09 검색.

선거의 지역 간 변화 모습을 보면, 대통령 직접선거 이후 최근 지역적 편중 현상을 보이고 있다. 후보자의 지역적 출신에 따라 노태우 후보, 김영삼 후보, 김종필 후보, 김대중 후보 등이 대통령 후보로 나섰던 때부터 이 현상은 계속되고 있으며 민자당, 한나라당, 새누리당은 영남권에서, 민주당, 열린우리당과 새정치민주연합은 호남권에서 각각 지역적 우세 현상을 보이고 있다.

4) 투표율과 투표 참여 증진 문제

투표율은 한국의 민주화 이후에 선거 유형에 불구하고 점점 감소 추세를 보이고 있다. 예컨대 대통령 선거에서는 1987년 89.2%, 1992년 81.9%, 1997년 80.7%, 2002년 70.8%, 2007년 63.0%이다. 국회의원 선거의 경우 1988년 75.8%, 1996년 63.9%, 2004년 60.6%, 그리고 2008년 46.0%이다. 그리고 지방선거에서는 1995년 65.8%에서 2006년 51.6%이다.

투표율이 감소하고 있다고 해서 반드시 부정적인 것만은 아니다. 하지만 국민의 투표 참여가 국민의 국정에 대한 관심을 나타낸다고 할 때 자발적인 투표율을 높이는 것은 국민의 정책 역량을 증진시키는 데 꼭 필요한 일이다.

2 선거공약과 매니페스토 정책선거

1) 선거공약의 의의

선거공약이란 각종 선거에서 후보자나 정당이 내세우는 공적인 약속을 말한다. 지금까지는 대통령 선거와 같이 공직선거를 할 때면 대통령 후보와 정당은 선거에 이기기 위해 공약을 내걸고 유권자들의 지지를 호소했다. 하지만 투표 과정에서는 인물인가 아니면 정당(혹은 정책)인가에 따라 후보자를 선택하는 경향이 있었다. 선거 공약(公約)이 공약(空約)이 되는 경우를 허다하게 보아 왔다.

그런데 최근 우리나라에서는 '매니페스토(manifesto) 정책선거'라는 이름으로 정당이나 후보자들이 내건 공약에 대한 철저한 평가가 이루어지고 있어 관심을 모으고 있다.

선거공약은 그것이 정책공약일지라도 후보자 공약과 정당 공약으로 구분된다. 전자는 후보자 개인이 제시한 것으로 국회의원 선거나 지방자치단체장 및 지방의원 선거에서 나타난다. 후자는 후보자가 속한 정당에서 제시한 공약이다.

선거공약은 정당에 따라 차이가 많은 것이 일반적이다. 그런데 투표 전이나 투표 후에 정부를 구성하는 단계에서 정당 간에 연정을 구성하는 경우에는 정책합의를 하게 되는데, 이 때 정당 간 차이에 따른 정책 차이를 어떻게 조화시킬지 문제가 된다. 이런 점은 2005년도 독일 대연정에서 기민연(기민당과 기독교사회당 연합)과 사민당의 선거공약에서 발견되고 있다.[5]

2) 매니페스토 정책선거

매니페스토란 선거에 임하는 정당이나 후보자가 유권자에 대한 계약으로서 구체적인 목표, 추진 우선순위, 이행 방법, 이행 기간, 재원 조달 방안을 명시한 공약을 말한다. 이에 대해 유권자는 정당이나 후보자의 공약을 비교해 실현 가능성이 가장 높은 공약을 많이 제시한 정당이나 후보자에게 투표한다. 그리고 선거일 후 당선자는 선거 때 제시한 자신의 공약을 실천하려는 노력을 기울이고 유권자는 당선자가 제시한 공약의 이행 상황을 평가해 다음 선거에서의 지지 여부를 결정한다.[6]

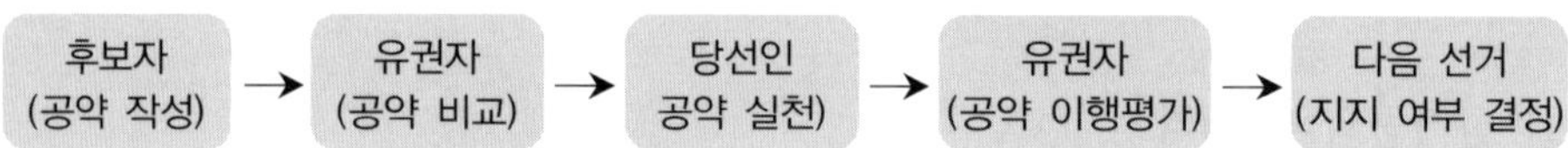

그림 4-1 매니페스토 정책선거 흐름

기존의 선거공약과 매니페스토 공약의 차이는 다음과 같다. 선거공약이 단순히 선거를 위한 희망모음집이라면 매니페스토 공약은 정권 공약으로서 선거가 끝난 후 매니페스토에서 제시한 공약을 실천한다는 것을 전제로 한다. 그리고 매니페스

---

5) 기민련과 사민당은 2005년 총선 후 기민련의 메르켈을 수상으로 하는 대연정에 기본적으로 합의했다. 양당은 선거 기간 중 주요 쟁점 사항 15가지에 대해 같은 견해가 있는 것도 있었지만 중립적이거나 반대, 혹은 찬성으로 나뉘었다(신두철, 2007: 241-259).

6) http://www.nec.go.kr/common/forprint.jsp. 2014-07-09 검색.

토 공약은 선거공약에 비해 내용이 좀 더 구체적이며, 새로운 정치 패러다임을 구축하는 변혁 수단이 될 가능성이 높다(UFJ 總合硏究所 國土・地域政策部, 2006: 22-25).

3) 대한민국의 매니페스토 정책선거

우리나라에서는 2006년 지방선거에서 시민사회운동의 차원으로 매니페스토운동이 도입된 이후 거의 대부분의 정당과 후보들이 매니페스토운동에 참여하고 있다. 초기에는 이 운동의 부정적 측면이 많이 제기되었으나 지금은 긍정적 측면에서 상당히 좋은 평가를 받고 있다(정회옥, 2006: 126).

2006년도 지방선거에서 매니페스토 추진본부는 매니페스토의 사전평가지표로 SMART지표와 SELF지표를 제시했다.[7] 전자가 국가 수준이라면 후자는 지방 수준에 적합한 지표이다.

2012년 국회의원을 뽑는 제19대 총선에서 매니페스토 정책선거가 실시되었는데, 이에 대해 다음처럼 평가하고 있다(정회옥, 2006: 125-153).

첫째, 정당의 매니페스토에서 소요 예산과 재원 충당 방안이 제시되었다는 점에서 긍정적으로 평가하고 있다. 하지만 정당 매니페스토가 선거일 불과 3일 전에 제시되었다는 점에서 선거용으로 급조된 것이라고 평가받고 있다. 그리고 후보자 매니페스토에서는 개발 위주의 공약이 상당수 포함되어 정당 매니페스토와 약간 불일치하고 있다.

둘째, 유권자 차원에서 매니페스토에 대한 인지도는 낮으나 인지도가 높은 유권자들은 그것을 투표에 활용하고 있다. 유권자들은 정책과 공약을 상당히 중요하다고 생각하고 있으나 후보자들이 내세운 공약이 국민들의 의견을 제대로 반영하지 못하고 있다고 보고 있다. 그리고 선관위의 매니페스토에 대한 노력에 대한 인지도가 높다.

---

7) SMART지표는 목표에 대한 구체성(Specific), 측정가능성(Measurable), 달성가능성(Achievable), 타당성(Relevant), 그리고 시간계획의 구체성(Timed)으로 구성되어 있다. SELF지표는 지속가능성(Sustainable), 자치역량 강화(Empowerment), 지역성(Locality), 이행평가(Follow-up)로 이루어진다(신현기, 2013: 129-159).

3 선거관리: 중앙선거관리위원회

1) 선거관리기관의 의의와 유형

선거가 국민의 주권자로서의 국민의 권리를 보장하고 이를 통해 중요한 정책을 결정하는 행위라고 보기 때문에 선거관리 업무는 선거의 공정성과 효율적인 관리를 위해 필요한 업무로서 주요국에서는 이를 강조해 헌법에서 규정하기도 한다.

선거관리기관은 선거관리감독기관과 선거관리집행기구로 나눌 수 있다. 전자는 선거관리위원회의 형태를 띠며 선거 정책을 입안하고 결정하는 기구이고, 후자는 투표, 개표 등 선거 업무를 실시하는 집행기구이다.

선거의 공정성과 중립성을 확보하는 문제와 관련해 가장 중요하게 제기되는 문제가 집행부로부터 기관의 독립성 문제이며 대부분의 민주국가에서는 선거감독기관의 독립형과 선거 집행기관의 행정부 종속형을 띠고 있다. 위원회제도를 유형화하면 〈표 4-3〉과 같다.

표 4-3 각국의 선거관리기관의 제도와 운영의 유형화

유형	국가
① 감독기관과 집행기관의 행정부 종속형	이탈리아, 영국
② 감독기관의 독립형과 집행기관의 행정부 종속형	일본, 미국, 독일
③ 감독기관과 집행기관의 집행부 독립형	대한민국, 필리핀, 프랑스

자료: 이성환(2000: 85-92).

2) 대한민국 선거관리기관의 제도적 특징

우리나라에서는 현재 헌법기관으로서 중앙선거관리위원회가 구성되어 있으며, 선거 업무를 집행하기 위해 자치단체인 시·도와 시·군·구에 그리고 행정기관인 읍·면·동에 지방 수준의 선거관리위원회가 구성되어 있다. 우리나라는 제1공화국 때에는 내무부 산하에 중앙선거위원회를 구성해 행정부 종속형 선거관리 체제로 운영했으나 1960년 3월 15일 대규모 부정선거의 후유증으로 이승만 정부가 무너지면서 헌법기관으로 부상한 후 오늘에 이르고 있다.

선거관리위원회의 위원회 구성은 위원장, 상임위원 그리고 위원으로 구성되며,

위원장은 비상임으로 대법관이 겸임하며 상임위원이 위원장의 명을 받아 사무처를 관할한다. 위원들은 위원장 포함 9인으로 구성된다. 한편 선거 업무를 보좌하기 위해 사무처를 두고 있으며, 기관장은 국무위원급으로 한다. 현재 사무처는 사무총장 아래 사무차장, 기획관리실장, 선거정책실장, 기획국, 관리국, 행정국, 법제국, 조사국, 홍보국, 선거연수원으로 구조화되어 있고, 소속 공무원의 신분은 국가공무원이다.[8)]

우리나라 선거관리기관의 제도적 특징은 다음과 같다.

첫째, 선거관리위원회는 독립위원회형이다. 선거관리위원회는 헌법기관이며 합의제 독립기관으로서 중앙정부 수준에는 중앙선거관리위원회가 있고, 지방에는 각급 선거관리위원회가 있으며, 집행 업무는 사무처(장: 사무총장)가 관장한다. 따라서 행정부로부터 독립성이 강하게 보장되고 있다. 지방 수준에서도 지방자치단체와 별개로 일선기관을 운영하고 있다.

둘째, 선거관리위원회는 단순한 선거사무의 집행뿐만 아니라 선거정책의 결정, 선거홍보, 불법선거 업무 조사 등의 권한을 갖는 등 선거 전반에 걸쳐 기능을 수행한다. 더구나 국민투표, 정당사무에까지 이르는 광범위한 기능을 수행한다.

셋째, 선거관리위원회의 구성을 보면 중앙선거관리위원회는 대통령이 임명, 대법원이 지명 그리고 국회가 선출하는 각각 3명씩으로 구성된다. 3권분립 정신을 반영한 듯하다. 위원장과 상임위원은 위원들 간에 호선하며 각 대법관 중에서 위원장이 결정되는 것이 관례이다. 각급 선거관리위원회에는 법관의 신분과 학식을 갖춘 자들이 주로 위원으로 임명된다.

3) 선거관리 역량의 개선

다소 논란이 있기는 하나 우리나라 선거관리위원회에 대한 국민의 신뢰 그리고 정당으로부터의 신뢰는 상당히 높은 수준이다. 공정성과 효율성의 측면에서 개선이 요청된다.

첫째, 선거 자체의 효과성이다. 선거는 국민들의 진정한 정치적 축제가 될 수 있어야 한다. 투표율의 저하를 방지해야 하며, 이를 위해 투표일, 투표 방법, 언론기

---

8) http://www.nec.go.kr/common/forprint.jsp. 2014-07-10 검색.

관 활용 등을 고려한다.

둘째, 선거관리의 공정성에서는 높은 신뢰를 받고 있다. 다만 헌법기관으로서의 독자성을 갖추기 위해서는 중앙선거관리위원장의 대법관직 유지에서 벗어나는 일, 각급 선거관리위원의 임명에서 지나친 법관 중심에서 벗어나는 일이 요청된다. 그리고 선거관리 공무원의 정치적 중립이 요청된다.

셋째, 선거관리의 효율성을 위해 선거관리위원회의 선거관리 기능과 범위를 재설정해야 한다. 공직선거 이외에는 위원회가 개입할 것인지를 결정한다. 전자정보시대에 맞추어 선거관리 업무를 전산화하고 사회적으로 지탄받는 인사들이(일부 범법자) 공직자로 출마할 수 없도록 제도를 정비해야 한다. 선거 과정에서 불법선거로 인해 당선 후 즉시 당선무효 소송이 되는 등 국고는 물론이고 행정 낭비가 있도록 해서는 안 된다.

제 3 절 국민투표에 의한 정책 결정

1 국민투표의 의의와 유형

1) 국민투표의 의의

「대한민국 헌법」에서는 제27조와 130조 제2항에 국민투표에 관한 규정을 하고 있다. 헌법 제72조에서는 "대통령이 필요하다고 인정할 때는 외교, 국방, 통일, 기타 국가 안위에 관한 중요 정책을 국민투표에 부칠 수 있다."고 규정한다. 그리고 헌법 개정안은 국회가 의결한 후 30일 이내에 국민투표에 부쳐 국회의원 선거권자 과반수의 투표와 투표자 과반수의 찬성을 얻어야 한다고 규정한다.

직접민주주의의 대표적 제도인 국민투표는 근대국가에서 미국, 프랑스 및 스위스에서 시행되었다. 그리고 그 이후 여러 나라에서 헌법 개정이나 국가의 중요한 의사를 결정하면서 간접민주주의의 대의제 민주정을 보완하는 제도로 활용되고 있으며, 우리나라에서는 6회에 걸친 헌법 개정 과정에서 국민투표를 시행한 적이 있고, 노무현 대통령 때 '신행정수도 이전 문제'와 관련해 국민투표가 중요한 문제로서 대두된 바 있다.

국민투표란 일반 국민이 정책 결정에 직접 참여하는 제도적 장치의 하나이다. 국민투표는 국가의 중대사를 결정하는 경우에 대표자의 매개가 없이 국민의 한 사람으로서 정책 결정에 참여한다. 국민투표란 권한 있는 기관이나 국민에 의해 제안된 사항에 대해 대표자의 매개 없이 국민적 의사를 명확하게 하기 위한 투표 방법을 의미한다(김병록, 2001: 110).

간접민주주의, 즉 의회제 민주주의에서는 국민의 대표자로 구성된 의회가 대다수 국민 의사를 반영해 공공복리를 증진할 것으로 기대하지만 현실적으로는 국민에게 위해(危害)가 되는 경우가 있다(박규하, 1997: 219-264). 따라서 국민들의 의사를 직접적으로 물어보는 국민투표가 제기된다.

2) 국민투표의 유형

국민투표의 유형으로는 국민표결, 국민발안, 국민소환, 국민거부, 플레비사이트(plebiscite) 등으로 구분된다(박남규, 1984: 20). 국민표결(referendum)이란 헌법의 개정, 법률의 제정이나 개정 등 중요한 법안이나 국가의 주요 정책을 국민투표로써 해결하는 방식이다. 국민발안(initiative)이란 국민들에게 중요한 의안을 직접 발의하게 하여 이를 국민투표에 부치는 것을 말한다. 국민소환(recall)은 국민해직, 국민파면 등으로 불리는 것으로 공직에 있는 자를 그 임기 전에 국민투표에 부쳐 해임시키는 제도이다. 국민거부(popular veto)는 국민항의라고도 하며, 적법하게 성립된 국가 의사에 대해 그 후 국가 의사를 계속해서 존속시킨 것인가를 여부를 일반 국민에게 묻는 것이다.

이상의 레퍼렌덤은 국가의 중요 사항을 국민투표로서 최종적으로 확정하는 것인데 반해, 플레비사이트는 영토의 병합이나 변경 또는 통치자가 자기 권력의 정당성에 대한 신임 여부를 국민에게 묻는 국민의 정치적 결단을 말한다. 플레비사이트에 따라 국민투표를 한 경우는 지난 150년 동안 약 50회 실시되었다.[9] 1860년

9) 이 밖에 영토의 분리독립을 위한 국민투표로는 몽골의 중국으로부터 독립(1945), 알제리아의 프랑스로부터의 독립(1962), 퀘벡의 캐나다로부터의 독립(1980), 우크라이나의 소비에트연방으로부터 독립(1991), 코소보의 세르비로부터의 독립(1991), 동티모르의 인도네시아로부터의 독립(2001), 2011년 남

대 미국 여러 주의 연방으로의 귀속을 위한 국민투표에서 시작해, 1944년 아이슬란드의 영국으로부터 독립, 그리고 2014년 스코틀랜드의 영국으로부터의 독립에 이른다.

국민투표의 기능은 순기능과 역기능으로 나뉜다. 먼저 순기능은 정치 권력의 정당화, 대의제도의 결점 보완, 정당정치제도의 보완, 국회와 국민 희망 사항의 상이점 보완, 국가기관 상호간의 충돌 완화, 국민적 불만의 최후의 안전판 역할 등을 들고 있다. 한편 국민투표의 역기능으로는 국민투표적 독재, 대표민주제 기능의 약화, 선동과 선전에 의한 대중의 부화뇌동, 의사 표시의 한정성, 많은 경비와 시일의 소요, 국민의 국가적 안목의 결여, 토론, 심의 및 조정 기회의 결여 등을 들고 있다(김병록, 2001).

2 주요 국가의 국민투표제도와 경험

1) 주요국의 최근 국민투표 현황

각국에서는 자기 나라의 실정에 맞추어 국민투표제도를 운영하고 있다. 스위스가 가장 적극적으로 국민투표를 실시하고 있는 나라이며 러시아, 폴란드, 베네수엘라, 그리고 영국 등 나라들도 국민투표와 같은 직접민주주의 제도를 활용하고 있다.[10] 예컨대 영국에서는 2014년 9월 18일 스코틀랜드 독립 관련 국민투표를 했는데 찬성 44.7%(162만 명), 반대 55.3%(200만 명)로 307년 동안 이어온 영국(United Kingdom)을 유지하게 되었다(중앙일보, 2014. 9. 20).

수단의 수단으로부터의 독립 등을 들 수 있다(Qvortrup, 2014: 57-64).

10) 러시아연방공화국은 옐친 대통령이 개혁정책을 추진하는 과정에서 보수 세력과 혁신 세력 간의 갈등이 격화되자 1993년 5월 5일 네 가지 항의 국민투표를 실시했다. 그 결과 (제1항) 옐친 대통령을 신임하는가라는 물음에는 58.7%가 찬성했다. 국민들은 4개항 중 일부 항목은 찬성하고 일부 항목은 반대했다(여인곤, 1993: 14). 베네수엘라는 '21세기 사회주의'를 향한 베네수엘라의 급속한 전진을 목표로 2007년 12월 2일 개헌에 대한 국민투표를 실시했는데 근소한 차이로 '찬성'은 49.34%, '반대' 50.65%로 부결됨으로써 차베스 대통령은 포용적이고 온건한 제스처를 취할 수밖에 없었다(마야, 2009: 327-334). 폴란드에서는 EU 가입에 관한 국민투표를 실시했는데 그 결과 59%가 투표해 찬성 77%, 반대 23%로 압도적으로 통과했다(KOTRA global window, 2003.6.17).

2) 스위스의 국민투표제도 운영

스위스 국민은 4년에 한 번 연방하원과 상원 선거를 하며, 1년에 4회 국민투표를 하는데 연방사무국이 자치계층별 국민투표 사항을 받아 일제히 실시한다. 1회 실시 비용은 약 500만 프랑(50억 원에 해당)이라고 한다(장준호, 2008: 243). 스위스는 「연방헌법」 제136조 제2항에 국민투표권을 규정하고 있다. 스위스 국민투표에는 의무적 국민투표와 선택적 국민투표 그리고 국민발안이 있다.11)

1848년부터 2008년까지 총 국민투표는 534건이며, 이 중 의무적 국민투표는 수용 153건, 거부 54건이었고, 선택적 국민투표는 수용 89건, 거부 73건이었으며, 국민발안은 수용 13건, 거부 137건으로 국민투표의 통과율이 높은데 반해, 국민발안의 통과율은 매우 낮다.

3) 미국의 국민투표제도와 현황

미국 「연방헌법」 창시자들은 법률은 국민이 뽑은 대표들에 의해 제정되어야 한다는 '공화제적 원칙'을 신봉했기에 연방헌법에는 직접민주주의 제도들이 규정되어 있지 않다. 그러나 대부분의 주(州) 헌법에는 국민발안 국민투표, 국민소환 국민투표, 정책국민투표 등 직접민주주의적 요소가 많이 포함되어 있다. 특히 37개 주는 주 헌법에 국민투표를 규정하고 있다(이공주, 2013: 253-275).

미국에서 국민투표는 보통 총선거 투표용지에 포함해 실시하며, 국민은 국민투표를 통해 의회가 제정한 법률을 거부할 수 있고, 의회는 다루기 어려운 문제를 국민투표에 회부하며, 법률의 시행 여부를 국민투표에 묻기도 한다. 또 많은 주는 공기업 설립, 지방정부의 자치헌장의 제정·개정, 지방채 발행 시 국민투표를 실시한다. 또한 다수의 침묵으로 경시되던 사안들, 사회 문제, 환경 보호, 소비자 권리 보장 등 정치 이슈화하기 어려운 사안들을 정치무대의 중앙으로 끌어들이고 있다(남유진, 2005; 이공주, 2013: 259 재인용; 이옥연, 2008: 56).

---

11) 의무적 국민투표는 연방정부와 연방의회가 연방헌법의 전면적 수정이나 특정한 국제기구에의 가입 문제 등과 관련한 사안에 대해 의무적으로 실시하며 투표자 및 칸톤(canton)의 다수가 찬성해야 개정·가입할 수 있다. 선택적 국민투표는 연방의회가 통과시킨 법안, 연방정부가 새로 실시하려는 정책, 그리고 새로운 조약에 대해 시민들이 5만 명의 서명을 받아 연방사무국에 제출해 국민투표에 회부한 후 그 결과를 연방 헌법이나 법률 등에 반드시 반영하는 것이다. 국민발안은 연방 국민이나 칸톤의 주민이 헌법안이나 법률안에 대해 국민투표를 요구하면 투표에 부치는 것이다(장준호, 2008: 243-245).

최근의 국민투표 사례를 보면 2008년 오바마 대통령이 동성 커플의 법적 인정을 주장했는데 동성결혼이 허가된 주는 4개 주로 여기서는 법안 통과로 합법화되었고, 30개 주에서는 국민투표에 의해 통과시켰다(이상신, 2009: 196-197).[12)]

4) 대한민국의 국민투표제도와 운영

「대한민국 헌법」 제130조에서 헌법 개정에 관한 국민투표를, 제72조에는 중요 정책에 관한 국민투표제도를 규정하고 있다. 우리나라에서는 헌법 개정과 관련해 6회의 국민투표가 있었다. 제1차(1962년), 제2차(1969년), 제3차(1972년), 제4차(1975년), 제5차(1980년)의 국민투표는 정치적 정당성이 없는 체제를 유지하기 위한 헌법 개정이라고 한다면 제6차(1987년) 헌법 개정은 직선제 개헌안에 대한 국민투표로서 가장 민주적 절차에 의해 정당하게 치러진 국민투표였다(이공주, 2013: 263).

「대한민국 헌법」 제72조에는 "대통령은 필요하다고 인정할 때는 외교·국방·통일 기타 국가안위에 관한 중요 정책을 국민투표에 부칠 수 있다."고 규정하고 있다. 하지만 이에 의거한 국민투표는 아직 한 번도 치러지지 않았다.

3 국민투표의 운영과 관리

1) 국민투표에서 정책 결정의 방법과 효력

국민투표는 투표 사안에 대한 찬성과 반대를 묻는 것이 일반적이며, 이를 지지하는 정당이나 반대하는 정당이 찬성과 반대를 유도하기 위해 선거운동을 하게 된다. 선거운동 과정에서 여러 가지 쟁점이 부각된다.[13)]

국민투표의 절차와 방법은 제도화되어 있으며, 우리나라의 경우 다음과 같은 절차를 거친다. 국민투표는 직접 또는 우편으로 가능하며 1인 1표제이다. 국민투표에

12) 또한 2010년에 실시된 국민투표는 37개 주에서 160여건이며 건강보험, 마리화나, 사냥, 낚시, 낙태 등 이슈가 천차만별이다(『매일경제신문』, 2011.7.15).

13) 영국에서 1997년에 실시한 웨일스(Wales) 자치권 부여에 관한 국민투표에서는 법안을 만들기 전에 관련 정보를 많이 제공했으며, 쟁점을 정리했다(McAllister, 1998: 152).

서 정책 결정의 규칙은 선거를 통한 다수결 원리이다. 국회의원 선거 등에서 유효투표의 다수 투표자가 당선인으로 확정되는 것처럼 국민투표에서는 국민투표안에 대한 찬성자가 반대자보다 많으면 확정된다.

우리나라에서는 아직 국민투표에 대한 기회가 많지 않고 최근 논란은 있었지만 실시하지는 못했다. 다른 선거와 함께 국민투표를 치르는 방법이 경비와 노력을 줄이게 될 것이다.

국민투표에서의 정책 결정은 정책적이라기보다는 다분히 정치적 과정으로서 성격을 갖는다. 국민투표는 매우 비일상적인 정치행위이다. 특히 우리나라와 같은 경우에는 정책형 국민투표를 실시한 적이 아직 없다.

국민투표로 확정되면 최종적 국가 의사로 확정되는 것이며, 국회나 행정수반(대통령)은 효력을 부인할 수 없게 된다. 때로는 행정수반의 행위에 정당성을 부여하기도 한다. 다만 우리나라에서는 국민투표 결과에 대해 이의가 있는 투표인은 투표자 10만 인의 찬성을 얻어 국민투표 무효소송을 대법원에 제소할 수 있으며(국민투표법 제10장), 대법원은 이에 따라 재판을 하여 무효 판결이 있게 되면 재투표해야 한다(「국민투표법」 제11장). 한편 프랑스에서는 국민투표에 대한 헌법재판이 인정된다.

2) 국민투표의 품질 제고

국민투표에 의한 정책 결정은 선거권을 가진 국민의 투표에 의해 결정된다. 국민은 헌법이나 법률에 의해 그 자격이 부여되며, 선거권이나 피선거권이 있어야 국가적 정책 결정을 할 수 있다. 국민의 규모는 매우 크지만 국민의 결속력은 매우 약하다.

국민은 투표권이 있는 일정한 연령 이상이 되어야 선거권이 있다. 그러나 그 수가 매우 많으며, 종사하고 있는 생업이 각각 상이하고, 소득 수준, 이해 관계도 지나치게 다양하며 상이하기 때문에 표준화된 규범, 고정된 이해 관계는 없다. 특정 전문가들을 제외하고는 해당 정책 분야에 대한 전문성이 없다. 또한 국민 중에는 정치나 정책은 물론이고 선거 자체에도 무관심한 집단[14]이 상당히 많다.

---

14) 달(Robert A. Dahl)은 인간의 정치적 행태와 관련해 정치사회화를 언급한다. 그는 정치사회화와 관련해 권력자, 권력추구자, 정치적 관심층, 정치적 무관심층으로 구분한다(Dahl, 1991: 96-117).

국민은 주권자이면서 동시에 정책의 대상집단이다. 국민의 이중적 지위가 확실하게 인정된다. 따라서 국민투표는 국민 주권을 가장 잘 드러낼 수 있는 정책 결정 제도이지만 동시에 취약성도 대단히 많은 제도이다. 특히 국민투표를 할 시점에서의 여론에 좌우되기 쉽다.

국민투표의 질을 높이기 위해서는 국민의 보편적 상식이 높아져야 한다. 문맹률을 낮추고, 시민교육을 높여야 한다.

4 정책 결정으로서 국민투표의 주요 쟁점

1) 정당성과 효율성

정책 결정을 할 때 그 정당성의 문제는 왜 그러한 결정제도를 두는지에 대한 의문을 해소해 준다. 그리고 아무리 정당성이 높다 하더라도 비용이 많이 든다면 문제가 될 수 있다. 따라서 여기서는 어느 방법이 정당성이 높은가, 그리고 정책 결정의 비용이 어느 방법을 따를 때 많이 요구되는가 등을 살펴본다.

국민투표에 의한 정책 결정에서 정책 결정 권력의 원천은 주권성이다. 국민은 특정 정책문제에 대해 직접 선거를 통해 자신들의 의사를 밝히며, 이에 따라 국가의사가 결정되므로 특정 시기에 국민의 의사를 가장 잘 보여주는 것이며 정당성이 매우 높다.

「대한민국 헌법」은 제1조에 국민 주권 원리를 제시하고 있다. 즉, "대한민국은 민주공화국이며, 대한민국의 주권은 국민에게 있고 모든 권력은 국민으로부터 나온다."고 규정하고 있다. 그런데 주권의 현실적 행사자는 바로 선거인 내지 유권자이다. 주권 보유자로서 국민은 국민투표권과 대통령선거권 그리고 국회의원선거권이 있다(성낙인, 2013: 135-138).

국민투표에서는 1회의 선거에서 찬성과 반대에 따른 투표 결과로 결정되므로 신속한 결정이 가능하기 때문에 효율적이다. 그러나 선거 비용이 많이 소요된다. 한 번 잘못 결정되면 치명적인 국가적 손실을 가져올 수 있으며, 찬반이 팽팽하게 대립될 때 대립 주체 간에 국론의 분열을 가져올 수 있다.

2) 정책가치(정책 결정의 기준)와 중립성 및 대표성

정책결정자들이 정책을 결정할 때 근거하는 기준으로는 가치, 정당에의 소속감, 그리고 외부적 요인으로서 지역구의 이익, 여론, 결정규칙 등이 있다(Anderson, 1979: 12-64; 김병진, 1995: 157-166). 이들은 정책결정자들이 정책을 결정할 때 크게 영향을 미칠 수 있다.

국민투표에서는 국민 다수의 이해 관계나 선호 관계가 그대로 선거에서 표출되므로 국민들의 개인적 가치가 투표 과정에서 나타난다. 즉, 국민의 대표성을 가장 잘 드러낼 수 있는 제도이다. 그런데 국민들의 가치나 이해 관계는 지역별, 직업별, 연령별(세대별), 계층별로 달라질 수 있다. 특히 국민투표에서 정책 결정은 1회성에 그치게 되며, 찬성과 반대라는 투표 결과의 다수결에 따르게 되므로 국민의 구성은 다양하지만 투표의 결과는 일부만을 대변할 가능성이 크다.

3) 국가 안위에 관한 중요 정책

우리 헌법에서는 국민투표의 부의 대상으로 국가 안위에 관한 사항이라고 규정하고 있는데 무엇이, 어디까지가 국가 안위에 관한 것이냐가 논란이 되었다. 2010년 세종시 이전 문제와 관련해 이것이 국민투표의 대상인가가 논란이 있었다. 헌법의 취지에 비추어 이를 확대 해석하는 것이 바람직하다는 의견이 많다(이공주, 2013: 266-267).

제 2 부

공식적 정책기구와 정책 기능

제 5 장

대통령의 정책 기능

제 1 절　정책 체계에서 한국의 대통령
제 2 절　대통령의 정책 결정 개입과 영향 요인
제 3 절　대통령의 정책 보좌기구

제1절 정책 체계에서 대한민국의 대통령

1 정책 과정에서 대통령의 지위

1) 행정수반으로서 대통령과 수상

민주주의 국가에서 대통령은 대통령중심제인가 아니면 내각책임제인가에 따라 명칭은 같더라도 기능과 지위는 상이하다.

대통령중심제 국가에서 대통령은 국가의 원수이면서 동시에 행정수반이며, 국가 정책의 최고책임자이다. 대통령은 최고 정책결정권자이면서 국군의 최고 통수권자이다. 다시 말해 대통령은 행정부의 수반이며, 대내적으로 국가의 지도자이며 대외적으로 국가의 대표자이다.

한편 내각책임제 국가에서는 국가원수(왕, 또는 대통령)와 행정수반(수상 혹은 총리)의 기능이 분화되어 있다. 구(舊)공산주의 국가에서, 그중 소련에서는 최고회의의장이 국가원수이며 행정수반은 각료회의의장이 담당하고 있다. 중국과 북한에서는 주석이 국가원수로, 수상이나 총리가 행정수반의 역할을 한다.

미국은 전형적인 대통령중심제이다. 대통령은 행정수반으로서, 국가원수로서의 기능을 행사한다. 프랑스는 대통령의 권한과 수상의 권한이 분화되어 있어 이원집정부제라 부른다. 수상은 각료 중 수석으로 인정되며 내정(內政)에 상당한 권한을 갖고 있다.

아프리카 등에서 볼 수 있는 대통령제에서는 대통령이 다른 정부기관보다 우월한 지위와 기능을 갖고 있는데 이를 '신대통령제', 또는 '절대적 대통령제'라 하며 심할 경우 '총통제'라고 부르기도 한다.

내각책임제 국가 중 독일, 영국 그리고 일본의 행정수반은 수상인데 약간씩 권한이나 기능의 차이를 보인다(김동훈, 1987). 독일연방공화국은 재상(宰相) 원칙에 따라 수상(chancellor)은 각료 중 수위라는 의미보다는 다른 각료보다 훨씬 우월한 지위에 있다. 그렇다고 하지만 대통령제 국가에서처럼 계층적으로 명령을 발할 수 있지는 않다. 한번 임명된 각료는 스스로의 판단 아래 관할권을 행사하기 때문이다. 영국의 수상은 19세기 초에는 각료 중의 수위 정도로 인식되었으나 제2차 세계대전 후부터 수상의 위치가 높아져 조정자와 지도자로서의 기능이 강화되었다. 대처(Margaret Thatcher) 수상의 경우 사실상 대통령중심제의 대통령보다 강화된 권력을 행사했다고 지적된 바 있다. 일본의 경우 수상(총리대신)의 역할이나 권한은 독일이나 영국의 수상보다는 약하다고 인식되고 있다.

요컨대 정치 체제에 따라 대통령중심제에서는 대통령(president)이, 내각책임제에서는 수상(prime minister)이 행정수반의 역할을 한다. 그렇지만 나라에 따라서는 다양한 모습을 보이고 있다.

행정수반은 어느 나라에서나 행정부의 수장으로서 정책 결정과 집행의 중심에 있다. 그런데 우리나라에서는 제2공화국을 제외하고는 대통령중심제를 운영해 왔으므로 총리(수상)보다는 대통령이 국가원수이면서 행정수반을 겸해 왔다. 따라서 여기서는 행정수반을 대통령이라고 지칭해 논의를 전개하되 필요한 경우 수상이나 총리라는 명칭을 사용하기로 한다.

2) 정책 과정에서 대통령의 지위

고전적인 의미에서 공식적인 국가정책의 결정기구는 대통령과 국회이지만 현대의 행정국가, 복지국가에서 행정부의 정책 결정 기능은 점점 중요해지고 있으며 개도국의 경우는 더욱 그렇다. 우리나라의 경우 행정수반으로서 대통령의 정책 결정 권한은 그 어느 것과 비교할 수 없을 정도로 크고 중요하다.

정책 과정에서 대통령은 공식적 참여자로서 가장 중요한 역할을 담당하고 있다. 이 과정에서 대통령의 개입행위는 국가정책 방향을 결정하고 행정부처 간 갈등을 조정하는데, 정책 결정의 수나 범위에 따른 구분에 의하면 개인 정책 결정으로서의 성격과 집단정책 결정으로서의 성격을 함께 갖고 있다고 볼 수 있다.

대통령은 그 자체, 개인으로서의 특성이 정책 결정에 영향을 미치지만, 그를 자문하거나 보좌 및 보조하는 기구나 기관들에 의해, 그리고 정치적 상징으로서 국민과 정치적 세력 간의 관계 등이 정책의 결정에 영향을 미치므로 관련된 영향 요소들을 개괄적으로 살펴보는 것이 정책 결정 체계를 이해하고 설명하는 데 도움을 줄 것으로 본다.

여기서는 민주주의국가 중 대통령중심제의 행정수반인 대통령의 정책 결정 과정에서의 지위, 역할, 기능, 그리고 영향 요인 등을 살펴보려 한다. 다소 차이가 있겠지만 행정수반으로서 수상의 역할도 비슷할 것으로 볼 수 있다.

국가정책의 최고 결정자인 대통령은 국가의 당면 과제에 관해 어느 누구보다도 제일 먼저 책임을 부여받은 사람이다. 이를 해결하는 과정에서 무엇보다도 국민들의 지지와 참여가 요구된다. 국민들의 지지와 참여의 원천은 정치적 정당성과 정통성을 시작으로 정부의 정책 집행 능력이나 대통령 개인의 탁월한 지도력이다(서상원, 1998: 16).

2 대한민국의 대통령과 정책 결정

1) 대한민국의 역대 대통령

「대한민국 헌법」 제66조에는 "행정권은 대통령을 수반으로 하는 정부에 속한다."고 규정하고 있는데 이는 대통령이 행정권의 실질적인 수반임을 의미하는 것으로 행정권을 가진, 행정에 관한 최고 책임자로서 행정부를 조직하고 통할할 뿐만 아니라 행정의 최고 정책결정자임을 뜻한다.

우리나라에서의 행정수반(대통령 혹은 수상)은 이승만 대통령, 장면 총리, 박정희 대통령(1, 2), 최규하 대통령, 전두환 대통령, 노태우 대통령, 김영삼 대통령, 김대중 대통령, 노무현 대통령, 이명박 대통령, 현재의 박근혜 대통령으로 이어진다. 이들의 인적 사항과 정책 지향과 비전을 요약하면 〈표 5-1〉과 같다.

우리나라 역대 대통령에 대한 평가는 시기별로 약간의 차이가 있으나 박정희 1위, 김대중 2위의 순서로 나타나고 있으며, 이승만, 김영삼, 전두환 대통령이 뒤를 잇고 있다.[1)]

---

1) 2002년에 대통령학연구소가 조선일보의 재정 지원 하에 매긴 대통령의 순위는 1위 박정희, 2위 김대중, 3위 김영삼, 4위 이승만, 5위 전두환, 6위 노태우, 7위 장면, 8위 최규하 대통령의 순서이었다(함성득, 2003: 312). 2007년도에 초에 실시된 중앙일보의 선호하는 역대 대통령 여론조사에서는 1위 박정희, 2위 김대중, 3위 전두환, 4위 이승만 그리고 5위 김영삼의 순이었다(중앙일보, 2007.01.15, 34면).

표 5-1 대한민국의 역대 행정수반(대통령)

공화국(기간)	이름	정당	정책 지향과 특징	비고
제1공화국(1948~1960)	이승만	자유당	국가 건설	
제2공화국(1961~1962)	장면	민주당	민주주의, 경제	국무총리/단기
제3공화국(1964~1971)	박정희(1)	민주공화당	조국 근대화	
제4공화국(1972~1980)	박정희(2)	민주공화당	조국 근대화	
과도정부(1980)	최규하		위기관리	최단기
제5공화국(1981~1987)	전두환	민주정의당	국가 질서 회복	
제6공화국(1988~1992)	노태우	민주자유당	권위주의 청산	
제6공화국(1993~1997)	김영삼	신한국당	신한국 창조	
제6공화국(1998~2002)	김대중	국민회의	외환위기 극복	
제6공화국(2003~2007)	노무현	열린우리당	국민 참여	
제6공화국(2008~2012)	이명박	한나라당	창조적 실용주의	
제6공화국(2013~)	박근혜	한나라당	희망의 새시대	

자료: 저자 작성.

2) 대한민국 대통령의 정책 운영 및 정책 결정 스타일

우리나라 대통령(이승만 대통령에서 김영삼 대통령까지) 정책 운영 스타일은 다음과 같다(안병만, 1993: 223-224). 우리나라 대통령의 정책 운영 스타일에서 이승만 대통령, 박정희 대통령, 전두환 대통령이 유사한 형태를 띠고 있으며, 장면 총리와 노태우 대통령이 비슷한 유형을 띠고 있다. 즉, 이승만 대통령, 박정희 대통령, 전두환 대통령은 정책의 결정·집행에서 자신있고 일관된 모습을 보이는데 반해 정책의 투입 및 환류 과정에서는 여론 수렴 및 시정 조치가 취약한 점을 보여주고 있다. 이와 대조적으로 장면 총리와 노태우 대통령의 경우는 정책 입안에서의 여론 수렴, 잘못된 정책의 결정 및 집행에서 취약점을 보여주고 있다.

다음으로는 우리나라 대통령의 정책 결정 스타일에 대해 알아본다. 바람직한 대통령의 의사 결정 스타일은 한 조사[2]에 따르면, 다양한 정보 채널은 통해 얻은 정

2) 이 조사는 한국행정연구원이 설계해 조사한 것으로 2013년 8월 21일부터 9월 9일까지 14일간 실시되었으며, 응답자는 대통령비서실과 국정 운영 전반에 걸쳐서 의견 제시가 가능한 전문가 집단이다. 응답한

부를 바탕으로 소수의 참모와 관련 장관들과 협의를 통한 결정(약 65%), 관련 참모 및 장관들과의 개방적인 토론과 합의를 통한 결정(약 27%)이라고 인식되고 있다.

대통령에 대한 설문의 응답에서 한정된 소수의 사람의 자문과 정보를 통한 대통령의 단독 결정 스타일을 보인 대통령은 전두환(62%), 박정희(59%), 노태우(50%), 김영삼(41%), 이명박(38%)이었다. 다양한 정보 채널을 바탕으로 대통령이 단독 결정하는 스타일로는 김영삼(32%), 김대중(30%), 이명박(29%)으로 나타났다. 다양한 정보 채널을 통해 얻은 정보를 바탕으로 소수의 참모와 관련 장관들의 협의를 거쳐 결정하는 스타일은 김대중(41%), 노무현(37%), 노태우(29%)로 나타났다. 관련 참모와의 개방적 토론과 합의를 통해 결정한 스타일은 노무현(40%) 대통령이었다(김정해, 2013: 201-206).

3) 개인으로서 대한민국 대통령의 정책적 특징

우리나라 대통령의 정책적 특징을 대통령 개인별로 살펴보면 다음과 같다(한국정치학회·관훈클럽, 2007).

이승만 대통령(1948~1960)은 대한민국의 국가를 건설하는 데 노력한 제1공화국의 제1대 대통령이다. 이승만 대통령은 권위주의적인 대통령으로 평가된다.

박정희 대통령(1964~1979)은 꼼꼼한 메모와 현장 검증이 특징이다. 경제개발계획의 집행 과정에서 세세한 면까지 본인이 챙겼다. 또한 박대통령은 1970년대부터는 본인이 직접 정책을 기안하고 집행을 지시·감독해 왔다. 최규하 대통령(1980~1980)은 1979년 12월 이후 비상 시기에 잠깐 대한민국을 관리한 대통령이다. 그는 대부분의 대통령 평가에서는 역대 대통령 중 최하위를 차지한다.

전두환 대통령(1981~1987)은 10·26 사태 이후 국가 질서를 재정립한 대통령으로서 권위주의, 경제제일주의라는 통치전략을 구사했으며, 성격적으로는 적극적이나 부정적 측면이 많다. 노태우 대통령(1988~1992)은 매우 유연하고 타협적인 성격을 가졌으며 순리에 따르는 성격으로 방임적이고 수동적인 정책 운영 스타일을 보인다.

전문가는 총 218명으로 관계(20개 부처 소속 국과장급 이상 76명), 학계(행정학자 및 정치학자 72명), 정치인(국회의원) 70명 등이다(김정해, 2013).

김영삼 대통령(1993~1997)은 문민정부의 대통령으로서 '신한국 창조'를 내걸었으며, 특유의 추진력과 강력한 도덕성을 바탕으로 개혁을 한 바 있다. 실험적·모험적·이상적 스타일로 국정을 운영했다. 김대중 대통령(1998~2002)은 IMF 위기를 극복한 대통령으로 준비되고 전문적인 능력을 갖춘 대통령이었다. 계몽적이고 설교형 리더십을 가졌으며 민주주의와 시장경제 병행전략, 햇볕정책을 추진했다. 노무현 대통령(2003~2007)도 계몽적 설교형 리더십을 갖고 있다. 자신을 국민의 대변자로 위치짓는 포퓰리즘적 스타일이다. 참여정부를 이끈 그는 국민과 시민사회단체의 참여를 강화했다.

제 2 절 대통령의 정책 결정 개입과 영향 요인

1 대통령의 정책 결정 개입

1) 대통령 개입의 의의

정책 결정 과정에서 대통령의 개입행위란 "대통령이 직접 또는 간접적인 방법으로 정책 대안을 채택하고 합법화하는 과정에서 유·무형의 합법적 내지 초합법적인 관여를 통해 영향력을 미치는 행위나 활동"을 의미한다.

대통령은 그가 갖고 있는 공식적·비공식적 권한과 지위에 따라 국가정책 결정에 개입한다. 대통령의 정책결정권은 각국의 헌법과 법률, 명령 등에 규정되어 있으며, 국가원수나 행정수반의 지위에서 오는 간접적인 권한의 행사도 있다.

주요한 정책 결정의 권한으로는 행정수반으로서 지위, 국무회의의 의장으로서 지위, 국군통수권자로서의 지위 등에서 비롯되며, 주요 법령의 최종 결재권자로서(거부권 포함), 예산, 조약, 국가계획 등 중요 정책이나 사업의 결정권자로서 서명하면서 행사된다(Jillson, 2008: 257-259).

대통령이 정책 결정 과정에 개입하는 것은 구체적으로 개별 정책에 관여하기도 하지만 포괄적으로 국가정책 전반의 방향을 제시하고 한정시키는 기능을 한다.

2) 대통령의 개입 방법

(1) 공식적 방법

개입 행위 중 법령 등이 정한 공식적인 방법의 대표적인 것은 결재, 회의와 지시이다.

첫째, 대통령은 결재하면서 정책 과정에 개입한다. 결재는 주로 행정부처 내에서 정책을 결정할 때 해당 부처의 과장, 국장, 실장(혹은 본부장), 장관으로 이어지는 계층제를 통해 상향적으로 이루어지는 의사 결정 방식이다. 우리나라에서는 품의제의 형식으로 결재된다. 결재를 하면서 대통령은 장관으로부터 담당 분야의 정책에 대해 보고받는다. 이 과정에서 대통령은 수시로 비서관회의를 개최해 자신의 정책을 충분히 피력한 후 각 기관의 정책 결정 시 사전에 대통령 비서관들과 각 부처 장관이나 국·실장들이 의견을 교환(사실상의 사전 보고)하도록 하여 대통령의 뜻에 맞도록 조정한다. 소위 대통령의 '심중'이나 '의중'을 전달한다.

둘째, 대통형은 회의를 통해 정책 과정에 개입한다. 대표적인 정책회의로는 국무회의(내각회의)나 국가안전보장회의 등을 들 수 있다. 이 밖에도 국가에 따라서 다양한 회의가 있을 수 있는데 우리나라에서는 확대장관회의, 수출진흥확대회의, 신경제회의 등 대통령이 행정수반으로서 주재하는 각종 회의가 있다. 이 자리에서 업무보고나 특별보고 시에 대통령은 자신의 정책 시각(視角)을 알리면서 이에 대해 지시한다. 국무회의에 상정되는 대부분의 안건은 장관에 의해 대통령에게 개별적으로 보고되는 경우가 많다.

셋째, 대통령은 지시를 통해 정책 과정에 개입한다. 지시는 비서실의 보좌와 자문위원회의 자문을 거쳐 하향적으로 행해지는 의사 결정이다. 지시를 하는 방법은 직접적 지시와 간접적·포괄적 지시로 나눌 수 있다.

특정 사안 또는 특정 정책에 대해 대통령이 직접 지시함으로써 개입하는 방법은 가장 강력한 수단으로서 그 효과가 가장 신속하고 완벽하게 결정·집행되는 특징을 갖는다. 그러나 이 방법은 제반 부작용이 발생하고 통제 및 조절 수단이 미약해 실패하게 되면 오히려 큰 부담이 될 수 있다. 예컨대 우리나라에서 박정희 대통령의 경부고속도로 건설계획, 포항종합제철소 건설 등과 전두환 정부에서의 8·3조치, 김영삼 정부의 금융실명제 실시 등을 예로 들 수 있다.

포괄적 지시 방법은 대통령이 포괄적인 지시를 하고 관련 기관이 각종 위원회 또는 전문가 집단 등을 활용해 구체적인 정책 결정이 이루어지도록 하는 방법이다. 이 방법은 전문가 등에 의해 정책 대안이 마련되기 때문에 상향적 · 민주적이라 할 수 있어서 정책의 실현가능성은 커질 수 있으나 대통령의 정책 방향이 명백하지 않으면 정책으로서 표류할 가능성이 크다. 예컨대 우리나라에서 사회복지종합대책의 마련, 사법개혁, 교육개혁 등이 그 예이다.

(2) 비공식적 방법

첫째, 대통령은 장 · 차관급 인사 조치를 통해 특정 정책의 방향과 완급(緩急)에 대해 영향을 미친다. 장 · 차관 후보가 평소 추구하는 정책 추구 능력이나 방향, 신조 등을 고려해 장 · 차관을 임명하게 되면 이에 따라 대통령의 의지가 장관을 통해 전달될 수 있다. 대통령과 장관과의 독대(獨對) 역시 정책 결정에 대한 개입의 기회가 된다.

둘째, 대통령은 언론매체와의 인터뷰, 연례행사 연설 그리고 감사기관 등을 통해 정책에 개입한다. 언론매체를 통한 인터뷰에서의 견해 표명 등을 통해 비공식적으로 정책결정 과정에 개입한다. 주로 연두 기자회견이나 특별행사 이후의 귀국 기자회견 등은 대통령의 정책 전반이나 일부 정책에 대한 정책 방향을 가늠케 해 준다. 또한 각종 행사에서의 견해 표명 등을 통해 비공식적으로 정책 결정 과정에 개입한다. 연례행사(예: 국경일이나 ○○날)나 유관 행사에서 대통령은 포괄적인 정책을 제시하기도 하며, 분야별 정책을 제시하기도 한다. 그리고 감사원, 국무총리실 등 각종 통제기관을 통해 특정 지시 사항 또는 의지에 대해 감사를 수행하게 함으로써 대통령의 의지에 부합한 정책 결정이 이루어지게 한다.

셋째, 대통령은 정책에 대한 분위기를 조성해 정책에 개입한다. 보통 대통령의 측근이라고 표현되는 대통령 비서진이나 정당(특히 집권 여당)의 유력한 인사(일부 후진국에서는 사조직이나 친인척도 포함됨)에 의해 분위기가 조성되고 여론이 조작되기도 한다. 이 방법은 대통령과 언론이 우호적인 관계에 있거나 대통령이 언론을 통제할 수 있을 때 효과적이다. 또한 대통령은 다른 정책들을 통해(예컨대 야당 정치인을 포함한 대사면과 복권, 공무원 봉급 인상, 중소기업 육성책 마련, 대기업 관계 개선, 여성의 지위 향상 등) 공무원, 국민이나 야당, 그리고 언론의 협조를 얻은 후 특정 정책을 좀 더 쉽게 결정할 수 있게 한다.

3) 대통령의 개입 방식과 스타일

(1) 정책 결정 관여 방식: 직접 결정과 위임

대통령이 정책 결정에 관여하는 방식은 여러 가지로 나눌 수 있지만 대통령의 직접 결정과 위임으로 구분해 살펴본다.

시간, 정보, 그리고 지식의 부족으로 인해 대통령은 실질적으로 국가의 정책 결정을 독점할 수 없다. 일반적으로 보면 다음 두 가지 요인이 대통령의 직접 결정과 위임을 좌우한다(정정길, 1996: 445-446). 첫째는 안건의 중요성이며, 둘째는 대통령이 그 방면에 어느 정도의 전문성을 갖고 있느냐이다. 두 가지 기준에 따라 다음과 같은 네 가지 유형의 정책 결정 방식이 가능하다.

첫째, 안건이 중요하지 않는 경우에는 결정을 하위 기관에 위임한다. 행정부처에서 일상적으로 내리는 결정, 해마다 지출되는 예산 결정이나 정책 집행을 위한 세부 지침으로서 이런 일들은 허다하다. 이러한 경우에는 국무회의에서 결정이 되거나 각 부처 장관이 최종적으로 결정한다. 필자는 안건이 중요하다는 것은 언론, 이해관계자 또는 국민의 관심도가 높은가도 큰 관련이 있다고 본다.

둘째, 대통령이 정책에 관해 전문지식을 갖지 못하는 분야의 결정권은 각부 장관에 위임된다. 대통령은 행정부의 수장으로서 각 부처가 제안한 정책안들을 최종적으로 재가하는 공식적 지위를 갖는다. 대통령이 정책안에 대해 전문적인 지식이 없을 때는 해당 부처나 대통령 비서관에게 위임한다.

셋째, 안건이 중요하지만 대통령이 전문지식이 없다고 느낄 때에는 전문가에게 맡긴다. 개입은 하되 결정은 전문가의 의견에 따르는 경우이다.

넷째, 안건이 여러 부처에 관련된 것이면 관련 부처의 책임자를 소집해 회의를 연다. 그러나 중요하더라도 긴급한 문제가 아니면 관련된 부처들끼리 사전에 조정하도록 한다. 부처들 간의 조정이 어려우면 대통령비서실에서 조정해 주기도 하며, 때로는 대통령이 직접 조정하기도 한다.

(2) 개입 스타일

대통령이 정책 결정 과정에 개입하는 스타일은 리더십 스타일 및 위에서 정리한 개입의 방식과 매우 밀접하게 연결되어 있다. 시어머니형, 자유방임형 그리고 민주형으로 구분해 살펴본다.

첫째, 시어머니형의 특징은 대통령이 잦은 회의, 호출 및 세부 지시를 통해 구체적인 분야까지 개입한다. 특히 특정 정책의 수립 시 비서관 등을 통해 세부적으로 참여시킨다. 이 유형은 폭넓은 정책의 수립이 곤란하고 비서관의 권한 횡포로 불화를 초래할 수 있다.

둘째, 자유방임형은 대통령이 정책 결정 과정에 개입하기를 회피해 책임도 회피하려 한다. 이 유형은 광범위하고 새로운 혁신적인 정책의 결정이 어려우며, 변화가 없는 현상 유지 정책이 계속된다.

셋째, 민주형은 대통령이 특정 정책의 방향을 제시한 후 세부의 정책 결정은 각 기관장에게 위임하는 유형으로 각 기관의 창의력과 노력을 최대한으로 동원한다. 다만 결과에 대한 평가를 통해 책임을 추궁할 뿐이다.

2 대통령의 정책 결정 영향 요인

1) 대통령의 개인적 자질: 정책 능력과 성격

(1) 대통령의 개인적 정책 능력

대통령이 필요한 정보를 이해할 수 있고 정책을 결정할 때 이를 적용할 수 있는 기본적 능력이 갖춰져 있어야 한다. 전반적인 국정 상황에 대한 인식이 필요하며, 상황이 악화되었을 때 개입해야 할 상황인지, 하지 않아야 할 상황인지, 관망해야 할 상황인지를 판단할 수 있는 능력이 필요하다.

대통령이 특정 분야에 대한 지식이 없을 때는 해당 분야를 장·차관이나 비서관 등에게 위임하지 않을 수 없게 된다. 그러한 분야로는 경제, 과학기술, 군사나 외교 분야 등을 들 수 있다. 대통령의 정책 능력은 비서관 등 정책보좌관들에 의해 확장될 수도 있고 축소될 수도 있다. 그들에 대한 의존도는 대통령의 정책 결정에 영향을 준다.

대통령은 재직 기간이 길어지면서 국정 분야의 전문지식을 쌓게 된다. 우리나라의 박정희 대통령은 20여 년간 통치하면서 집권 후기에는 장관 이상의 전문적인 지식이 있었다고 한다. 그 결과 정책결정권이 박대통령에게 집중되었다(정정길, 1996: 444).

(2) 대통령의 성격

대통령의 리더십을 설명할 때, 특성론적 리더십 접근이 자주 언급된다. 특성론적 리더십에서는 대통령의 성격, 세계관, 정치 스타일이 제시되고 있다(구광모, 1984: 16). 성격은 생활에 대한 지속적 성향을 말한다. 세계관(world view)이란 기본적이고 정치적인 신념, 사회적 인과 관계와 인간의 본성에 대한 파악, 윤리적 기본 갈등에 반영된다. 정치 스타일이란 세 가지의 정치적 역할－연설과 웅변, 대인 관계 그리고 법률상 직무와 관련된－을 수행하는 습관적이고 체질적인 방법이다. 이 중 대통령의 성격에 대해서는 좀 더 많은 연구가 진행되어 왔다.

대통령 리더십을 접근하는 방법으로 성격(personality)은 매우 중요하다. 가정환경, 부모의 교육관, 부모의 성격이 어린 시절의 성격을 형성하는 데 많은 영향을 주고 이렇게 형성된 성격은 개인의 특성으로서 조직생활이나 사회생활에서 나타나고 장기적으로는 직업 과정에 나타난다. 즉, 개인의 성격적 특성은 대통령의 행동 양식으로 나타난다고 본다.

대통령의 성격에 관한 연구 중 성격 유형을 분류해 연구할 때는 그 기준이 제시된다. 구광모 교수는 적극성과 소극성 그리고 긍정적 느낌과 부정적 느낌으로 구분해 이들을 연결시켜 네 개의 유형으로 분류한다. 여기서 적극성－소극성의 분류 기준은 지도자가 자신의 직무를 수행하면서 얼마나 정력을 쏟아넣느냐의 정도에 관한 차원이며, 긍정적 또는 부정적 느낌의 정도는 자신의 지도 효과에 대해 느끼는 정도의 차원이다.[3]

2) 대통령의 정책 결정 행위에 미치는 영향 요소

대통령이 정책 결정을 할 때 영향을 미치는 요소들은 위의 성격적 특성 외에 여러 가지를 들 수 있으나 여기서는 대통령의 정책보좌 능력, 정권의 성격과 이해 관계, 정책환경으로 구분해 살펴본다.

---

3) 첫째 유형은 소극적·긍정적 유형으로 장인형(匠人型)이라 한다. 둘째 유형은 소극적·부정적 유형으로 사원형(社員型)이라 한다. 셋째 유형은 적극적·긍정적 유형으로 승부사형(勝負師型)이라 한다. 넷째 유형은 적극적·부정적 유형으로 야수형(野獸型)이라 한다(구광모, 1984: 19-55).

(1) 대통령의 정책보좌 능력: 정책정보와 정책보좌관

대통령이 정책 결정을 할 때는 정보나 자료의 뒷받침을 받아야 한다. 그가 필요로 하는 정보는 일반적인 정보가 아니며 구체적인 정보이다. 그러나 지나치게 기술적이며 지엽적인 정보는 아니다. 정책문제와 관련된 특수한 정보를 의미하며, 국가의 최고 통치자로서 국내적으로는 장기적 · 단기적 파급 효과, 대내외적 파급 효과, 예산의 수반 여부, 그리고 정치적 지지와 관련된 여론의 향방 등에 관한 정보와 자료가 필요하다.

불확실성이 높은 분야의 정보에 대해서는 이중적인 정보 체계와 정보원을 확보해 다각적으로 정보를 분석할 수 있어야 한다. 공식적 정보 보고 채널은 물론이고 비공식적인 정보 보고 채널을 가동해야 한다. 대통령은 정보와 정책 아이디어들이 효과적으로 자기 자신에게 올라오도록 장치를 마련해야 한다.

많은 고위 수준의 국내외 정책들은 대통령이 어떤 식으로든지 접촉하는 관료와 보좌관들로 구성되는 소수집단의 구조와 관련이 있다. 이것은 다음에 별도로 다룬다.

(2) 정권의 성격

대통령은 정치적 인사이다. 대통령은 대체로 정당을 배경으로 정권을 획득한다. 정권의 정점에 있기 때문에 정권의 성격과 정책 결정 시점에서의 정치적 이해 관계 등이 정책의 결정에 영향을 준다.

첫째, 정권의 성격이 대통령의 정책 결정에 영향을 준다. 정권이 탄생할 때 정당성과 합법성의 여부가 정책 결정에 영향을 준다. 쿠데타 등 불법적인 방법으로 정권을 획득한 대통령은 정당성의 부족을 메우기 위해 가시적인 정책을 양산할 가능성이 크다. 국민의 지지를 얻기 위해 배분적이며 시혜적인 성격의 정책을 결정하기 쉽다. 정책 결정에의 참여자들을 정권 획득과 직접적으로 관련된 사람들로 제한시킬 가능성이 크다. 그러나 정당성이 확보된 정권의 대통령은 상대적으로 가시적인 정책을 양산할 이유가 없다. 정책 결정 과정에의 참여를 개방할 가능성이 크다.

둘째, 정권의 이해 관계가 대통령의 정책 결정에 영향을 준다. 대통령은 정당 소속이므로 차기 대통령 선거나 국회의원 선거 등을 의식해 정책을 결정할 가능성이 크다. 대통령 소속 정당의 지지 세력을 위한 정책에 좀 더 호의적일 가능성이 크다.

셋째, 정권의 정책 지향이 명확하게 드러날 수 있다. 즉, 보수주의와 진보주의의 대립으로 나타날 수 있으며, 경제 부문 등에 대한 개입의 확대와 축소 등의 정책적 선택을 요구하기도 한다. 이러한 정책 지향은 정책 의지로 나타나게 된다.

(3) 정책의 환경

첫째, 정책문화와 정책 이데올로기이다. 우리나라의 정책문화 또는 정책 이데올로기로는 경제제일주의, 안보제일주의 그리고 관존민비, 남북한 평화 등을 들 수 있다. 우리나라에서는 관 주도, 정부 주도의 국가 개발의 경험을 갖고 있다. 정부 주도의 국가 발전 과정에서는 대통령의 강력한 리더십이 요구된다.

둘째, 정책의 시간적 측면이다. 대통령이 정책을 결정할 때, 다루는 정책문제가 시간적 여유가 있을 때는 정상적인 절차를 밟아서 처리하면 되지만 시기적으로 급박한 경우 이를 결정하는 데 집중적인 논의와 빠른 결정이 요청될 때가 있다. 위기하의 정책 결정 등이 여기에 속한다.

또한 정책 결정 시점이 대통령의 임기 중 어디에 있느냐에 따라 영향을 받는다. 대통령의 임기 초에는 국민의 지지나 언론의 우호도가 상대적으로 클 수 있지만,[4] 정권의 후기에 갈수록 우호도가 떨어질 가능성이 크다. 또한 정권 말기에는 권력누수 현상 등과 맞물려 새로운 정책의 결정, 특히 개혁 정책의 결정이 어렵게 된다.

셋째, 정치적 상황이다. 정책을 결정할 시점에서의 여야 관계 등 정치적 상황은 대통령의 정책 결정에 영향을 줄 것이다. 여당과 야당 관계가 원만할 때보다는 양자의 관계가 대립적이며 갈등적일 때, 대통령의 정책 설득 노력이 더욱 요구된다. 양당관계가 원만할 때 타협과 양보 속에서 정책을 결정할 수 있지만, 양당 관계가 대립적일 때, 때로는 일방적으로 밀어붙이는 결정을 할 수 있을 것이다. 즉, 정치적 안정과 불안정이 문제가 된다.

넷째, 사회적 환경이다. 대통령과 정책환경으로서 사회와의 상호작용이 정책 결정에 영향을 준다. 사회적 환경(예컨대 언론이나 시민단체 등)이 대통령과 우호적

---

4) 이것을 미국 정치학자들은 대통령과 언론의 밀월기(presidential honeymoons)라고 부르며, 보통 대통령의 집권 초기에 발견할 수 있다(Brody, 1991: 30).

일 때 정책의 결정은 좀 더 원활하지만 양자 간에 긴장의 관계에 있을 때는 정책의 결정은 원활하지 못하게 된다. 또한 대통령이 사회를 보는 눈이나 시각 그리고 여론에 대해 대통령은 어떻게 인식하는지가 정책의 추진 등에 영향을 미친다. 언론을 지나치게 의식하는 대통령은 정책의 일관성이나 추진력에 열세를 보여 조변석개의 우(愚)를 범하기 쉬우며, 반대로 '보는 눈'을 너무 의식하지 않는 경우 일관성은 있을지 모르지만 독선적이기 쉽다.

다섯째, 국제적 환경이다. 정책이 타국과의 관계에서 처리해야 할 문제거나 조약 등에 관한 결정일 때는 대통령은 국익을 고려해 결정해야 하는데 국가 간의 국력에 따라서 정책 개입에 영향을 받게 되며, 약소국가의 대통령은 국제조약 등을 결정할 때 많은 제약을 받게 된다. 우리나라의 경우 대외적으로는 미국, 중국, 일본 등과의 국제 관계가 중요했고 남북한 관계의 위기와 공존 여부 등이 중요했다.

제 3 절 대통령의 정책 보좌기구

1 대통령비서실의 정책 기능

1) 대통령의 정책 보좌진

대통령의 정책 결정 과정에 참여하는 핵심 참모는 대통령비서실의 수석비서관과 각 부처 장관이다. 장관은 부처의 수장이자 대통령의 참모로서의 지위를 갖는다.

수석비서관은 정책 결정 과정에서 중요한 역할을 하고 있는데, 정책 논의 단계에서부터 대통령이 이들에게 자문을 하고, 또 이들은 전문적인 지식을 바탕으로 대통령의 정책 의지를 받들거나 정책의 내용, 실시 시기 또는 정책의 효과 등을 광범위하게 자문하고 있기 때문이다. 따라서 비서실을 중심으로 대통령의 전문적인 정책자문을 담당하는 수석비서관은 대통령 다음으로 정책의 방향과 결정에 막강한 영향력을 행사한다.

일반적으로 국가의 정책은 대통령과 각부의 장관(중앙행정기관인 부처급 위원장 포함)을 중심으로 결정되고 집행된다. 대통령과 장관은 국민의 생활에 가장 밀접한 현안 문제를 중심으로 연계된다. 장관은 국가의 중요 정책과 관련해 정책 결정 과정에 직접 참여하는 정책 입안과 정책 집행 과정의 핵심이라고 할 수 있다.

대통령의 정책 결정 과정에 장관과 수석비서관 중에 누가 더 영향력이 큰가는 그들에 대한 대통령의 신임 정도와 그들의 전문성 등에 의존한다. 대통령의 신임은 개인적인 충성심과 같은 측면에서 다루어질 수도 있고 대통령의 정책 이념과 정책 의지를 잘 이해하고 집행할 수 있는 참모로서의 역량으로도 이해될 수 있다.

2) 대통령비서실의 정책보좌 기능

대통령비서실은 비서실장과 수석비서관, 비서 등으로 크게 구분할 수 있다.

비서실장은 국정 운영의 중추신경으로서 조정자로서 역할을 한다. 즉, 비서실장은 수석비서관과 비서관, 비서 그리고 특별보좌관 등을 조정하고 통제하는 역할을 한다. 그는 대통령의 통치 이념을 명확히 해석해 비서관과 관련 부처에 지침을 하달하는 총괄적인 기능을 담당한다. 그는 장막 뒤에서 보이지 않게 수석보좌관, 보좌관, 관련 부처 등을 조정하고 후원해 준다.

그런데 비서실장의 역할이 갈수록 복잡해지고 다양해지고 있으며, 행정 역할뿐만 아니라 정치적 역할의 요구도 증대되고 있다. 비서실장은 평형자나 균형자로서 역할을 해야 한다. 그는 행정부, 대통령비서실, 국무총리, 집권당 대표를 엮는 팀워크의 멀티 플레이어여야 한다(최평길, 2002: 173-176).

수석비서관은 대통령의 정책 결정에 분야별로 영향을 주고 있다. 그들은 행정수반의 가장 측근에서 정책자문은 물론 정치적 역할도 동시에 수행하고 있다. 수석비서관들은 대통령이 특정 분야에 대해 전문지식이 부족하기 때문에 잘못된 방향으로의 정책 결정과 무분별한 통치에 대해 통제를 하며, 그들이 옳다고 생각하는 방향으로 대통령을 유도할 수 있다(서상원, 1998: 23-25). 그러므로 수석비서관들은 전문성을 바탕으로 소관 부처의 장관, 민간단체장, 의회 지도자 등과 연계해 문제점과 정책 시항을 해당 부처에 먼저 제시하고 실천에 옮기며 관련 부서 간 정책을 조정하며 부서의 후원자로서 역할을 하게 된다(최평길, 2002: 62-63).

비서관은 대통령의 개인적 사항과 국정에 관한 모든 사항을 잘 알고 있으며 전문성을 갖고 있기 때문에 대통령은 이들에게 의존하고 대통령으로서의 리더십을 발휘할 수 있는 근간이 된다. 따라서 각 비서관은 뛰어난 정보분석 능력과 미래지향적이고 거시적인 안목을 겸비한 전문 관료로 충원되는 것이 보통이다(서성원, 1998: 23-25).

그러나 새롭게 시작하는 정권의 경우나, 정당성이 미흡한 군사정권 등에서는 정치적 안정이 이루어질 때까지는 전문성보다는 충성심이 우선이며, 정권 창출 과정에서 공헌한 대통령의 심복으로서 구성되는 경우가 많다.

비서실에서 행정적인 역할을 하는 일반 비서관이 대통령과 직접적인 교류를 하는 경우는 그렇게 흔하지 않다.

2 대통령비서실의 조직 구조: 주요 선진국의 예

대통령비서실(보좌기구)의 부문화, 비서실의 내부 구조 그리고 정책기구로 구분해 분석하되, 대통령중심제 국가인 미국과 이원집정부제인 프랑스의 대통령실과 수상실 그리고 의원내각제인 일본과 독일의 수상비서실 그리고 한국 대통령비서실의 사례를 살펴보기로 한다.

1) 보좌기구의 부문화 구조

프랑스의 경우는 대통령비서실과 수상비서실로 이원화되어 있으며, 대통령과 수상 사이에 어느 정도 기능과 업무 분화가 되어 있다(박중훈, 1996; 최평길, 2002: 186-200).

한편 1인의 행정수반(대통령) 아래에서도 보좌기구는 개인적 보좌기구와 조정 보좌기구로 구분할 수 있다.[5] 개인적 보좌기구는 대통령 개인을 보좌하기 위한 비서실 업무를 담당하며, 조정 보좌기구는 정부 기능 중에서 부서 간 업무의 조정과 통합을 직접적으로 담당하는 기구로 대통령실이나 수상실(총리실)을 의미한다.

예컨대 미국은 대통령비서실과 대통령실로 이원화되어 있으며, 대통령실에 관리

---

5) 이송호 교수는 이를 개인화된 보좌기구와 제도화된 보좌기구로 구분한다(이송호, 2002: 557-558).

예산처 등이 있다. 프랑스에는 총리실에 3대 총괄처가 있다. 영국에는 수상비서실과 내각사무처가 있으며, 독일에는 수상비서실만 있다. 조정 보좌기구는 대체로 1인의 장을 두는 계선조직의 형태를 운영한다.

2) 보좌기구의 내부구조

비서실의 내부구조는 보좌관들의 상호 관계로서 지휘 보고 혹은 의사 전달 채널을 말한다. 비서실의 내부구조로는 원탁형, 계층형 그리고 과두형으로 구분할 수 있다. 원탁형(a wheel of spokes)은 고위보좌관들이 동등한 지위를 갖고 누구나 수시로 행정수반인 대통령이나 총리를 자유롭게 만날 수 있다. 계층형(hierarchy)은 1인의 비서실장이 있고 이 비서실장은 필요에 따라 행정수반을 수시로 접촉하나 그 외 모든 고위보좌관은 비서실장에게 보고하고 비서실장의 허락이 있거나 행정수반이 직접 부를 경우에만 행정수반을 면담할 수 있다. 마지막으로 과두형(oligarchy)은 3~4인의 수석보좌관이 있고 이들은 행정수반을 수시로 면담할 수 있으나 그 외 보좌관들은 이들의 허락 하에 행정수반을 만날 수 있는 구조이다(이송호, 2002: 554-555).

보좌기구의 내부구조를 주요 선진국별로 보면 프랑스는 대통령실에 특별참모부, 대통령비서실, 국정총괄처가 균형을 유지하며 대통령을 보좌한다. 독일은 총리실장 밑에 2명의 국무차관과 6명의 총국장이 있다. 영국에는 총리실장 아래 개인비서실, 정무실, 공보실 등으로 구성되어 있다(최평길, 2002: 173-248). 따라서 프랑스는 대체로 과두형을, 독일, 영국 그리고 미국은 계층형을 유지하고 있다.[6]

3) 정책기구

행정수반인 대통령(혹은 수상)의 정책 능력을 직접적으로 보좌하기 위한 하위 정책기구는 어느 나라에서든지 발견되나 그 전문화와 세분화에 차이가 있다. 정책 관련 하위기구는 두 가지 유형으로 구분할 수 있는데, 분야별 정책관리기구와 정책내용 및 과정 관리 정책기구이다(이송호, 2002: 561-564).

---

6) 저자는 대통령비서실의 내부구조만을 대상으로 하여 설명한다. 그런데 이송호 교수는 비서실과 대통령부를 포함해 분석하면서 미국은 계층형과 원탁형을 보인다고 한다(이송호, 2002: 556).

분야별 정책 하위기구의 분야로는 국가안보(외교 군사 포함) 분야, 경제정책 분야, 대내정책 분야, 과학기술 분야 등의 수석보좌관과 특별보좌관을 들 수 있다. 정책 내용 및 과정관리 하위기구로는 정책실, 정책개발실, 정책보좌관, 내각지원실, 행정총괄처 등이 있다.

3 대한민국의 대통령비서실

우리나라 행정수반의 비서실은 제3공화국 이후 내각책임제적 요소를 가미한 대통령중심제 헌법에 바탕을 두어 대통령실과 국무총리행정조정실로 크게 구분해왔다. 국무총리 아래 비서실이 있기는 하나 의전을 위한 것으로 보이고 미국식의 대통령부는 총리 소속기관으로 되어 있고 국정의 조정을 위해 총리행정조정실(혹은 국무조정실)을 두고 있다.

한편 대통령실은 보통 청와대(The Blue House)라 부르는데 대통령비서실로 일원화되어 있는 계층제를 띠고 있는 경우가 많으며, 때때로 대통령비서실과 정책실로 이원화되기도 한다. 박정희 대통령 정부에서 대통령비서실은 비서실로서의 모양을 갖추었고 그 이후 진화와 변동의 과정을 거친다. 대통령 정부별로 비서실을 요약하면 다음과 같다.[7]

이승만 정부에서는 비서관장 아래 정무, 공보, 서무, 문서, 경무대로 분화되었다. 정책적 기능이 매우 취약했다. 윤보선 대통령의 비서실은 대변인과 국방, 공보로 분화되었다.

박정희 정부에서 비로소 대통령비서실이 제대로 모양을 갖춘다. 1964년 비서실장 아래 정무, 정보, 공보, 민원, 총무와 의전, 행정실 그리고 정책비서관으로 경제, 정치행정, 외무국방, 교통, 보건, 재무, 특수 임무 등을 두었다. 1968년에는 경제1, 경제2, 정무, 민정, 공보, 의전의 6명의 수석비서관을 두었다.

박정희 대통령의 제4공화국 때(1974.1)에는 비서실장과 특별보좌관실로 이원화했다. 비서실장 아래 의전, 정무1, 정무2, 경제1, 경제2, 경제3, 공보, 민정, 총무 등

7) 박정희 정부 이후부터 이명박 정부까지 대통령령비서실에 관한 기록과 자료는 김정해(2013: 51-98) 참조. 박근혜 정부는 청와대 홈페이지 참고.

9명의 수석비서관을 두었고, 특별보좌관실에는 분야별 특보(정치, 안보 등 6인)와 사정보좌관을 두었다.

전두환 정부의 대통령비서실(1985.3)은 비서실장 아래 정무1, 정무2, 교육문화, 경제, 공보, 민정, 사정, 법무, 총무, 의전 등 수석비서관 10명을 두었다.

노태우 정부의 대통령비서실(1992.12)은 비서실장 아래 정무, 외교안보, 행정, 민정, 사정, 공보, 정책조사, 총무, 의전 등 수석비서관 10명을 두었다.

김영삼 정부의 대통령비서실(1997.12)은 대통령 비서실장 아래 정무, 경제, 외교안보, 행정, 민정, 사회복지, 공보, 의전, 총무, 정책기획, 농수산의 12명의 수석비서관으로 구성되어 있다.

김대중 정부의 대통령비서실(2002.7)은 대통령 비서실장 아래 정책기획, 정무, 경제, 외교안보, 민정, 복지노동, 공보, 교육문화 등 8명의 수석비서관과 의전, 총무, 통치사료 비서관 등과 국정상황실을 두었다.

노무현 정부의 대통령비서실(2006.1)은 비서실장, 정책실장, 안보정책실장의 3두 체제로 운영했으며, 5수석(정책수석, 정무수석, 민정수석, 홍보수석, 국민참여수석), 6보좌관으로 운영했다. 6보좌관에 외교, 국방, 인사, 경제, 정보과학기술보좌관이 있다.

이명박 정부의 대통령비서실(2008.2)은 대통령비서실을 대통령실로 개칭했으며, 비서실장, 경호처장, 7수석 체제(국정기획, 정무, 민정, 외교안보, 경제, 사회정책, 교육과학문화)로 운영했다. 임기 말에 대통령실장 아래 정책실장이 신설되었다.

박근혜 정부의 대통령비서실(2013.2)은 대통령 비서실장 아래 정무, 민정, 외교안보, 홍보, 경제, 미래전략, 교육문화, 고용복지수석 등 9개 수석을 두고 있다.[8)]

대체로 우리나라에서는 비서실장 1인 중심의 계층제를 운영하고 있으나 노무현 대통령은 비서실장, 정책실장, 안보실장의 3두 체제를, 김대중·이명박·박근혜 대통령은 쌍두 체제를 운영하고 있다.

박정희 대통령(3공)의 비서실은 8수석, 박정희 대통령(4공) 비서실은 10 수석 2특보, 전두환 대통령비서실은 10수석, 노태우 대통령비서실은 11수석 1특보, 김영삼 대통령 비서실은 11수석 1특보, 김대중 대통령 비서실은 8수석 2특보, 노무현

---

8) http://www1.president.go.kr/cheongwadae/organization/commission.php 2014-05-22 검색.

표 5-2 대한민국 역대 대통령비서실의 구조

분야	조직 기능	박정희(3)	박정희(4)	전두환	노태우	김영삼	김대중	노무현	이명박	박근혜
장관급	비서실장	1	1	1	1	1	1	1	1	1
	정책실장							1	1	
	안보실장						1	1		1
정책 분야	외교안보	1			1	1	1		1	1
	행정법무	3		1	1	1		1	2	
	경제	4	3	1	1	2	1		1	1
	사회문화			1		1	3		2	2
대외 관계	정무	1	1	2	1	1	1	1	1	1
	홍보시민		1	1	1	1	1	1		1
	민정		1	2	2	1	1	1	1	1
정책관리	정책기획조사				1		1	1	1	1
운영 분야	의전총무		2	2	2	2				
특보	특별보좌관	7	8	2	3	1	2	6	5	
기타							3			

주: 박정희(3)은 제3공화국, 박정희(4)는 제4공화국을 의미함.
자료: 김정해(2013: 51-98)와 청와대 홈페이지를 참고해 작성.

대통령 비서실은 6수석, 이명박 대통령 비서실은 7수석, 박근혜 대통령 비서실은 9수석제를 운영하고 있다. 특별보좌관은 박정희 대통령과 이명박 대통령이 많이 활용하고 있다.

박정희 대통령은 경제수석과 행정수석을 많이 활용하고 있으며, 김대중 대통령은 사회문화수석을 많이 활용한다. 전두환·노태우 대통령은 민정수석을 많이 활용하고 있다. 노무현 대통령은 시민참여수석을 두고 있다.

대체로 우리나라에서는 경제수석과 정무수석, 홍보수석, 민정수석이 많이 활용되고 있다.

최근 들어 정책관리 관련 수석의 활용이 많아지고 있다(예: 정책수석, 정책조사수석, 국정기획수석, 미래기획수석 등). 그리고 의전과 총무수석은 비서관 수준으로 낮추어졌다. 수석비서관 대신에 보좌관을 두는 경우도 많다.

4 대통령의 자문기구

1) 대통령 자문기구의 의의와 기능

자문이란 모르는 것을 남에게 물어보는 것을 의미한다. 자문기관이란 자문에 대해 대답하기 위해 설치된 기관이다. 고도의 복잡성과 전문성, 구조화와 분업화를 특징으로 하는 현대 국가에서는 기하급수적으로 폭증하는 정보의 홍수 속에서 가속적으로 분화하는 가치와 이익의 다원화에 부응하는 질 높은 정책을 산출하기 위해 최고 정책결정자로서 대통령은 적절한 자문을 받지 않으면 안 된다. 미국의 대통령자문기구로는 경제자문회의, 과학기술자문단이 있다. 일본은 국가안전보장회의, 행정개혁위원회 등이 있다.

자문기구의 기능은 여러 가지이나 다음과 같이 요약할 수 있다(신창우, 1990: 56-60).

첫째, 조언, 상담과 건의 기능으로 가장 핵심적인 기능이다. 국가정책에 관한 자문은 대부분 정책의 방향을 건의하고 조언하는 것이다.

둘째, 정보와 지식의 공급 기능이다. 자문기구가 제공하는 정보와 지식은 행정기관 내부에서 획득할 수 없는 전문성과 경험, 광범한 의견이 집약된다.

셋째, 정책의 분석과 개발 기능이다. 자문기구가 정책의 건의와 조언을 하기 위해서는 어느 정도 정책의 분석과 개발을 하지 않을 수 없다. 미국에서는 대통령위원회에서 정책 건의가 상당수 있다.

넷째, 타협, 조정과 합의의 기능이다. 위원회 형태의 대통령 자문기구는 국가의 다양한 의견을 수렴하는 하나의 장치가 되고 있다. 자문기구는 각계의 이익의 조정뿐만 아니라 행정부 각 기관 간의 의견 조정에도 유리하다.

다섯째, 교육과 계도의 기능이다. 자문기구는 조언을 받는 사람과 일반 국민에게 일종의 교육과 계도의 기능을 행사한다. 과거 서독의 경제정책에 관한 최고자문기구인 경제전문가회의는 경제정책을 담당하는 모든 부처와 국민의 건전한 의견을 형성하는 데 도움을 준 바 있다.

2) 대한민국의 대통령 자문기구

제6공화국 헌법에 규정된 대통령 자문기구는 국가원로자문회의, 민주평화통일자문회의, 국가안전보장회의, 국민경제자문회의이며 과학기술관계자문기구도 둘 수 있게 되어 있다. 이러한 헌법상 기구 이외에도 대통령은 실질적으로 정책을 결정하고 전략을 구상하기 위해 각종 자문기구로서 대통령위원회를 운영하고 있다.

박근혜 대통령 정부에서는 대통령 소속위원회로 개인정보보호위원회(행정위원회), 경제사회발전노사정위원회, 국가지식재산위원회, 아시아문화중심도시위원회, 국민대통합위원회, 청년위원회, 국가생명윤리심의위원회, 국가우주위원회, 지방자치발전위원회, 국가건축정책위원회, 도서관정부정책위원회, 문화융성위원회, 지역발전위원회, 규제개혁위원회, 저출산고령사회위원회 등 15개 위원회를 두어 각계각층의 전문가와 실천가를 위촉해 자문을 받고 있으며,[9] 위원장은 장관급에서 총리급 수준에 이른다.

예컨대 문화융성위원회(위원장: 김동호)는 「문화융성위원회 규정」 제3조에 따라 문화 융성에 관한 국가전략 정책의 수립・시행, 범정부・민간단체 협력 공감대 형성 및 사회 확산 등에 대해 대통령께 조언하며 문화예술전문위원회, 전통문화전문위원회, 문화산업전문위원회, 문화가치확산전문위원회의 4개 분야로 구성된다.

---

9) http://www1.president.go.kr/cheongwadae/organization/commission.php 2014-05-22 검색.

제 6 장

행정부처의 정책 기능

제1절 정책 체계에서 행정부

1 정책 과정에서 행정부의 역할

1) 정책 과정에서 행정부의 역할

정책 결정의 공식적 권한은 행정수반(우리나라의 경우 대통령)과 국회가 갖고 있지만, 정책의 문제 의식에서부터 입안 단계, 장관의 결재 전 단계에까지 관련 행정부처의 역할이 대부분이다.

정책 과정에서 행정기관이 영향력을 행사할 수 있는 것은 크게 두 가지 경로이다. 하나는 행정부처의 수장인 장・차관이 발휘하는 정치적 리더십이다. 각 행정부처의 장은 대통령과 의회를 설득하고 언론과 여론을 바탕으로 부처와 관련된 정책 현안을 파악하고 정책의제화한 후 정책을 기획하고 집행한다. 또한 행정기관은 관료가 가진 지식과 경험에서 나오는 전문성과 직업공무원이 가진 자율성을 가지고 정책 과정에 영향력을 행사한다(정정길 외, 2012: 142).

2) 행정부의 정책 결정 영향력의 원천

행정조직은 공식적 정책 결정 권한을 갖고 있지 않고 정책집행권을 가지고 있다. 그렇지만 정책대안의 탐색과 분석을 통해 실질적인 영향력을 미칠 수 있는 요인은 다음과 같다.

첫째, 행정조직이 갖는 전문성을 들 수 있다. 특정 분야에 대한 행정조직의 전문성은 여러 가지 광범위한 문제를 다루어야 하는 의회 등 공식적 정책결정자보다는 관련 분야의 정책문제를 해결하기 위한 대안의 탐색에서 훨씬 유리한 입장에 놓인다. 전문성은 세분화된 부성(部省)의 조직화뿐만 아니라 부성 조직의 안정적인 존속으로 인한 정책 지식의 학습에도 기인한다.

둘째, 행정조직이 가진 집행 권한이 정책 결정에 영향을 미친다. 정책의 집행은 세부적인 정책 결정의 연속 과정이다. 행정조직이 행사하는 광범위한 재량권을 들 수 있다. 대통령의 정책 결정이나 법률 제정 등을 통한 의회의 정책 결정은 대체적인 윤곽을 담고 있는 경우가 많은데 이를 구체화하는 세부적인 결정은 행정부조직에 의한다. 따라서 정책결정자는 관련 분야의 정책에 대한 집행 권한을 가진 행정조직의 기술적 능력과 관료들의 태도를 고려해야 한다.

셋째, 행정조직이 맺고 있는 이익집단, 사회단체, 외국과의 연계이다. 국회는 주로 지역이나 일국의 이익을 대변하는 경우가 많다. 하지만 각종의 기능적 이익집단들은 그들과 관련된 행정조직과 밀접한 연계를 갖는다. 시민사회조직 역시 주무관서인 부처의 지원이나 감독을 받는 경우가 많다. 그리고 각 부처는 외국의 관련부처(counter part)와도 밀접한 관계를 맺고 있다. 따라서 이익집단, 시민사회단체, 그리고 외국 정부 등이 그들이 선호하는 정책을 채택하도록 국회 등에 압력을 가할 수 있다.

2 정책 과정에서 행정부의 활동

정부의 정책 결정과 관련해 행정부의 활동은 정책의 결정과 관련한 활동과 정책관리와 관련한 활동으로 구분할 수 있다. 전자에는 법률 제정 준비 활동, 행정법규의 제정, 국가계획의 작성, 국책사업의 결정을 들 수 있고, 후자에는 국가통계조사, 정책감사, 그리고 정책 집행 활동을 통한 정책 결정의 구체화 등을 들 수 있다.

1) 정책 결정 관련 활동

첫째, 행정부는 입법부인 국회에서 의결해야 할 법률의 제정과 개정을 준비한다. 국회를 통과한 상당수의 법률은 행정부의 각 부처에서 법률안(제정, 개정 및 폐기)을 작성해 국회로 이송한 후 국회에서 심의 의결한다. 때로는 행정부가 작성한 법률안을 주로 여당 국회의원의 이름으로 국회에 제출하기도 한다. 이것은 국회에서 심의 및 의결을 쉽게 하기 위한 방법으로 활용되고 있다.

둘째, 행정부는 행정규칙과 명령을 제정한다. 행정부는 국회가 정한 법률의 범위 안에서 대통령령과 부령 등 실질적인 정책 내용을 작성해 결정한다. 행정규칙이나 명령은 법률의 위임을 받아 그리고 법률의 범위 내에서 결정된다. 법률이 추상적이고 일반적일수록 더욱 세밀하고 구체적으로 행정규칙이나 명령을 만들어야 한다. 이 때 정부의 국무회의에서 의결되어 대통령이 승인하면 행정규칙의 제정은 완료된다.

셋째, 행정부는 국가 수준의 중요한 계획을 작성한다. 사회주의 국가에서는 계획경제제도를 채택하므로 국가계획제도를 가지고 있으나 자본주의 국가에서는 중앙정부 수준에서 경제계획이나 사회계획을 운영한다. 기타 국가지리계획, 국가교통계획 등 국가 수준에서 중장기적으로 준비해야 할 국가계획 들을 작성해 운영한다. 우리나라에서는 1963년부터 1986년까지 국가경제사회발전계획 5개년계획을 운영한 바 있고, 국방부에서는 국방중기계획을 운영하고 있다. 이에 따라 중장기적으로 국가재원을 합리적으로 동원하고 배분했다.

넷째, 행정부는 중요한 국책사업을 결정한다. 국책사업은 국가의 운명이나 국고운영에 큰 영향을 주는 사업으로 결정과 집행의 책임이 행정부에 있다. 김대중 정부에서 햇볕정책사업, 노무현 정부에서의 국가 공공기관 이전사업, 이명박 정부에서의 4대강 개발사업 등을 들 수 있다. 이런 국책사업은 대체로 많은 국가예산이 뒷받침된다.

2) 정책관리 관련 활동

첫째, 행정부는 중앙예산기구를 통해 예산을 편성하며 이 단계에서 모든 국가정책을 집행하는 단계에서 소요되는 재정자원을 할당하고 분배한다. 매년 실시하는 국가예산 편성은 실질적으로 개별 법률 등 정책의 실현가능성을 뒷받침한다. 각 부처의 정책을 집행하기 위해서는 예산의 편성 및 배정이 필수적이다.

둘째, 행정부는 정책을 개발하는 데 기초가 되는 통계자료 등을 조사해 제공한다.[1] 특히 국가통계기관(예: 통계청)과 국가중앙은행(예: 한국은행)에서는 신뢰를 바탕으로 하여 기초 통계, 부문별 통계, 경제통계 등을 작성해 다른 국가기관과 민간기관에 제공한다. 각 부처 그리고 입법부에서는 법률을 포함한 정책을 개발하

---

1) 예컨대 통계청에서는 경제활동조사, 인구조사, 가구조사, 광공업제조조사, 사회조사 등을 실시한다. 2014년에는 외국인고용조사, 생활시간조사, 사교육비조사, 도소매업 및 서비스업 조사 그리고 전국사업체조사 등을 실시했다(http://www.kosis.kr 2015-1-21 검색). 한편 한국은행에서는 금리, 국민소득, 수출입물가, 자금순환, 산업연관분석 등을 실시했다(http://ecos.bok.or.kr 2015-1-21 검색).

는 데 이런 기초 자료에 바탕을 두어 현상을 분석하고 미래를 예측하며 정책대안을 마련한다.

셋째, 우리나라에서는 회계감사기관인 감사원에서 정책에 대한 감사를 할 수 있다. 정책감사나 성과감사가 그것인데, 정책, 계획 그리고 사업의 타당성에 대한 사후검사를 통해 결정 과정상의 문제점을 식별하거나 정책행위자들의 정책책임을 묻기도 한다. 정책감사의 성질은 근본적으로 사전적이라기보다는 사후적이고 환류적이다.

넷째, 행정부는 국회에서 정한 법률 등 정책을 각 부처에서 이를 집행함으로써 결정된 정책이 구체화되도록 기여한다. 또는 행정부는 특별행정기관 등 일선기관, 지방자치단체, 민영화사업, 보조금 지원대상기관과 사업들에 대해 정책의 집행과 이행을 감독하고 관리하는 책임을 맡는다.

3 대한민국의 정책 결정 체제: 품의제와 위임전결

1) 품의제

우리나라의 정부기관의 의사 결정은 대부분 품의제(稟議制)라는 독특한 결재 방식에 의해 이루어진다. 품의제란 "상관의 결재를 얻기 위해 밑에서부터 위로 향해 각 계층의 장의 승인을 받으면서 관련 부서의 합의를 얻는 제도"로서 상향적(bottom-up) 의사 결정 방법이다(조석준, 1994).

품의제는 다단계의 계층적인 정책 결정구조로 특징지어진다. 주어진 정책 현안에 대해 담당자가 기안문서를 작성한 다음 이것을 계선상의 순서에 따라 하위직에서 상위직을 향해 한 번에 한 단계씩 올라가며 승인 절차를 밟아 최종 결재권자의 서명을 마지막으로 받음으로써 그 현안에 대해 가부가 결정되는 것이다.

품의제의 장점은 다음과 같다. 상관의 입장에서 보면 일일 발생 업무를 자세하게 파악할 수 있는 장점이 있다. 기안자는 동시에 집행자이기 때문에 집행이 용이하다. 품의제도는 종적 참여제도로서 조직의 공동체성을 높여준다. 그리고 품의제를 통해 사실상 직무교육이 실시된다. 한편 품의제의 단점은 상부에서 문서 과다 현상이 일어나며, 결과적으로 장관이 정책을 개발할 수 있는 시간이 부족하게 된다. 품의제로 인해 부처이기주의가 가속화할 수 있는 가능성이 커진다(조석준, 1994: 176-180).

그러나 실제로는 품의 절차를 밟기 전에 대부분의 정책 결정이 이루어지고 품의 절차는 이를 공식화하는 과정에 불과하다. 이와 같은 측면에서 볼 때, 우리나라의 정책 결정 과정은 사실상 이중 구조로 형성되어 있다고 볼 수 있다.

한편 형식적인 품의 절차가 부처나 정책의 성격에 관계없이 거의 대동소이한데 반해 실제적 정책 결정 활동은 각 부처의 인적 구성 요인, 조직적 특성, 당면 정책의 성격적 특징, 관련 이해단체들의 개입 정도에 따라 크게 달라진다(박재희, 1996: 23).

2) 위임전결

우리나라에서는 각 행정조직마다 장관 또는 처장의 훈령으로 「위임전결규정」이라는 것을 제정해 사용하고 있다. 이 규정은 조직의 장으로부터 시작해 밑으로 모든 중간결재자를 다 열거하고 각 결재자마다 최종 결재할 수 있는 안건을 미리 표시해 놓는다. 중요한 사무를 보조기관에게 전결시킬수록, 그리고 많은 수의 사무를 위임시킬수록 그 행정조직은 그만큼 분권화되어 있다고 할 수 있다(조석준, 1994: 180).

4 대한민국에서 행정부 내 정책 결정의 실제

1) 정부부처별 법률안 작성 관할

우리나라에서 정책 결정의 관할권은 행정 각부에 배분된다. 행정 각부는 「정부조직법」과 개별법에 의거해 성립 운영된다. 다만 국무총리실 소속 행정기관은 「정부조직법」에 따른다.

2) 부처별 실국과(室局課) 체계

부처별 정책안 결정의 절차는 계서제에 의해 품의제 형식으로 결정되며 실국

간, 과 간 협의가 필요할 때는 회람이나 협조 공문을 돌린다. 구체적 절차는 다음과 같다. 담당 사무관(서기관)이 기안해 과장(담당관)을 거쳐 국장(심의관)이 결재한 후 필요하면 부처 내 관계 부서 간 협의를 거치고 소관 실장(혹은 본부장)의 결재를 거친 후 차관을 거쳐 최종적으로 장관이 결재를 하면 잠정적인 부처 안으로 확정된다. 이 단계에서 정책안을 수정하고 보완하기 위해 결재가 보류되거나 회송되는 경우가 많다.

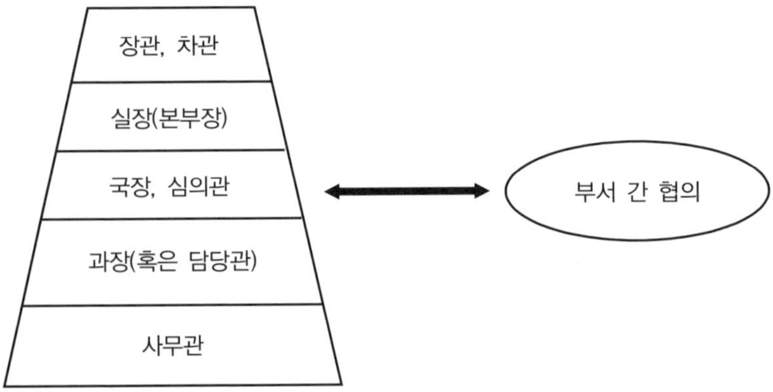

그림 6-1 한국의 행정부 내 정책 결정 절차

3) 부처 유관기관 간 협의와 조정

여러 부처가 관계되는 정책문제를 결정할 때는 관계 부처 간 협의를 거친다. 이때는 제도적·실제적으로 어느 부처가 힘이 있는가에 따라서 결정의 내용이 변경되기도 한다. 부처별 협의가 끝나면 당정협의를 거친다. 당정협의는 실무 수준, 부처 수준, 고위 수준별로 운영된다. 정책 중 법안의 경우에는 입법예고를 거친다. 입법예고는 20일 이상을 예고한다.

4) 부처 안 확정 이후: 법률적·정치적 효력 부여

법령의 경우 법제처의 심사를 거친다. 그리고 법령을 포함한 국가의 중요한 의사 결정은 국무회의의 심의를 거친다. 국무회의 심의의 근거 규정은 「대한민국 헌법」 제89조에 규정되어 있다. 국무회의의 구성원은 대통령, 국무총리, 국무위원 등을 포함한 15~30인으로 한다. 국무회의의 기능은 의결이 아니라 심의이며, 결정규칙은 다수결 원리에 따른다.

5) 대통령 재가

중요한 국가정책은 행정수반으로서 대통령의 최종 결재를 받는다. 필요한 경우 국무총리와 관계 국무위원의 부서(副署)를 받는다. 대통령은 국가 의사 결정에 앞서서 자문을 받을 수 있다. 대통령의 자문기관으로는 국가안전보장회의, 평화통일자문회의 등을 들 수 있다. 그리고 대통령의 정책적 보좌를 받기 위해 대통령의 보좌기관으로서 비서실을 두고 있다.

제 2 절 정부 행정부처의 구조 분화

1 정부부처의 정책적 역할

1) 부처조직 분화의 정책적 의미

국가는 일정한 통치기구를 매개로 하여 일정한 영토 내의 국민을 지배하게 되는데 이 통치기구가 바로 정부이다. 그리고 정부를 정책학적 관점에서 논의할 때 정부 기능, 정부 관료제나 정부 규모, 정부기구 등이 관심의 대상이 되곤 한다. 특히 중앙행정기구는 정부조직의 핵심이며 이 기구의 수와 분화된 내용은 특정 국가의 활동과 기능을 나타내는 중요한 척도이다. 정부가 어떤 일을 국가 기능으로 인식하고 이를 조직화하는가는 정부의 기본 기능과 추가 기능에 대한 정부의 입장을 구체적으로 밝히는 것이며 정책적 우선순위의 표현이기도 하다.

부처청 등 중앙행정기관은 행정수반의 중요한 정책 수단일 뿐만 아니라 그들이 정책을 산출하는 곳이기 때문에 정책 과정에서는 매우 중요하다. 따라서 정부는 행정개혁을 할 때면 늘 중앙정부기구의 신설, 폐지 그리고 통합과 분리를 통해 기능을 조정하고 조직구조를 재배치한다.

정부가 기능을 수행하려면 내부적으로 조직을 분화하고 이를 통합 조정해야 한다. 부처 조직의 분화는 그것이 심해지면 조직 통합의 반대 현상으로서 부처할거주의가 발생해 정책조직 간의 갈등이 야기되고 국가 전체적으로 정책 갈등이 일어날 수 있다. 부처할거주의란 권한과 지위 면에서 수평적인 관계에 있는 여러 조직이나 하위 부문들이 하나의 정책, 계획 그리고 사업을 분담해 집행할 때 발생하며, 상호간 양보와 협조보다는 어느 한 쪽이 더 많은 이익을 확보하며 희생을 줄이는 데 급급한 현상이다.

2) 부처 조직구조 분화이론

중앙행정기구의 분화와 관련된 이론들은 부성화의 원리와 조직구조 형성의 영향 요인 등을 들 수 있다. 조직 편성이나 조직 구성의 원리나 기준으로 제시된 부성화(部省化)의 원리는 귤릭(Luther Gulick)의 견해가 가장 많이 원용되고 있다(오석홍, 2014: 367-370; Daft, 2007). 부성화의 원리는 동질적이거나 서로 연관된 업무들을 묶어 조직 단위를 구성해야 한다는 원리이다. 동질성(homogeneity)의 원리는 부성화의 기준을 명시해 주는 원리로서, 각 조직 단위가 같은 종류의 활동만으로 고정되게 해야 한다는 것이다. 즉, 부성화는 분업의 결과를 유사한 직무에 따라 수평적으로 집단화하는 것이다.

저자가 중앙정부조직의 부성화에 대해 실시했던 연구 결과는 다음과 같다.[2] 세계 각국의 중앙행정부처의 평균 분업화(分業化) 정도는 18개 부처이다. 단독부처와 구성부처를 나타내는 정부부처나 행정 기능은 다음과 같다.

① 단독부처: 행정수반실, 내무부, 법무부, 국방부, 외무부, 재무부, 교육1부, 체신부의 8부처, 세계 100여 개국 이상

② 구성부처: 농업부, 공업1부, 에너지부, 노동부, 교통부, 문화부, 주택부, 보건부, 복지부, 스포츠부, 공익사업부, 통상부, 지방부 등 13개 부처, 세계 60여 개국 이상

조직구조의 형성에 영향을 미치는 요인으로는 조직의 규모와 기술, 조직의 환경,

---

2) 조사설계는 다음과 같다. 독립국가 189개국 중앙정부조직을 대상으로 전수조사를 했다. 관찰 시기는 1992년 5월이었다. 분석의 수준은 국가의 중앙정부나 연방정부의 부처(部處)나 부처급 위원회(委員會)이다(민진, 1993: 793-805).

조직의 전략과 목표 등을 들 수 있다. 그런데 중앙행정기구를 편성하는 데 가장 중요한 기준은 정부의 기능이다. 정부의 기본적 기능은 단독부처로, 추가적 기능은 구성부처로 활용되고 있다. 중앙행정기관의 수준에서는 주로 목적과 기능에 따라 조직이 편성되며, 부분적으로 과정과 절차(예산부나 법제부), 고객(예: 여성부), 장소(특수구역 담당부)를 기준으로 해서 정부조직이 편성되고 있다.

부처의 유형은 중앙행정부처, 위원회, 그리고 무임소 장관 등으로 구분할 수 있다. 중앙행정부처는 계서제 형태의 중앙행정기관이며 집권적이다. 위원회는 합의제 행정기관으로서 합의나 조정이 요구되는 정책문제를 다루기 위해 설계된다. 이 밖에 특수한 임무를 부여하기 위해 무임소(無任所) 장관이나 국무장관[3]을 둔다.

3) 대부처주의와 대국대과주의

부처 수준의 조직을 개편할 때 조직을 분화하기도 하지만 통합하거나 폐지한다. 이 때 규모나 업무 조정 면에서 고려하는 기준 중의 하나가 대부처주의와 소부처주의 그리고 대국대과주의나 소국소과주의이다.

조직 규모에 따라서 정부조직의 부서화 방식을 대부처주의와 소부처주의로 구분할 수 있다(Boston et al., 1996; 김근세 외, 2014: 91-123). 대부처주의는 정부 기능을 크게 분류해 각 부처의 기능 범위와 업무 영역을 넓게 함으로써 소수의 대형 부처를 두는 방식으로 구조 융합의 측면이 강하다. 정부의 기능과 역할이 상대적으로 작고 국가 발전의 성숙 단계에 이른 선진 민주국가 등에서 이를 채택하고 있다. 한편 소부처주의는 정부부처를 좀 더 구체적으로 분류해 기능 범위와 업무 영역을 작게 획정함으로써 다수의 부처를 두는 방식으로 구조 분할적 측면이 강하다. 사회주의 국가와 발전도상국에서 많이 운영한다. 그런데 이것은 상대적인 개념이다. 대부처주의의 장점으로는 분야별 정책의 종합성 유지 및 부처를 중심으로 한 책임있는 국정 운영을 가능케 한다는 점이고, 소부처주의의 장점은 소관 업무에 대한 전문성 및 책임성 제고와 해당 분야의 발전을 촉진시킨다.

대부처주의와 소부처주의를 부처 내부의 국·실 및 과를 설계할 때 준용하면 대국대과주의와 소국소과주의가 된다.

---

3) 무임소 장관(Ministers without Portfolio)과 국무장관은 사실상 중앙행정기관으로서 기능을 한다.

2 대한민국 중앙행정기관

우리나라의 중앙행정기관은 부처와 위원회, 처, 청, 원 그리고 외국으로 구성된다. 여기서는 외국은 제외하고 중앙행정기관을 중심으로 정부별로 살펴본다.

이승만 정부에서는 11부 4처, 1위원회로 총 16개 부처로 중앙행정기관을 정비해 출발했다. 장면 정부에서는 1원 12부 1처 3청 3위원회로 총 20개 부처였다. 군사정부에서는 1원 12부 1처 3청 1위원회로 총 18개 부처였다. 박정희 정부(제3공화국, 전기)에는 2원 13부 3처 6청으로 총 24개 부처였다. 박정희 정부(후기, 제4공화국)에는 2원 13부 4처 13청 1위원회로 총 33 부처였다. 전두환 정부에는 1원 14부 4처 15청 3위원회로 총 37개 부처였다. 노태우 정부에는 2원 16부 6처 12청으로 총 36개 부처였다. 김영삼 정부에는 14부 6처 15청 2위원회로 총 37개 부처였다. 김대중 정부에는 17부 2처 16청 5위원회로 총 40개 부처였다. 노무현 정부에는 18부 4처 16청 2위원회로 총 40개 부처였다. 이명박 정부에는 15부 2처 18청 3위원회로 총 38개 부처였다. 박근혜 정부(2014.11.19. 현재)에는 17부 5처 14청 6위원회로 총 42개 부처였다.

원(院)은 장면 정부부터(1960년) 김영삼 정부(1996년)까지 존재한 중앙행정기관으로 경제기획원, 국토통일원, 재정경제원 등을 들 수 있으며, 원의 장관은 부총리를 겸임했다. 부(部)는 가장 대표적인 행정부처로서 기관장은 장관이다. 11개에서 18개의 부를 두었다. 처(處)는 장관 또는 차관 급 기관장을 두었으며 1개에서 6개까지 두었다. 청(廳)은 대표적 정책 집행기관으로 장면 정부부터 운영하기 시작했으며, 박정희 정부 후기부터 13개 이상의 청을 운영해 왔다. 위원회는 합의제 행정기관으로 1개에서 6개 위원회까지 운영해 왔다.

이승만 정부에서 이명박 정부에 이르기까지 총 60여회의 정부조직 개편이 있었다. 박근혜 정부의 중앙행정기관을 보면 다음과 같다.

부: 기획재정부, 미래창조기획부, 교육부, 외교부, 통일부, 법무부, 국방부, 행정자치부, 문화체육관광부, 농림축산식품부, 산업통상자원부, 보건복지부, 환경부, 고용노동부, 여성가족부, 국토교통부, 해양수산부

처: 법제처, 국가보훈처, 국가안전처, 인사혁신처, 식품의약품안전처

표 6-1 역대 정부 중앙행정기관의 변천

정부 이름	시점	정부기관 종류					계
		원	부	처	청	위원회	
이승만 정부	1948. 07. 07		11	4		1	16
장면 정부	1960. 07. 01	1	12	1	3	3	20
군사정부	1961. 05. 26	1	12	1	3	1	18
박정희 정부(전)	1963. 12. 14	2	13	3	6		24
박정희 정부(후)	1973. 01. 15	2	13	4	13	1	33
전두환 정부	1980. 08. 18	1	14	4	15	3	37
노태우 정부	1989. 12. 30	2	16	6	12		36
김영삼 정부	1993. 09. 06		14	6	15	2	37
김대중 정부	1998. 02. 28		17	2	16	5	40
노무현 정부	2004. 03. 01		18	4	16	2	40
이명박 정부	2008. 02. 29		15	2	18	3	38
박근혜 정부	2014. 11. 19		17	5	14	6	42

* 관찰 시점은 각 정부별 최초 조직개편 시기를 중심으로 발췌했음.

청: 국세청, 관세청, 조달청, 경찰청, 검찰청, 병무청, 방위사업청, 농촌진흥청, 산림청, 중소기업청, 특허청, 기상청, 행정중심복합도시건설청

위원회: 공정거래위원회, 금융위원회, 국민권익위원회, 원자력안전위원회, 방송통신위원회, 국가인권위원회

기타: 대통령 직속 감사원과 국무총리 소속 국무조정실

3 정책 주관부처와 정책 지원부처

중앙행정기관 중 고객, 지역, 대상 영역별로 정책을 직접 관장하는 부처들을 정책 주관부처라 부른다. 이들의 정책과 사업을 지원 및 관리하는 부처도 있는데 이들을 정책 지원부처라 부른다.

1) 정책 주관부처

정책 주관부처를 안보치안부처, 경제산업부처, 사회보건복지부처, 교육문화체육

언론부처, 정치행정 기타로 구분해 박근혜 정부에서 중앙행정기관을 설명한다.

첫째, 안보치안 부처는 국가의 안전보장, 국내 치안질서, 국민생활 안전 분야의 정책 업무를 담당하는 부처로서 외교부, 통일부, 법무부, 국방부, 국가안전처, 경찰청, 검찰청, 병무청, 방위사업청과 원자력안전위원회를 들 수 있다. 그런데 최근 국민생활 안전 업무가 상대적으로 강조되고 있다.

둘째, 경제산업 부처는 국가경제와 산업(농어업, 공업, 서비스업, 지식산업 등), 재정금융의 정책 업무를 담당하는 부처로서 기획재정부, 미래창조기획부, 농림축산식품부, 산업통상자원부, 국토교통부, 해양수산부, 국세청, 관세청, 조달청, 통계청, 농촌진흥청, 산림청, 중소기업청, 특허청, 행정중심복합도시건설청, 공정거래위원회, 금융위원회를 들 수 있다. 경제부처는 정책 결정부처와 집행부처가 상대적으로 많다. 한국은행은 중앙은행으로서 독립기관으로 운영된다.

셋째, 사회보건복지 부처는 사회복지 및 보건 분야의 정책을 담당하는 부처로서 보건복지부, 환경부, 고용노동부, 여성가족부, 국가보훈처, 식품의약품안전처를 들 수 있다. 부처의 수는 적으나 예산의 규모는 매우 크다.

넷째, 교육문화체육언론 부처는 교육, 문화, 체육, 언론, 방송 분야 정책 업무를 담당하는 부처로서 교육부, 문화체육관광부 그리고 방송통신위원회를 들 수 있다.

다섯째, 정치행정 기타 부처로는 행정자치부, 기상청, 국민권익위원회, 국가인권위원회를 들 수 있다. 선거관리위원회는 헌법상 독립기관으로 운영한다. 지방행정의 대명사이던 내무부는 폐지되었다.

2) 정책 지원부처

정책 주관기관의 정책과 사업을 지원 및 관리하는 부처도 있는데 이들을 정책 지원부처라 부른다. 정책 지원부처는 다시 정책자원 관리부처와 기획조직 관련 지원부처로 나뉜다.

정책자원 관리부처는 정책활동에 요구되는 자원의 배분과 동원을 담당하는 부처들로서 정부예산관리, 정부인사관리, 정부조달관리, 정부정보관리 업무를 담당한다.

정부의 물적 자원 중 금전적 자원을 관리하는 부처를 중앙예산기관이라 부르는데 우리나라에서는 1949년 예산국에서 출발해 1994년부터 예산실로 승격했으며 기획재정부에 속해 있다. 정부의 인적 자원을 관리하는 부서를 중앙인사기관이라 부르는데 우리나라에서는 총무처, 행정자치부를 거쳐 인사혁신처(2014년)에서 관장한다. 한때 독립적 기관인 중앙인사위원회(2004~2008)를 운영한 바 있다.

정부의 물자와 시설의 구매, 조달을 담당하는 기구를 중앙조달행정기관이라 부른다. 우리나라는 1961년부터 현재까지 조달청으로 운영해 왔다. 정부의 정보 생산, 유통, 관리를 담당하는 기구를 중앙정보기관이라 부른다. 정부기록보존소(1969년)는 국가기록원(2004)으로 개칭했다. 또한 중앙정보부(1961년)가 국가안전기획부(1981년), 국가정보원(1991년)으로 개칭된 후 중앙행정기관과는 별도로 독립적인 단독기관으로서 운영되고 있다.

3) 기획조직 관련 지원부처

정책활동에 요구되는 기획 및 조직관리 업무를 담당하는 부처들은 정부조직관리, 정부홍보관리, 정부기획관리, 정부법제기구, 정부감사관리, 정부통계관리 업무를 관장한다.

정부의 조직기구를 총괄하는 중앙조직기구는 총무처(1948년, 1963년), 행정안전부(2008년) 그리고 행정자치부(1998년, 2014년)가 업무를 관장해 왔다. 정부의 기획 업무를 총괄하는 기구를 중앙기획기구는 기획처(1948년), 경제기획원(1993년), 기획예산처(1999년), 기획재정부(2008년)로 소속이 바뀌면서 운영해 왔다.

정부의 홍보 업무를 총괄하는 중앙홍보기구는 공보처(1948년, 1989년), 공보부(1961년), 문화공보부(1968년), 국정홍보처(1999년)로 바뀌어 왔으며, 홍보 기능이 축소되어 문화체육관광부(2008년)의 내부 부서가 되었다. 정부의 법제 업무를 총괄하는 중앙법제기구로는 법무부 법제실(1954년)에서 출발해 법제처(1962년)로 계속 운영하고 있어 조직의 계속성이 매우 높다.

정부의 회계감사 업무를 총괄하는 중앙감사기구는 심계원(1948년)과 감찰위원회(1948년)를 감사원(1963년)으로 통합한 후 계속 운영해 계속성이 매우 높다. 감사원은 중앙행정부처는 아니지만 별도의 대통령 소속기관으로 독립성이 보장된다. 정부의 통계 업무를 총괄하는 중앙통계기관은 공보처 통계국(1948년), 경제기획원 조사통계국(1961년)을 거쳐 경제기획원 외청인 통계청(1991년)으로 승격되어 확실한 국가통계기관으로 자리매김하고 있다.

4 정부부처의 정책 능력 향상

우리나라는 중앙행정기관 수준에서 정부부처의 개편이 매우 잦으며 1년 평균 1회 정도에 이른다. 부처의 정책 역량은 신설할수록 강화되나 축소 개편하거나 폐지하면 정책 역량이 감소되며, 잦은 개편 역시 조직 안정성을 해치므로 부처의 정책 역량을 약화시킨다. 따라서 꼭 필요한 경우에만 정부조직을 개편해야 한다.

우리나라는 비교적 많은 수의 부처청을 운영하고 있다. 이명박 정부에 대부처주의와 대국대과주의에 따라 교육과학기술부 등을 운영했지만 인사혁신처와 같은 기능을 한 부처가 담당하고 있는 현상도 함께 발견할 수 있다. 정부의 정책적 필요에 따라 정부부처를 운영하고 있는데 이는 일정 기간 동안 적절한 조치라고 판단된다. 특히 다양한 기능을 통합한 부처에서는 일정 기간 국실과(局室課) 간 협조가 부족하게 된다. 화학적 융합을 위한 조직문화와 교육훈련, 인사 조정 등이 요구된다. 또한 부처 내 부서 간의 유기적 관계와 협조를 통해 자체적으로 정책을 조율함으로써 정책과 제도의 일관성은 물론 관계성을 증진한다. 이를 위해 부처 내부의 실국장 회의 등을 통해 정책을 조정한다.

부처조직의 조직학습을 통해 정책 역량을 향상시킨다. 정책의 성공 경험은 물론이고 실패 경험에서도 이를 교훈으로 배워야 한다(Lessons Learned). 부처 조직은 오랫동안의 정책 경험을 교육훈련을 통해 학습하며 지식관리를 통해 공유하고 이를 계속해 인계하도록 한다. 승진과 보직, 교육연수 등은 조직의 임무와 사명을 달성하기 위한 단계로서 개인들의 정책 역량을 증대시키기 위해 활용한다.

제 3 절 행정부 내 주요 정책행위자

1 행정부처 주요 정책행위자

국회가 국가의 중요한 정책을 결정하고 평가하는 국가기구라면 행정부처는 정책을 입안하고 결정하며 집행하는 중심적 국가기구이다. 행정부의 주요 정책행위자는 정무직 공무원과 직업공무원으로 구분할 수 있다. 정무직 공무원으로는 대통령, 수상 등 행정수반이 있으나 실질적인 기능을 행사하는 부 및 위원회의 장·차관, 위원장과 부위원장을 들 수 있다. 직업공무원으로는 상위직이면서 정책을 관리하는 실국장 등 고위공무원과 3급 이하부터 사무관에 이르는 중간직이면서 정책실무자들인 과장과 팀장들, 그리고 그 이하 직급인 주무관을 들 수 있다. 여기서는 장·차관 등 정무직 공무원과 고위공무원단 그리고 정책실무자들을 중심으로 정책적 기능을 알아본다.

표 6-2 중앙행정기관 공무원과 공직 유형

공직 유형	부	위원회	처와 청
정무직 공무원	장관	위원장(부위원장)	
	차관	사무총장	처장, 청장
고위공무원	실장(본부장)		차장
	국장(-관)	국장	국장
일반(직업)공무원	과장(담당관)	과장(담당관)	과장(담당관)
	사무관	사무관	사무관
	주무관	주무관	주무관

2 정무직 공무원의 정책적 역할: 장관, 차관

1) 정무직 공무원의 의의

정무직 공무원은 직업공무원에 대한 용어로서 이들은 대부분 정부 고위직에 임용되기 때문에 정책의 결정과 집행에 지대한 영향을 미친다. 정무직 공무원은 넓은 의미에서는 정치적 성격을 가진 모든 공무원을 일컫지만 좁은 의미로는 행정부에 근무하고 있는 정치적으로 임명된 공무원을 말한다.

장관과 차관은 가장 대표적인 정무직 공무원으로 각 부처 내 최고의 위치에서 정책을 수립하고 해당 부처의 공무원을 관리하며 감독하는 역할을 수행한다. 즉, 대통령(혹은 수상)과 함께 원활한 국정 운영을 위해 직무를 수행하는 부처의 최고

의사결정권자로서 각 부처를 대표하며, 회의를 주관하고 사무를 총괄한다. 아울러 정무직 공무원은 이러한 행정적 역할뿐만 아니라 정치적 역할도 수행하므로 행정수반의 정책 의지를 위한 정치 반응성과 소속 부처의 행정 전문성을 모두 고려해야 하는 책무를 지니며(박영원, 2013: 239-257), 소관 부처 정책의 성과와 결과에 책임을 진다.

정무직 공무원의 임용 기준에 대해서는 몇 가지 규범적 기준이 제시되고 있는데, 정치적 판단력과 직관력, 정치적 대응성과 책임 의식, 상징적 대표성 그리고 전문성과 도덕성을 들 수 있다(Wyszommirski, 1989; 박동서, 2003; 이창길, 2013: 556-557). 이들은 정책전문성(expert), 정치적 능력, 관리적 능력 그리고 도덕성 등으로 정리될 수 있다.

정무직인 장관(혹은 차관)의 임기는 정책상 의미가 큰데(이창길, 2013: 565-566), 그것은 정해져 있지는 않으며 각국의 정치문화나 행정문화에 따라 다르다. 미국 또는 서유럽 국가에서 장관은 보통 3년 혹은 3년 이상 재임하는 것으로 알려져 있다(김호균, 2004: 261).

2) 우리나라의 정무직 공무원: 장관

우리나라에서 정무직 공무원은 법령상에서는 국무총리, 각 부처 장·차관, 중앙행정기관인 처와 청의 장, 감사원장, 국가정보원장, 대통령 비서실장, 국무조정실장 등이 포함된다.

정무직 공무원의 임용 과정은 명문화되어 있지는 않고 행정수반인 대통령이 자유롭게 행사할 수 있다. 다만 장관에 대해서는 국회의 인사청문회제도가 있기 때문에 대통령이 재량을 행사하는 데 한계가 있다. 우리나라에서 장관의 임기는 평균 1~2년으로 상당히 짧다.

다음은 김호균 교수의 한국 장관에 관한 연구 결과이다(김호균, 2004: 260-286). 그는 한국의 장관(전두환 정부에서 김대중 정부의 모든 장관) 342명에 대한 분석을 했다. 임명 기준으로 보면 우리나라의 장관은 정책전문가 역할(정책 개발 및 정책 선택) 202명, 정치적 역할(정치적 보상과 상징적 대표성) 90명, 그리고 일반관리자 역할이 50명으로서 정책전문가를 상대적으로 선호해 장관을 임명하고 있다. 하지만 정책전문가 중에도 상당수는 정치적 역할과 일반관리자 역할을 하고 있다.

3) 정무직 공무원의 정책 능력 향상

정무직 공무원의 능력을 향상시키기 위해서는 정책전문가를 더 많이 장관으로 임용하는 것이다. 보통 대통령 당선자가 확정이 되면, 대통령직 인수위원회에서는 대통령 후보의 견해를 받아서 집권 기간(5년) 동안 장관 후보자들을 인선하고 이들 중에서 인선 5개년계획을 마련해야 한다.[4] 장관은 가능한 한 정책적 역량은 물론이고 정치적 역량과 관리적 역량을 갖춘 자를 임용하고, 우선적으로 차관을 역임한 자 중에서 충원하며, 국회의원 중에서 충원할 때는 국회 상임위원회나 특별위원회에서 경력을 쌓게 하고, 학자나 사회운동가 중에서 임용할 때는 차관보 등 개방직 공무원제도를 활용한다.

장관은 법적으로 임기는 없지만 최소한 2년 이상 장관으로 재직할 수 있도록 운영해야 한다. 장관의 경질이 지나치게 정치적 이유에 의해 시행되지 않도록 한다. 그리고 헌법상으로는 국무총리에게 장관(국무위원) 임명제청권이 주어져 있으므로 실질적으로 이 권한이 행사되도록 해야 한다. 그리고 인사청문회는 청문의 대상을 1차적으로 정책전문성에 초점을 맞추어야 한다.

차관은 원칙적으로 해당 분야에서 직업공무원으로 고위공무원직을 역임한 사람 중에서 부처 업무에 통달하고 정치적 감각이 있는 자를 선발한다. 직업공무원 이외의 자를 발탁 임용할 때는 해당 분야의 전문가 중에서 조직 및 정책관리적 경험이 있는 자를 중용한다.

3 고위공무원의 정책적 역할

1) 고위공무원의 정책 역할과 고위공무원단제도

정부 부처의 고위공무원으로는 실·국장 등을 들 수 있다. 실·국장은 실무책임자로서뿐만 아니라 부처 조직상 그가 처한 독특한 위치 관계로 부처 내 정책 결정 과정에서 가장 핵심적 역할을 하고 있을 뿐만 아니라 장관의 정책 결정에 큰 영향

4) 김광웅은 노무현 정부에 대한 건의에서 "노무현 행정부 인선 5개년 계획(마스터 플랜)"을 세울 것을 권했다(김광웅, 2003: 216-217).

을 미친다. 국장은 부처 차원에서 추진되고 있는 정책들에 대한 전반적인 지식뿐 아니라 부서 내에서 일어나고 있는 일상적인 세부 사항에 대해서도 비교적 상세하게 알고 있기 때문에 정책 결정 과정에서 상·하위직 모두에게 영향을 미칠 수 있게 된다. 특히 장관이 해당 분야의 비전문가일 때는 그의 영향력은 상대적으로 더 커지게 된다(박재희, 1996: 23).

고위공무원단제도는 서유럽의 고위공무원단제도[5]를 벤치마킹해 우리나라에서 2006년 7월 1일부터 전면 시행한 인사제도로서 신분적 계급제를 근간으로 하는 기존의 폐쇄적 인사제도의 틀에서 벗어나, 1~3급 실·국장급 고위공무원 약 1,500명의 직위를 개방과 경쟁을 통해 범정부적 혹은 범사회적 차원에서 임용하고 직무와 성과를 중심으로 인사관리하는 제도이다(박천오 외, 2007: 128).

2) 고위공무원단의 역량

고위공무원으로서 적격성 검사의 수단으로 역량평가를 실시하기 위해 2009년부터 적용하고 있는 역량 지표를 보면, 역량군은 업무, 사고, 관계로 구분하고 업무

표 6-4 고위공무원의 6개 필요 역량

역량군	역량명	역량 정의
업무	성과 지향	주어진 업무 성과를 극대화하기 위한 다양한 방안을 강구하고, 목표 달성 과정에서도 효과성과 효율성을 추구
	변화관리	환경 변화의 방향과 흐름을 이해하고, 개인 및 조직이 변화 상황에 적절하게 적응 및 대응하도록 조치함
사고	문제 인식	정보의 파악·분석을 통해 문제를 적시에 감지·확인하고 문제와 관련된 다양한 사안을 분석해 문제 핵심 규명
	전략적 사고	장기적인 비전과 목표를 설정하고 이를 실행하기 위한 대안의 우선순위를 명확히 하여 추진 방안을 확정함
관계	고객 만족	업무와 관련된 상대방을 고객으로 인식해 고객이 원하는 바를 이해하고 그들의 요구를 충족시키려 노력함
	조정과 통합	이해당사자들의 이해 관계 및 갈등 상황을 파악하고 균형적 시각에서 판단해 합리적인 해결책 제시

5) 서구의 고위공무원단제도는 상위직 공무원을 중하위직 공무원과 구분해 별도로 통합관리하는 제도로서 1970년대부터 이 제도를 사용해 왔다. 미국에서 공무원개혁법에 의해 1978년 창설된 이 제도는 SES(Senior Executive Service)라 부르며 서구에 확산되었다. 호주의 SES, 영국의 SCS(Senior Civil Service), 캐나다의 EX(Executive Group)가 여기에 해당한다(박천오 외, 2007: 129).

역량은 다시 성과 지향, 변화관리로, 사고 역량은 문제 인식과 전략적 사고로, 관계 역량은 고객 만족과 조정 및 통합으로 각각 구분했다(권오성, 2012: 417). 세부적인 내용은 〈표 6-4〉와 같다.

3) 고위공무원단의 역량 향상

우리나라 고위공무원단은 장·차관 등 정무직 공무원을 보좌하면서 직업공무원으로서 정상에 도달한 고위직 공무원이다. 이들에게 요구되는 여섯 가지 역량을 갖춘 자들을 선발, 승진 임용하는 것이 무엇보다 선행되어야 한다. 그중에도 해당 분야에 대한 전문성, 조직관리자로서의 관리 역량, 시대와 대한민국이라는 지역적 공간, 국제화, 정보화 등 행정환경을 잘 이해하고 관리할 수 있는 역량, 최소한의 정무적 감각을 갖춘 자들이 요구된다.

또한 고위공무원단을 위한 최적의 사전 교육훈련 및 사후 교육훈련이 필요하다. 해당 분야의 박사학위자보다는 관련 국제기구나 선진국 정부조직에서 연수하는 것이 바람직하다. 고위공무원으로서 특정 보직에서 1년 이하의 단기간 보직관리보다는 2년 정도의 보직관리와 분야별 경력관리가 요구된다.

고위공무원단은 고위공무원으로서 성과에 따라 관리되어야 하며 지나치게 집권정당의 정치적 영향을 받게 하면 공직의 안정성과 정책의 일관성을 해칠 수 있다. 업무 결과에 대해 확실하게 책임을 묻되 역량평가는 공정하고 정확하게 이루어져야 한다.

4 과장, 담당관과 사무관의 정책적 역할

1) 부처청 및 위원회의 중간관리자의 지위

우리나라에서 과장, 담당관, 사무관은 실질적으로 정책을 입안하며 정책을 분석하고 품의제 아래서 정책 결정을 보조하는 계선상의 허리에 있다.

우리나라에서 과장, 담당관 및 사무관의 인력 구조는 과장은 3~4급 복수 직급으로 운영하며, 담당관은 4급과 4~5급으로 운영하고 담당은 사무관으로 운영한다.

일부 부처청(국방부, 검찰청, 경찰청 등)에서는 일반직 행정직공무원 외에 검찰, 경찰, 군인, 교육공무원(교사) 등의 신분을 가진 공무원이 중간관리자로서 역할을 담당한다.

2012년 현재 우리나라 15개 부처 단위 기관의 직급별 정원을 보면 다음과 같다. 과장(3~4급)은 213명, 담당관은 4급 544명, 4~5급 754명, 그리고 사무관(5급) 3,107명이다. 2012년 현재 우리나라 16개 청 단위 기관의 직급별 정원을 보면 다음과 같다. 과장(3~4급) 136명, 4급 담당관은 852명, 4~5급 담당관은 723명, 사무관(5급) 4,451명이다. 따라서 부처 단위와 청 단위를 합하면 과장 급 349명, 담당관 급 2,883명, 사무관 7,558명이다.[6]

2) 우리나라에서 5급 사무관의 정책적 역할과 임용

사무관은 정부조직에서 정책을 수립하고 집행하는 데 중추적 역할을 담당한다. 정책과 관련해 사무관에게는 여러 가지 정책 역량이 필요하나 조경호 등은 정책갈등 관리 능력, 정책딜레마 관리 능력, 근거중심 정책관리 능력 그리고 정책 시간관리 능력 등을 제시한다(조경호 외, 2010: 109-184).

중앙부처의 정책 결정 과정에서 정책의 초안은 대개 사무관에 의해 작성된다. 정책을 위한 기초 자료의 수집 과정에서 어떤 자료를 포함시키고 어떤 자료를 제외시킬 것인가 하는 것에 대한 판단 역시 사무관에 의해 독자적으로 이루어진다. 따라서 사무관은 대체로 부처 내에서 자신이 담당하고 있는 현안에 대해 내용을 가장 잘 파악하고 있을 뿐만 아니라 정책 대안별 우선순위를 결정하는 데도 큰 영향을 미치고 있다고 볼 수 있다. 왜냐하면 비록 상급자와의 협의 과정에서 초안에 대한 부분적인 수정과 보완이 이루어지지만 이들은 대개 사무관이 만들어놓은 기본 틀 안에서 이루어지기 때문이다(박재희, 1996: 24).

사무관은 중상위직 공무원으로 진출하는 데 가장 중요한 관문이다. 현재 사무관으로의 입직 경로는 행정고등고시, 외무고등고시(현재 국립외교원시험) 등과 특별채용, 승진임용으로 구분된다.

6) 행정자치부 정부조직관리정보시스템 자료를 활용해 작성.

3) 과장급의 정책적 역할과 역량 평가

정부 부처의 과장 혹은 팀장은 3급(부이사관) 또는 4급(서기관)공무원이 보임된다. 과장은 고위공무원과 담당사무관을 이어주는 허리 역할을 하며, 정책 실무의 책임자이다.

과장의 역할은 다양하나 정책적 역할은 다음과 같다. 장·차관과의 관계에서 핵심 역할은 장관의 정책 결정을 위한 정보를 제공하며 장관의 잘못된 판단을 수정하는 완충자의 역할을 하는 것이다. 또한 실·국장의 정책 판단을 위한 분석가로서 역할을 한다. 또한 소속기관이나 산하기관에 대해서는 정책 비전과 목표를 공유하도록 정책 방향을 명확히 해야 한다. 이 밖에도 청와대, 국회, 언론사, 시민단체 등 대외적 기관과의 관계 그리고 부처 내부의 상하 간, 부서 간, 부하와의 관계 등에서 적극적 역할들이 요구된다(조경호 외, 2010: 109-184).

그런데 2010년 7월부터 일부 자체 평가를 실시하는 부처를 제외하고 대다수 부처를 대상으로 과장급 역량평가를 실시하고 있다. 고위공무원단의 역량평가와는 달리 과장급 역량평가는 부처별 직무 특성, 활용 목적 등에 맞게 자율적으로 실시하되 평가를 요청할 경우 행정자치부가 대행평가를 하고 있다.

과장급 역량평가는 행정자치부에서 개발한 정부 표준 공통 역량을 활용해, 각 부처의 과장급 업무 특성에 맞는 역량 평가지표를 개발하며 시행하고 있다. 평가 역량은 6개 분야로 정책기획, 성과관리, 조직관리, 의사소통, 이해 관계 조정, 그리고 동기부여 역량이다(권오성, 2012: 417-418).

4) 중간관리자의 정책 역량 향상

사무관에서 과장에 이르는 정부부처 중간관리자의 정책 역량을 향상시키기 위해서는 우선 사무관 또는 해당 직급 임용시험에서 정부의 해당 부처에서 요구되는 분야를 전공하거나 학습한 자를 채용해 보직해야 한다. 공개채용을 하면서도 공직 적격성을 갖춘 자의 특별채용을 어느 정도 허용하며, 주무관으로부터 5급(사무관)으로 승진할 때는 엄격한 심사를 거쳐야 한다.

전문적인 능력을 향상시키기 위한 보직경로를 설정해 보직관리를 한다. 공직의 특성상 중상위직으로 올라갈수록 부문별 협조가 많이 필요하므로 공직에서 업무

유사성과 연관성에 따라서 직류별로 부문화된 보직 경로를 설정해야 한다. 정책의 기획과 정책 현장을 함께 경험할 수 있어야 한다.

또한 해당 분야의 전문적인 교육은 물론 정책분석 및 정책관리, 평가 분야의 정책학 석사 수준의 교육, 그리고 이해 관계 조정 능력 등의 향상을 위한 실무교육을 받도록 한다.

국제화 시대이기 때문에 외국어에 대한 언어 능력이 있거나 해외 경험을 한 자를 특별채용하며, 공직자로 재임시 외국의 연수를 강화해 전문지식을 함양한다.

보직관리와 승진에서 인사의 공정성이 확보되는 가운데 전문적 능력이 있는 자가 최소한 발탁될 수 있는 인사제도를 정비하고 운영을 해야 한다.

제 7 장

정책조정기구의 정책 기능

제1절 정책조정의 개념과 이론적 논의

1 정책조정의 의의와 유형

1) 정책 갈등과 정책조정의 의의

사회에는 집단 간 갈등, 지역 간 갈등, 계층 간 갈등, 세대 간 갈등, 정부 간 갈등 등 정책을 결정하고 관리하는 과정에서 수많은 정책 갈등을 경험한다. 그런데 정책 갈등의 유형에 따라 정책 갈등의 해결 방법이 달라진다.

기관 간 정책 갈등의 유형으로는 정책 지향에 대한 갈등, 기관의 관할권에 대한 갈등, 그리고 정책 결정 규칙에 관한 갈등으로 구분할 수 있다(김영평 · 신신우, 1990: 1-19). 정책 지향에 대한 갈등은 대부분의 행정부처가 갖는 이해집단의 대표성에 비롯된다. 농림부는 농업인의 이익을 대변하며, 산업통상부는 상인과 공업인의 이해를 대변하기 때문에 이들 기관 간에 정책 지향이 다를 수밖에 없다. 또한 관할권의 쟁탈 과정에서 기관 갈등이 오며, 정책 결정 규칙에 대한 무시 등이 정책 갈등을 유발한다.

갈등이 발생하는 이유는 기본적으로 정책 주체 간의 가치관이나 이해 관계 등이 다르기 때문에 일어나기도 하지만 현대 사회에 들어와 정책문제의 복잡성에서 비롯되기도 한다. 강압과 독단으로 정책을 결정하고 정책 집행기관과 정책 대상집단을 끌고가던 시대는 지났고, 정책 주체 간에 협력하고 타협하지 않으면 정책문제를 해결하기 어려운 시대에 살고 있다. 이러한 정책 갈등을 해결하는 것이 바로 정책의 조정이다.

정책조정(政策調整, policy coordination, policy cooperation)은 일반적인 '조정(調整)'이라는 말에서 정책 부문에 특화된 개념이다. 조정(coordination)의 어원은 co와 ordination으로 구분된다. 'co'는 함께 또는 공동으로(jointly)의 의미를 갖는다. 한편 'ordination'은 서열을 매기는 것이다. 따라서 조정을 어의적으로 해석하면 공동으로 우선순위를 매기는 것이다.

많은 학자들은 조정을 "공동 목적을 달성하기 위해 부문 활동의 통일을 이루도록 집단적 노력을 질서 있게 배열하는 과정"으로 정의한다(Schemerhorn et al., 2008; Aldag & Kuzuhara, 2002). 따라서 조정은 공동의 목적이나 전체적 질서를 추구하는 것이며 개인이나 집단, 부문이나 기관, 지역과 국가의 활동이 서로 조화를 이루도록 하는 집단적 노력이다. 다시 말해 부문 활동이 원심력이라면, 공동 목표는 구심력이므로 원심력을 구심력으로 모아주는 행위나 과정이 조정이다(민진, 2014: 373).

정책조정은 실질적으로는 갈등 당사자 간에 양보와 협의하는 과정을 통해 해결되기 때문에 정책 조정은 정책기관 간에 상호 협상과 협력에 의해 문제를 해결해 가는 과정이라고도 할 수 있다. 우리나라에서는 「행정절차법」을 제정해 정책조정 문제를 절차적으로 해결하도록 하고 있다.

2) 정책조정의 유형

정책조정은 여러 단계, 여러 계층에서 이루어지고 있는데, 다음과 같은 유형으로 구분할 수 있다(민진, 2014: 374-375).

첫째, 조직 내 조정과 조직 간 조정이다. 조직 내 조정이란 조직의 공통적인 업무를 달성하기 위해 조직의 상이한 부분들을 통합 또는 연계시키는 것을 의미하며, 이는 주로 관리적 조정을 말한다. 한편 후자는 자율적인 조직들 상호간에 필요한 자원을 교환하고 협력하기 위해 일정한 의사규칙을 정하고 이에 따라 행동하는 것이다(이성우, 1993: 10-11). 정책조정이란 주로 후자에 해당하며, 행정부와 여·야 정당 간의 정책조정이 여기에 해당한다.

둘째, 수평적 조정과 수직적 조정이다. 전자는 지위가 서로 비슷한 조직, 기관, 부문 간에 행해지는 조정을 말한다. 후자는 지위가 서로 다른 조직이나 기관 간에 이루어지는 조정을 말한다. 정책조정의 영역에서는 전자에는 국무회의, 관계부처 장관회의, 차관회의 등을 들 수 있다. 후자에는 대통령, 국무총리 및 부총리 등에 의한 조정을 들 수 있다. 정책 결정 단계에서는 수평적 조정이, 그리고 정책 집행 단계에서는 수직적 조정이 많이 발생한다.

셋째, 종합적 조정과 부문적 조정이다. 전자는 조직 내에서 최고관리자에 의한 조정을 의미하며, 후자는 조직 내 하위 단위 간의 조정을 말한다. 종합적 조정은 행정수반에 의한 조정이나 국무회의에서의 조정을 말하며, 부문적 조정은 장차관 그리고 각급 단위기관장에 의한 조정을 말한다.

2 정책조정의 영향 요인과 방법, 기제

1) 정책조정의 영향 요인

조정의 내용이나 방법에 영향을 주는 요인이나 여러 가지가 있다. 여기서는 조정의 상황, 조정인 그리고 조정의 제도화를 중심으로 살펴본다(민진, 2014: 376-377).

첫째, 조정의 상황은 안정적인 상황과 불안정한 상황으로 구분할 수 있다. 안정적인 상황에서 조정 대상 문제는 그 발생이 예측 가능하고 정형적이다. 따라서 조정은 사전계획이나 규칙 및 절차에 따라 이루어진다. 한편 불안정한 상황에서 조정 대상 문제는 그 발생이 예측 불가능하고 이해 관계가 첨예하게 대립되는 문제를 포함한다. 따라서 시행착오에 의한 환류 방법이나 위원회나 통합부서를 활용한다.

둘째, 조정인은 조정자와 피조정자에 관련된 요인으로 조정자의 조정 능력, 조정 의지, 이해 관계 등이 조정에 영향을 준다. 조정 능력은 제도적으로 부여되기도 하지만 인간적인 능력이나 기술이 중요한 비중을 차지한다. 조정의 필요성에 대한 의지의 정도가 조정에 영향을 준다. 조정자와 피조정자의 이해 관계 여부도 조정에 영향을 준다.

셋째, 조정의 제도화로서 조정에 관련된 제도와 절차에 관한 요소이다. 정책 갈등이 있을 때 이를 해결하기 위한 제도나 절차가 어느 정도 완비되어 있는가는 조정에 영향을 준다. 조정이 제도화될수록 사람에 의한 조정관리의 필요성은 그만큼 줄어든다. 반대로 조정의 제도화가 부족할수록 사람에 의한 조정관리의 필요성은 그만큼 증가한다.

2) 정책조정의 방법

정책조정의 방법이나 수단은 여러 가지가 있을 수 있으나 여기서는 조직을 통한 조정과 관리를 통한 조정으로 구분해 설명한다(민진, 2014: 378-380).

첫째, 조직을 통한 조정은 조직의 신설, 기존의 조정 기구의 활용, 회의체 및 위원회의 활용, 계층제의 활용을 통해 조정할 수 있다.

둘째, 관리를 통한 조정은 조직관리의 제도화, 업무 관할 범위의 설정과 변경을 통해 조정할 수 있다. 그리고 리더십의 발휘, 계획의 활용, 예산 검토의 활용, 인사교류와 연락관의 파견, 교육훈련 등을 통해 조정할 수 있다.

셋째, 이 둘을 조합하는 방법으로 영국의 중앙정책검토참모단(Central Policy Review Staff: CPRS; 1997~1983)에서는 영국 중앙정부 수준에서 계획예산제(PPBS)를 통해 각 부처의 정책을 조정한다(Lewis, 2011: 770-787).

3) 정책조정 기제

정책조정의 기제(mechanism)로 국무회의, 관계장관회의, 관계차관회의, 조정전담부서의 설치 운영, 당정협의제도 등이 제시되어 왔다. 어쨌든 정부 수준에서 조정의 최고행위자는 행정수반(대통령과 수상)이며, 이들을 보좌하는 부수상(부총리) 혹은 대통령위원회의 위원장들을 들 수 있다. 각국에서는 제도적으로 행정수반(실), 국무회의 또는 당정협의제도 등이 정책조정 역할과 기능을 행사할 수 있도록 하고 있지만 실제적으로 다른 방법들도 많이 있을 것이다.

수직적 정책조정 기제로서는 행정수반에 의한 정책조정과 수상 및 부수상 등에 의한 정책조정을 들 수 있다. 대통령은 행정부에서 최고·최종의 정책조정자이다. 대통령은 대통령보좌관을 관계장관회의에 참여시킴으로써 정책을 조정하며, 국무회의의 의장으로 국정을 조정한다. 우리나라에서 국무총리는 대통령의 명을 받아 국정을 통할하며 국무총리실 등을 두어 국정을 조정한다. 부총리는 지정된 범위 내에서 국정을 조정하며, 우리나라에서는 특정 부분의 장을 겸하면서 부총리 직을 수행한다. 부처 내에서는 장관 혹은 위원장이 정책 조정의 기능을 수행한다. 한편 수평적 정책조정 기제로는 국무회의, 관계장관회의, 각종 협의회 등을 들 수 있다.

표 7-1 정책조정 기제

수직적 정책조정 기제	대통령, 국무총리, 부총리
수평적 정책조정 기제	국무회의, 관계장관회의, 차관회의

제 2 절 국무총리와 부총리

국무총리와 부총리는 우리나라에서 대통령과 더불어 중요한 정책결정자이며 행정부 내에서 정책조정의 역할을 해왔다.

1 국무총리

국무총리는 제3공화국 이후부터 대한민국 정부의 헌법기관으로서 행정수반인 대통령 아래 제2인자 역할을 해왔다.

제3공화국에서 대통령제를 취하게 되면서 국무총리의 역할은 축소되었다. 대통령의 권한이 막강했던 제3·4·5공화국에서는 대통령이 경제 및 국가안보 문제를 직접 관장했기 때문에 국무총리의 권한은 약화되었다. 제6공화국 이후부터 국무총

표 7-2 역대 국무총리

공화국·정부별	이름	비고
제1공화국(1948.7~1960.6)	이범석, 장면, 장택상, 백두진, 변영태	기타 5인 서리 있음
제2공화국(1960.7~1963.12)	송요찬, 박정희, 김현철	내각수반
제3공화국(1963.12~1973.1)	최두선, 정일권, 백두진, 김종필	
제4공화국(1973.1~1981.2)	최규하, 신현확, 박충훈, 남덕우	
제5공화국(1981.2~1988.2)	유창순, 김상협, 진의종, 노신영, 김정렬	기타 서리1, 권한대행1
노태우 정부(1988.2~1993.2)	강영훈, 노재봉, 정원식, 현승종	
김영삼 정부(1993.2~1998.2)	황인성, 이회창, 이영덕, 이홍구, 이수성, 고건	
김대중 정부(1998.2~2003.2)	김종필, 박태준, 이한동, 김석수	기타 서리 2
노무현 정부(2003.2~2008.2)	고건, 이해찬, 한명숙, 한덕수	
이명박 정부(2008.2~2013.2)	한승수, 정운찬, 김황식	
박근혜 정부(2013.2~2018.2)	정홍원, 이완구	

단 제2공화국에 군사정부가 포함되어 있음.
자료: http://www.pmo.go.kr/-common/template/print.jsp 2014-11-17 검색.

리의 지위에 약간의 역할이 강화되면서 변화가 이루어졌다. 소위 'DJP연합'으로 당선된 김대중 정부에서의 김종필 총리, 분권형 대통령제를 추구한 노무현 정부에서의 이해찬 총리 등 실세 총리들은 광범위한 영역에서 정책 결정 및 정책조정에 영향력을 행사했다(양현모, 2004: 81-82).

국무총리의 보좌기관으로는 제3공화국에서는 국무총리비서실과 기획조정실이 만들어졌다. 기획조정실은 행정각부의 기획, 조정, 심사 업무를 주관했다. 제6공화국에서는 국무총리의 보좌기관으로 행정조정실이 있었으며, 김영삼 정부에서는 행정조정실장이 차관회의를 주재했다. 김대중 정부에서는 장관급 국무조정실로 확대 개편했다. 노무현 정부에서는 국무조정실에 2인의 차관급 차장이 신설되어 종래 대통령비서실에서 담당하던 일부 정책조정 업무를 이관받았다. 그리고 규제개혁기획단, 복권사무처, 의료발전기획단, 서남권 낙후지역투자촉진단 등 각종 TF 조직 운영으로 인해 국무총리실의 인력 규모는 약 600명이 되었다(이광희, 2008: 24-25).

국무총리 소속기관은 직접적 보좌기구 말고도 직속기구들이 있다. 이들은 국무총리의 정책조정 역량을 간접적으로 키워준다. 이들을 역대 정부별로 정리하면 〈표 7-3〉과 같다.

표 7-3 국무총리 직속기관

공화국 · 정부별	이름
제1공화국(1948.7~1960.6)	
제2공화국(1960.7~1963.12)	
제3공화국(1963.12~1973.1)	기획조정실, 비서실, 2원3처
제4공화국(1973.1~1981.2)	기획조정실, 비서실, 행정조정실, 행정개위, 2원4처1위원회
제5공화국(1981.2~1988.2)	비서실, 행정조정실, 정무장관실, 2원4처1위원회
노태우 정부(1988.2~1993.2)	비서실, 행정조정실, 정무장관실, 2원6처
김영삼 정부(1993.2~1998.2)	비서실, 행정조정실, 정무장관실, 2원6처1위원회
김대중 정부(1998.2~2003.2)	비서실, 국무조정실, 2처5위원회
노무현 정부(2003.2~2008.2)	비서실, 국무조정실, 4처5위원회
이명박 정부(2008.2~2013.2)	비서실, 국무조정실, 4처5위원회
박근혜 정부(2013.2~2018.2)	비서실, 국무조정실, 4처5위원회

자료: 정부조직변천사, 정부기구도표, 이창길(2008).
http://www.pmo.go.kr/-common/template/print.jsp 2014-11-17 검색.

2 부총리

부총리는 제3공화국 이후부터 이명박 정부를 제외하고는 대한민국 정부의 헌법기관으로 국무총리 아래서 부처의 장관을 겸하면서 제3인자 역할을 해왔다. 부총리는 해당 정책에 대해 국무총리의 명을 받아 관계 각부를 총괄·조정하는 기능을 부여받고 있다. 부총리의 정책조정 방식은 주로 관계부처장관회의를 주재하면서 이루어진다.

제3공화국에서는 경제 발전이 주요 국정과제가 됨으로써 경제개발계획을 수립해 효율적으로 추진하기 위해 부총리제가 신설되었다. 부총리가 경제기획원 장관을 겸했다. 부총리가 경제기획원 장관을 겸함으로써 경제 개발과 관련된 정책 결정 및 조정 과정에서 주도적 역할을 하게 되었다(이광희, 2008: 24-25).

제6공화국이 들어서면서 민주화 이후 복지국가 등 새로운 국정과제가 분출되었

표 7-4 역대 부총리 겸임 부처

공화국·정부별	명 칭	비고
제1공화국(1948.7~1960.6)		없음
제2공화국(1960.7~1963.12)		없음
제3공화국(1963.12~1973.1)	경제기획원 장관	
제4공화국(1973.1~1981.2)	경제기획원 장관	
제5공화국(1981.2~1988.2)	경제기획원 장관	
노태우 정부(1988.2~1993.2)	경제기획원 장관, 통일부 장관	
김영삼 정부(1993.2~1998.2)	경제기획원 장관, 통일부 장관	
김대중 정부(1998.2~2003.2)	재정경제원 장관, 통일부 장관	
노무현 정부(2003.2~2008.2)	재정경제부 장관, 교육인적자원부 장관, 과학기술부 장관	
이명박 정부(2008.2~2013.2)		없음
박근혜 정부(2013.2~2018.2)	기획재정부 장관과 교육부 장관	

자료: 이창길(2008: 19). 기획재정부 홈페이지.
http://www.pmo.go.kr/-common/template/print.jsp 2014-11-17 검색.

고, 이를 조정하기 위해 부총리제가 요청되었다. 노태우 정부에서는 통일부 장관을 겸한 부총리가, 노무현 정부에서는 교육인적자원부 장관과 과학기술부 장관이 각각 부총리를 겸했다(이광희, 2008: 29). 박근혜 정부에서는 기획재정부 장관과 교육부 장관이 각각 부총리를 겸한다.

제 3 절 국무조정실과 관계장관회의

국무회의와 당정협의제는 별도로 다루기 때문에 여기서는 이들을 제외하고 정책조정 기제를 다룬다. 국무조정실에서의 정책조정과 관계장관회의를 중심으로 간단히 다룬다.

1 국무조정실에 의한 정책조정

대통령제에서 국무총리는 행정부의 제2인자로 대통령의 명을 받아 행정 각부를 통할하고 감독하기 때문에 대통령보다는 약하지만 정책을 조정하는 최고위 행정가이며 정치가이다. 미국에서는 부통령제를 활용해 행정부에서의 조정자로서 역할을 하게 한다. 그러나 내각책임제 국가에서는 수상이 행정수반이다. 프랑스처럼 이원집정부 체제에서는 국무총리가 국내 정책 분야에서 결정권과 추진권을 위임받아 행사한다.

우리나라에서는 국무총리의 조정권을 보좌하기 위해 총리비서실과는 별도로 국무조정실, 국무총리실을 두어왔다. 대통령비서실이 대통령의 국정 운영 철학과 이념을 담은 국정과제를 기획·입안한다면, 이에 대한 각 부처의 집행관리 및 점검은 국무조정실에서 담당한다. 또한 대통령 공약 사항과 지시 사항은 국무조정실에서 관리한다.

국무총리는 정부 각부를 통할하기 위해 각 부처에 공통되거나 종합 조정이 필요한 사항, 범 부처 차원의 지원이 필요하거나 어느 부처에도 해당하지 않는 사항에 대해서는 보좌기관인 국무조정실로 하여금 수행하도록 하고 있다(국무총리 국무조정실, 2003: 7).

국무총리실의 전신은 1961년 설치된 내각기획통제관실이다. 박정희 정부에서 기획조정실(1963~1972)이 신설되어 운영되다가 유신헌법 아래서 행정조정실(1973~1998)로 개칭되었으며, 김대중 정부에서 국무조정실(장관급)(1999~2008)로 확대·개편되어 운영되었다. 다시 노무현 정부에서 국무총리실(2008~2013)로 축소 개편되었으며, 박근혜 정부에서 국무조정실(2013~현재)로 환원 개편되었다.

국무조정실은 국무조정실장(장관급) 아래 국무1차장과 국무2차장, 조세심판원으로 구성되어 있다. 국무1차장 아래 국정운영실, 정부업무평가실, 규제조정실 등이, 국무2차장 아래 경제조정실, 사회조정실, 세종특별자치시지원단 등으로 편성되어 있다.

국무조정실에는 정책 업무를 조정하기 위한 위원회가 설치 운영되고 있다. 국제개발협력위원회, 규제개혁위원회, 새만금위원회, 식품안전정책위원회, 정부업무평가위원회, 국가지식재산위원회, 재외동포정책위원회, 제주특별자치도지원위원회, 세종특별자치시지원위원회, 외국인인력정책위원회 등이다. 그리고 이들 업무를 지원하기 위해 국무조정실에 기존 부서나 신설지원단을 둔다. 위원회 위원으로는 정부위원과 민간위원을 둠으로써 민간 전문가의 참여를 보장하고 있다.

식품안전정책위원회

식품안전정책위원회는 범정부 식품안전 추진 체계를 구축함으로써 다수 부처에서 담당하고 있는 식품안전정책의 효율적 추진을 도모하기 위해 위원회를 설치했다. 이 위원회는 「식품안전기본법」(2008.12.14.) 제7조 제1항에 의거 설치되었다. 구성은 위원장, 정부위원, 민간위원으로 구성되며, 위원장은 국무총리가, 정부위원으로는 기획재정부 장관, 국무조정실장 등 9개 부처 장관이 맡으며, 민간위원은 위촉직으로 식품영양학과, 식품공학과 교수를 중심으로 위촉되며 권오란(이화여대 교수)교수 등 10인으로 구성된다.

식품안전정책위원회의 효율적인 안건 심의를 위해 민간위원협의회를 운영하며, 심의안의 전문적 검토를 위해 전문위원회를 두고 있다. 위원회는 식품안전 관련 주요 정책을 심의하고, 식품위해성 평가를 심의하며, 식품안전 관련 주요 정책 추진을 지원한다.

(http://www.pmo.go.kr/-common/template/print.jsp 2014-06-24 검색)

2 관계장관회의에 의한 정책조정

1) 관계장관회의의 의의

관계장관회의는 여러 부처의 정책문제를 조정하거나 추진하기 위해 논의하는 기구로서 부처의 장인 장관(혹은 위원장)을 구성원으로 하는 회의체 조직이다. 관계장관회의는 현대 사회가 제기하는 복잡한 문제를 여러 부처가 함께 해결해야 하는 점과 정부조직의 부성화(部省化, departmentalization)에 따른 정책의 통합과 조정을 위한 제도이며 장치이다.

관계장관회의는 국무회의, 부총리제, 거대 부처, 조정전담 장관제, 대통령 정책보좌관 등 정부 내 정책조정 기제의 한계를 극복하기 위해 사용되고 있는 좋은 방법으로 인정받고 있다. 관계장관회의는 정치적 비전(vision)과 관료적 전문성을 조화시키며, 특정 부처의 독주를 막을 수 있는 효율적인 제도이다(이송호, 2008: 16-17). 관계장관회의는 '소수장관회의'라고도 부른다.

2) 관계장관회의의 유형

관계장관회의는 다음과 같이 유형을 분류할 수 있다(이송호, 2008: 51-53).

첫째, 기간에 따라 상설 관계장관회의, 한시 관계장관회의 그리고 임시 관계장관회의로 구분할 수 있다. 상설 관계장관회의는 정기적으로 소집되고 구성원이 사전에 정해져 있다. 예를 들면 국가안보회의, 통일관계장관회의, 과학기술장관회의 등을 들 수 있다. 한시 관계장관회의는 일정한 기간을 정해 활동하는 장관회의이다. 임시 관계장관회의는 특정 사건이 발생하거나 일이 있을 때 그 문제를 해결하기 위해 운영하는 임시 기관이다.

둘째, 관할 범위에 따라 관계장관회의는 총괄장관회의, 제반 이슈 장관회의, 분야별 장관회의 및 단일 이슈 장관회의로 구분할 수 있다. 단일 이슈 장관회의는 하나의 이슈만을 다루며, 분야별 장관회의는 4~5개 정책 이슈 영역 즉 경제, 사회문화, 외교안보 등의 영역을 구분해 다룬다. 총괄 관계 장관회의는 모든 국정 현안의 방향과 전략을 다룬다. 그리고 제반 이슈 장관회의는 어떤 이슈라도 다루는 장관회의이다.

셋째, 기능에 따라서 관계장관회의는 소극적 조정형과 적극적 추진형으로 구분할 수 있다. 전자는 부처 간 이견 조정에 치중하는 유형이며, 후자는 정책 추진에 치중하는 유형으로 주요 정책의 방향 설정, 정책안의 작성과 조정, 집행 점검 등을 담당한다. 영국은 소극적 조정형에 가깝고, 미국은 적극적 추진형에 가까우며 한국과 프랑스는 양자를 동시에 수행한다.

3) 대한민국 관계장관회의의 특징과 실태

우리나라 관계장관회의 체제의 전반적 특징은 다음과 같다(이송호, 2008: 181-185). 첫째, 다양한 유형의 관계장관회의를 운영해 왔다. 둘째, 한국의 관계장관회의는 대통령의 국정 운영 기구라기보다는 관료들의 협의 조정기구에 가깝다. 셋째, 한국에서 관계장관회의를 설치 운영해 온 기간에 비해 하부기구와 전담 지원기구가 충분히 발달하지 못했고, 운영에 필요한 절차와 기준도 미흡하다. 넷째, 한국에서는 관계장관회의가 장관회의 위주로 운영되고 있으며, 의견 수렴 위주로 운영되어 왔다. 실무위원회의 상당수는 차관급위원회로서 전문적·기술적 심의가 부족하다. 우리나라의 관계장관회의를 분야별로 예시하면 다음과 같다(이송호, 2008: 513--514).

우리나라 분야별 관계장관회의의 예
• 총괄적 장관회의: 주무장관회의 • 분야별 장관회의: 국가안보회의, 국가경제회의, 국가과학기술회의, 사회문화관계정책장관회의 • 단일 이슈 관련회의: 규제개혁위원회, • 제반 이슈 관련회의: 국정현안조정회의 • 지역관련회의: 농어촌대책협의회, 남북 및 북방교류협력위원회, 해외사업조정협의회 • 고객대책 관련회의: 장애인복지대책위원회, 청소년대책위원회, 주한미군대책위원회 • 과정대책 관계회의: 정부투자기관경영평가위원회, 교육개혁추진위원회.

4) 관계장관회의의 역량 개선

우리나라에서 관계장관회의는 박정희 정부 이후 많이 활용되어 왔으며 많은 발전이 있는 것은 사실이나 앞의 특징에서 살펴본 것처럼 개선할 사항이 없는 것은 아니다. 우선 상설 장관회의를 제외하고 비상설이나 임시 장관회의를 좀 더 엄격하게 관리할 필요가 있다. 또한 장관회의의 실무적 지원을 위해 실무조정회의의 경우 차관급보다는 차관보급(실장, 1급)으로 운영하는 것이 바람직하며, 장관회의를 지원할 하부 지원부서를 어느 정도 고정시키는 것이 기록 유지나 정책조정 학습을 위해 필요하다. 또한 장관회의의 안건관리 등 회의 진행에 관한 절차 등의 제도화가 요구된다.

제 4 절 국무회의

1 국무회의의 의의와 기능

1) 국무회의의 의의

국무회의는 대부분의 나라에서 국가의 의사 결정, 특히 행정부 의사 결정의 중심에 놓여 있다. 즉, 국무회의는 행정부의 정책 결정의 핵심적 조정기구이다. 국무회의에 관한 사항은 국가적으로 보아 매우 중요하기 때문에 헌법 사항으로 규정하기도 하며, 이를 법률에 규정하기도 하고 관례로 운영하기도 한다.

우리나라에서 부르는 '국무회의(國務會議)'는 일본에서는 '내각회의(內閣會議)', 타이완(대만)에서는 '행정원회의(行政院會議)'로 부르며, 기타 나라에서는 'Committee of Ministers'(예: 이스라엘), 'Council of Ministers'(예: 이란), 'Federal Executive Council'(예: 오스트레일리아), 'The State Council'(예: 아이슬란드), 'Council of State'(예: 덴마크), 'Government Council'(스웨덴) 등으로 불리나, 많은 나라에서는 'Council of Ministers'라는 용어를 가장 많이 사용하고 있다. 여기서는 '국무회의'로 표현해 사용하고자 한다(민진, 2002: 178).

국무회의의 구조와 운영에 영향을 주는 요소는 여러 가지가 있으나 정부 형태가 직접적으로 영향을 주는 요소이다. 정부 형태가 대통령중심제인가, 의원내각제인가 아니면 절충형의 정부 형태인가에 따라 국무회의의 의의와 성격이 달라진다.

국무회의제는 의원내각제 국가에서 의결기관으로서의 기능을 갖는다. 즉, 국무회의는 정부정책의 전반을 심의하고 결정한다. 한편 대통령중심제 국가에서 국무회의는 행정수반(왕이나 대통령)의 보조적 의사결정기관이다. 미국의 각료회의는 대통령의 단순한 자문기관이다. 한국에서 국무회의는 국가 의사의 심의기관이다. 이원집정부제 국가에서는 대통령중심제와 의원내각제가 절충적인 제도로서 총리와 국무회의를 두고 있다. 공산주의 국가에서는 국가 의사의 결정권은 최고인민회의에 있고 국무회의(중국의 국무원, 북한의 정무원 등)는 국가 의사의 집행결정권만 있다.

2) 국무회의의 기능

국무회의는 행정부의 최고의 합의체 의사 결정기구이다. 국무회의는 최고의 국가 의사 결정기관으로서, 부처 간에 이견이 있는 정책을 조정하는 합의체 기구이다(민진, 2002a: 181).

첫째, 국무회의는 최고의 국가 의사 결정기구이다. 정부 형태에 따라 의결기관인가 아니면 심의기관인가 하는 약간 차이가 있다. 그러나 대부분의 국가에서는 행정부에서 국가 의사를 결정할 때는 차관회의를 거친 후에 국무회의에 안건을 제안해 결정한다. 가장 중요한 국가 의사를 나타내는 법률, 명령, 조약 기타 중요 정책은 국무회의의 주요 안건이다.

헌법에 규정되거나 열거된 국무회의 의결 및 심의 사항은 국가별로 다소 차이가 있기는 하지만 대체로 국가의 기본 정책과 법령, 대외정책(조약 체결 등), 군사 관련 정책(선전포고 등) 그리고 중요 인사의 임면에 관한 사항, 정부 내 관할권 조정에 관련된 사항 등이다.[1)]

둘째, 국무회의는 정책이나 행정의 조정 기능을 행사한다. 국무회의는 부처 수준의 의사 결정과는 달리 집단적 의사 결정을 하는 기관이다. 국무회의는 다양한 부

---

1) 프랑스의 경우 헌법은 국무회의에서 다루어야 할 명령(데크레)을 열거하고 있지 않으므로 대통령은 국무회의의 의사일정을 확대함으로써 그의 권한을 확대할 수 있다(Debbasch, 1991). 일본에서는 국무회의(각의)의 안건을 국무회의의 결정사항, 국무회의의 양해 사항, 국무회의의 보고 사항으로 구분하고 있다(김동훈, 1987: 189).

처의 이해를 전제로 한다(Rhodes &Dunleavy, 1995: 19). 장관은 부처의 책임자의 지위, 즉 장관으로서의 지위와 국무위원으로서의 지위를 갖는다. 장관은 부처의 이해 관계를 대변하며, 부처의 최종안을 결정한다. 그런데 국무위원은 최고행정관으로서 국가 전체의 입장에서 국정에 관심을 갖고 정책 결정에 관여한다. 국무회의에는 장관의 신분이 아닌 국무위원들도 포함되어 있다. 국무회의에서는 다양한 견해와 이해 관계가 표출되며 이에 대해 국무위원들의 토의가 진행된다. 이 과정을 거쳐 정책의 내용은 조정된다. 국무회의에서 결정을 할 때는 만장일치는 아니더라도 다수결의 원리가 적용되며, 그 결과에 대해서는 국무위원으로서 공동의 책임이 주어진다.

2 국무회의 관련 주요 쟁점

1) 국무위원(장관 또는 각료)의 자격 요건[2)]

국무위원(장관 또는 각료)의 자격 요건을 헌법이나 법률에 정하는 나라가 있는데, 헌법에 의하면 그것은 국회의원 자격 여부, 지방대표, 나이, 군인 여부, 종족(언어) 기타 등이다. 이 중에서 특별히 관심을 끄는 요소인 구성원의 정당적 배경 관련 요인, 국회의원 신분 자격 여부와 기타 관련 사항으로 구분해 다루고자 한다(민진, 2002a: 182-185).

(1) 구성원의 정당적 배경

국무회의 구성원은 소속 정당의 배경이 동일하기도 하지만 다를 때도 있다. 대체로 순수 대통령중심제 국가에서 정당의 활동이 허용되는 민주주의 아래서는 대통령의 소속 정당과 각료(국무위원)들의 소속 정당이 동일하다. 같은 정치적 신조를 갖는 사람들을 각료로 임명함으로써 대통령의 국정 운영 철학을 행정부에 침투하게 할 수 있기 때문이다. 순수 대통령제가 아닌 대통령중심제 국가에서도 아주

2) 세계 각국의 국무회의에 관해 연구 조사를 하기 위해 1998년 현재 세계의 독립국 전부(189개국)를 분석 대상으로 선정했다. 국가별 기본 자료는 주로 *Europa World Yearbook 1998* Vol. 1, 2를 주로 참고하고 기타 자료로 보완했다. 각국별로 국무회의 구성원들에 관한 자료를 정리했고, 국무회의 구성원의 수, 구성원들의 지위, 겸직 여부를 데이터베이스화한 후 자료를 분석했다.

예외적으로 대통령의 정당 배경과 각료의 정당 배경이 다를 수가 있다.

한편 내각책임제 국가에서는 다수당이 지배하여 국무위원 전원이 수상 소속 정당일 때가 많지만, 연립정당으로 내각을 구성하는 경우도 상당수 있다. 특히 서유럽 국가에서는 한 정당이 의회의 다수를 차지하기보다는 연립정부[3]가 의회의 다수를 차지하는 것이 일반적이다(Strøme, 1990).

한편 전체주의 국가나 공산주의 국가에서는 지배 정당이 있기 마련이다. 이 정당원들이 사실상 장관으로의 충원 자격이 된다. 파시스트 체제로 운영되던 독일 히틀러 정권에서는 총력 체제가 등장하던 1943년에 가서 장관 전원이 나치스 정당원으로 임명되었다. 소련, 중국, 그리고 북한 등 공산주의 국가에서는 대부분의 각료가 공산당원으로 충원되고 있다.[4]

(2) 구성원의 국회의원 자격 여부

국무회의의 구성원이 반드시 국회의원이어야 하느냐는 대통령중심제인가 내각책임제인가의 정부 형태에 따라 달라진다. 대통령중심제는 행정부와 입법부(국회)가 서로 독립적이며 견제와 균형을 취하기 때문에 국회의원은 수상(국무총리)이나 장관, 국무위원이 되려면 국회의원직을 사퇴하는 것이 원칙이다. 대통령중심제 국가이더라도 순수대통령제가 아닌 나라에서는 예외적으로 국회의원 신분을 가지고도 수상, 국무위원이 된다.

의원내각제 국가에서는 대체로 의원 신분을 갖고 수상, 국무위원이나 각료로 임명된다. 그러나 국회의원 신분 보유 정도에 대해서는 각국별로 차이가 있다. 수상은 대부분의 의원내각제 국가에서 국회의원 중에서 임명한다.

혼합형인 프랑스에서는 내각의 각료는 의회의원의 겸직이 금지되고 있다. 이는 내각의 업무 집행을 의회의 정당 활동으로부터 격리시킴으로써 내각의 안정에 도움을 주려는 것이다(김헌, 1994: 160).

---

3) 정당내각의 국무위원을 구성하는 정당의 수(무소속은 1당으로 계산)에 따라 다음과 같이 구분할 수 있는데, 2당 연립정부 8개국, 3당 연립정부 9개국, 4당 연립정부 4개국, 5당 연립정부 4개국, 6당 연립정부 4개국, 7당 이상 연립정부 2개국이다. 연립정당으로 내각을 구성하는 나라는 총 31개국으로 유럽에 소재한 국가가 약 2/3를 차지하고 있다.

4) 중국의 경우 1998년 현재 국무원의 처장급 이상 간부의 95% 이상이 당원이다(인민일보, 1998.11.2). 중국에서는 간부(중요 공직자)의 임용 기준으로 '덕재 겸비'를 강조하고 있는데 덕은 공산주의(마르크스·레닌·마오쩌둥의 사상)를 의미하며, 재는 업무 수행 능력을 의미한다(최월화, 2000: 234-237).

(3) 기타 국무위원 구성과 관련된 사항

다민족 국가에서는 국무위원 구성에서 종족 간의 비례를 강조하기도 한다. 예컨대 벨기에에서는 내각 수상을 제외하고 내각의 각료 수는 프랑스어를 사용하는 자와 네덜란드어를 사용하는 자를 동수로 해야 한다(벨기에 헌법 제86조 2항). 연방국가에서는 각 주의 토착인사 1인이 각료로 포함되어야 한다고 규정하는 나라도 있다(예: 나이지리아 헌법 제135조). 스위스는 연방집행원에 7인의 각료를 두고 있는데 동일 주에서 2인 이상의 각료를 선출할 수 없다(스위스 헌법 제95조).

특별히 핀란드에서는 내각회의의 구성원으로 법무장관 외에 1인의 사법관을 포함시키도록 의무화하고 있다(예: 핀란드 헌법 제36조).[5] 그리고 법무 장관의 경우 합법적으로 변호사에 개업한 지 10년이 지나야 한다(예: 나이지리아 헌법 제139조)고 규정한다.

국무위원의 나이를 제한하는 국가도 있다. 예컨대 노르웨이와 멕시코는 30세 이상으로 한정하고 있다(예: 노르웨이 헌법 제12조; 멕시코 헌법 제91조). 국무위원의 자격을 국회의원으로 하는 경우에는 국회의원의 피선거권 자격이 정하는 연령의 하한선이 제한 수준이 된다. 자유민주주의 국가에서는 국무위원으로서 군인은 현역이 아니어야 한다는 규정이 많다.

2) 국무회의 구성원의 지위와 규모

(1) 국무회의 구성원 지위의 분류

구성원의 자격이나 지위(membership)는 공식적인 경우와 비공식적인 경우로 나뉘나 국무위원의 자격은 공식적 조직이나 집단으로서 자격 기준이 명시되어 있고 경계가 구분되어 있다. 그들은 집단으로서의 이미지를 가지며 집단의 목적을 일반적으로 다른 구성원들과 공유한다(Gershenfeld, 1999: 69).

국무회의의 구성원은 보통 중앙행정부처를 담당하는 장관으로 구성되며, 나라에 따라서는 대통령(혹은 왕), 부통령, 수상, 부수상, 장관, 부장관, 장관보, 국무 장관, 위임 장관, 무임소 장관, 기타 특수기관장[6] 등이 다양하게 포함되고 있다. 어느 나

---

5) 사법관의 임무는 대통령이 지시한 사항을 국무회의가 결정할 때 그것이 위법한 사항일 경우 사법관의 검토를 받아 대통령의 결정을 철회하기를 요구하며 대통령이 이를 거부할 때 각의는 실시 불가를 선언할 수 있게 한다(핀란드 헌법 제45조).

라이든지 장관은 반드시 국무위원으로 포함되나 다른 지위를 갖고 있는 국가기관의 포함 여부가 문제가 된다.

이를 일곱 가지 유형으로 구분할 수 있는데, (1유형) 순수 장관으로만 구성: 13개국, (2유형) 장관 혹은 장관급으로 구성: 19개국, (3유형) 수상과 장관(급)으로 구성: 45개국, (4유형) 수상, 부수상과 장관(급)으로 구성: 80개국, (5유형) 부통령, 수상, 장관(급)으로 구성: 7개국, (6유형) 대통령, 수상, 장관(급)으로 구성: 12개국, (7유형) 대통령, 부통령, 수상, 장관(급)으로 구성: 9개국이다. 이 중 수상, 부수상 그리고 장관급으로 구성되는 4유형의 나라가 80여 국으로 조사 대상 국가의 절반을 차지하며, 수상과 장관급으로 이루어지는 국가도 45개국으로 조사 대상 국가의 약 1/4을 초과한다. 유형별 내용은 〈표 7-6〉과 같다.

표 7-6 국무회의의 구성 유형

해당되면 ○으로 표시함 / 단위: 나라 수

	장관	장관급	특수기관장	수상	부수상	부통령	대통령	계
1유형	○							13
2유형	○	○	○					19
3유형	○	○	○	○				45
4유형	○	○	○	○	○			80
5유형	○	○	○	○	○	○		7
6유형	○	○	○	○	○		○	12
7유형	○	○	○	○	○	○	○	9

주: 단 4유형부터 7유형까지에서 특수기관장이 반드시 포함되는 것은 아님.
5유형부터 7유형까지에서 부수상이 반드시 포함되는 것은 아님.
자료: 민진(2002a: 186-190).

6) 자주 활용되고 있는 기관장의 직명은 10개국 이상이 검찰총장(11개국), 대통령(혹은 수상)비서관(혹은 수상실)(실장, 보좌관, 비서관 포함)(12개국)이다. 5개국 이상이 사용하고 있는 직명은 중앙은행장(8개국), 회계검사원장(7개국), 지역장관(주지사 포함)(5개국)이다. 4개국이 사용하고 있는 직명은 내각사무총장이다. 3개국 이상이 사용하고 있는 직명은 조정관(Coordinator)(3), 내각사무총장 (4), 국가자문위원(State Councillor)(3)이며, 2국이 사용하고 있는 직명은 군총사령관(육군총장), 상하원 원내총무, 과학원장, 국가기획위원회위원장, 원로장관(Senior Minister)이다. 1개국에서 활용되고 있는 직명은 추밀원 의장(캐나다), 고등판무관(코트디부아르), 기획예산처장(우루과이), 의회담당장관(라이베리아), 유럽통합위원회위원장(폴란드), 스위스연맹 총재(스위스), 국가평화발전협회장(미얀마), 여성처장(나미비아), 민영화위원장(파키스탄), 국가경제개발처장(필리핀)이다.

(2) 국무회의의 규모

국무회의의 규모는 국무회의 구성원의 수로 측정할 수 있다. 국무회의의 규모가 크면 다양한 의사를 회의를 통해 이견을 조정할 수 있는 기회는 커지나, 정책조정의 집중도가 떨어지는 약점이 있다. 한편 국무회의의 규모가 작으면 정책조정의 집중도는 증가하나 다양한 이해 관계가 조절되기 어려운 약점이 있다. 대체로 국무회의의 수는 장관의 수에 비례하며 구성원에 행정수반, 부수상, 국무위원, 무임소 장관 등의 포함 여부와 정도에 따라 달라진다.

세계 각국(191개국)의 국무회의 규모는 11명에서 30명 사이가 158개국으로 대부분이다. 5명 이내인 국가가 2개국, 36명 이상인 국가는 14개국이다. 1998년 세계 각국의 평균 국무위원 규모는 21.2명이다(민진, 2002b: 191).

3 대한민국의 국무회의

우리나라 국무회의에 대해서는 일본, 이집트, 엘살바도르 등의 나라에서처럼 헌법에 그 의의와 심의 대상이 규정되어 있다. 「대한민국 헌법」에서 국무회의는 행정부 내의 심의기구로서 대통령이 의장이 되고 국무총리 및 15인 이상 30인 이하의 국무의원으로 구성된다. 국무위원은 각 부처 장관들이 겸임하므로 행정부의 최고 의사 결정기구이다.

국무회의는 심의기구이기 때문에 행정부의 최고의 의결기구는 아니다. 그렇지만 대통령의 단순한 자문기구는 아니다. 행정부는 주요 안건을 대통령이 결정하기 전에 반드시 국무회의에 부의하도록 되어 있지만 대통령은 이에 구속받지는 않는다.

국무회의는 정례회의와 임시회의로 이루어지며, 매주 1회(보통 화요일 오전) 정례회의를 한다.

우리나라는 제2공화국을 제외하고 대통령중심제 국가이지만 대체로 대통령과 국무위원(장관)의 출신 소속 정당이 같다. 다만 김대중 정부에서 민주당과 자민연이 연립정부를 구성했기 때문에 대통령의 소속 정당인 민주당, 국무총리(김종필)의 소속 정당인 자유민주연합의 2개 정당으로 구성되었다. 그런데 우리나라는 정당의 이합집산이 잦았고, 대통령이 임기 말에 탈당하는 등의 현상으로 대통령의

표 7-7 역대 한국 정부와 국무회의 구성

정부 이름	기간	집권 정당	국무위원*	부총리 유무	정무장관
이승만 정부	1948.8~1960.8	자유당	12부	부통령	
장면 정부	1960.8~1961.5	민주당	1원12부		
군사정부	1961.5~1963.12		2원13부		
박정희 정부(전)	1963.12~1972.10	민주공화당	2원13부	2인	무임소
박정희 정부(후)	1972.10~1980.2	민주공화당, 유신정우회	2원14부	2인	무임소
전두환 정부	1980.2~1988.2	민주정의당	2원16부	2인	정무
노태우 정부	1988.2~1998.2	민주정의당/민주자유당	2원16부	2인	정무
김영삼 정부	1993.2~1998.2	신한국당	2원14부	2인	정무
김대중 정부	1998.2~2003.2	새천년민주당, 자유민주연합	18부	폐지	
노무현 정부	2003.2~2008.2	열린우리당	18부	3인	
이명박 정부	2008.2~2013.2	한나라당	15부	폐지	
박근혜 정부	2013.2~2018.2	새누리당	17부	1인	

* 국무위원에는 장관 부처만 포함시킴, 정부별 연도말 자료임.

소속과 국무위원의 소속이 불일치하는 경우도 있었다. 한편 국무회의 구성원에 정무장관(혹은 무임소 장관)이 포함되었던 기간도 있었다.

현재 박근혜 정부에서 국무회의는 국회의원의 신분을 가진 자는 새누리당 출신 의원으로 겸직 중이며 나머지는 당적이 없다. 국무회의에서는 의장은 대통령, 부의장 국무총리 그리고 17명의 장관으로 구성되며, 일부 위원장들이 배석할 수 있다. 장관 중에서 기획재정부 장관과 교육부 장관은 부총리를 겸한다.

4 국무회의의 역량 강화

우리나라의 국무회의는 심의기구로서 형식화되어 있다는 평가를 받고 있다(정정길 외, 2012: 272-273). 우리나라 국무회의의 무수정 통과 비율이 높고, 안건당 처리 소요 시간도 매우 짧은 편이다. 이 때문에 국무회의의 심의나 의결이 요식행위라고 하는 비난을 받고 있다. 이처럼 국무회의가 형식적인 심의가 되는 근본적인 이유는 국무회의 개최 전에 실질적 결정이 이루어지기 때문으로 보고 있다. 이밖에도 국무위원이 20명 이상으로 토론을 하기에는 규모가 지나치게 크다는 것과 정책조정 문제의 복잡성이 증가했고, 정부 규모의 확대로 국무회의에서 다루어야 할 문제가 매우 많아졌다는 것이다.

국무회의가 개최되기 전에는 차관회의의 심의를 거쳐야 하며, 법령안은 법제처의 심사를 거치고 경제 안건에 대해서는 경제장관회의를, 외교안보 문제에 대해서는 국가안전보장회의를 거친다. 부총리를 두는 경우 이들의 조정 역할을 강화시키는 수단이 된다. 따라서 국무회의의 역량을 강화하기 위한 방법으로는 국무회의 기능, 구조 자체의 개선과 사전 심의기구의 개선으로 나눌 수 있다.

국무회의 자체의 역량을 개선하기 위해서는 국무회의에서 장관은 장관이면서 국가 최고의 결정자의 일원으로서 국정을 고려해 다른 부처의 안건에 관여해야 하며, 행정수반인 대통령에게 자신의 의견을 충분히 개진할 수 있는 의지와 능력이 수반되어야 한다. 국무회의 의장인 대통령은 국무회의에서 자유롭게 토의할 수 있는 분위기를 만들어야 한다. 또한 국정 안건 중에서 중요도가 높은 문제에 대해서는 임시회의를 활용해 별도로 전략적 대화 등을 하는 등 집중적으로 검토해야 한다.

국무회의 제도와는 별개로 국무회의 선행 심의기구와 절차에서 충분히 의제를 검토해야 한다. 차관회의, 법제처의 법령안 심의, 기타 관계부처장관회의의 질을 높이도록 해야 한다. 회의 결과에 대해서는 기록을 유지해 정책학습이 이루어지도록 해야 한다.

제 8 장

지방자치단체의 정책 기능

제 1 절 지방자치단체의 정책 기능
제 2 절 대한민국의 지방자치단체
제 3 절 지방자치단체의 정책 역량 강화

제1절 지방자치단체의 정책 기능

1 지방자치와 지방자치단체의 의의

1) 지방자치의 제도화

민주화된 현대 국가에서 지방자치는 국가의 필수적인 제도이며 대부분의 선진국 및 중진국에서는 지방자치를 보장하고 있다. 또한 역사적으로 보면 지방자치가 성숙되지 않고서 선진국이 된다는 것은 불가능한 것이다.

「대한민국 헌법」 제8장 제117조와 제118조에서 지방자치에 대해 의의, 지방자치단체와 지방의회 기타 운영 등의 법률 입법화에 대해 규정함으로써 지방자치가 자치권으로서 인정되고 있으며 국가의 일반 행정과는 구분되고 있다는 것을 보여준다. 이에 의거해 우리나라에서는 「지방자치법」이 제정·개정되어 운영되고 있다.

지방자치란 "일정한 지역의 주민들이 지방자치단체를 구성해 법률이 정한 바에 따라 국가와의 협력 아래 그 지역 안의 공동 문제를 자기 부담에 의해 스스로 처리함으로써 국민 복리와 국가 발전에 기여하는 것"을 말한다(최창호·강형기, 2014; 김천권, 2014).

지방자치권이란 국가의 전체적 통일을 전제로 하되, 그러나 국가의 무제한의 통제와 간섭을 배제하고 그 지방의 행정을 그 주민들 스스로 처리하도록 이를 제도적으로 보장하고 있는 권리라고 할 수 있다(최창호, 2006: 54).

2) 지방자치의 의미: 지역사회, 지역주민 그리고 활동의 자율성

지방자치는 지방 혹은 지역이라는 공간적 의미와 시민 또는 주민이라는 인간에 대한 관심과 중시 그리고 자율적 행동을 제도적으로 보여준다.

첫째, 지방자치는 지역적으로 중앙에서 지방, 변방으로의 외연 확대를 의미한다. 국가를 구성하는 공간으로서 지역과 지방의 중요성과 지역적 특수성을 인정하는 것이다. 국가 전체라는 통일성보다는 특정 지역이라는 지역사회의 특수성을 강조한다. 이것은 지역사회(local community)라고 하는 지역공동체에 대한 관심의 표현이다.

둘째, 지방자치는 정책의 대상이 국민에서 시민 또는 주민으로의 변화를 의미한다. 국민이 국가의무 부담자로서의 지위가 강조되는데 반해 시민 또는 주민은 지방정책의 적극적 참여자로서 지위가 강조된다. 추상적인 국민들보다는 이웃사람에 대한 관심을 표현한 것이다.

셋째, 지방자치는 지방기관의 활동이 타율적 행동에서 자율적 행동으로 전환하는 것이다. 지방행정 서비스의 전달이나 배분에 대해 스스로 결정하고 집행하며, 그 결과에 대해 책임을 지는 것으로 주민의 주체적 행동을 유도하고 강조하며, 외부로부터 특히 중앙정부나 연방정부로부터의 간섭과 통제를 배격한다.

3) 지방자치단체의 의의

지방자치단체(local authority, local self government)란 "일정한 지역적 범위를 그 구역으로 하여 그 안의 모든 주민에 의해 선출된 기관이 국가로부터 상대적으로 독립해 자주적으로 지방적 사무를 처리할 권능을 가지는 법인격이 있는 단체"를 말한다(임승빈, 2006: 38).

지방자치단체에는 일반 지방자치단체와 특별지방자치단체가 있으나 일반적으로 지방자치단체라 할 때는 일반지방자치단체를 말한다. 지방자치단체는 보통 자치단체, 지방자치체, 지방단체라 부른다. 한편 특별지방자치단체는 그 구역, 업무, 조직 등이 특수하고, 그 존재가 보편적이 아닌 지방자치단체를 말한다.

지방자치제를 실시하고 있는 많은 나라에서는 2 계층제를 택하고 있다. 즉, 기초자치단체와 광역자치단체이다. 다만 대도시에서는 단층제를 택하기도 한다.

기초자치단체는 주민의 일상생활과 관계가 깊은 자치단체이다. 지방자치를 '풀뿌리 민주주의'라 할 때 기초자치단체는 지방자치에 가장 적합한 자치단체이다. 광역자치단체는 광역적 사무의 관리, 지역자치단체 간의 업무 조정 등을 위해 설치한 자치단체이다(임승빈, 2006: 41-45; 최창호, 2006: 139-140).

「대한민국 헌법」 제117조 2항에서 지방자치단체의 종류는 법률로 정한다고 되어 있다. 「지방자치법」에 따르면 특별시, 광역시, 도 및 제주특별자치도, 특별자치시(예: 세종시) 등이 광역자치단체이며, 시와 군 및 자치구가 기초자치단체이다. 시 안의 행정구(예: 수원시의 영통구)는 자치단체가 아니며 지방행정기구이다.

2 지방자치단체의 정책 역량

지방자치단체의 정책 역량은 자치단체로의 자치권과 관련한 역량과 조직으로서의 정책 역량으로 구분할 수 있다. 지방자치권은 지방자치와 관련된 제도적인 역량으로 보통 자치입법권과 자치행정권으로 구분한다. 따라서 지방자치권, 자치 역량은 법규로서 제도화된 역량이나 분권 수준을 의미한다. 이에 반해 지방자치단체의 정책 역량은 지방자치단체의 정책조직으로서 구체적인 관리 운영 역량, 자원 구비 역량, 지방자치단체 구성원의 행태 등을 말하며, 제도화 이외의 사실상 능력을 의미한다.

표 8-1 지방자치권과 지방자치단체 정책 역량의 관계

	지방자치권	지자체의 정책 역량
제도성	제도화(법적 권한)	제도 이외(실제적 능력)
조례, 규칙	자치입법권	입법 역량
행정, 재정	자치행정권	행정관리 역량
선후 관계	선	후

첫째, 자치입법권은 지방자치단체가 자치법규를 자주적으로 정립하는 권리(또는 권한)를 말한다. 지방자치단체의 자치법규로는 현행법상 조례와 규칙이 인정되고 있다. 즉, 지방자치단체는 조례제정권과 규칙제정권이 있다(임승빈, 2006: 86-88; 최창호, 2006: 208-217).

조례(條例)란 지방자치단체가 법령의 범위 안에서 그 권한에 속하는 사무에 관해 지방의회의 의결로써 제정하는 규범이다. 조례제정권의 범위는 지방자치단체의 소관 사무에 한정하며 고유사무와 단체사무에 한정한다. 조례제정권의 한계는 상위 법규 우위에 의한 한계와 법률 유보에 의한 한계로 구분한다. 즉, 지방자치단체의 조례는 국가의 법령이나 상급지방자치단체의 법규에 위반해서는 아니 되며, 주민의 권리를 침해할 때는 법률의 유보가 있어야 한다.

규칙(規則)이란 지방자치단체의 장이 법령 또는 그 제정을 위한 조례의 범위 안에서 그 권한에 속하는 사무에 관해 제정하는 규범이다. 규칙제정권의 범위는 지방자치단체의 사무, 의회의 전속 권한이 아닌 사무, 기타 조례가 규칙에 위임한 사항에 대해 제정할 수 있다. 규칙제정권은 조례, 상급기관의 규칙을 위반할 수 없고, 법령에 개별적인 위임이 없는 한 주민의 권리를 제한할 수 없다. 또한 벌칙을 제정할 수 없다.

둘째, 자치행정권에는 자치조직권, 자치재정권, 자치운영권, 자치계획권 등이 있다.[1] 자치조직권은 지방자치단체가 그 행정기구, 정원, 보수, 사무분장 등을 자신의 조례 또는 규칙을 통해 자주적으로 정하는 권리(또는 권한)를 말한다. 자치재정권은 지방자치단체가 그 행정의 수행에 필요한 경비에 충당하기 위해 재원을 자주적으로 조달하고 이를 자유로운 의사와 판단 아래 사용하는 권리(또는 권한)를 말한다. 자치운영권은 지방자치단체가 자기의 사무를 원칙적으로 국가의 간섭을 받지 않고 처리하는 권리(또는 권한)를 말한다. 자치계획권이란 지방자치단체가 그 사무를 수행하기 위해 구속력 있는 계획을 자주적으로 수립하고 지방자치단체와 관련된 상위계획에 참여할 수 있는 권리를 말한다(최창호, 2006: 225-233).

셋째, 지방자치단체의 정책 역량은 지방자치권과 별개로 지방자치를 실질적으로 운영·관리할 수 있는 조직의 역량이며, 자치입법 역량과 자치행정 역량으로 구분한다. 자치입법 역량은 조례와 규칙의 제정과 관련한 역량이며, 자치행정 역량은 자치단체의 조직 역량, 재정 역량, 계획 역량 및 운영 역량 등을 말한다.

계획 역량은 주로 도시계획 역량에서 두드러진다. 중앙정부의 정책 결정에 비해 자치단체의 도시계획 정책 결정은 도시설계와 관련된 것으로 지역사회의 도시 규모, 인구구조, 도심으로부터의 거리 등을 고려해야 하며, 기술적 전문성(technocrat specialty)과 적극적 개입, 구체성이 요구된다(Svara, 1997: 324-327).

다음은 우리나라 지방자치단체가 제정한 조례 사례이다.

---

1) 임승빈 교수는 자치행정권과 자치조직권을 구분한다.

〈사례〉 지방자치단체의 인권조례

인권조례는 우리나라에서 2007년 광주광역시의 「인권보장 및 증진에 관한 조례」를 시작으로 대부분의 광역자치단체(9곳)에서 활발하게 제정되고 있으며 기초자치단체에서도 「부산광역시 수영구 인권조례」를 비롯해 12곳에서 제정되었고, 앞으로 입법예고된 조례가 8곳에 이른다.

그런데 인권조례에서 규정된 인권 기본계획의 수립, 인권교육의 실시, 인권센터 또는 담당부서의 설치, 인권위원회의 설치, 민간단체와 교류 등이 제대로 이행이 되지 않고 있다.

인권조례에 대해 평가하면 지방자치단체들이 자신들의 책무라고 생각하고는 있으나 주민 참여가 부족했으며, 조례라는 형식에 대해 환상을 갖고 있고, 전시행정이라는 면을 보인다.

자료: 홍성수(2012: 305-337)에서 정리.

3 지방자치단체의 정책 관련 주요 쟁점

1) 지방자치시대의 정책 협력 및 정책 갈등 개관

지방행정만 있던 시대에는 중앙정부(국가)와 지방행정기관의 관계는 수직적 지배 복종의 관계였고, 중앙은 명령·감독·지원하고 지방행정기관은 이를 수용했다. 그런데 지방자치제가 실시되면서 중앙정부와 지방자치단체의 관계가 수직적인 관계에서 어느 정도 상호 대등한 수평적 관계로 진행되고 있다. 또한 지방자치는 국가(중앙정부)와 지방자치단체 간의 관계뿐만 아니라 지방자치단체 상호간의 관계에도 변화를 요구하고 있는데 그들 간에 상하 관계에서 독립적인 관계로 진행하고 있다.

특정한 정책을 결정하고 집행하는 과정에서 정부 간에 정책적으로 협력하기도 하지만 갈등하기도 한다. 이들은 어느 정도 동전의 양면과 같은 것이며, 정책의 갈등이 해소되면서 정책을 협력하기도 한다.

'정부 간 정책 협력'은 정책을 결정하거나 집행하는 과정에서 정부 간에 상호 공동 이익을 증진하기 위해 상호작용하면서 취하는 적극적인 활동을 의미한다. 한편 '정부 간 정책 갈등'이란 정부들 간에 정책을 결정하거나 집행하는 과정에서 대립적이고 적대적인 상태에서 활동을 하는 것을 말하며, 주로 가치, 권력, 자원, 지위

등 인식의 차이나 이해 관계의 충돌에서 비롯된다.[2)]

정부 간 정책 협력과 정책 갈등은 중앙정부(혹은 연방정부)와 지방자치단체, 자치단체 상호간에 발생하며, 자치단체 상호간에는 광역자치단체 간, 기초자치단체 간, 광역자치단체와 기초자치단체 간에 일어날 수 있다.

중앙정부와 지방자치단체 간에는 국가 수준의 정책관리와 지방자치 수준의 정책관리라는 면에서 정책을 협력해야 할 분야가 많이 있다. 중앙정부는 큰 방향을 정하고 지방자치단체는 좀 더 구체적인 지방정책을 결정한다. 정부 간 정책 워크숍 등을 통해 협력과 조절 장치를 활용해야 한다.

중앙정부와 지방자치단체 간 정책 갈등이 일어날 수 있는 가능성은 항상 존재한다. 근본적으로 국가의 이해와 지방자치단체 간의 이해가 다를 수 있고 정부 여당과 지방자치단체 장의 소속 정당이 다를 수 있기 때문이다. 최근 지방선거에서 진보적 성향의 교육감이 선출되면서 정부의 일부 교육정책과 진보적 성향의 교육감이 있는 시・도 지방교육청의 정책이 마찰을 빚고 있다.

지방자치단체 간에도 상호 협력하거나 갈등 상태에 빠지게 되는 경우가 많다. 지방정책의 문제가 지방자치단체의 경계를 넘는 경우가 많고, 동일한 자원과 지위의 획득이나 부담을 놓고 서로 경쟁하는 경우도 있기 때문이다. 지방정부 간 이해관계의 차이가 정책 갈등을 야기하기도 한다. 예컨대 님비 갈등, 핌피 갈등, 관할구역 갈등과 사무 권한 갈등을 들 수 있다.[3)]

지방자치단체 간 협력을 위해 전국시・도지사협의회, 전국시장・군수・구청장협의회, 전국시・도의회의장협의회, 전국시・군・구의회의장협의회를 두어 운영하고 있다.

2) 주민의 지방자치단체 정책 참여

주민은 지방자치단체의 구역 안에 주소를 가진 자이다. 따라서 지방자치단체 정책의 주된 대상은 주민이나 시민이다. 주민은 정책의 가장 중요한 이해관계자이며 규제 대상이자 지원 대상이다. 지방자치 현장은 민주주의가 주민 가까이에서 가장

2) 다음의 '지방정부 간 갈등', 그리고 '지방정부 간 협력'의 개념에서 유추했다(강성철 외, 2006: 58-59).

3) 님비 갈등은 비선호시설의 기피 갈등으로 쓰레기처리장, 정신병원, 화장장 등 때문에 일어난다. 한편 핌피 갈등은 선호시설의 유치 갈등으로 도청 이전, 경마장 유치 등 때문에 발생한다.

잘 꽃필 수 있는 곳으로 주민의 참여 없이 지방정책의 질(質)을 확보하기 어렵다. 주민의 참여 없이 지방자치단체가 결정을 독점한다면 진정한 정책 민주화는 없다.

주민 참여는 직접 참여와 간접 참여로 구분할 수 있다. 직접 참여는 주민 자신이 직접 통치에 참여하는 것이고, 간접 참여는 주민이 대표를 선출해 그에게 통치를 신탁하는 것이다.

직접참여제는 주민발안, 주민소환, 주민투표, 감사청구, 주민소송 등이 있다. 주민발안(initiative)은 일정 수 이상의 유권자가 연서에 의해 조례나 그 밖의 의안을 제안하는 제도이다. 주민소환(recall)은 일정 수 이상의 유권자가 연서에 의해 주요 공직자의 해직이나 의회의 해산을 임기 전에 청구하는 제도이다. 주민투표(referendum)는 주요 공공문제에 대해 주민이 직접투표로써 결정을 내리는 제도이다. 감사 청구는 주민이 지방자치단체의 행정에 이상이 있다고 판단하는 경우에 감사위원에게 감사를 청구하는 제도이다.

주민소송이란 주민이 특별히 자신의 법률상의 이익에 관련이 없더라도 행정의 비위 사실을 법원에 제소할 수 있도록 하는 것이다. 주민청원이란 주민이 지방자치단체에 대해 불만이나 희망을 진술하고 시정이나 구현을 요구하는 것이다. 이 밖에 정책 참여로는 행정 참여에 해당하는 간담회, 반상회, 공청회 등이 있다(안성호, 1995: 297-314; 임승빈, 2006: 434-437).

간접 참여는 지방자치단체장이나 지방의회의원을 선거에서 자신들의 대표로 선출하고 이를 통해 지방정책에 참여하는 것이다.

대부분의 민주주의 국가에서는 지방자치를 실시하고 있고 간접 참여는 일반적으로 허용하고 있으나 직접 참여에서는 나라에 따라서 제도로써 보장해 주는 내용이 다르다. 제도로써 허용되어 있다 하더라도 실제 운영이나 활성화는 다르다.

3) 지방자치단체의 국가 정책 및 입법 과정에서 정책 참여

지방자치단체의 국가 입법 및 정책 결정에 대한 참여 문제가 관심을 끌고 있다.[4] 지방자치단체의 국정 참여에 대한 법제도, 규범 및 현실은 매우 미흡하다고 인식되고 있다.

---

4) 자치단체의 국정 참여 문제에 대해서는 주로 홍준형(2008: 538-567) 참조.

제도상으로 지방자치단체는 법령 제정과 개정안에 대해 의견을 개진할 수 있다(「행정절차법」, 일부 개정, 2007.5.17. 법률 제8451호). 그리고 「국토기본법」 등에도 지방자치단체가 의견을 제출할 수 있는 기회는 있다. 하지만 지방자치단체가 직접 입법 과정에 참여할 수 있는 길은 제한되어 있고 다만 간접적으로, 예컨대 국회의원의 소개로 청원을 제출할 수 있는 정도이다. 이 경우에도 지방자치와 관련된 사항만 의견을 제출할 수 있다.

지방자치의 발전을 위해 지방자치단체의 국정 참여에 대해 필요성이 강력히 제기되고 있다. 즉, 지방분권과 개혁의 차원에서, 지방 의사의 적극적 반영 등의 측면이 그것이다. 그렇지만 「대한민국 헌법」에서 국회의 입법권에 대한 규정 등의 개정이 없다면 참여에는 한계가 있다고 보인다.

제 2 절 대한민국의 지방자치단체

1 대한민국 지방자치의 역사

대한민국은 전통적으로 중앙집권적 행정 체제를 유지해 왔으므로 지방분권적 요소가 매우 미약했다. 민주적 의미의 지방자치제도는 1948년 대한민국 정부 수립 이후에 도입되었다. 1988년 지방자치가 부활한 후 약 25년이 지났다.

조선 시대의 지방자치적 요소로 보통 향회자치(鄕會自治)를 들고 있다. 향회(또는 유향소, 향청이라 함)는 조선 시대 지방 군현에 설치되어 지방 세력을 대변하는 것으로 왕이 임명하는 지방수령들을 어느 정도 견제하는 역할을 했었다(한국지방자치학회, 1995: 40-45). 그런데 일본의 식민통치 때에는 지방자치 없는 식민 자치 시대였고 대한민국 정부가 들어서서 비로소 지방자치가 그 모습을 드러낸다.

1949년 7월 4일 역사적인 「지방자치법」을 제정 공포했고, 1952년 6·25 전쟁 이후 처음으로 시·읍·면 의회와 서울시의회의원 선거가 실시되어 지방의회가 구성되었다. 이승만 정부에서 지방자치는 자유당 정권의 독재를 위해 변형된 모습으로 개정되면서 지방자치를 형해화했고 국민들의 지방자치에 대한 부정적 인식이 높아졌다. 장면 정부의 지방자치는 지방자치를 위한 충실한 제도는 마련했으나 시행해 보기도 전에 군사쿠데타를 맞게 된다(김영기, 1997: 256-261).

이렇듯 1961년 5월 16일 군사정부의 포고령에 의해 지방의회가 해산되었고 「지방자치에 관한 임시조치법」이 제정되어 「지방자치법」의 효력이 정지되고 지방자치는 중단되었으며, 1970년대에는 이른바 유신 체제로서 지방자치라는 표현 자체도 금지되었다(최창호, 2006: 120-122).

1988년 제6공화국에 들어서면서 「지방자치법」이 전문 개정되어 30년간 중단되었던 지방자치가 부활했다. 1991년 지방의회가 구성되었으며 1995년 자치단체장을 최초로 선거로 선출했고, 1999년 「중앙행정 권한의 지방이양 촉진 등에 관한 법률」에 의해 지방으로 기능 이양이 확대되었다(최창호, 2006: 122-123). 노무현 정부에서는 특히 지방분권혁신위원회를 만들어 지방분권에 획기적인 역할을 했다.

다음 〈표 8-2〉는 우리나라 지방자치의 역사를 시기별로 정리한 것이다. 제1·2공화국 12년 정도 지방자치가 싹트기 시작했으나 군사쿠데타 이후 제3·4·5공화국에 이르는 동안 지방자치는 정지되었고 지방행정만 있었다. 제6화국 이후 다시 지방자치는 부활되어 지방자치단체의 장 및 의원을 선거하는 등 조금씩 성장과 성숙을 하고 있으며 지방자치권과 지방분권을 강화하기 위한 노력을 하고 있다.

표 8-2 대한민국 지방자치의 시대적 변천 개요

공화국별	제1·2공화국	제3·4·5공화국	제6공화국	
시기	1948~1961	1961~1988	1988~2000	2003~현재
지방자치 성격	탄생	정지	재탄생	활성화
주요 특징	자치의 시도	지방행정 시대	지방선거 부활	지방분권 강화

2 대한민국 지방자치단체의 현황

1) 우리나라의 지방자치구역과 지방자치단체

지방자치단체는 지방자치구역에 기반을 둔다. 그런데 우리나라에서 지방자치구

역은 역사적으로는 지방행정구역으로부터 이어져 오고 있다. 조선 시대에서 지방 행정 체제는 8도와 한성부, 목, 군현제로 이어진다.

지방자치단체는 특별시, 광역시와 도, 시·군·구의 중층구조로 이어져 오고 있는데, 최근 청주시와 청원군이 통합해 청주시로 확대되는 등 시·군 간의 도농통합형 통합도시로 발전하고 있으며, 세종특별자치시가 설치되었다.

우리나라의 지방자치단체는 2014년 1월 현재 광역자치단체로는 특별시(1), 광역시(6), 도(8), 특별자치도(1), 특별자치시(1) 등 18개가 있으며, 기초자치단체는 총 227개이고 군(83), 시(75), 그리고 자치구(69)가 있다. 세부적으로 보면 다음 〈표 8-3〉과 같다.

표 8-3 전국 시도별 자치구역 및 행정구역 표(2014.1.1. 현재)

	자치구역				행정구역			자치구역				행정구역	
	계	시	군	구	시	구		계	시	군	구	시	구
서울	25			25			강원	18	7	11			
부산	16		1	15			충북	12	3	9			2
대구	8		1	7			충남	15	8	7			2
인천	10		2	8			전북	14	6	8			2
광주	5			5			전남	22	5	17			
대전	5			5			경북	23	10	13			2
울산	5		1	4			경남	18	8	10			5
세종							제주					2	
경기	31	28	3			20	총계(개)	227	75	83	69	2	33

자료: 안전행정부, 『2014안전행정통계연보』에 의거 작성.

특별시(特別市)는 서울특별시가 있다. 서울특별시는 수도 서울에서 수행되는 행정의 특수성에 입각해 그 지위, 조직 및 운영에 특례를 인정받는다. 광역시는 대도시 중에서 도에서 분리되어 도와 동격의 지위를 갖는 자치단체 단위이다. 광역시에는 부산광역시, 인천광역시, 대구광역시, 광주광역시, 대전광역시, 그리고 울산광역시가 있다.

도(道)는 우리나라 광역시 중 가장 넓은 단위의 자치단체이다. 도에는 강원도, 경기도, 경상남도, 경상북도, 전라남도, 전라북도, 충청남도, 충청북도가 있다. 특별자치도는 도(道) 중에서 자치권이 특별히 광범위하게 보장되는 자치단체이며 우리나라에는 제주특별자치도가 있다. 제주특별자치도는 2006년 「제주도 행정 체제 등에 관한 특별법」을 제정해 인정되고 있다. 세종특별자치시는 2010년 12월 27일 「세종시 설치 등에 관한 특별법」(제10419호)을 공포함으로써 설치되었는데 정부청사에 상당 부처가 입주해 있으므로 행정수도에 준해서 특별한 지위가 인정되고 있다. 다만 헌법재판소 판례에 의해 세종시는 수도(首都)는 아니다.

시(市)는 원래 그 대부분이 도시의 형태를 가지고 있는 기초자치단체를 말한다. 1995년부터는 도시와 농촌을 통합한 도시가 설치되고 있다. 제주특별자치도의 시는 자치시가 아닌 행정시이다. 군(郡)은 주로 농촌지역에 설치된 기초자치단체이다. 자치구(自治區)는 특별시와 광역시 안에 있는 기초자치단체를 말한다.

특별시, 광역시, 도와 시, 군, 자치구는 법상으로는 대등한 법인이고 그 사이에는 원칙적으로 상·하의 관계가 존재하지 아니하나, 광역자치단체와 기초자치단체는 전체와 부분의 입장에서 지도·수용의 관계에 있다(최창호, 2006: 145).

우리나라는 교육사무에 대해서는 일반지방자치와 구분해 교육자치를 허용하고 있다. 광역자치단체에는 교육감을 선출하고 있으며, 교육위원을 별도로 선출하고 있다.

3 대한민국 지방자치단체장과 지방의회

1) 제5회 지방선거 결과 당선인

우리나라에서 지방자치가 부활된 후 1991년 이후 6회에 걸쳐 지방선거가 실시되었다. 제5회 지방선거는 2011년에 실시되었다. 그리고 2014년에 제6회 지방선거가 실시되었다. 다음은 2010년 선거에서 당선자들의 학력 사항을 요약한 것이다.

표 8-4 제5대 지방선거 당선인 학력별 당선인 수

	당선인 수	고졸 이하	대재	대졸	대학원 재	대학원 졸	기타
시도지사	16			8		8	
시군구의 장	228	17	17	66	19	109	
시도의원	680	67	98	210	99	199	7
시군구의원	2512	531	668	703	211	312	87
광역비례의원	81	8	17	20	9	26	1
기초비례의원	376	113	86	93	20	48	16
교육감	16			3	1	12	
교육위원	82	1	2	18	7	54	

주: 대재는 전문대 재학, 대재, 대학 수료 포함. 대학원 재는 대학원재, 대학원 퇴학, 대학원 수료 포함. 기타에는 미기재자 포함.

자료: 중앙선거관리위원회 역대 선거 정보시스템에서 발췌해 재정리.

2) 지방자치단체장

특별시에 특별시장, 광역시에 광역시장, 도에 도지사를 두고, 특별자치시에 특별자치시장, 특별자치도에 특별자치도지사, 그리고 시에 시장, 군에 군수, 자치구에 구청장을 둔다(「지방자치법」 제93조). 지방자치단체장은 주민의 선거에 따라 선출된다.

지방자치단체의 장은 지방자치단체를 대표하고 그 사무를 총괄한다. 그리고 지방자치단체장은 국가사무를 위임받아 처리하며, 자치사무를 관리하고 집행한다(「지방자치법」 제101조~제103조).

지방자치단체의 장은 자치구역의 정책 업무를 총괄하며 관리하는 실질적인 정책행위자이다. 단체장은 의회에 대해 의안제출권, 임시회의소집권이 있으며, 의회의 의결에 대해서도 재의를 부칠 수 있는 권한이 있고 행정에 대해서는 규칙제정권, 관리집행권, 임면권과 지휘감독권 , 소속 행정청이나 관할 자치단체에 대해 지도감독권 등이 있다(임승빈, 2006: 100-102).

우리나라 지방자치단체장의 정책 경향을 보면 민선5기(2011년)의 경우 공약으로 개발정책이 다수이며, 주요 시책 간 연결 중심에는 문화가 있고, 주요 정책의 지위 중심에는 일자리 창출이 있는 것으로 나타났다(최호택 외, 2012: 661-671).

우리나라 민선자치단체의 5기 당선인들의 학력을 통해 정책 능력의 기초를 살펴보면 다음과 같다. 시·도지사의 경우 대졸 8, 대학원 졸 8명으로 외견상 전문성의 기반이 갖추어졌다고 볼 수 있다. 시·군·구의 장의 경우 고졸 이하 17명, 전문대 재부터 대학 수료 17명, 대졸 66명, 대학원 재 19명, 대학원 졸 109명으로 학력 수준이 다양하게 분포되어 있다.

전문성과 관련해 당선 직전 직업을 보면 시·도지사는 16명 중 정치인 6, 공무원 8, 교육자 1, 변호사 1이다. 시·군·구의 장은 228명 중 지방의원 6명, 정치인 79명, 사업 11명, 변호사 등 전문직 4명, 교육자 9명, 공무원 72명, 회사원 기타 47명이었다. 자치단체장의 전문성은 아주 높다고 볼 수는 없다.

3) 지방의회

지방자치단체에는 주민의 대의기관인 의회를 둔다(「지방자치법」 제30조). 그리고 지방의회 의원은 주민의 보통·평등·직접·비밀 선거에 따라 선출된다. 우리나라의 지방의회는 조례의 제정·개정 및 폐지, 예산의 심의와 확정, 결산의 승인, 법령에 규정된 것을 제외한 사용료, 수수료, 분담금, 지방세 또는 가입금의 부과와 징수 등 권한을 갖는다(「지방자치법」 제39조).

지방의회는 의장, 부의장 그리고 위원회를 둔다. 시·도의회에는 사무처를, 시·군·구에는 사무국 또는 사무과를 둘 수 있다(「지방자치법」 제90조).

제5회 지방선거 당선인(2011년) 시·도의회 의원의 학력은 대졸 미만 165명, 대졸 210명, 대학원 재 이상이 298명, 기타 7명으로 다양하게 분포되어 있다. 구·시·군 의원의 학력은 대졸 미만 1,199명, 대졸 703명, 대학원 재 이상이 523명, 기타 87명으로 다양하게 분포되어 있으며 광역자치단체 의원들보다 낮다.

한편 직업별로 보면 지방의원들은 전체적으로 정치인 출신이 많으나 사업자 출신도 많은데, 시·도의원은 95명, 기초의원 비례대표 중에 46명 등이 사업가 출신이었다.

4) 교육감과 교육위원회

광역자치단체에서만 교육감을 선거로 선출한다. 교육위원은 별도로 선출하지 않는다. 제5대 지방선거에서 당선된 교육감의 학력과 직업에 대한 것을 분석해 본다.[5)]

교육감의 경우 대졸 3명, 대학원 재 1명, 대학원 졸 12명으로 일반자치단체장에 비해 상대적으로 학력 수준이 높다.

교육감의 당선 전 직업을 보면 교육감 5명, 교육위원 1명, 교육자 6명, 공무원 및 기타 4명으로 75%가 교육계 출신으로 동질성이 높으며 재선 교육감도 5명이나 되어 전문성과 지속성이 높다.

교육감의 경우 제5회에서 제6회로 올수록 진보적 성향의 당선자가 많아졌다. 따라서 중앙정부 교육부처의 정책 결정과 교육자치단체의 조례 등을 통해 정책 충돌이 예상된다.

5) 지방자치단체장과 지방의회의 관계

우리나라는 지방의회와 집행기관이 대립하는 제도를 취하고 있다. 「지방자치법」에서는 지방자치단체장은 지방의회에 의안을 제출할 수 있으며, 지방의회에서 의결한 의안을 재의에 부치도록 요구할 수 있으며 선결처분권을 요구할 수 있다. 한편 지방의회는 지방자치단체장의 출석을 요구할 수 있지만 단체장에 대한 불신임권은 없다. 이렇듯 양 기관은 외형적으로는 상호 견제와 균형이 이루어지나 실질적으로는 자치단체장이 의회보다 우월한 관계를 보인다.

실제적으로는 양 기관 구성원의 선출은 각각 독자적으로 이루어지므로 같은 정당 출신일 수도 있지만 다를 수 있다. 따라서 이들의 소속 정당이 다르고 정당 간 노선이 다르면 정책 결정이나 집행 과정에서 정책 충돌이 생긴다. 또한 특정한 사안에 따라서 단체장과 지방의회 간 이견이 있으면 정책의 충돌과 갈등이 일어난다. 자치단체장은 자치구역 전체를 고려하는 데 반해 지방의원은 선거구역의 이익을 우선시하는 경향이 있다.

---

5) 원자료는 다음 참조. 중앙선거관리위원회, "제5회 지방선거 자료," 『역대선거관리시스템』, http://info.nec.korea.kr 2014-08-13 검색.

4 대한민국 지방자치단체의 정책기구와 인력

우리나라 지방자치단체의 정책기구로는 광역자치단체와 기초자치단체의 자치기구와 연구기관을 들 수 있다. 자치행정기구가 곧 정책기구로서 지방정책을 관리하는 기관이며, 자치단체별로 운영 중인 정책개발연구원 등이 정책분석기관이다. 정책 인력은 정책개발연구기구를 제외한 지방자치단체에 근무하는 공무원들이다.

1) 지방자치단체장 보조 및 보좌기구

우리나라 지방자치단체는 지방자치단체장과 지방의회로 구성되며, 지방자치단체장을 보조·보좌하는 기구로는 실, 국, 본부, 국장급(관), 담당관, 과로 운영되고 있다. 또한 시·군·구에서는 실·국과 과 및 담당관을 두고 운영하고 있다. 특별시를 제외하고는 광역시와 도의 보조·보좌기구의 수는 비슷하며, 자치도와 자치시의 경우 비슷하다. 시·군·구의 보조·보좌기구를 보면 시에는 평균 실·국이 4, 과와 담당관이 22이다. 군(郡)은 실·국이 0.1, 과와 담당관이 13이고 자치구의 경우 실·국이 4, 과와 담당관이 24이다(안전행정부, 2014: 270).

표 8-5 지방자치단체의 기구: 보조 및 보좌기구

	실	국	본부	국장급(관)	담당관	과
특별시(1)	5	5	4	14	37	91
광역시(6)	8(1.3)	47(8)	12(2)	19(3.2)	72(12)	277(49)
특별자치시(1)	1	3	1	0	10	17
도(8)	14(1.8)	64(8)	17(2.2)	27(3.5)	79(10)	361(45)
특별자치도(1)	1	7	5	1	7	36

자료: 안전행정부(2014: 270)에 의거 작성. 광역시와 도의 ( )은 평균값임.

서울특별시의 기구를 보면(2014.8 현재) 시장 아래 3명의 부시장(행정1, 행정2, 그리고 정무부시장)이 있다. 행정1부시장 아래 경제진흥실, 복지건강실, 도시교통본부, 기후환경본부, 문화관광디자인본부, 행정국, 재무국, 교육협력국 그리고 여성가족정책실, 비상기획관, 감사관, 정보기획단, 마곡사업추진단이 있다. 제2행정부시장 아래 도시계획국, 도시안전실, 주택정책실, 푸른도시국, 소방재난본부 그리고 기술심사담당관이 있다. 시장 직속기관으로 대변인, 서울혁신기획관, 시민소통기획관 그리고 기획조정실이 있다.[6)]

한편 서울특별시의 자치구인 은평구의 기구를 보면 구청장 아래 부구청장, 감사담당관 등이 있으며, 사업부서로는 행정관리국, 주민복지국, 재정경제국, 도시환경국, 건설안전교통국과 보건소 등 5국 1소가 있다.[7)]

광역자치단체 중 전라남도의 기구를 보면(2014. 8 현재) 도지사 아래 행정부지사 및 정무부지사와 기획조정실이 있다. 행정부지사 아래 감사관, 여성가족정책관, F1대회지원담당관이 있으며, 정무부지사 아래 일자리정책실이 있다. 사업부서로는 경제과학국, 안전행정국, 관광문화체육국, 보건복지국, 농축산식품국, 해양수산국, 건설방재국, 소방본부 등 7국 1본부가 있다.[8)]

전라남도의 기초자치단체인 해남군의 기구를 보면 군수 아래 1실, 12과, 1담당관이 있는데 그것은 기획홍보실, 주민복지과, 감사담당관, 종합민원과, 친환경농산과, 해양수산과, 유통지원과, 문화관광과, 지역개발과, 안전건설과, 환경교통과, 산림녹지과, 행정지원과 그리고 세무회계과가 있다.[9)]

2) 지방자치단체의 정책 인력

지방자치단체에는 2013년 12월 31일 현재 공무원이 총 287,299명이며, 이 중 고위공무원이 41명, 일반직은 1급 6명, 2급 63명, 3급 322명, 4급 2,620명, 5급 15,175명, 6급 63,171명, 7급 86,889명 등이다. 이 밖에 연구직 3,039명, 지도직 4,345명, 전문경력관 594명, 전담직위 648명, 개방형 164명, 일반임기제 4,242명, 특정직 38,801명, 정무직 243명, 별정직 471명이다(안전행정부, 2014: 278).

이들 중 지방정책의 결정을 주도하는 공무원은 정무직 243명과 고위공무원, 1급, 2급, 3급 공무원 432명이다. 정책의 입안과 관리를 전담하는 4급 및 5급 공무원은

6) http://namesearch-app.seoul.go.kr/main/org/org-chart.jsp 2014-08-11 검색.
7) http://www.ep.go.kr/CmsWeb?viewPage.req?idx=PG0000001129 2014-08-11 검색.
8) http://www.jeonman.go.kr/mbs/jeonnam/images/sub07/organization-new201408.jpg 2014-08-11 검색.
9) http://www.haenam.go.kr/index.do?menuCd=DOM-000000203008050000 2014-08-11 검색.

17,795명이다.

3) 지방자치단체의 정책 개발기구

우리나라 광역자치단체들은 「지방자치단체 출연연구원의 설립 및 운영에 관한 법률」에 따라 대부분 1개의 정책연구기관을 두어 해당 지방자치지역에서의 현안 이슈 및 중장기 정책과제를 연구한다. 규모가 큰 서울연구원, 부산발전연구원을 비롯 대구경북개발연구원, 인천발전연구원, 광주발전연구원, 대전발전연구원, 울산발전연구원, 경기연구원, 강원발전연구원, 경남발전연구원, 전남발전연구원, 전북발전연구원, 제주발전연구원, 충남발전연구원, 충북개발연구원이 있다.

예컨대 서울연구원(구 서울시정개발연구원)은 이사회와 원장 이하 연구기관이 있는데, 최고관리층에는 원장과 부원장이 있다. 그리고 원장 아래 연구자문위원회, 소통협력위원회, 정책협력관이 있다. 연구부서로는(( )은 박사급 연구원의 숫자) 미래사회연구실(11명), 시민경제연구실(8명), 교통시스템연구실(9명), 안전환경연구실(14명), 도시공간연구실(13명)이 있고, 하부조직으로 노동복지연구센터 등 8개의 센터가 있다. 그 밖에 도시정보센터, 전략연구센터, 서울공공투자관리센터가 있으며, 관리부서로 기획조정본부가 있다.[10] 서울시 행정의 대규모, 복잡성에 비추어 대규모 연구개발조직과 인력을 보유해 관리하고 있다.

이에 반해 제주발전연구원은 원장 아래 연구자문회의와 연구기획실, 행정실, 제주특별자치도평생교육진흥원 등이 있으며, 연구부서로는(( )은 박사급 연구원) 환경도시연구부(5), 경제산업연구부(5), 관광전략연구부(4), 사회연구부(4), 연구기획팀(2), 여성정책연구센터(2), 사회조사연구센터(2), 제주학연구센터, 지역경제교육센터, 제주지역사회서비스지원단 등이 있다.[11]

10) http://www.si.re.kr/sites/all/themes/seoulinstitute/images/img-sub-ko.png 2014-08-08 검색.

11) http://www.jdi.re.kr/images/sub01/organ.gif 2014-08-08 검색.

제 3 절 지방자치단체의 정책 역량 강화

1 대한민국 지방자치단체의 정책 역량 평가

1) 자치 역량의 평가

지방자치가 부활된 지 약 20년이 지났으므로 그동안 지방자치에 대한 부정적 견해나 인식이 많이 해소되었다. 하지만 지방자치가 강화되는 방향으로 나아가고 있는 과정에서 발생하는 문제점도 한두 가지가 아니다.

우리나라는 자치단체의 정책 역량의 제도적 기반이 되는 자치 역량이 미흡하다는 평가이다. 지방정부의 자치조직권은 여전히 부족하고 중앙정부의 통제를 받고 있다. 지방정부의 자치재정권이 매우 취약하다. 조세 체계는 국세 대 지방세의 비율이 79.2% 대 20.8%인 국세 위주의 구조로 지방세의 자치재원 조달 기능이 매우 취약하다. 자치입법권의 범위는 법령 이내로 제한되어 범위가 매우 제한적이다. 자치계획권의 면에서 도시계획 수립권이 상당히 제한적이다. 또한 일반자치와 교육자치가 이원화되어 있어 비효율적이다. 자치경찰제에서는 제주특별자치시를 제외하고는 자치경찰제를 실시하고 있지 않아 지방치안 수요에 부응하지 못하고 있다(조성호 외, 2010).

특히 우리나라는 자치단체 간 재정력 격차가 크므로 지방재정조정제도를 운영하고 있다. 지방자치단체의 재정자립도를 보면(2013년 12월 기준) 자치단체 평균은 51.1%, 특별·광역시 66.8%, 도 34.1%, 시 36.8%, 군 16.1%, 자치구 33.9%이다. 도시 지역은 재정자립도가 상대적으로 높으나 도와 군은 상대적으로 낮다. 광역자치단체 중에서 서울시는 87.7%, 인천 64.8%, 울산 62.7 %로 상대적으로 높으나 광주광역시 40.1%, 세종자치시 38.8%로 매우 낮은 편이다. 도에서는 경기도가 60.1%로 높고 나머지 도들은 35% 미만으로 낮다(안전행정부, 2014: 317).

그 밖에 우리나라 지방자치단체의 특성은 다음과 같다. 우리나라의 지방행정 체제는 오래전에 구축된 지방행정 체제로 인해 행정구역이 현실에 맞지 않다는 비판이 있다. 또한 대도시(특별시, 광역시)의 경우 자치구를 운영하고 있는데 광역시에서의 종합행정이라는 점에서 자치정부 간(광역시와 자치구 간) 갈등이 노정되고 있으며, 자치구 간 재정력 격차, 행정 서비스의 불균등, 도시 시설의 중복 건설 등의 문제점이 제시되고 있다(조석주, 2012: 1-25).

지방자치단체의 기관은 지방자치단체장(이하 단체장이라 함)과 지방의회로 구분되며 각각 선거에 의해 선출되고 서로에게 책임을 지지 않는 기관대립형을 띠고 있다. 우리나라는 단체장이 강하고 지방의회가 약한 집행기관 우위형을 띠고 있다. 단체장과 지방의회 의원은 선거할 때 정당의 추천을 받고 있어서 생활정치인 지방정치가 중앙정치에 종속되고 있다는 비판을 받고 있다.

2) 정책역량의 평가

우리나라 지방자치의 제도적 기반은 아직 매우 취약하지만 그것 자체가 반드시 지방자치단체의 정책 역량이 허약하다는 것을 의미하지는 않는다. 우리나라 지방자치단체의 정책 능력이나 정책 역량이 어느 수준인가에 대해서는 실증적 조사 결과가 많이 제시되지는 않고, 다만 부분적으로 언급되고 있을 뿐이다. 저자의 생각을 제시하려 한다.

첫째, 지방자치단체의 정책 결정 역량이 중앙정부에 비해 미흡하다. 조례 및 규칙의 제정과 관련한 정책 결정 역량은 자치단체장과 지방의회 의원들의 지방정치적 역량과 생활행정적 역량에 달려 있다. 자치단체장과 지방의회 의원을 선출하는 선거에 대해 주민들의 관심이 저조하고 아직까지도 지방선거는 정책선거라기보다는 정당과 인물 선거에 흐르고 있다. 주요 지방정책의 결정에 주민의 자발적 참여가 부족하다.

둘째, 지방자치단체의 정책개발 역량은 중앙정부에 비해 아직 미흡하다. 그것은 정책전문성의 부족에서 유발된다. 새로운 도시행정 수요의 예측과 전망, 정책분석 능력, 도시계획 능력, 지방재정계획 등 모두 정책전문성이 요청된다. 광역자치단체별로 정책개발기구(예: 경기연구원)가 설치 운영되고 있지만 지방자치단체 내에서 이를 관리할 수 있는 능력이 선행되어야 한다.

셋째, 지방자치단체의 정책관리 역량이 부족하다. 이것은 지방공무원과 지방공공기관의 직원들의 관리 능력과 직업 의식이 뒷받침되어야 한다. 정책관리에는 상하위 법령 체계와의 관계, 중앙부처와의 관계, 상·하위 자치단체 간 관계,[12] 외국과의 협력, 지역사회와의 거버넌스 구축, 성과관리 체제에 의한 조직관리 등 지방자치 시대에 적합한 관리 능력들이 요구되고 있다. 또한 지역의 주체적 자치역군이라는 사명감이 부족하거나 공직자로서 투철한 직업 의식의 부족에서 기인하기도 한다.

넷째, 지방자치단체의 자치활동에 대한 지역사회 및 외부의 정책적 통제가 미흡하다. 지역사회는 지연과 학연 등으로 연결되기 쉽기 때문에 내부적으로 유착되기 쉬우며 객관적으로 정책을 통제하기가 쉽지 않다. 중앙정부의 지방정책에 대한 평가와 통제는 중복되고 있으며 맞춤형 통제가 쉽지 않다.

다섯째, 지방자치단체의 지방 거버넌스가 아직 미흡하다. 지역사회는 풀뿌리민주주의가 필요한 곳이면서 지방정책의 결정 과정에 다양한 참여자들이 개입하고 관여하지 않으면 지방자치의 실효를 거두기 어렵다. 아직 지방자치단체장, 의회의원 및 직원들의 지방 거버넌스에 대한 인식도 부족하고 이들의 참여를 보장하는 제도적 방안도 부족하다.

2 대한민국 지방자치단체의 정책 역량 강화 방안

지방자치가 실시되지 않거나 정지되었을 때 지방행정기관은 중앙정부의 지방일선기관으로서 집행적 역할을 충실히 하는 것으로 충분했다. 그런데 지방자치가 실시된 이후부터는 지방자치단체는 자치기구이면서 정책기구로서 역할을 해야 한다. 일반지방자치 분야를 중심으로 정책기관으로서 정책 역량 강화 방안을 다음과 같이 제시한다.

첫째, 지방자치단체장과 지방의회의 선거에서 지역을 위해 일할 수 있는 사람이 당선될 수 있는 선거제도가 요구되며, 정책안은 지방의 선거공약을 통해 제시되고 이를 당선자 인수위원회에서 철저하게 검토해 새로운 사업계획으로 구체화하는 등의 정치(선거)와 정책의 연계 및 환류가 요구된다.

둘째, 지방의회 의원의 전문성을 제고하기 위한 방법으로는 의원의 개인적 역량

12) 광역 및 자치단체 간 조례가 일부 중복 현상을 보이고 있다(소순창·이진, 1996).

을 개발할 수 있는 교육연수 시스템을 발전시키고 지방의회의 정책적 역량을 지원하기 위해서는 지방의회에 전문위원실을 강화하는 것이다(금창호, 2012).

셋째, 지방자치 공무원의 정책 역량을 향상하기 위해서는 능력 있는 젊은이의 임용, 합리적인 보직관리와 승진, 사기 앙양을 위한 복지제도 등이 구비되어야 한다. 특히 정책 능력 향상을 위한 교육훈련 및 연구 등을 강화해야 한다. 또한 공채 외에도 전문적 자격을 갖춘 자를 계약직이나 특채 형식으로 임용해 활용해야 한다. 이 때는 엄격한 기준을 정하거나 사후 감독을 해야 한다.

넷째, 지방자치단체의 공직 부패와 비리 척결을 위해 외부통제를 강화해야 한다. 자치단체장의 인사권 남용으로 능력있는 자보다는 인간 관계를 잘하는 자가 특별채용되며, 좋은 자리에 보직되는 등으로 지방 공직사회를 흐리게 한다는 지적도 있으므로 우선적으로 인사 비리를 해소할 수 있도록 감사를 해야 한다(김필두, 2011).

다섯째, 지방교육자치에서는, 먼저 지역 중심의 지방교육자치가 강화되어야 한다. 지방재정과 교육재정이 통합되어 재원 부족을 메꾸고 배분된 재원을 효율적으로 활용해야 하며, 주민들이 교육자치 결정 과정에 참여해 자신들의 의사를 반영해야 한다(임승빈, 2006: 520-522).

여섯째, 지방자치에서 지역주민의 참여를 제고하기 위해서는 지역의 시민단체 등이 자발적으로 참여할 수 있는 공간을 마련하고 이들과 협력할 수 있는 네트워크의 구축 및 관리가 필요하다. 또한 단체장, 지방의회 의원과 주민 간의 소통을 할 수 있는 절차나 방법을 마련해야 한다(김필두, 2011). 이런 소통을 위해서는 지방정치인들이 상호작용적 정책 결정을 위해 시민을 재발견해야 한다. 지방정치인은 문제의 정의에서부터 해결안을 마련하는 모든 과정에 주민들의 참여를 고려해야 한다(Klign & Koppenjan, 2002: 141- 164).

제 9 장

국회의 정책 기능

제1절 국회의 의의, 구조와 정책적 기능

1 정책 결정 체계와 국회

1) 의회의 정책 결정의 의의

의회의 일반적 기능으로는 ① 선거구민의 이익 표명을 통한 대의 기능, ② 권위적인 공공정책을 만드는 입법 기능, ③ 효과적인 입법 기능의 수행을 위한 행정부 감독 기능, ④ 정치문제에 대한 국민의 교육 기능, ⑤ 선거구민 봉사 기능 등이다(Vogler, 1980: 11). 여기서는 이들 기능 중 공공정책 결정 기능에 대해 살펴본다.

의회는 국민의 대표기관으로서 중요한 정책을 최종적으로 결정할 권한, 즉 입법권을 지닌다. 비록 정책과 법률이 동일한 것은 아니지만 중요한 정책일수록 그 기본은 법률의 형태를 띤다. 그러므로 국회는 입법권을 통해 강력한 정책결정권을 행사할 수 있다. 그런데 여러 가지 이유로 정책결정권이 실질적으로 제약을 받는 경우에는 예산 심의를 무기로 하여 대통령이나 행정부에 비공식적인 압력을 가하는 비입법적 방법을 사용하기도 한다.

입법 기능을 담당하는 기관을 구성할 때는 집단적 대표인 의회가 이를 맡도록 하는 것이 보편화되어 있다. 의회는 개개 의원이 아닌 전체로서의 국회가 전체 국민을 대표하는 이른바 '집단적 대표'에 해당한다. 이러한 집단적 대표의 경우에는 전체로서 국회의 의사를 결정하기 위해 다수결에 의한 의사 결정이 필요하며, 이러한 과정을 통해 진정한 국민의 의사를 최대한 다양하게 반영하는 것이 가능해진다(장영수, 2014: 1014).

의회가 정책 결정에 실제로 미치는 영향력은 학자들 간에 많은 논란의 대상이 되어 왔다. 의회의 영향력이 전반적으로 보아 의회민주주의에서의 이상과는 달리 많이 약화되었으며 특히 후진국에서 크게 약화되었다. 또한 정책 집행 과정에서 국회는 간접적으로 정책 집행에 영향을 주고 있다(정정길 외, 2012: 116-117).

2) 사회주의 국가의 의회: 인민대표기관

사회주의 국가의 의회는 민주주의 국가의 의회와는 여러 가지 측면에서 다른 면을 보여주고 있다. 중국에서 인민을 대표해 권력을 행사하는 기관은 전국인민대표자대회와 지방의 각급 인민대표회의이다. 북한에서는 최고인민회의가 있으며, 옛 소련에서는 소련 최고 소비에트로부터 마을 소비에트에 이르는 근로자대표 소비에트가 있다. 기타의 국가에서도 명칭은 다르지만 기능은 거의 같다.

사회주의 국가의 인민대표기관의 조직 원리는 '민주적 중앙집권제'이다. 한편 중앙의 대표기관은 폐회 중에도 그 상설기관을 갖고 끊임없이 활동을 하는 것이 사회주의 국가의 특징이다. 소련의 최고회의 간부회의, 중국의 전국인민대표자회의 상무위원회 등이 그것이다.

3) 국회의 대표 원리

민주주의는 직접민주주의에서 대의민주주의로 변해 왔다. 즉, 시민들이 더 이상 직접적으로 지배하지 않을 때, 민주주의는 정치가들이 국민들의 대표성(representation)에 따라서 봉사할 것이라는 방향으로 나간다. 의회는 대의민주주의의 구체적 표현이다. 의회는 국민의 대표로 이루어지기 때문이다. 국회의원 등 정치가들은 대표성을 확보하기 위해 나이, 성별, 계급 그리고 인종에 따라 사회를 대표해야 한다.

정치에서 대표성이란 개인이나 집단이 좀 더 큰 규모의 국민들을 위해 어느 정도 대신할 수 있는가를 의미한다. 그것은 정부와 국민들 사이에 연계의 문제이나 민주정부에서 대표 역량이 확보되기는 어렵다. 실제 선거가 대표성에 의해 실시되고 그들은 국민들의 대표자라로서 부름을 받았다고 하지만 대리자로서 선거구민의 의사에 명확히 구속된다는 의미는 아니다. 그들은 위임받은 대리인(delegates)이 아니라 국민 전체의 대표자(representative)이다(Heywood, 1999: 233-236).

국회의원은 보통 지역구를 표준으로 선출되지만 비례대표제를 통해 직능대표들이 발탁되기도 한다. 크로아티아 선거에서 보여준 것처럼 최근 대표민주주의가 현실적으로 나타나고 있지 않다는 지적도 있고(Dolenec, 2012: 69-88), 국회의 대표 원리 자체에 대한 현실성이 없다는 지적도 많다. 우리나라에서는 선거구가 인구

수에 따라 반영되고 있지 않다는 주장도 있다.

2 국회의 정책 기능

1) 국회의 법률 입법

각국 의회의 특징을 규정하는 가장 중요한 요인은 입법권과 행정권의 분립과 융합의 정도를 결정하는 권력구조의 성격(대통령제, 내각제 등)이다. 그러나 같은 대통령제와 내각제를 택한 국가들 중에서도 민주주의의 발전 정도나 헌정의 전통, 기타 관련 요인에 따라서 의회의 입법 기능은 크게 차이를 보인다.[1)]

모든 나라에서 의회의 법률 제정 기능은 의회의 가장 기본적인 기능이다. 의회는 법률을 제정하거나 개정하는 단계에서 이를 심의하고 확정하는 권한을 부여받았다. 의회의 선거, 구성 그리고 의회의 의사규칙 등은 좋은 법률을 제정하기 위한 조건들이라 할 수 있다. 국민들의 생활과 기본권, 국가의 안전과 유지 및 발전 그리고 국가 간의 관계와 관련된 사항들을 법률을 제정하고 개정하며 폐지함으로써 이룩할 수 있다.

각국 의회의 입법 과정에서 주목해야 할 사항은 다음과 같다. 의회는 행정부와의 관계에서 어느 정도 주도적으로 또는 독자적으로 입법권을 행사하는가, 의회는 정부제출법안에 대해 어느 정도 견제 기능을 수행하는가, 입법 과정에서 의회는 제도적 일체감을 형성해 정부제출법안을 적극적으로 비판·수정하는가 아니면 정당 일체감을 앞세워 '정부·여당 대 야당'의 대립 구도를 보여주는가, 법안 심의 과정에서 구체적 정책 검토가 이루어지는가 아니면 정치적 논전이 이루어지는가, 법안 심의 의결 과정이 의사규칙 내에서 절차적 정당성을 확보하면서 이루어지는가, 입법 과정을 통해 정책 기능, 대표 기능, 사회통합 기능 등을 어느 정도 수행하고 있는가 등이다(김현우, 1999: 154).

1) 또한 의원직과 각료직의 겸임 정도, 정당 체제에 의해 결정되는 정권 형태의 차이(연립정권과 단독정권), 반대당이 의회 내에서 행사하는 영향력의 정도, 원내정당의 기율, 의원들이 행정부를 외부 세력으로 인식하고 집단의식을 견지하는 정도, 의회제도의 운영 방식의 차이(단원제와 양원제, 양원 간의 권력 관계, 회기제도, 본회의중심주의와 위원회중심주의, 위원회 구조와 자율성, 의원입법에 대한 제약, 표결 방식) 등이 입법 과정과 기능에 영향을 미친다(김현우, 1999: 153-154).

2) 국회의 위임 입법

위임 입법은 두 가지 기본 요소를 포함한다(박종흡, 1998: 608). 첫째는 의회 자신이 다른 기관에 대해 법률 제정의 권한을 위임해야 하고, 둘째는 이 위임하는 사항이 행정권의 한 분야여야 한다. 따라서 국가의 비상사태 시에 대통령이나 내각에 의해 취해지는 입법 조치들은 의회의 위임에 의한 것이 아니고 헌법에 직접적인 근거를 두고 있으므로 위임 입법 영역에 해당하지 않는다. 국회의 입법권을 위임할 때는 법률 유보의 원칙과 포괄위임 금지의 원칙이 제시되고 있다. 법률 유보의 원칙은 국가 권력이 국민으로부터 나오므로 법률을 다른 기관에 위임하려면 법률에 근거해야 한다는 것이다. 포괄위임 금지의 원칙은 의회가 정부에 위임 입법을 허락하더라도 그 내용, 목적, 범위 등을 정해서 위임해야 한다는 것이다(박종흡, 1998: 609-613).

국회가 행정부의 위임 입법권을 통제하기 위해 일부 국가에서는 행정법규 심사위원회를 설치해 운영하며, 미국 의회는 입법거부제도를, 영국 의회는 행정법규 승인제도를 각각 운영하고 있다(박종흡, 1998: 613-617). 우리나라에서는 국회 상임위원회에서 대통령령 등이 법률에 위반되는지를 심의해 행정부에 통보하도록 하고 있다.[2]

3) 국회의 법률 제정 이외의 기능과 권한

국회는 법률 입법 결정 기능 이외에도 이와 관련한 많은 정책통제의 권한과 기능을 행사한다. 우리 헌법에서는 국회의 예산 심의 및 결산심의권, 국회의 국정조사권 및 국정감사권, 국회의 국무총리 및 국무위원에 대한 국회출석요구권, 질문권, 국회의 고위공무원 인사 동의권, 탄핵소추권 및 인사청문회 실시권, 그리고 국회의 조약 체결 동의권 등이 있다.

국회는 이런 각종 권한을 통해 법률의 제정과 개정 단계에서 간접적으로 영향을 준다.

2) 「국회법」 제98조의 2항.

3 국회의 구조

1) 양원제와 단원제

국회의 구조는 국회의원들의 합의체를 하나로 하는가, 둘로 하는가에 따라 단원제 국회와 양원제 국회로 나뉜다. 양원제(bicameralism)[3]는 영국에서 비교적 모범적으로 운영되어 왔으며, 다른 민주국가나 영연방국가에서 모방되었다.[4]

대한민국, 이스라엘, 스웨덴, 케냐 등에서는 단원제(unicameralism) 국회를 운영하고 있다. 의회제도의 역사가 비교적 짧거나 국토의 규모가 작고 사회적 동질성이 높은 국가에서 주로 채택하고 있다. 주권일원론에 따라서, 즉 국가 의사가 둘 이상으로 나뉠 수 없다. 장점으로는 국민의 의사를 한 곳에 집약시킬 수 있으며, 의사 결정 과정이 비교적 신속하게 이루어져 집행의 효율성을 확보할 수 있다(김현우, 2010: 42).

미국, 영국, 프랑스, 독일, 일본 등 주요 선진국들은 상원과 하원의 양원제를 운영하고 있다. 그렇지만 일반적으로 의회라고 하면 하원을 의미한다. 의회제도의 역사가 긴 나라, 국가의 구성 요소인 주나 지역의 이익을 대표하기 위해 운영한다(김현우, 2010: 42). 양원제를 인정하는 이유는 역사적 이유와 현실적 이유를 들 수 있다. 역사적으로는 입법적 폭군에 대항할 수 있게 하는 것이며(Moen & Copeland, 1999: 4), 이론적으로는 입법의 졸속을 피하고 편파적인 결정을 피하기 위해서이다.

상원은 각 주나 지역, 민족과 귀족의 대표로 혹은 정당별 비례대표로 구성되나 하원은 지역구의 일정 수를 대표한다. 상원에 대한 명칭은 구성이나 기능에 따라 달라지는데, 영국은 귀족원(House of Lord), 미국은 상원(Senate), 일본은 참의원

---

3) 양원제(bicameralism)의 발생에 관한 역사적 기원은 프랑스의 정치학자인 몬테스키외(Charles de Montesquieu)의 『법의 정신(*The Spirit of Law*)』이다. 그는 정부를 입법부, 행정부 그리고 사법부로 나누는 3권분립 원리를 주장했으며, 그중 입법부는 다시 견해와 이해가 다른 2개의 원(chamber)으로 구분할 것을 제안했다(Moen & Copeland, 1999: 4).

4) 저자가 세계의 독립국가 189개국의 자료를 분석한 결과이다. 1998년 현재 단원제 국회 형태를 택하는 국가는 121개국, 양원제 국회 형태를 택하는 국가는 63개국이며, 의회가 없거나 기능이 정지되어 있는 국가는 5개국이다. 양원제는 주로 유럽대륙과 아메리카대륙에 많이 분포되어 있다. 원자료는 *Europa World Yearbook, 1998*. Vol.1/Vol.2.

이라고 부른다.

상원과 하원이 국가의 모든 법안을 공동으로 심의하지만 상원에서는 연방 수준의 문제, 즉 국방과 외교문제 등을 좀 더 심도 깊게 심의하며, 하원에서는 세입법안, 예산이 수반되는 생활 관련 법안들에 중점이 주어진다. 따라서 양원제의 경우 정책 결정의 절차가 좀 더 복잡해진다. 즉, 하원의 의결이 있은 후 상원의 부결이 있으면 양원합동회의나 양원협의회에서 다시 표결에 부쳐진다.

2) 본회의제와 위원회제

국회의 의안 심의 방법을 크게 나누면 영국의 본회의 중심의 독회제(reading)와 미국의 위원회(committee)제가 있다. 우리나라는 위원회제를 택하고 있으며, 일본은 메이지(明治) 헌법에서는 독회제였는데, 현행 헌법에서는 위원회제를 택하고 있다.

본회의중심제는 모든 의안을 심의하는 과정에서 그 의안의 원칙과 골격이 본회의에서 정해지고 각종 위원회는 본회의에서 정해준 한계 내에서만 수정하고 보완하며 조정할 수 있는 운영 방식이다.

본회의 중심의 독회제를 택하는 나라들은 영국, 캐나다 등 영국식 의회의 전통을 모방한 나라들에서 운영하는 제도로서 국민 대표자로서 전체 국회의원들의 토론 과정을 강조한다. 본회의제라 하더라도 제1독회와 제2독회 혹은 제3독회를 거친 뒤에는 전원위원회나 상임위원회에서 의안(법안 포함)을 심의한다(국회사무처, 1991: 129).

이에 반해 위원회중심제는 미국, 일본, 한국의 의회에서 운영하고 있는 제도로서 의안의 심의 원칙이 본회의가 아니라 위원회에서 결정되는 운영 방식이다. 이 제도는 국회의 입법 전문성을 더 강조한다. 미국의 경우 윌슨 대통령이 미국의 정부를 분과위원회정부라고 비난할 정도로 국회의 분과위원회의 의존도가 높다. 위원회제에 대해서는 아래에서 좀 더 자세하게 검토한다.

법안이 위원회에 회부되는 유형은 입법 절차에 따라서 두 가지 상이한 점을 내포하고 있다. 첫째, 사법(혹은 법사)위원회가 존재하는 의회에서는, 법안이 하원에서 토론되기 전에 사법위원회가 먼저 법안을 심사한다. 둘째, 전원위원회와 임시특별위원회가 법안을 심사하는 의회에서는 하원은 법안 통과에 중요한 역할을 수행한다(국회사무처, 1991: 165).

위원회제를 택할 때는 행정관청의 구분에 따라 위원회를 구성하는 것이 일반적이다. 위원회제의 장점은 정성을 들여 입법을 할 수 있으며, 심의와 의결의 열쇠를 갖는 위원장을 야당 의원이 맡는 등 그것이 적절하게 운영되면 폐해를 구제하는 기구가 될 수 있다. 반면 위원회의 단점은 관료입법이나 정실입법을 쉽게 할 수 있다(小林孝輔・星野安上郎, 1991: 47).

위원회의 수는 각국에 따라 다르며 미국에서는 1946년의 「재조직법」에 따라 상원 15개, 하원 19개 위원회로 감소되었다. 태국에서는 상원에 12개, 하원에 16개의 상임위원회가 설치되어 운영되고 있다. 인도네시아는 예산위원회를 포함한 13개의 위원회가 설치되어 있으며, 말레이시아는 소관별 상임위원회는 없고 결산위원회, 의원규칙위원회 등 4개 특별위원회가 있다(박동서, 1985: 631-634).

위원회제는 다루는 정책의제에 따라 소관하는 일반적 의제를 다루는 일반위원회와 특별한 의제만을 전문적으로 다루는 특별위원회로 구분할 수 있다. 우리나라에서는 상임위원회와 특별위원회로 구분한다(「국회법」 제35조). 또한 위원회제는 운영의 상설 여부에 따라 상설위원회(standing committee)와 임시위원회(temporary committee)로 구분할 수 있다. 그리고 위원회제는 그 구성원의 수에 따라 소위원회제, 전원위원회제 등으로 구분할 수 있다.

3) 원내 교섭단체

다수의 의원으로 구성되는 국회의 운영은 기본적으로는 모든 원내 교섭단체 간의 협의에 의해 이루어지기 때문에 원내 교섭단체는 입법활동의 중심적 기관이라고 할 수 있다. 동일 정당 소속의 의원들로 구성되는 원내 교섭단체를 설치하는 목적은 국회에서 일정한 정파에 속하는 의원들의 주장이나 의견을 종합・조정해 사전에 각 교섭단체 간에 상호 교류를 통해 국회의 운영을 원활하게 하려는 데 있다(김현우, 2010: 618).

우리나라에서는 구성 요건으로 20인 이상의 소속 의원을 가진 정당은 하나의 교섭단체로 할 수 있도록 하고 있다. 정당 단위가 아니더라도 다른 교섭단체에 속하지 않는 20인 이상의 의원으로 따로 교섭단체를 구성할 수 있다(「국회법」 제33조). 교섭단체에는 국회의원의 입법활동을 보좌하기 위해 교섭단체 연구위원을 둘

수 있다. 또한 교섭단체에는 교섭단체 대표위원을 두고 있는데 이들을 보통 원내총무라 부른다.

일당정치 체제를 취하고 있는 나라들은 모든 국회의원이 특정 정당의 교섭단체에 가입하거나 교섭단체가 없다. 그런 나라들로는 알제리 인민회의, 가봉 국회, 코모로 연방의회, 케냐 국회, 말라위 국회, 공산국가 시절의 헝가리 국회를 들 수 있다. 한편 중국의 전국인민대표자회의에서는 지역별 명칭을 딴 대표단이 된다(국회사무처, 1991).

제 2 절 대한민국 국회의 정책 기능

1 대한민국 국회의 역사

우리나라 국회의 역사와 변동을 살펴보기 위해 먼저 우리나라 국회의 원 구성 양식, 의석 수의 변동을 보면 〈표 9-1〉과 같다.

우리나라 국회는 1948년 제헌국회에서 시작해 2014년 현재 제20대 국회에 이르고 있다. 국회의원의 규모는 제헌국회에서는 단원제 2년 임기의 198명, 제20대 국회에서는 단원제 4년 임기의 299명이다. 원의 구성 양식을 보면 제5대 국회에서는 양원제를 채택했으며, 그 밖에는 단원제 국회를 운영했다.

권력구조를 보면 제5대 국회에서는 내각책임제, 제9대와 10대에는 신대통령제, 그 외에는 대통령중심제를 운영했다. 우리나라 국회는 3회 정도의 헌법 중단을 경험하면서 국회를 대신해 국가재건최고회의, 비상국무회의, 국가보위입법회의를 운영한 바 있다. 대별(代別) 의회의 유형, 의원 수, 국회 상임위원회 그리고 국회입법 조직환경의 체제를 〈표 9-1〉과 같이 정리했다.

표 9-1 한국 국회의 변동

한국 국회의 주요 변동					국회 조직환경
대별	기간	의회 유형	의원 수	상임위원회 수	
제헌국회	1948.5.31~1950.5.30	단원제	198	8	제1공화국
제2대	1950.5.31~1954.5.30	단원제	210	12	
제3대	1954.5.31~1958.5.30	단원제	203	13	
제4대	1958.5.30~1960.7.28	단원제	233	14	
제5대	1960.7.29~1961.5.16	양원제	281	13	제2공화국
최고회의*	1961.5.17~1963.12.16	*	*		헌정 중단
제6대	1963.12.17~1967.6.30	단원제	175	12	제3공화국
제7대	1967.7.1~1971.6.30	단원제	175	13	
제8대	1971.7.1~1972.10.17	단원제	204		
비상국무회의	1972.10.18~1973.3.11	*	*		국회 해산
제9대	1973.3.12~1979.3.11	단원제	219	13	제4공화국
제10대	1979.3.12~1980.10.27	단원제	231	13	
입법회의*	1980.10.28~1981.4.10	*	*		
제11대	1980.4.11~1985.4.11	단원제	276	13	제5공화국
제12대	1985.4.12~1988.5.29	단원제	276	13	
제13대	1988.5.30~1992.5.29	단원제	299	16	제6공화국
제14대	1992.5.30~1996.5.29	단원제	299	17	
제15대	1996.5.30~2000.5.29	단원제	299	16	
제16대	2000.5.30~2004.5.29	단원제	299	17	
제17대	2004.5.30~2008.5.29	단원제	299	17	
제18대	2008.5.30~2012.5.29	단원제	299	16	
제19대	2012.5.30~2014.5.29	단원제	299	16	
제20대	2014.5.30~현재	단원제	299	16	

주: 최고회의*: 국가재건최고회의의 약어, 입법회의: 국가보위입법회의의 약어.
자료: 내용 중 한국 국회의 주요 변동에 관한 자료는 국회사무처(2004: 49-50, 623)에서 발췌 정리, 기타 자료는 연구 중 확인 자료.

2 대한민국 국회의 주요 정책기구 및 행위자

1) 국회 상임위원회의 변천

국회 상임위원회는 국회의 정책 분야별 심의를 하는 기구로서 국회의 실질적 정책 심의기구이다. 국회 상임위원회는 행정부의 중앙행정기구의 변천에 따라 조직 개편을 해왔으며, 제1공화국에 8개 위원회, 제3공화국에 13개 위원회, 제6공화국에 16개 상임위원회, 2개 특별위원회를 운영해 지금에 이르고 있다.[5]

2014년 12월 현재 국회 위원회는 국회 운영, 법제사법, 정무, 기획재정, 미래창조과학방송통신, 교육문화체육관광, 외교통일, 국방, 안전행정, 농림축산식품해양수산, 산업통상자원, 보건복지, 환경노동, 국토교통, 정보, 여성가족위원회 등 16개 상임위원회와 상설특위로 예산결산특별위원회와 윤리특별위원회를 두고 있다.[6]

2) 국회의원

(1) 국회의원 당선 횟수

국회의원들의 재선율은 국민의 계속적인 지지와 인기를 보여주는 것이지만 정책의 연속성을 보여주는 지표이다.[7] 국회의원 재선율을 보면(제헌국회에서 제16대 국회까지) 초선 평균율은 58.0%이며, 재선 이상률은 평균 42.0%이다. 2선 평균율은 25.0%, 3선 평균율은 11.7%, 4선 평균율은 7.0%, 5선 평균율은 4.6%, 6선 평균율은 1.6%, 7선 평균율은 0.7%, 8선 평균율은 0.4%, 9선 평균율은 0.1%이다(국

---

5) 우리나라에서는 제헌국회(1대, 1948.10.2. 제정)에서 법제사법, 외무국방, 내무치안, 재정경제, 산업, 문교사회, 교통체신, 징계자격위원회 등 8개 상임위원회에서 출발했으며, 제3공화국이 들어선 제6대부터 제7대(1963.11.29. 개정)에는 법제사법, 외무, 내무, 재정경제, 국방, 문교공보, 농림, 상공, 보건사회, 교통체신, 건설, 국회 운영, 특위의 13개 위원회로 확대되었다. 제6공화국이 되면서(제13대 국회부터, 1988. 6.15 개정) 국회 운영, 법제사법, 외무통일, 행정, 내무, 재무, 경제과학, 국방, 문교공보, 농림수산, 상공, 동력자원, 보건사회, 노동, 교통체신, 건설위원회 등 16 상임위원회로 확대되었다. 그리고 제16대 국회(2002.3.7 개정)에서는 국회 운영, 법제사법, 정무, 재정경제, 통일외교통상, 국방, 행정자치, 교육, 과학기술정보통신, 문화관광, 농림해양수산, 산업자원, 보건복지, 환경노동, 건설교통, 정보, 여성위원회 등 17개 상임위원회로 확대되었다.

6) 자료: 「국회법」 제37조, 제45조, 제46조(서울: 2004).

7) 제16대까지 9선의 국회의원은 김영삼 의원, 박준규 의원, 김종필 의원 3인이었으며, 8선 의원은 이만섭 의원, 7선 의원은 유진산 의원, 김진만 의원, 정해영 의원, 이재영 의원, 이철승 의원 5인이며, 6선 의원은 이은하 의원이다.

회사무처, 2004: 55). 따라서 우리나라에서는 재선 이상을 하는 국회의원이 매우 적다는 것을 알 수 있다. 그만큼 정책의 전문성은 줄어든다고 본다.

(2) 국회의원의 학력과 성별

국회의원의 학력을 보면(제헌국회에서 제16대 국회까지, 국회의원 총선거 당시 기준) 다음과 같다(국회사무처, 2004: 69). 3,805명의 평균값은 대학원 졸 24.0%, 대졸 51.9%, 대퇴 4.0%, 전문대 졸 5.9%, 고졸 3.6%, 중졸 5.9%, 중퇴 0.9%, 국졸 2.5%, 무학 2%, 기타 1.1%였다. 대학원 및 대졸을 합하면 75.9%로 우리나라 국회의원의 3/4이 고학력층이라는 것이다.

국회의원의 학력은 대졸 이상의 경우를 보면 제헌국회 37%였으며, 제6대 국회 64.9%로 향상되었고, 제8대 국회에서는 82.3%, 제10대 국회에서는 91.7% 등으로 계속 상승하면서 90% 이상의 고학력 현상을 보이고 있다.[8]

우리나라 여성 국회의원은 여성정책의 대표성을 띠고 있다. 제헌국회부터 제16대 국회까지 106명(2.7%)의 여성 국회의원이 있었으며, 이 중 지역구 출신이 26명(0.7%), 전국구(비례대표)가 76명(2.0%)이었다(국회사무처, 2004: 71).

(3) 국회의원의 정책 성향

우리나라의 정당은 어느 정도 정책 성향을 보이고 있다고 인식된다. 새누리당(구 한나라당)은 보수정당, 새정치민주연합(구 민주당)은 준(準)진보정당, 정의당은 진보정당 등이다. 그런데 제16대 대통령 선거에서 한나라당의 공약에는 진보적 성향의 공약이, 민주당의 공약에는 보수적인 공약이 상당수 발견되었다(안문석 외, 2002/2003: 67-68).

국회의원을 중심으로 제16대 국회의원을 군집 분석했다. 특정 이슈(외교안보, 국가보안법, 대북 지원, 재벌 규제 등 10개 주제)에 대해 국회의원들에게 설문한 결과 진보 성향, 중도 성향, 보수 성향으로 구분할 수 있었으며, 진보 성향 집단에는 민주당 소속 의원들이, 보수 성향 집단에는 한나라당 소속 의원들이 주로 배치되었으나, 중도 성향 집단에 양당의 의원이 모두 배치되고 있어서(안문석 외, 2002/2003: 76-87), 국회의원 개인 성향이 반드시 정당별 정책 성향을 반영하지는 않았다.

---

8) 미국의 국회의원들의 학력 수준은 매우 높다(Jillson, 2008: 223).

3 대한민국 국회의 정책 관련 주요 활동

1) 임명 동의(승인), 탄핵 및 해임 건의

국회는 국무총리 등 행정부 및 사법부 고위자에 대한 임명동의권, 해임건의권, 탄핵소추권 등을 통해 다른 국가기관을 견제한다. 제헌국회에서 제16대 국회에 이르기까지 자료를 분석한 결과를 보면 〈표 9-2〉와 같다(국회사무처, 2004: 287-318).

표 9-2 대한민국 국회의 의안과 법률안 처리(제헌국회~제16대 국회)

	접수	처리 내용						회기*	비상**
		가결	부결	폐기	철회	반려보류	계		
의안	19,544건	12,678건 (65%)	298건	2,683건	393건	78건	16,176건 (83%)	3,262건	106건
법률안	12,270건	7,019건 (54%)	18건	2,272건	274건	27건	9,610건 (74%)	2,569건	91건

주: 회기불계속 및 임기 만료 폐기를 의미하며, **비상국무회의 이전을 의미.
자료: 국회사무처(2004: 585, 607)에서 발췌 정리.

국무총리 임명 동의에서는 대부분 임명이 동의되었으나(41명 중 31명 동의 받음) 제헌국회 이윤영 2회(1948.7.27 등), 제2대 국회 백낙준, 이윤영, 이갑성 등 3인(1950.11.03 등), 제5대 국회 김도인(1960.8.17), 제16대 국회 장상(2002.7.13), 장대환(2002.8.28) 등 8회에 걸쳐 동의가 부결되었으며, 제12대 국회 이한기는 철회(1987.8.5)되었다.

대법원장에 대한 동의안은 제13대 정기승 후보(1988.7.2)를 제외하고는 전원 가결되었다. 감사원장에 대한 동의안은 윤성식 후보(2003.09.26)를 제외하고는 전원 가결되었다. 헌법재판소장은 3인 전원 가결되었다. 헌법재판소 재판관 및 탄핵심판소 심판관 전원이 가결되었다. 국가인권위원회는 6인 중 황태연 후보(2003.4.29)를 제외하고는 가결되었다. 국회사무총장은 전원 가결되었다.

탄핵소추는 11건이 제출되었는데 이 중 제16대 국회에서 노무현대통령탄핵소추안이 가결되었으나(2004.3.12) 헌법재판소에서 2004.5.14. 기각으로 결정되었다.

국무총리, 국무위원 불신임 및 해임에서는 제3대 국회 농림부 장관 임철호 불신임결의안(1955.7.27), 제7대 국회 문교부 장관 권오병 해임안(1969.4.8), 제8대 국회 오치성 장관 해임건의안(1971.10.2), 제16대 국회 통일부 장관 임동원 해임건의안(2001.9.3), 행정자치부 장관 김두관 해임건의안(2003.9.3)이 각각 가결됨으로써 정부에 대한 통제가 이루어졌다.

2) 정책 관련 활동

국회의 정책 관련 활동으로는 각종 의안(법률안 포함) 의결을 중심으로 공청회 등을 들 수 있다.

국회에서 처리하는 의안에는 예산안, 결산안, 법률안, 재의법률안, 동의(승인)안, 건의안, 결의안, 규칙안, 선출안, 중요 동의, 의원 징계, 윤리심사 기타 등이 있다. 제헌국회에서 제16대 국회(2004.5.29)까지 총 19,544건을 접수했으며, 가결 12,678건, 부결 298건, 폐기 2,683건, 철회 393건, 반려 78건, 보류 46건 등으로 처리했고, 회기불계속 및 임기 만료로 폐기한 것은 3,262건이고, 비상국무회의로 이관한 것은 106건이었다(국회사무처, 2004: 585).

중요 정책인 법률안만을 살펴보면 제헌국회에서 제16대국회(2004.5.29)까지 총 12,940건을 접수했으며 가결 18건, 부결 18건, 폐기 2,272건, 철회 274건, 반려 7건, 보류 20건 등으로 처리했고, 합계 9,610 건이었다. 회기불계속 및 임기 만료로 폐기한 것은 2,569건이고, 비상국무회의로 이관한 것은 91건 이었다(국회사무처, 2004: 607)(〈표 9-2〉 참조).

한편 17대 국회(2004.6~2008.5)에서 의안과 법률안 처리 현황은 다음과 같다(대한민국 국회, 2012: 695). 의안은 총 8,368건을 접수했으며 가결 2,548건, 부결 9건, 폐기 2,365건, 철회 101건, 임기 만료 폐기 3,345건이며, 합계 5,023건을 처리했다. 법률안의 경우 총 7,489건을 접수했으며 가결 1,915건, 부결 5건, 폐기 2,326건, 철회 89건, 임기 만료 폐기 3,154건 등으로 처리했고, 합계 4,335건을 처리했다.

공청회는 제헌국회에서부터 제14대 국회에 이르기까지 총 279회 개최했는데, 헌법개정안 12회, 법률안 189회, 중요 정책 75회, 청원 3회 등이다(국회사무처, 2004:

476).

이 밖에 대정부 질문제도, 국정조사 및 국정감사제도, 청원제도 등을 통해 국가 정책에 관여한다.

3) 대한민국 국회의 '정책국회'로서 전망과 개선

대한민국 국회는 민주주의 역사가 일천함에도 불구하고, 공업화와 민주화를 동시에 이룩한 나라로 인정받고 있다. 헌정 중단이 있을 때 최고회의, 비상국무회의, 국가보위입법회의 등이 국회를 대신하기는 했지만 대한민국 의정사는 끊임없이 발전을 해왔다. 그런데 국회의 정책 영향력은 어떤 시대보다도 강화되었지만 아직 '정책국회'로서의 국민의 국회에 대한 신뢰는 부족하다.

2012년 4월의 한국사회과학데이터센터에서 실시한 제19대 국회의원 선거 유권자 조사에서는 국민들은 여전히 국회에 대한 불만족 수준이 높으며, 행정부, 사법부 등 다른 정부기관에 비해서도 신뢰 수준이 낮았다. 그리고 이런 평가의 근저에는 국회 차원에서 국회 공전과 입법 교착의 반복, 국회 폭력과 무질서, 국회의원의 집단이기적주의적 윤리 행태, 정치 현안에 발목 잡힌 예산심사 등을 제시할 수 있다(박명호 외, 2013).

국회 차원의 신뢰 개선을 위해서는 여러 가지 대안이 제시되고 있다. 입법 과정을 위한 제도의 개선, 원내 정당의 의사 절차 및 행위규범의 준수, 국회에 대한 오해 바로잡기와 국회의 홍보활동 강화 등이 제시되고 있다(박명호 외, 2013).

또한 정책국회가 되기 위해서는 정당 공천 및 선거제도의 개선이 있어야 한다. 18대 국회의원 선거에서는 대부분의 선거구(약 90%)에서 정책토론회가 없었으며, 제1당과 제2당 간의 지역 구도에 따라 '정당의 공천이 국회의원의 당선'이라는 환경에서는 정책국회가 되기 어렵다(박희봉, 2008: 235-265).

제 3 절 국회의 입법 지원조직과 인력

1 국회 입법 지원조직의 의의와 유형

1) 국회 입법 지원조직의 의의

국회의 조직은 크게 국회의원으로 구성된 회의체조직과 이를 지원・보좌하기 위한 입법관료들로 구성된 지원조직으로 이원화되어 있다. 이러한 지원조직은 의회가 기능 수행을 잘할 수 있도록 지원하고 보좌하는 조직으로 그 명칭은 '국회 행정조직', '의회 지원조직', '입법 보좌조직', '의정 지원조직', '입법 지원조직' 등으로 불리고 있는데[9] 여기서는 입법 지원조직으로 부르기로 한다.

국회는 입법, 예산 심의, 결산심사, 대정부 질문, 국정조사 및 감사를 통한 행정부 감독 등 다양한 기능을 수행해야 하고, 이 과정에서 다루는 안건의 범위도 국정의 전 분야에 미치고 있다. 또한 국회는 행정부와는 달리 회의체로 운영되는 제도적 특징을 지니고 있다. 따라서 의회가 그 제도적 특징에 맞게 회의를 원활히 운영하고 그 과정에서 국회에 부여된 다양하고 광범위한 권능을 제대로 수행하기 위해서는 효율적이고 전문적인 지원조직의 존재가 필수적이다.

입법 지원 체계 중 특히 전문지식 지원 업무의 질은 입법 체계의 능력을 가늠하는 기준이 된다. 어느 나라든지 국회의원들의 중요한 입법정보원(立法情報源)은 국회의 보좌기구들이기 때문이다. 입법 보좌기구의 조직적인 전문성은 물론 보좌참모 개인들의 전문성이 높을수록 입법 체계의 능력은 높다고 할 수 있다. 즉, 국회에서의 법률안 심의 과정에서 좀 더 철저하고 합리적인 분석이 가능해진다.

상당수의 나라에서는 여당에 비해 야당 의원들의 법률안 작성 과정에서 국회의 입법 보조기구의 역할이 강조되고 있다고 한다.

---

9) 박재창 교수(1995)는 '국회 행정조직', 박종흡 차장(2004)은 '의회 지원조직', 김현우 박사(2010)는 '입법 보좌조직', 민진 등(2003)은 '의정 지원조직', 이용기 박사는 '입법 지원조직'이라 각각 부른다.

2) 국회 입법 지원조직의 유형

일반적으로 국회의 입법 지원조직 또는 의정 보좌조직은 그 기능(또는 기능적 전문성)에 따라 일반행정관리 조직, 의사 지원조직, 전문 보좌조직(또는 입법 및 정책 지원조직)으로 분류될 수 있다(박찬욱 외, 2005: 7; 박찬표, 2002: 19). 여기에 의원외교 지원조직을 추가해 설명한다. 우리나라의 경우를 예로 들겠다.

첫째, 입법 보조 업무는 국회의원들의 법률 제정 및 심의를 직접적으로 보좌하는 업무로서, 법률안의 성안(成案)·심의 업무, 입법연구 조사 업무 등을 포함한다. 국회입법조사처와 국회사무처의 법제실에서 이를 담당하며, 국회도서관 법령정보실에서 이를 지원한다.

둘째, 의사 진행 보조 업무에는 국회의 본회의 및 위원회의 회의 진행을 지원하는 업무로 의사 진행, 기록 및 자료 편찬 업무를 포함한다. 국회사무처의 의사국에서 이를 관장한다.

셋째, 행정관리 업무는 행정관리 즉 기획, 예산, 회계, 감사, 홍보 등 행정 업무와 의회의 조직, 인사, 예산, 시설, 정보 관리 및 경호 업무 등을 포함한다. 기획조정실, 관리국, 총무과 등에서 이를 관장한다.

넷째, 의원 해외활동 지원 업무는 국회의원들의 외교활동을 지원하기 위한 활동으로서 국제기구(예: 국제의원연맹[IPU] 등)에의 활동, 외국 의회와의 교류 업무를 포함한다. 국회사무처 국제국에서 이를 관장한다.

2 주요국 국회의 입법 지원조직

나라에 따라서 국회의 입법 지원조직의 형태는 약간씩 차이가 있다. 주요 선진국을 중심으로 입법 지원조직의 실태를 살펴보면 다음과 같다(이현출, 2004: 14-15; 서복경, 2005: 21-32; 김종갑, 2004: 26-31, 30-32; 배민식, 2004: 32-37).

미국 국회의 입법 지원조직을 보면, 각 의원에게 주된 입법 보좌기구는 양원의 사무국 외에 위원회의 참모진, 의원의 입법담당 보좌진 및 양원의 의회법제실이 있다. 또한 원외의 입법 보좌기구로서는 의회도서관 입법조사국(CRS), 회계검사원(GAO), 의회예산처 등이 있다.

영국 국회(하원)의 입법 지원조직을 보면 서기처, 경위처, 도서관, 행정처, 기록처, 편의시설관리처 총 6개 부문으로 나뉘어 있다.[10] 이 중에서 입법전문 지원조직은 회계검사원, 의회도서관, 하원 서기처 소속 위원회국과 법제국, 상하 양원에 서비스하는 과학기술국이다.

일본 국회의 입법 지원조직으로는 국회도서관의 조사 및 입법고사국과 중의원과 참의원이 각각 사무국과 법제국을 두고 있다.

독일 국회의 입법 지원조직으로는 행정기술 지원 업무를 담당하는 행정지원처, 위원회 지원 업무와 개별 의원에 대한 연구분석업무를 통합한 연구지원처, 국제관계와 의회 운영을 지원하는 의회지원처로 구분되어 있다. 독일 연방의회 총 공통 인력은 2000년 현재 2,300명이다.

프랑스 국회(국민의회)의 입법 지원조직은 국민회의 의장, 서기장 아래 있는 입법지원처와 국제지원처 그리고 재무서기장 아래 있는 행정지원처로 구분된다. 입법지원처에는 위원회실, 연구조사실, (과학기술)연구평가실, 도서실, 의사지원실, 속기실 등으로 분화되어 있다. 도서실은 대의회 서비스만을 담당하며 26명의 직원이 있다.

3 대한민국 국회의 4대 입법 지원기구

1) 국회사무처의 입법 지원 기능

국회사무처는 국회의장의 지휘와 감독을 받아 국회 및 국회의원의 입법활동을 지원하고 국회의 일반행정 업무를 수행한다. 국회사무처의 기능・기구・임무는 다음과 같다.[11]

국회사무처는 생산적인 의정활동을 지원하며, 국회와 국민 간 소통과 공감을 확대하고, 남북 화해・협력 및 의원외교를 내실화하며, 안전하고 효율적인 의정환경을 조성하려는 방향으로 품격 높은 선진국의 실현을 위한 혁신과 변화의 방향을

10) 2004년 3월 현재 고용 인력은 사무처 342명, 행정처 153명, 도서관 233명, 의사기록처 118명, 경위처 480명, 편의시설관리처 309명이다.

11) http://nas.na.go.kr/servlet/print 2014-08-26 검색.

일종의 비전으로 제시한다.

사무총장(장관급) 아래 입법차장(차관급)과 사무차장(차관급)이 있으며, 입법차장 아래 법제실, 의사국, 방송국, 경호기획관, 의정종합지원센터장이 있고, 사무차장 아래 기획조정실, 국제국, 관리국, 의정연수원, 인사과, 운영지원과, 홍보기획관, 감사관이 있다.

국회사무처의 행정관리 업무 외에 중요 업무로는 법제, 의원외교, 의정연수 업무가 있다.

2) 국회도서관의 입법 지원 기능

국회도서관은 국립중앙도서관과 함께 우리나라 최고의 국가도서관으로 1963년 「국회도서관법」에 의해 설립되었다. 국회도서관의 임무는 국회의원 등 내부 고객의 정보 수요뿐만 아니라 국가 도서관으로서 기본 자료정보와 대외 학자 및 학생을 포함해 전문가를 위한 봉사를 하고 있다. 국회도서관의 가치 체계와 주요 업무는 다음과 같다.[12)]

국회도서관의 임무(미션, mission)는 세계의 지식정보를 수집해 국회와 국민에게 제공함으로써 의회민주주의 발전과 국민의 삶의 질 향상에 기여하고 인류의 지적 문화유산을 보존해 후세에 전달하는 것이다. 한편 국회도서관의 비전(vision)은 국회와 국민에게 최상의 서비스를 제공하는 세계 일류의 의회 도서관을 지향한다.

국회도서관에서 하는 주요 업무는 국가 서지 작성(정기간행물 기사 색인, 한국박사 및 석사 학위논문 총목록 등) 및 배포, 전자도서관 운영, 학술정보의 상호 협력, 의회 및 법률정보 서비스, 자료 수집 및 국회 기록물 관리 등이다.

이러한 기능을 수행하기 위해 주요 기구로는 의회정보실, 법령정보실, 정보관리국, 정보봉사국, 국회기록보존소 그리고 기획관리관이 있다.

3) 국회 예산정책처의 입법 지원 기능

국회예산정책처(National Assembly of Budget Office: NABO)는 2003년 「국회예산정책처법」이 제정(법률 제6931호)됨으로써 동년 10월 19일 설립된 재정 분야

---

12) http://nanet.go.kr/06- introduce/03-importantwork/02/e-libraryintro.jsp 2014-08-26 검색.

의 입법 지원 전문기관이다. 국회예산정책처(이하 '예산정책처'라 함)의 기능, 가치 체계, 기구 등은 다음과 같다.[13] 예산정책처는 국가의 예산·결산·기금 및 재정 운영과 관련된 사항에 관해 연구분석·평가하고 의정활동을 지원하기 위해 설립되었다.

구체적으로 보면 예산안·결산·기금 결산에 대한 연구 및 분석, 예산 또는 기금상의 조치가 수반되는 법률안 등 의안에 대한 소요 비용의 추계, 국가 재정 운영 및 거시 경제 동향의 분석 및 전망, 국가의 주요 사업에 대한 분석·평가 및 중장기 재정소요분석, 그리고 국회 위원회 또는 국회의원이 요구하는 사항의 조사 및 분석 업무를 다룬다.

예산정책처의 가치 체계를 보면 다음과 같다. 사명(mission)은 '나라살림 지킴이! 나라경제 길잡이'이며, 비전(vision)은 '국회가 신뢰하고 국민이 감동하는 재정 전문기관이 되는 것'이다. 예산정책처가 지향하는 핵심 가치는 전문성, 중립성, 신뢰성, 독립성이다.

예산정책처장(차관급) 아래 2실, 1국 1관 2심의관 2담당관, 16과에 정원 125명이 있다. 주요 부서는 예산분석실, 경제분석실, 사업평가국, 기획관리관, 예산분석심의관, 조세분석심의관이 있다.

4) 국회입법조사처의 입법 지원 기능

국회입법조사처(National Assembly Research Service: NARS)는 2006년 12월 「국회입법조사처법」이 제정됨으로써 2007년 11월 6일 설립된 입법정책 분야의 입법 지원 전문기관이다. 국회입법조사처(이하 '입법조사처'라 함)의 기능, 가치 체계, 기구 등은 다음과 같다.[14]

입법조사처는 입법 및 정책과 관련한 사항을 중립적·전문적으로 조사·연구해 그 결과를 다양한 방식으로 국회의 위원회와 국회의원에게 제공함으로써 국회의 입법 및 정책 개발 역량을 강화하기 위해 설립된 국회의 전문적인 입법·정책 조사분석 기관이다.

입법조사처의 가치 체계를 보면 임무는 정책국회 구현을 위한 입법 및 정책의

---

13) http://www.nabo.go.kr/Sub/03Information/02-01-Contents.jsp 2014-08-26 검색.
14) http://www.nars.go.kr/contentView.do?/cmsCd=CM0066 2014-08-26 검색.

조사 분석이며, 비전은 '최고의 종합 정책분석 기관'이다. 5개의 직무 수행 원칙은 전문성, 적시성, 비밀성, 정확성, 중립성이다.

입법조사처의 주요 업무는 국회의 위원회 또는 국회의원이 요구하는 사항의 조사·분석 및 회답, 입법 및 정책 관련 조사·연구 및 정보의 제공, 입법 및 정책 관련 자료의 수집·관리 및 보급, 국회의원 연구단체에 대한 정보의 제공, 외국의 입법 동향 분석 및 정보의 제공이다. 이런 임무를 수행하기 위해 처장(차관급) 아래 정치행정조사실, 경제산업조사실, 사회문화조사실과 기획관리관 그리고 1심의관, 14팀을 두고 있다.

4 기타 입법 지원기구와 인력

1) 국회상임위원회 보좌기구 및 인력

우리나라 국회에는 16개 상임위원회와 3개의 특별위원회가 있다. 각 위원회에는 전문위원실을 두고 있으며, 회의 진행과 의안심사를 보좌한다. 전문위원은 법안에 대한 검토보고서를 작성하며 국회의원들은 이를 바탕으로 하여 법안을 심의하므로 위원회 전문인력의 정책 능력에 따라 의안 심의가 많이 의존하게 된다.

2014년 12월 현재 위원회 소속 공무원은 총정원은 325명이고 현원은 321명이다. 여기에는 수석전문위원, 전문위원, 입법심의관, 입법조사관, 행정실장 등이 있다. 위원회의 역할과 기능에 따라 인력 규모가 다소 차이가 있다.[15)]

현재는 주로 입법고시를 합격한 직원들이 위원회에 근무하고 있으며, 이들은 주로 인문사회 계열 출신들이므로 기술, 환경 분야에 대한 전문성을 다소 떨어진다고 보고 있다.

---

15) 위원회의 정원 현황은 국회사무처(2015.3) 제공 자료.

- 30명 이상인 위원회: 예결특위(30명)
- 20명 이상 30명 미만인 위원회: 법사위(28명), 정무위(20명), 교문위(22명), 안전행정위(21명), 복지위(20명), 국토위(20명)
- 10명 이상 20명 미만인 위원회: 운영위(13명), 재정위(19명), 미방위(18명), 외통위(15명), 국방위(14명), 농해수위(19명), 환노위(17명), 산업위(18명), 여성위(10명)
- 10명 미만인 위원회: 정보위(9명), 윤리특위(6명), 특별위(6명)

2) 국회사무처 법제실

우리나라 국회사무처의 법제실은 위원회 입법활동의 지원 및 개별 의원의 입법활동도 지원하고 있다. 법률안의 입안 및 검토뿐만 아니라 국회의원의 법제활동에 관해 폭넓게 지원하고 있다. 특히 의원입법이 증가하고 있는 현상을 보이므로 법제실의 법안 보좌 기능이 더욱 중요해지고 있다.

법제실의 기구는 법제총괄과, 법제연구과 그리고 분야별 8개의 법제과로 분화되어 있다. 8개 법제과는 사법, 행정, 미래창조교육, 복지여성, 정무환경, 재정, 산업경제해양, 국토교통법제과이다.

3) 국회의원 개인 보좌기구

국회의원들의 개인적 보좌를 위해 보좌관을 두고 있다. 보좌관의 역할은 입법정책 보좌관, 지역구 활동 보좌관, 기타 수행비서로 구분할 수 있다. 다만 전국구 의원이나 비례대표 의원의 경우 지역구 대신 정책참모로 활용할 수 있다. 보좌 직원은 국회의원별 7인이며, 4급 직원(2명)은 정책 전문인력으로서 역할을 할 수 있을 것이다. 국회의원 보좌진 본인들에 대한 설문조사에서 그들은 입법 및 정책 보좌 활동이 가장 중요하다고 인식하고 있으며, 이 분야의 전문성을 강화해야 한다고 응답했다(한정택, 2009: 98).

국회의원 보좌관의 입법 전문성을 높이기 위해서는 정책보좌관과 개인보좌관을 구분하고 최소한 정책보좌관의 일부 혹은 전부를 공개 모집하는 형태로 전환해 국회의원이 선택하도록 하는 방식을 채택할 수 있을 것이다.

4) 기타 교섭단체 정책연구위원

교섭단체 연구위원은 67명이며, 계급은 1급부터 4급까지이고, 신분은 별정직 공무원이다(성상문 외, 2013).

5) 국회 입법 지원조직의 정책 역량 발전

대한민국의 입법 과정에서 국회의 역할과 기능이 강화됨에 따라 입법 지원조직의 역할에 대해서도 관심이 제고되고 있다. 그런데 우리나라의 입법 지원기구와 인력에 관한 많은 연구에서는 기구 간의 협력과 기구 및 인력의 전문성을 제시하고 있다.

우리나라에서 입법 지원기구의 체계나 기구는 외형적으로 어느 정도 정비되어 있다. 국회사무처, 국회도서관, 국회예산정책처, 국회입법조사처 등의 4대 기구는 다른 나라에서 볼 수 없을 정도로 잘 되어 있으므로 정책 지원 서비스의 품질을 제고함으로써 제도화 수준을 더 높여야 한다. 그리고 이들 간에 협력[16]을 통해 시너지 효과를 높여야 한다.

기타 법제실, 위원회의 보좌진, 국회의원 개인 보좌진, 정책전문위원 등도 나름대로 입법부의 정책전문성을 뒷받침하고 있으나 인력 부족, 여건 불비 등으로 아직 한계는 있다. 특히 전문성의 강화를 위해 인력의 충원 방법(변호사 채용 등), 활용 방법 등을 세밀하게 정비할 필요가 있다. 물론 이러한 전문성이 제대로 나타나기 위해서는 입법부 직원 개개인에 대한 동기 부여가 선행되어야 하고 전문성을 개발하기 위해 경력 개발 등의 인사관리가 보완되어야 한다.

입법 지원기구마다 독자적인 기능이 있고 그들이 추구하는 가치가 있으므로 이들을 재확인하고 비전을 설정하며 업무를 수행함으로써 정책국회로 나아가는 데 기여해야 한다.

---

16) 연계성 및 협력 강화의 방법으로 자료 공유 시스템 구축, 공동 현장조사 및 세미나 등 개최, 기관 간 업무협력 기구 설치, 전문보직관리제, 국내외 정책 네트워크 구축 등이다(고대원 외, 2012).

제 10

사법부의 정책 기능

제1절 사법부(법원)의 정책 기능

1 사법부의 의의와 유형

1) 사법권과 사법부의 의의

대부분의 민주국가에서는 권력분립주의에 입각해 법 제정권은 입법부인 국회에, 법 집행권은 행정부에 그리고 법 해석과 심판권은 사법부에 부여하고 있다. 즉, 헌법과 법률의 구체적 해석 및 적용을 담당하고 있는 독립된 사법부의 최고기관으로서 대법원(Supreme Court)을 두고 있는 것은 세계적인 경향이지만 이 기관에 구체적으로 어떤 헌법상 지위를 인정하고 어떤 권한을 주는가는 각국에 따라 다르다.

사법권은 보통 법원의 사법작용을 일컫는다. 「대한민국 헌법」 제101조 1항에서 "사법권은 법관으로 구성된 법원에 속한다."라고 되어 있다. 법원이 행사하는 사법작용을 사법권으로 본다. 대법원은 재판권, 사법입법권, 그리고 사법행정권을 갖는데 이 중 재판권이 협의의 사법권에 해당한다(김철수, 2010: 1221). 또한 대부분의 나라에서는 사법권의 독립, 즉 사법부의 독립, 법관의 독립을 보장하고 있다.

사법부의 주된 임무는 분쟁을 해결하는 것이다. 법원은 모든 분쟁 문제를 결정해야 하며, 배심재판을 받을 사안이 아닌 경우에는 사실 문제까지 결정한다. 그러나 사법부가 분쟁에 대한 판결만을 다루는 것은 아니다. 예컨대 이혼이나 유괴, 혹은 계약의 해석과 관계되는 민사사건의 대부분은 분쟁의 소지가 없어서 법원 밖에서 이루어진다.

판결을 요하는 사안인 경우에는 소송당사자를 확정하고 증거를 채택하며 소송절차의 개시 및 재판단의 배정과 관련한 문제를 다루는 일단의 규칙에 의한다. 모든 사법 절차에는 다수의 사람이 참가한다. 그 중심에는 판사가 있고, 형사사건에는 검사가 피고인이 된다. 민사사건에는 당사자들의 변호인이 중요한 역할을 담당한다.

2) 사법작용과 이념으로서 정의

사법부의 분쟁 해결 과정에서 가장 강조되는 가치나 이념은 아마 정의(正義, justice)일 것이다. 법적인 정의란 법이 잘못된 행위(범죄 등)에 대해 벌을 가할 때 혹은 손해나 피해를 입힌 경우 이에 대한 변상이나 보상을 결정할 때 방법과 관련이 있다. 정의는 이런 면에서 일단의 법적 규칙을 만들고 강제하는 것이다(Heywood, 1999: 176).

법적인 면에서 정의는 절차적 정의나 실체적 정의로 구분된다. 절차적 정의는 그 규칙이 어떻게 만들어지고 적용되는가의 문제이며, 실체적 정의는 규칙 자체로서 규칙이 공정한가 아니면 불공정한가의 문제이다.

모든 국민은 법 앞에 평등하다. 법의 적용이나 집행이 헌법이나 법률에서 정하는 절차를 위반했는가를 사법부가 판단한다. 또한 사법부는 하위 법령이 헌법이나 법률의 취지나 내용을 위반했는가의 여부를 헌법 재판을 통해 판단한다. 이 때 유사 행위에 대한 다른 사람과의 비교 형량은 물론, 시간적으로 선후 관계에 있는 행위에 대한 비교 형량도 중요한 고려 대상이 된다.

3) 사법부의 유형

사법부의 유형은 분류 기준에 따라 다르나 재판과 검찰 기능의 병렬 여부, 위헌 소송권 여부, 대법원 기능의 단일성 여부 등에 따라 구분할 수 있다.

사법부에 사법적 기능인 기소(소추) 기능과 심판(재판) 기능을 각각 다른 부(branch)에 분장하는 것이 대부분의 민주국가에서 발견된다. 즉, 우리나라에서처럼 검찰 기능은 집행부인 검찰청에, 재판 기능은 사법부인 법원에 속하도록 하고 있는 것이 일반적이다. 그런데 중국에서 인민검찰원은 삼권분립제도의 예외로서 독립된 국가기관이다(쑨치엔, 2013). 북한 역시 중앙검찰소가 국무원(내각)에 속해 있는 것이 아니라 검찰소와 재판소가 사법부에 병렬적으로 속해 있다.

위헌법률 심사 권한을 대법원에서 다루는가 아니면 독립적인 헌법재판소에서 다루는가가 분류 기준이다. 최고법원에서 위헌법률심사권을 가지고 있는 나라(미국의 대법원, 일본의 최고재판소 등)에서는 대법원이 헌법보장기관으로서의 지위를 갖지만 독일의 연방헌법재판소, 프랑스의 헌법평의회 등 헌법재판소제도를 두고 있는 국가에서는 헌법재판소가 헌법보장기관으로서의 지위를 갖는다. 그리고 대법원은 사법부의 상고기관으로서의 지위를 갖는다(김철수, 2010: 1211-1212).

대법원은 사법집중주의와 사법분산주의에 따라 설계된다. 사법집중주의는 최고재판소의 기능을 하나의 최고재판소가 담당하는 것으로 일본과 미국의 대법원에서 볼 수 있다. 이에 반해 독일의 경우 최고재판소는 연방민·형사재판소, 연방행정재판소, 연방재정재판소, 연방노동재판소와 연방사회재판소를 두어 민·형사, 행정, 노동, 재정 등 각 분야별로 각각의 최고재판소로서의 기능을 분리해 행사하게 한다. 프랑스에서는 행정소송을 다른 소송과 분리해 다루며 최고행정법원으로 국참사원(Council d'Etat)을 둔다. 국참사원은 행정심판 기능과 함께 정부법안을 입안하고 법률 문제에 대해 정부의 자문에 응한다(김철수, 2010: 1211-1213).

우리나라의 현행 헌법에서 검찰권은 행정부에 재판권은 법원에 두어 소속 부를 달리하고 있으며, 대법원과 별도로 헌법재판소를 두어 위헌법률심사권을 헌법재판소에 둠으로써 사법 이원 체제를 두고 있다. 하지만 대법원에 모든 쟁송 사항을 관장해 집중주의를 취하고 있다.

2 사법부의 구조와 기능

사법부의 구조는 각국의 사법 체제에 따라 다르다. 대부분의 나라에서 사법부는 최고재판소와 각급 재판소로 구성해 최고재판소로 하여금 상고심을 맡게 한다.[1] 우리나라에서는 최고재판소로서 대법원을, 그 아래 고등법원과 지방법원 그리고 지방법원 지원을 두고 있다. 다음 〈표 10-1〉은 우리나라 사법부 구조를 요약한 것이다.

현행 헌법에서 대법원은 주권의 행사기관, 최고기관, 국민의 기본권 보장기구, 최고최종심 법원, 위헌법률심판 제청기관, 최고사법행정기관으로서의 지위를 갖는다. 대법원은 대법원장과 13인의 대법관으로 구성된다. 대법원의 내부조직으로는 부, 전원합의체, 대법관회의를 둔다. 「법원조직법」에 따르면 대법원에 행정·조

1) 미국의 사법 체계는 하급연방법원, 항소법원 그리고 최고법원으로 구성된다(Jillson, 2008: 332-333).

표 10-1 우리나라의 사법기구

일반 재판			헌법 재판
대법원			헌법재판소
고등법원		서울, 대전, 광주, 부산, 대구/특허법원	
지방법원	수도권	서울(동,서,남,북,중앙), 서울행정, 서울가정, 인천, 의정부, 수원	
	지방	춘천, 대전, 청주, 대구, 부산, 울산, 창원, 광주, 전주, 제주	
지방법원지원		지방법원 소속 지역	

세·노동·군사·특허 등을 전담하는 부를 둘 수 있게 하고 있다. 대법원의 하부기관으로 법원행정처, 사법연수원, 사법정책연구원, 법원공무원교육원, 법원도서관 등을 두고 있다.[2]

고등법원은 제1심 판결, 심판, 결정, 명령에 대한 항소 또는 항고사건 등을 심판한다. 고등법원은 지역별로 서울고등법원, 대전고등법원, 대구고등법원, 부산고등법원, 광주고등법원을 두고 있다. 특허법원은 특허법, 실용신안법, 상표법 등이 정하는 제1심 사건을 심판하며 전심으로는 특허청의 특허심판위원회가 있다.[3]

지방법원은 1심 사건을 주로 심판하며 합의부, 항소부, 단독판사, 시·군판사의 재판권으로 구분된다. 수도권과 기타 지역으로 나뉘어 설치되어 있다. 수도권에는 서울중앙법원 등 10개 법원이 있으며, 비수도권 지방법원으로는 춘천지방법원 등 10개 법원이 있고 그 아래 지방법원지원, 가정법원지원, 시·군법원 등이 있다.[4]

특수법원으로는 가정법원, 행정법원, 군사법원을 들 수 있다. 가정법원은 가사에 대한 소송·비소송·조정 및 소년보호사건을 심판한다. 행정법원은 행정쟁송의 1심 소송을 심판한다. 군사법원은 대법원의 하급법원으로서의 지위를 갖는다. 군사법원은 고등군사법원과 보통군사법원으로 구성한다.[5]

2) 「법원조직법」 제7조, 제16조, 제19조 제20조, 제21조, 제81조 등.
3) 「법원조직법」 제26조, 제28조.
4) 「법원조직법」 제29조, 제32조.
5) 「법원조직법」 제37조, 제40조.

3 사법부(법원)의 정책 기능

1) 재판을 통한 정책 기능

사법부, 즉 법원에서는 각종 심판작용을 통해 법률을 해석하고 집행하도록 한다. 우리나라에서 법원은 법률이 헌법에 위반되는 여부가 재판의 전제가 될 때에는 직권 또는 당사자의 신청에 의해 위헌법률심사를 헌법재판소에 제청한다. 이러한 제청 권한을 통해 법률의 합헌성을 잠정적으로 판단함으로써 법률의 개폐에 부분적으로 영향을 미친다.

법원은 행정규칙의 합법성을 판단하는 기능을 갖고 있다. 법원은 행정부에서 법률에 근거해 결정한 대통령령, 부령 등 각종 명령, 규칙이 법률에 위반되는지를 심판하는 기능을 통해 법률보다 하위의 정책의 개정과 폐지 등에 영향을 미친다.

위법심사 사례: 새만금사건과 천성산사건
새만금사업은 지역 개발과 환경 보호라는 가치가 충돌된 사업으로 정부, 지방자치단체, 환경보호단체 등이 관계하면서 찬반이 갈리었고 원고들이 법원에 사업 중단을 요청한 사건이었다. 대법원은 2006년 3월 16일 새만금사업에 대한 판결을 통해서 새만금사업에 대한 취소 청구사건을 기각함으로써 중요 국책사업을 적극적으로 해결하겠다는 사법적극주의를 드러냈다. 천성산사건은 2003년 10월 15일 경부고속도로 천성산 관통 저지 비상대책위원회가 한국고속철도공단을 상대로 공사 착공 금지 가처분 신청을 낸 것으로 '도룡뇽'이라는 야생동식물을 보호하려는 사건이었다. 2006년 6월 2일 대법원은 신청인 측의 재항고를 기각하는 결정을 내렸다. 하지만 고속철도공단으로 하여금 자연환경 보호를 위한 책무를 부과했다.

자료: 홍준형(2008: 316-322).

2) 사법 분야 정책의 결정 기능

사법 분야는 고도의 전문성을 요구하는 분야로서 국민의 권리, 의무 등과 직접적으로 관련되는 경우가 많다. 따라서 법원은 행정부의 법무부와 더불어 사법 분야의 정책 결정을 주도한다. 또한 법원의 내부 규칙을 제정할 권한을 갖는다.

중요한 사법 분야의 정책문제 또는 제도로는 「형사소송법」상 양형제도, 인신보호제도, 피고인 구속 보석제도, 증인보호제도, 민법상 부동산등기제도, 가정소송상 성년후견제도, 법원경매입찰제도, 국민참여소송제도, 조정제도, 전자소송제도, 사법시험제도, 변호사제도, 전문재판연구관제도, 평생법관제도 등을 들 수 있다.

우리나라 대법원의 법원행정처에는 사법정책실을 두어 사법 관련 제도를 관장하고 있으며, 사법정책 연구를 위해 2014년부터 사법정책연구원(원장: 최송화)을 개설해 정책에 대한 싱크 탱크로서 기능을 수행하고 있다.

3) 사법 분야 정책연구 및 여론 확산 기능

사법부는 사법문제에 관해 자체적으로 정책을 연구하며 또한 사법정책 관련 여론 수렴을 위해 세미나와 토론회 등을 개최한다. 사법정책에 관한 국민 여론의 수렴을 위해 사법부는 대법원 및 각급 법원 주최로 세미나 및 포럼, 토론회, 공청회 등을 개최할 수 있으며, 국제 심포지엄 등에 참여하거나 개최할 수 있다.[6]

한편 사법부는 법원행정처 등 사법행정기관에서 사법정책을 총괄하며 연구용역을 발주할 수 있고, 우리나라에서처럼 사법정책연구원을 두어 사법정책을 직접 연구할 수 있다. 즉, 사법부에서는 사법정책 용역연구사업을 통해 사법제도의 이론, 각국의 경험, 한국에서 적용할 때 실현가능성, 타당성, 문제점, 파급 효과 등을 연구한다.[7]

4 대한민국 사법부(법원)의 정책기구와 인력

우리나라 법원에서 직접 재판 업무를 담당하는 판사는 2014년 현재 2,858명이다. 이들은 대법원 및 각급 법원에서 재판 업무에 종사한다. 개별 재판 업무가 정책,

6) 예컨대 대법원은 '양향형기준안 제11차 공청회'를 개최했고(2014.12.22), '바람직한 법관 임용 방안 심포지엄'을 개최했으며(2014.7.1), 사법정책연구원의 개원을 기념해 '미래 사법의 청사진: 국민을 위한 법제도, 신뢰받는 사법부 어떻게 만들 것인가'를 주제로 심포지엄을 개최한 바 있다. 서울가정법원에서는 '가정폭력 심포지엄'을 개최했다(2013.11.11). 국제법률심포지엄으로 '법치주의와 인권 보호를 위한 국제 사법 협력'이라는 주제로 개최한 바 있다(2014.9.14).

7) 예컨대 대법원의 「통일 과정 및 통일 후 사법제도 관련 헌법과 법령에 관한 연구」(2013.6~2013.11), 「프랑스의 부동산등기제도에 관한 연구」(서울대 산학협력단, 2013.7~2013.12), 「바람직한 한국형 국민참여 재판제도의 도입을 위한 비교법적 고찰」(한국비교형사법학회, 2012.9~2013.10) 등이다.

즉 법률의 해석과 판단에 따른 것이라 하더라도 이들의 재판작용이 모두 국가 정책에 영향을 주는 것은 아니다. 위헌법률심사 제청권이나 위헌명령심판을 통해 정책에 영향을 주며, 행정소송에 대한 재판 결과는 정부 행정관리 업무의 집행 등에 영향을 준다.

우리나라의 판사는 사법시험을 합격한 자 중에서 임용되며, 최근에는 법학 전문대학원 출신 중에서 선발하고 있다. 따라서 법적인 소양을 갖춘 자들로서 전문성을 갖춘 자라고 볼 수 있다. 그렇지만 소송의 영역이 다양해지고 소송문제가 복잡해짐에 따라 분야별 전문성이 요청된다.

대법원은 최종심으로서 각급 법원에서 경력관리를 하면서 임용된 사법 재판 영역에서 최고의 법률 전문가들로 구성된다. 우리나라에는 대법원장을 포함한 14명의 대법관과 이들의 재판을 보좌할 재판연구관을 두고 있다. 대법관 중 1명은 법원행정처장을 맡는다. 재판연구관은 대법원에서 사건의 심리 및 재판에 관한 조사 및 연구 업무를 담당한다. 재판연구관은 보통 경력 10년 이상의 법관으로 구성되며, 법관 이외에 전문직 연구관들이 있다.

대법원장은 대통령이 국회의 동의를 얻어 임명하며 임기는 6년이고, 연임할 수 없다. 대법관은 대법원장의 제청으로 대통령이 국회의 동의를 얻어 임명한다. 국회에서는 대법원장과 대법관의 인사청문회를 개최한다. 대법원장과 대법관은 20년 이상 판사, 검사, 변호사 경력이 있거나, 변호사 자격을 갖고 법률사무에 종사하거나 조교수 이상의 직에 있는 사람으로 자격을 제한하고 있다. 대법원장과 대법관은 사법부의 최고위직이며 최고의 법률가로서 전문성, 경륜 그리고 지위를 인정받고 있으며 개인적 영향력이 매우 크다고 할 수 있다. 2014년 대한민국의 대법원장과 대법관은 연령대는 1948년생부터 1965년생까지, 학력은 서울대 법대 출신이 14명 중 2명이며 고려대 법대와 한양대 법대가 각각 1명씩으로 서울대 법대 출신이 대다수이고, 성별로는 남성이 12명이고 여성이 2명이다. 주요 법조 경력으로는 대법관의 대부분이 지방법원장, 법원행정처장, 고등법원부장 판사 출신으로 검찰 출신이나 법률학자(대학교수) 출신은 없다.

우리나라에서는 사법부에 정책전문연구기관(싱크 탱크)을 운영하고 있는데, 대법원 소속 사법정책연구원을 들 수 있다. 사법정책연구원은 2014년 3월 14일 개원했으며, 미래의 사법부가 추구해야 할 바람직한 모습을 정책적으로 설계하는 미래

표 10-2 대한민국의 대법원장과 대법관(2014년 12월 현재)

직명	이름	출생연도	본적	출신 대학	주요 법조 경력
대법원장	양승태	1948	부산	서울법대	특허법원장
대법관	신명철	1953	충남 공주	서울법대	서울지방법원장
대법관	민일영	1955	경기 여주	서울법대	청주지방법원장
대법관	이인복	1956	충남 논산	서울법대	춘천지방법원장
대법관	이상훈	1956	광주		법원행정처차장
대법관	박병대	1957	경북 경주	서울법대	대전지방법원장
대법관	김용덕	1957	서울	서울법대	법원행정처차장
대법관	박보영	1961	전남 순천	한양법대	서울가정법원부장판사
대법관	고영한	1955	광주	서울법대	법원행정처차장
대법관	김창석	1956	충남 보령	고대법대	법원도서관장
대법관	김 신	1957	부산	서울법대	대전지방법원장
대법관	김소영	1965	경남 창원	서울법대	대전지법부장판사
대법관	조희대	1957	경북 경주	서울법대	대구지방법원장
대법관	권순일	1959	충남 논산	서울법대	법원행정처차장

* 박보영 변호사는 부장판사 이후에 변호사 생활을 했음.

지향적 중·장기적 연구를 수행하고, 법학과 인접 학문과의 유기적이고 통섭적 연구를 통해 사법의 현안 문제점에 대한 정책 방향을 연구하는 곳이다. 사법정책연구원의 담당 조직과 업무는 원장과 수석연구위원 아래 미래사법정책센터(사법제도 및 재판제도), 종합사법센터(법심리학, 법경제학 등 인접 학문과의 유기적 연구), 통일사법센터, 해외사법센터, 법교육센터로 구성된다.[8]

우리나라에서는 사법부에 최고의 인재들이 몰려왔다. 따라서 법적인 전문성을 확보하는 것은 그렇게 어렵지 않다. 임용시험이 사법시험에서 법학전문대학원제로 전환되면서 사회적 약자 출신의 판검사로의 입직이 많이 제한되고 있다. 최고법원인 대법원의 판사 구성에서 판사 위주의 구성으로 다양성이 약화되었다. 대법원이 다루고 있는 사건은 상고사건이 위주로서 대법원이 정책법원으로서 기능보다는 하급심의 잘잘못을 따지는 '권리구제형 기능'에 치중하고 있다는 비판이 있다.

8) 최송화, '원장 인사말,' 서울: 사법정책연구원, http://jpri.scourt.go.kr/ri/intro/intro-01/index.html 2014-12-21 검색.

제 2 절 헌법재판소의 정책 기능

1 헌법보장과 위헌법률심사제의 의의

1) 헌법 보장의 의의

헌법은 국가의 최고법으로서 국가의 법률, 조약 등 정부행위는 물론 권력 관계 그리고 정치 질서의 기본이므로 법적 안정성과 실효성이 확보되어야 하나 때로는 정치적 역학 관계에 따라 헌법 질서가 파괴되기도 한다. 따라서 헌법 보장 또는 헌법 보호의 문제가 제기된다.

헌법 보장이란 국가의 최고 규범으로서의 헌법 그 자체의 효력의 보장을 말한다. 바꾸어 말하면, 정치적 · 사회적 이념과의 타협의 산물인 헌법에 강력한 영속성을 부여하고 헌법이 정치 · 사회 상황의 변화에 대해서도 탄력성을 갖도록 하는 것이다(김철수, 2010: 1433). 헌법 보호란 헌법의 형태로 구체화된 '기본적 가치 질서'의 보호로 이해될 수 있다(장영수, 2014: 391).

헌법 보장의 수단과 방법은 다음과 같다. 정치적 보장 방법으로는 권력분립제도와 권력의 통제제도, 사법적 보장 방법으로는 위헌법률심사제, 위헌명령 · 규칙 · 처분심사제, 형사적 절차에 의한 보장 방법이 있다. 기타 선언적 방법으로는 헌법에서 헌법의 최고 법규범을 선언하고, 헌법 준수 의무를 선언하며, 헌법 개정을 어렵게 하고, 헌법 정지나 헌법 파괴 등을 금지하는 등의 선언적 방법에 의해 보장하는 경우도 있다(김철수, 2010: 1436-1438). 기타 방법으로는 직업공무원제도, 국민의 기본권 행사 등을 들 수 있다(장영수, 2014: 394-398).

우리나라 헌법에서는 헌법 보장을 위해 위의 방법을 대체로 채택하고 있는데, 정치적 보장, 헌법재판소에 의한 헌법 보장, 그리고 대통령, 국회, 법원, 국민에 의한 헌법 보장이 제도화되었다. 우리나라에서는 사법부가 대법원과 헌법재판소로 이원화되어 있다.

2) 사법부의 위헌법률심사제도

위헌법률심사제는 입법부의 위헌 법률 제정에 대항해 헌법을 보장하는 사법적 수단으로서 중요시되고 있다. 위헌법률심사제도란 법률이 그 상위 규범인 헌법에 합치하는가 여부를 사법부 내지 특별한 재판기관이 심사해, 헌법에 위배된다고 생각하는 경우에는 그 효력을 상실케 하거나 그 법률의 적용을 거부하는 제도를 말한다(김철수, 2010: 1441). 즉, 법률이 헌법에 합치되는가의 여부를 판단되는 경우에 그 효력을 상실케 하는 제도이다. 위헌 법률심사제도는 정책의 대표적 표현인 법률의 내용이 헌법에 위반되었는가 여부를 심사하는 제도이며, 입법부의 자의적 입법에 대한 헌법 보장 기능으로서 헌법재판의 핵심이다.[9]

2 위헌법률심사제의 쟁점과 정책적 기능

위헌법률심사 사례: 신행정수도 건설을 위한 특별조치법 위헌 확인 결정

- 사건의 배경과 개요: 2004년 10월 21일 헌법재판소가 「신행정수도의 건설을 위한 특별조치법(이하 신행정수도법)」에 대한 헌법소원심판에서 동 법률의 위헌성을 인정함으로써 노무현 정부가 추진하려던 행정수도의 이전은 난관에 부딪혔다.

  국토의 균형 개발은 2002년 대선에서 노무현 대통령의 중요 선거공약이었으며, 대통령 당선 이후 구체적 계획이 입안되었고, 2003년 국회에서 「신행정수도법」이 국회 합의에 의해 통과되었다. 국민 여론의 반영이 부족하던 차 일부 국민들이 이 법에 대한 헌법소원심판을 청구했다.
- 사건의 주요 쟁점: 청구인들은 신행정수도법이 헌법 개정의 절차를 거치지 않아 무효이며, 결과적으로 국민의 행복추구권을 침해받았다. 서울이 대한민국 수도라는 것은 불문헌법, 관습헌법이므로 국민투표를 실시해야 하며, 수도 이전에 막대한 국민 세금이 소요된다는 점을 주장했다. 이에 대해 정부 등 피청구인은 청구인들의 주장이 부당하다는 것을 주장했다.
- 헌법재판소의 다수 의견과 소수 의견: 헌법재판소는 이 심판청구에 대해 헌법소원의 청구 요건을 충족한다고 인정하고 본안심리에 들어갔다. 최종 결론은 신행정수도법의 위헌성을 인정해 청구인들의 청구를 인용하는 것으로 내려졌다. 재판관들의 견해 차이는 세 가지로 구분된다.

---

9) http://www.ccourt.go.kr/cckhome/html/kor/print/printKorHome.html 2014-07-28 검색.

먼저 다수 의견(7인, 권성, 김경일, 김효종, 송인준, 윤영철, 이상경, 주선회)은 대한민국의 수도는 서울이라는 것이 관습헌법에 속하며 이를 변경시키기 위해서는 헌법의 개정이 필요하며, 이를 위해 국민투표를 거쳐야 한다. 이 법이 국민투표권을 침해했으므로 위헌이다. 소수 의견을 제출한 김영일 재판관 역시 약간 차이가 있지만 청구인들의 국민투표권을 침해한 것으로 보았다. 반면에 박효숙 재판관은 소수 의견으로서 「신행정수도법」이 합헌이라는 결론을 제시했다. 이 심판이 내린 후 헌법학계에서는 다수설을 지지해 왔다.

자료: 장영수(2004b).

1) 위헌법률심사제의 쟁점

각국별로 위헌심사의 시기, 대상 그리고 기구 등이 차이가 있다. 아래에서는 이를 간단히 살펴본다.

(1) 위헌심사의 시기

위헌법률심사제도는 위헌 법률 대상에 대한 심사 대상의 시기에 따라 사전위헌법률심사제와 사후위헌법률심사제로 구분할 수 있다.

사전위헌법률심사제는 프랑스 헌법에서 도입하고 있는 것으로 보통법률, 의회규칙, 국민투표를 통한 법률에 대해 사전심사를 할 수 있도록 규정하고 있다. 의무적 위헌심사 대상이다(전학선, 2009: 270).

사후위헌법률심사제도는 우리나라 헌법에서 도입하고 있는 제도로 국회에서 법률을 제정하고 정부가 이를 공포한 이후 적용 단계에서 위헌법률소송이 있거나 헌법소원이 있는 경우 이에 따라 사후적으로 해당 법률이 헌법에 위반되는가를 심사하는 제도이다. 법률이 헌법에 위반되는 여부가 재판의 전제가 되는 경우에 법원은 직권 또는 당사자의 신청에 의한 결정으로 헌법재판소에 위헌법률심판을 제청한다.

(2) 위헌심사의 대상

위헌심사의 대상으로 열거할 수 있는 것은 일반적으로 국회에서 제정한 법률, 행정부에서 제정한 행정명령, 국회와 사법부에서 제정한 규칙, 지방자치단체가 제정한 조례, 국가 간의 협약인 조약 등을 들 수 있다.

대부분의 나라에서는 명령, 규칙, 처분의 위헌심사권을 규정하고 있다. 위헌심사는 독립적인 헌법재판소나 대법원 혹은 하급심에서 실시한다. 우리나라 헌법에서는 위헌 법률에 대한 심사권만을 규정하고 있다. 하지만 헌법재판소에서는 법률과 동일한 효력을 가지는 대통령긴급명령, 조약과 일반적으로 승인된 국제법규를 포함한다고 해석한다.

위헌심사의 대상으로서 헌법(조항)이 포함될 수 있느냐에 대해서는 논란이 있다. 사법심사의 대상이 되는 헌법은 헌법 제정의 경우, 헌법 개정의 경우, 그리고 체제 변경을 동반하는 헌법 개정의 경우로 유형화할 수 있다. 소위 유신헌법의 경우 이것이 체제 일탈적 헌법 개정으로서 사법심사의 될 수 있다고 보는 견해가 제시되었다(김선택, 2011: 267-300).

(3) 위헌심사기구

위헌법률심사제도는 심사기관에 따라 헌법재판소 또는 특별기관을 설치 운용하는 국가와 법원이 심사하는 나라 또는 이들의 혼합형으로 구별할 수 있다(김철수, 2010: 1442). 첫째 유형은 유럽 국가에서 주로 채택하고 있으며, 독일·이태리·스페인·프랑스 등이고, 제6공화국의 대한민국의 헌법재판소를 들 수 있다. 둘째 유형은 미국을 중심으로 중남미 국가·일본 등이 여기에 해당한다. 혼합형 국가는 법원이 구체적 규범통제권을 갖고 있으면서 헌법제판소제를 운영하는 나라로 포르투갈과 일반 법원 내에 특별기구를 두어 위헌심사를 하는 오스트리아를 들 수 있다.[10]

2) 위헌법률심사제의 정책적 기능

위헌법률심사제도는 공식적 입법기관인 국회의 입법권을 제한하는 행위이다. 즉, 정책의 집행 과정에 있는 법률이나 법률 조항을 무력화시키는 것으로 강력한 정책적 기능이 있다고 본다. 구체적으로 헌법 재판의 효력은 다음과 같다.

위헌심판의 제청이 있는 경우에는 헌법재판소는 심판의 대상이 되는 법률 조항이 위헌임을 선언하는 결정을 선고한다. 다만 법률 조항의 위헌 결정으로 당해 법률 전부를 시행할 수 없다고 인정할 때는 그 전부에 대해 위헌 결정을 할 수 있다.

법률의 내용에 따라서는 단순 위헌 결정 이외에도 헌법불합치, 한정위헌, 한정합

---

10) 유럽 국가들은 제2차 세계대전 후 특별법원에 의한 헌법재판 업무를 관장하도록 헌법재판소를 설치했다. 오스트리아(1946년), 이탈리아(1947년), 독일(1949년), 그리스(1975년), 스페인(1978년), 포르투갈(1982년)에 이어 동부 유럽 국가들도 헌법재판소를 설치했다(차동욱, 2008: 269-270).

헌을 결정할 수 있다. 위헌으로 결정된 법률 또는 법률 조항은 그 결정이 있는 날부터 효력이 상실된다. 다만 형벌에 관한 법률 및 법률의 조항은 소급해 효력을 상실한다. 헌법재판소의 위헌 결정은 모든 국가기관을 기속한다.[11]

한편 헌법불합치 판결이 나면 법원이나 행정청에게 동일 사건에 대해 기존 법률의 적용을 중지하며, 개정 입법에 따라 처리하게 하거나 개정 입법 시점까지 불합치 법률의 잠정적인 계속 적용을 명한다. 하지만 입법부는 새로운 법률을 제정하거나 개정해야 한다(남복현, 2011: 22).

국가정책에 이처럼 적극적으로 헌법 통제를 하는 이유는 무엇일까? 헌법재판소는 국민의 직접선거에 의해 선출된 대통령이나 국회의 입법권의 내용을 존중하는 것은 당연하나 절차적·형식적 과정에 대해서는 적극적으로 통제해야 한다. 그렇다고 하더라도 입법부와 행정부가 융합된 국가 권력의 발생 시 이를 적극적으로 헌법 심사할 필요성은 있는 것이다(김승대, 2008: 5-8).

3 대한민국 위헌법률심사제의 역사와 운영 현황

1) 대한민국 위헌법률심사제도의 역사 개관

우리나라의 위헌법률심사제도는 그 동안 많은 변천을 겪었다. 제1공화국에서는 헌법위원회를 두었고, 부통령을 위원장으로 하고 대법관 5인과 국회의원 5인을 위원으로 조직했으며, 비상설 기구였다. 제2공화국에서는 독일식 헌법재판소제도를 도입했다. 대통령, 대법원, 참의원에서 각각 3인씩 선출하게 했다. 하지만 헌법재판소를 구성해 보지도 못했다. 제3공화국에서는 미국식인 사법심사제도를 채택했다. 실적은 좋지 않았으며 1971년에 「국가배상법」과 「법원조직법」에 대해 위헌 판결을 선고한 것이 전부였다. 대법원과 각급 법원이 제청을 담당했다. 제4공화국에서는 다시 헌법위원회를 설치했다. 대법원이 위헌법률심사에 대한 제청권을 갖고 있었으며 위헌법률심판은 한 건도 이루어지지 않았다. 제5공화국에서는 헌법위원회를 설치해 운영했다. 대법원판사 전원의 2/3 이상의 찬성으로만 위헌심판 제청을

11) http://www.ccourt.go.kr/cckhome/html/kor/print/printKorHome.html 2014-07-28 검색.

표 10-3 대한민국 위헌법률심사제도의 역사적 변천

공화국별	위헌 심판기관	심판관 구성	비고 및 실적
제1공화국(1948~1960)	헌법위원회	11인,(1+5+5)*	6건(비상설)
제2공화국(1960~1961)	헌법재판소	재판관 9인,	미구성
제3공화국(1964~1972)	대법원	대법관 9인	2건
제4공화국(1972~1980)	헌법위원회	재판관 9인	없음
제5공화국(1981~1988)	헌법위원회	재판관 9인	없음
제6공화국(1988~현재)	헌법재판소	재판관 9인	다 수

자료: 저자 작성, 단 제1공화국은 부통령, 대법관 5인, 국회의원 5인임.

할 수 있게 하여 실질적으로 헌법위원회는 휴면 상태였다. 제6공화국(1987~현재)에서는 헌법재판소제도를 도입했다. 그 밖에도 탄핵심판, 정당해산심판, 권한쟁의심판권, 헌법소원심판권을 갖고 있다. 1988년 9월 1일 「헌법재판소법」이 발효됨으로써 새로운 헌법 재판의 길이 활짝 열리게 되었다.[12]

우리나라에서 헌법재판소가 설치된 1988년 이후부터 2012년까지 헌법재판소의 헌법 재판에 회부되어 접수된 안건을 보면(위헌 법률 및 위헌명령심사제 등) 총 18,608건이며, 이 중 미제 474건을 제외하고 18,134건이 처리되었다. 처리된 결과를 보면 위헌이 72건, 헌법불합치가 33건, 한정위헌 19건, 인용 410건, 합헌 4건, 기각 6,301건, 각하 10,766건, 기타 5건, 취하 524건이다.[13] 헌법기관별로 보면 〈표 10-4〉와 같다.

입법권의 경우 총 2,916건을 접수해 처리된 결과를 보면 위헌이 59건, 헌법불합치가 29건, 한정위헌 16건, 인용 5건, 합헌 3건, 기각 556건, 각하 1,975건, 취하 93건, 미제 180건이다. 입법권 중 위헌 법률의 경우 총 2,777건을 접수해 처리된 결과를 보면 위헌이 59건, 헌법불합치가 29건, 한정위헌 16건, 인용 2건, 합헌 3건, 기각 548건, 각하 1,860건, 취하 90건, 미제 170건이다. 입법권의 대부분은 위헌법률심사이며, 기타 부작위, 결의나 절차 등으로 구성된다.

행정권의 경우 총 13,523건을 접수해 처리된 결과를 보면 위헌이 11건, 헌법불합

12) http://www.ccourt.go.kr/cckhome/html/history/print/printHistory.html 2014-07-28 검색.
13) 심판청구가 부적법한 경우에는 각하 결정을, 심판청구가 이유 없는 경우는 기각 결정을, 심판 청구가 이유 있는 경우는 인용 결정을 한다. 심판 청구가 이유 있는 경우에 심판의 대상이 된 법률 혹은 부작위가 위헌임을 선언한다. 헌법불합치 판정이 나면 입법부는 법률을 제정 혹은 개정해야 한다.

표 10-4 대한민국 헌법 재판 정부별 처리 사건 누계표(1988.09.01.~2012.12.31 현재)

	위헌	헌법 불합치	한정 위헌	인용	합헌	기각	각하	취하 기타	계
입법권	59	29	16	5	3	556	1,975	90	2,607
행정권	11	4	3	405	1	5710	6,735	401	13,270
사법권	2					31	1,520	13	1,566
기타						4	536	22	562
합계	72	33	19	410	4	6,301	10,766	529	18,134

자료: 저자가 http://www.ccourt.go.kr/cckhome/html/kor/print/printKorHome.html 2014-07-28 검색에 의거 수정 작성. 통계 숫자는 위헌사건과 관련된 것만 집계.

치가 4건, 한정위헌 3건, 인용 405건, 합헌 1건, 기각 5,710건, 각하 6,735건, 기타 5건, 취하 396건, 미제 253건이다. 행정권에는 행정처분 등과, 부작위처분, 불기소처분, 행정입법, 자치입법 등이 있다.

사법권의 경우 총 1,584건을 접수해 처리된 결과를 보면 위헌이 2건, 헌법불합치가 0건, 한정위헌 0건, 인용 0건, 합헌 0건, 기각 31건, 각하 1,520건, 취하 13건, 미제 18건이다. 사법권의 경우 재판, 부작위, 재판 이외 처분, 사법입법 등으로 구성된다.

기타 585건이 접수되어 기각 4, 각하 536, 취하 22, 562건이 처리되었고, 미제 23건이다.

4 대한민국 헌법재판소 조직, 인력과 기능의 개선

1) 대한민국의 헌법재판소 조직

현재 제6공화국 헌법에서 헌법재판 특히 위헌법률심사권을 포함해 헌법 재판의 기능을 담당하는 국가기구는 헌법재판소이다. 우리나라의 헌법재판소는 9인의 재판관으로 구성되는 합의제 심판기관이다. 헌법재판소는 헌법재판소장과 헌법재판관으로 구성되는데, 헌법재판소장은 재판관 중에서 임명되며, 헌법재판소를 대표하고 헌법재판소의 사무를 총괄하며, 소속 공무원을 지휘·감독한다. 헌법재판소에는 헌법 재판 업무를 관리적으로 보좌하기 위해 사무처를 두고 있으며, 헌법 재판의 연구를 위해 헌법재판연구원을 두고 있다.

헌법재판소는 전원재판부와 지정재판부로 나뉜다. 전원재판부는 9인의 재판관 전원으로 구성되며 1개가 있다. 헌법재판소 심판 사항은 원칙적으로 전원재판부가 관장한다. 지정재판부는 재판관 3인으로 구성되며, 3개의 지정재판부가 있다. 지정재판부는 헌법소원심판의 사전심사를 담당한다.

헌법재판소에는 재판관회의가 있는데 이 기구는 재판관 전원으로 구성되며, 재판소장이 의장이 된다. 재판관회의는 「헌법재판소 규칙」의 제정과 개정 등에 관한 사항, 예산 요구, 예비금 지출과 결산에 관한 사항, 사무처장 임면의 제청과 헌법연구관과 3급 이상 공무원 임면에 관한 사항, 기타 중요 사항을 다루며 재판권을 행사하지는 않는다.

2) 헌법재판관

헌법재판관은 9인으로 구성되며, 헌법재판관의 임용 과정은 대통령이 임명하는 3인, 국회에서 선출하는 3인, 대법원장이 지명하는 3인으로 구성되고, 국회의 인사청문회를 거친 후 임용되며, 임기는 6년이다. 헌법재판은 헌법재판관 9인의 재판에 따라 위헌 결정 여부가 결정되므로 재판관의 능력·태도 등이 매우 중요하다. 특히 재판관의 정치사회적 성향이 위헌 판결에 영향을 미칠 것으로 본다.

우리나라에서 1988년 이후 2012년까지 헌법재판소장으로는 4명이 재직했고, 헌법재판관으로는 34명이 재직했다.

- 헌법재판소장: 조규광, 김용준, 윤영철, 이강국
- 헌법재판관: 이성렬, 변정수, 김진우, 한병채, 이시윤, 최광률, 김양균, 김문희, 황도연, 이재화, 조승형, 정경식, 고중석, 신창언, 이영모, 한대현, 하경철, 김영일, 권성, 김효종, 김경일, 송인준, 주선회, 전효숙, 이상경, 이공헌, 조대현, 김희옥, 김종대, 민형기, 이동흡, 목영준, 송두환, 박한철(재판관 명칭 생략)

현재 제5대 헌법재판소장은 박한철 재판관이다. 현재 재판관 중 대통령이 임명한 재판관은 〈표 10-5〉와 같다. 이들 9인 중 7인이 법원 출신이며 2인은 검찰 출신이다. 법원 출신 대부분은 고등법원장, 지방법원장 등을 역임했으며 검찰은 검사장 출신이다. 이처럼 헌법재판관은 대부분 법원과 검찰의 고위직 출신으로 변호사 출신이나 순수 학자 출신은 없다. 법률적 능력은 한국 정상급 수준이라는 것을 알 수 있지만 헌법 재판의 판결에서 정치적 성향은 보수적일 가능성이 높다.

표 10-5 제5대 헌법재판관 현황(2014.7 현재)

직위	이름	임기	생년	임명, 지명, 선출	주요 경력	기타
재판소장	박한철	2011~	1953	대통령	검찰	2013년부터 소장직 수행
재판관	이정미	2011~	1962	대법원장	법원	
재판관	김이수	2012~	1953	국회	법원	
재판관	이진성	2012~	1956	대법원장	법원	
재판관	김창종	2012~	1957	대법원장	법원	
재판관	안창호	2012~	1957	국회	검찰	
재판관	강일원	2012~	1959	국회	법원	
재판관	서기석	2013~	1953	대통령	법원	
재판관	조용호	2013~	1955	대통령	법원	

3) 헌법재판소 사무처와 헌법재판연구원

헌법재판소 사무처는 헌법재판관들의 업무를 관리적으로 지원하기 위한 보조기관이며 사무처장(장관급), 사무차장(차관급), 그리고 기획조정실, 행정관리국, 심판사무국, 정보자료국, 홍보심의관으로 구성된다.

헌법재판연구원(원장 김문현)의 임무는 헌법 및 헌법 재판에 관한 연구 및 교육 업무로 헌법이 국민의 생활 속에서 살아 숨쉬는 생활규범이 될 수 있도록 뒷받침하는 헌법재판소 소속기관으로 2011년 1월 1일 설립되었다. 헌법재판연구원의 하부기구로는 연구교수부장, 제도연구팀, 기본권연구팀, 국제조사연구팀, 교육팀, 기획획정과가 있다.

헌법연구관, 헌법연구위원, 그리고 헌법연구원은 재판연구원에 소속되어 있으며, 이들은 재판부의 재판 업무를 직접 보좌한다. 헌법연구관은 헌법재판소장의 명을 받아 사건의 심리 및 심판에 관한 조사·연구에 종사한다(「헌법재판소법」 제19조).

4) 헌법 재판 기능의 강화

헌법재판소의 위헌 법률 심사 기능 등을 개선하기 위한 헌법재판관의 구성과 관련해 대법원장의 헌법재판관 단독지명권에 대한 비판이 있다. 또한 헌법재판관이 지나치게 고위 판검사 출신으로 구성되어 정책 이념에서 보수성을 나타낼 가능성이 높으므로 변호사 출신이나 학계 출신으로 보완하고, 앞으로 여성 재판관이 계속 지명되길 기대한다.

또한 헌법재판소 설립 이후 헌법 재판 분야에 괄목할 만한 성과가 있다고 보이지만 평결 자체에 대한 판례 평석(評釋) 등을 통해 외부의 비판 견해를 수용할 필요는 있다.

제 3 부

비공식적 정책기구와 정책 기능

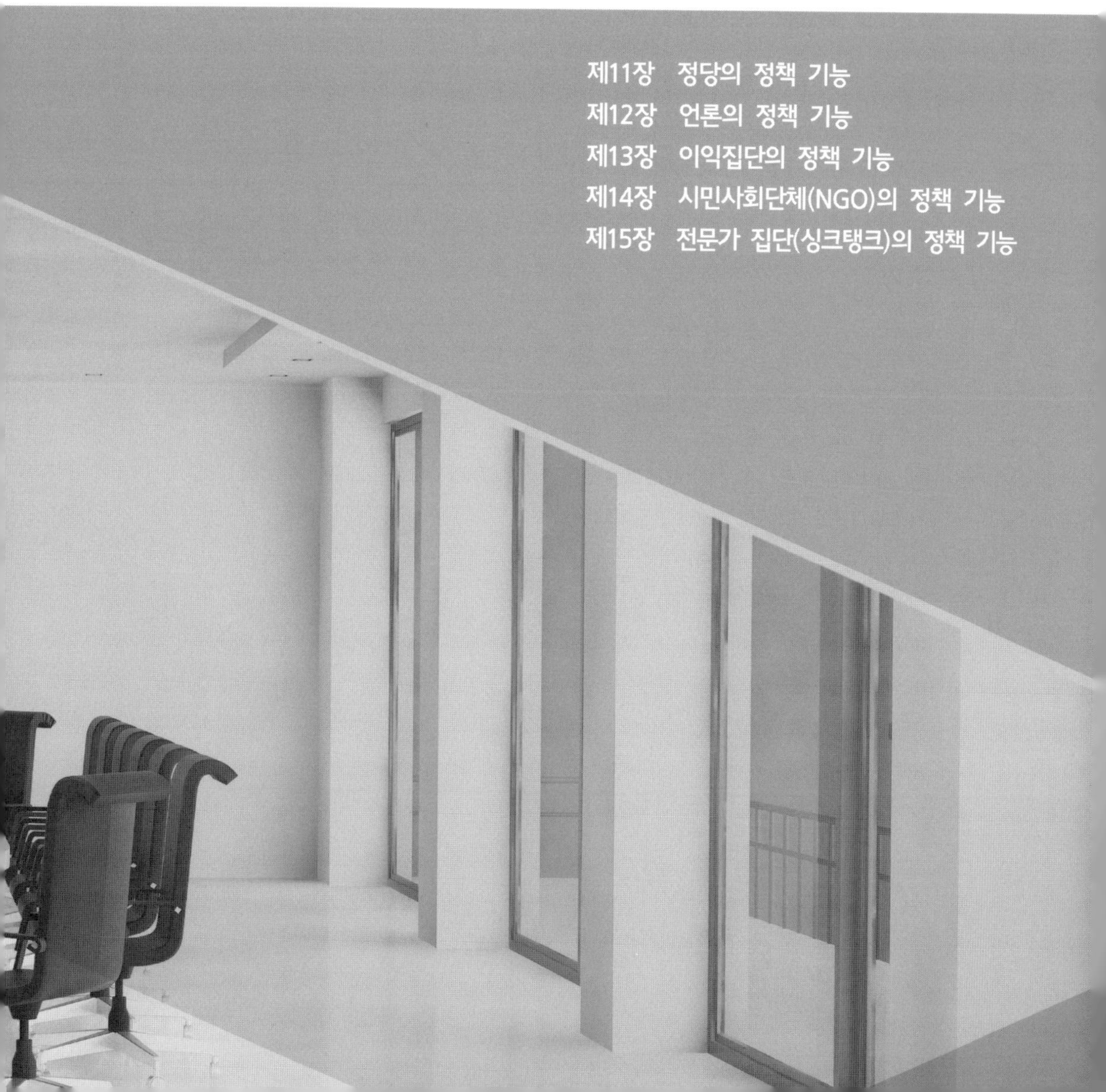

제 11 장

정당의 정책 기능

제 1 절　정당의 의의 및 기능
제 2 절　대한민국 정당의 실태와 정책 역량
제 3 절　당정협의 체제의 역량 증진

제1절 정당의 의의 및 기능

1 정당의 의의와 유형

1) 정당의 의의

근대국가에서 체제의 속성이 자유주의 국가이건, 공산주의 국가이건, 혹은 전체주의 국가이건 정당은 정책과 이념을 통해 실제로 국가 정치를 움직이며 국가의 정치적 진로를 결정하는 필수적 핵심 요인이다.[1]

저자는 "정당(political party)이란 정치적 활동을 통해 정치적 이념을 실현하고, 정치적 영향을 행사하려하는 결사체"라고 정의하려 한다. 이에 따라 정당의 특성을 다음과 같이 추출할 수 있다.

첫째, 정당은 정치적 활동을 하는 결사체로서 특성을 갖는다. 정당은 일회적 모임이 아니며 결사체로서 계속성을 갖는다. 정당은 자발적인 결사체로서 대부분의 당원은 정치활동을 직업으로 하지 않는다. 정당에의 가입은 강제되지 않고 자율적 동의에 따른다. 정당은 직접적으로 경제적 활동을 1차적 목적으로 하지 않는다.

둘째, 정당은 정치적 이념과 이해 관계를 함께 하는 사람들을 구성원(당원)으로 한다. 정당은 정강(政綱)과 정책을 통해 정치적 입장을 밝힌다. 보수와 진보, 경제와 복지, 환경과 개발, 자유와 형평, 자치와 연방 등 특정한 정치적 견해와 이념을 주장하며 이에 동조하는 사람이나 혹은 이해 관계가 같은 사람들이 모인다.

셋째, 정당의 목적은 정치적 활동을 통해 정치 세력으로서 영향력을 행사해 정치적 이념을 실현하며, 현실적으로는 정권을 획득하고 유지하려 한다. 이를 위해 다른 정당과 협력 및 연대를 할 수 있다. 정당은 정권을 획득하지는 못하더라도 국가사회에서 일정한 정치적 영향을 행사하려 한다.

정당이 분립하는 이유로는 사회적·경제적 이해의 차이, 기질과 심리적 경향의

1) 대의민주주의에서 정당의 존재 이유에 대해서는 R. M. MacIver, E. E. Schattschneider, E. Barker, J.Brice 등 학자들이 언급하고 있으며, 정치학 교재에서 소개되고 있다(이극찬, 1999: 354-356).

차이 등을 들 수 있다(이극찬, 1999: 362-365). 영국의 경우 보수당은 토지 소유 귀족, 국교의 성직자, 관료 등으로 구성되었고, 자유당은 교육받은 부유한 중산계급으로 구성되었다. 현대 사회의 개혁당과 보수당은 각각 기질이 다른 사람들-개혁 및 혁신주의자와 보수주의 및 안정희구자-로 구성되었다.

정당이 일찍부터 발전해 온 유럽 민주주의 국가에서 정치적 선호의 종류는 그렇게 많지 않다. 그러나 20세기 전반에는 8개의 정치적 브랜드(political brand)가 출현했는데 그것은 자유주의, 보수주의, 기독교민주주의, 사회주의 및 사회민주주의, 공산주의, 지역주의, 환경주의 그리고 민족주의이다. 하지만 이들은 서로 배타적이지는 않으며 민주주의와 보수주의처럼 중첩되기도 한다(Criddle, 2003: 134-136).

전체주의 국가나 개발도상국에서의 정당 발생은 민주주의 국가와는 다소 차이가 있다. 하지만 그들 국가에서 정당은 진화하고 있다.

2) 정당 체계의 유형

정당 체계(political party system)란 정당 간의 경쟁적 상호작용을 의미한다. 정당 체계는 여러 가지로 분류할 수 있으나 그 나라의 정당의 수에 따라서 1당 체계, 양당 체계, 연합다수당 체계 그리고 다수당 체계로 구분할 수 있는데(이극찬, 1999: 369-378), 이 밖에도 여러 가지 유형이 제시되고 있다(Almond et al., 2008: 90-91). 이런 정당 체계의 유형은 정책의 결정이나 집행에 지대한 영향을 미친다.

1당 체계(one party system)는 하나의 정당만이 존재하는 체계로서 복수정당제도를 추구하는 민주주의 국가에서는 볼 수 없다. 다만 복수정당이 있으나 하나의 정당만이 실질적으로 권력을 획득하고 유지하는 나라들이 있다. 이들을 권위주의 정당 체계(authoritarian party system)라고도 한다. 예컨대 구(舊)독일의 파시스트 정권, 전체주의 정권 아래서의 정당제도, 구소비에트연합, 북한, 중국 등 공산주의 국가에서는 일당제 정당 체계를 갖고 있다.

양당 체계(two or by-party system)는 단독으로 정권을 담당할 수 있는 능력이 있는 거대 정당이 두 개 존재해 이 양자가 정권을 교대하면서 담당하는 형태이다. 양대 정당 체계가 실시되고 있는 나라는 미국, 영국, 캐나다, 오스트레일리아, 뉴질랜드 등이다.[2)]

다당 체계(multi-party system)란 오직 하나의 정당만으로는 내각을 구성할 수 없는 비등한 세력의 여러 정당이 분립되어 있는 형태로 이런 제도 아래서는 내각이 여러 정당의 제휴로써 조직되는 연립내각의 형태를 지닌다. 다당 체계가 실시되고 있는 나라는 프랑스, 독일, 스위스, 스칸디나비아 반도의 국가들, 이스라엘 등 많은 내각책임제 국가에서 발견된다. 다당 체계 중 연합다수당 체계(majority coalition system)는 선거전에 몇몇 정당이 함께 정부를 구성할 것이라는 것을 사전에 알고 투표해 집권하는 체계이다. 프랑스와 독일이 여기에 해당한다.

메어(Peter Mair)는 정부 구성이라는 측면에서 정당 체계를 폐쇄적 정당 체계(closed system)와 개방적 정당 체계(open system)로 구분한다(Mair, 1997: 199-224). 폐쇄적 정당 체계에서는 정부를 구성하는 것은 제한된 정당만이 가능하며, 따라서 통치 대안이 오랜 기간 계속되어 친숙하고 예측성이 높게 나타난다. 1992년 이전 일본의 자유민주당 정부 체제와 스위스의 정당 체계를 들 수 있다. 개방적 정당 체계는 부분적인 정권 교체나 전면적·부분적 정권 교체가 혼합해 나타나며 거의 모든 정당이 정부 구성에 접근할 수 있다.

정당 체계를 구분짓는 결정 요인은 중심과 주변, 국가와 종교(가톨릭), 도시와 농촌 그리고 고용자와 근로자의 구분과 밀접하게 관련되어 있다. 한편 정당 체계는 대체로 안정성을 보이고 있지만 1980년대 이후에는 감소하고 있다. 정당 구성원의 수가 감소하고 활동가가 줄고 있다(Criddle, 2003: 137-140).

3) 정당의 일반적 기능

정당은 어디서나 정치·경제·사회적 발전 단계에 따라 다양하게 형성된 정치 체제 하에서 어떤 공통적 기능을 수행하는 것으로 나타난다. 이들은 정부의 조직과 통제, 이익의 표출과 집약, 정치적 충원과 참여, 정치사회화, 사회 통합과 민주주의 발전 등이다(Criddle, 2003: 134; 유재일, 2003: 134-142).

첫째, 정당은 정부를 조직하고 통제한다. 정권을 장악한 정당은 집권여당이 되며, 장악하지 못한 정당은 야당이 되어 정부를 비판하고 통제한다. 그러나 이것은 대통령제와 내각책임제에 따라 달라진다.

둘째, 정당은 이익을 표출하고 집약한다. 정당은 다양한 이익과 의견을 동원하며

2) 양당 체계이면서도 미국에서처럼 소수 정당 출신 국회의원들이 있다(Jillson, 2008: 174-175).

집약한다. 정당은 선거를 기점으로 국민의 의사를 의회를 통해 매개함으로써 수행한다.

셋째, 정당은 정치적 충원과 참여 기능을 수행한다. 정당은 유권자의 지지를 확보하기 위해 정책을 제시하며 정치 엘리트를 추천해 후보로 내세운다.

넷째, 정당은 정치사회화 기능이 있다. 즉, 정당은 국민에 대한 정치교육과 계몽 기능이 있다.

다섯째, 정당은 사회 통합과 민주주의 발전 기능이 있다. 정당은 계급 간, 지역 간, 신분 간, 세대 간 갈등을 조정하고 통합하며, 권위주의 체제로부터 민주주의 체제로 이행하는 데 결정적인 역할을 한다. 정당 간에 대화와 타협, 흥정과 협상이 보편화되어 있다.

2 정당의 정책적 기능

1) 정당, 선거와 정책의 관계

정당은 선거 시에는 정책공약과 선거 후보자를 추천하여 다른 정당과 경쟁하며, 일단 집권정당이 되면 당정회의 등을 통해 정책에 대해 행정부와 조율을 한다. 정당은 그것이 여당이건 야당이건 간에 국회에서 입법 과정이나 행정부에 대한 통제 과정을 통해 정책 과정에 관여한다. 여기서는 주로 선거 과정과 관련해 다룬다.

정당은 선거를 통해 정권을 획득하거나 유지한다. 선거를 치르는 과정에서 정당은 정책을 내걸고 후보자를 선출해 다른 정당과 경쟁한다. 국민의 요구와 정부의 정책은 정당의 공약으로 집대성되어 나타난다.

선거 시 특정 정당을 지지하는 것은 정당 일체감에 의존하는 경우가 많다. 정당 일체감이란 유권자의 특정 정당에 대한 심리적 유대감을 말한다. 정당 일체감은 정당의 이념에 달려 있는데 유권자들은 정당의 이념을 보고 특정 정당에 대한 일체감을 형성하거나 유지하며 때로는 정당 일체감이 약화되고 이로 인해 정당과 정당이 추천한 후보에 대한 지지를 철회하거나 다른 정당 후보로 지지를 바꾸기도 한다.

그런데 뚜렷한 정책적 대안을 제시함으로써 반대편의 입장을 가진 유권자를 자극하기보다는 모호하게 얼버무리는 전략이 유리하다는 주장이 있다(Shepsle, 1972: 555-568; 조기숙, 1996: 270-272 재인용). 선거의 경쟁 원리가 정당으로 하여금 선거에서 승리할 수 있도록 확실한 정책적 대안을 포기하게 만든다.

2) 책임정당과 실용정당

정책과 정당의 관계에서 정당의 유형을 책임정당과 실용정당으로 구분한다(조기숙, 1996: 266-270). 책임정당(responsible political parties)이란 정당이 선거에 의해 권력을 부여받았을 때 추구할 일련의 정책을 선거 과정에서 뚜렷하게 제시하고, 집권 후에도 그 정책을 수행하며, 그 정책의 성패에 따라 다음번 선거에서 유권자의 심판을 받는 정당을 말한다. 한편 실용정당(pragmatic parties)은 모든 유권자들의 정책 선호를 만족시킬 만한 두루뭉술한 정책을 제시하고, 집권 후에 수행하는 정책에서도 다른 정당이 실행했던 정책과 커다란 차이를 보이지 않는 정당을 말한다.

책임정당은 영국의 정당에서, 실용정당은 미국의 정당에서 각각 발견할 수 있다. 영국의 정당은 책임정당이기 때문에 정당 간에 정책의 차이가 두드러지게 나타나지만, 미국의 정당들은 실용정당이기 때문에 정책의 차이가 별로 나타나지 않는다. 하지만 최근에는 이러한 특색들이 다소 무디어지고 있다. 즉, 다른 나라들의 경우에도 책임정당과 실용정당을 잇는 연속선상의 어느 중간 지점에 존재한다고 볼 수 있다.

3) 정당의 정책적 활동

정당은 선거공약의 제시와 정책가의 선출, 정책 입법활동, 정책에 관한 논평과 의견 제시, 정책토론회 개최, 그리고 정책연구 등을 통해 다양하게 정책적 활동을 한다.

첫째, 정당은 선거활동에 참여함으로써 적극적으로 정책에 관여한다. 정당은 행정수반(대통령) 및 국회의원, 지방자치단체장과 지방의원 등의 선거에서 정당 후보를 추천하고 정당의 공약을 제시함으로써 선거를 통해 국민으로부터 정치적 심판을 받는다. 대통령 선거공약과 국회의원 등의 총선 공약은 정당 간의 차별성을 보여주는 주요 정책 내용이다. 선거를 할 때 제시하는 정책공약이 정당과 국민 그리고 정부를 이어주는 끈이 된다.

둘째, 정당은 개별적 법률안 발의 등을 통해 입법 과정에 직접 참여한다. 국회의원 일부가 정당 소속에 관계없이 제안할 수 있으나, 특정 정당의 이름으로(대다수의 정당 소속 국회의원이 발의하는 경우) 법률안의 제정안이나 개정안을 제출하면 특정 정당이 직접 지지하는 정책이 된다.

셋째, 정당은 정책 현안에 대한 연구, 토론회나 세미나 개최, 정책에 관한 논평과 기자회견 등을 통해 정당의 입장을 밝히며 여론을 환기한다. 정당은 평상시에 각종 현안에 대한 정책 개발 활동을 하며, 정책토론회를 주관하고, 정책에 대한 논평을 하며, 기자회견 등을 통해 국민적 관심과 지지를 높이려 한다. 정책 개발은 국회의원이 개별적으로 하지만 정당 전체적으로 정당 부설 정책연구소 등을 활용해 실행한다.

넷째, 정당은 국회의 활동을 통해 정부가 제출한 예산안의 심사, 정부 정책의 결정과 집행에 대한 국정조사 및 국정감사, 질의권 행사 등을 통해 정책활동에 관여한다. 예산안 심사 과정에서는 국정감사와 연계해 모든 정책 현안 등을 조율할 수 있다.

4) 정당의 정책 역량

정당의 정책적 활동은 정당의 정책적 역량을 보여주는 활동들이다. 그렇지만 정당의 정책 역량과 가장 직접적으로 관련이 있는 활동은 정책의 이익 결집(interest aggregation) 기능이다(Almond et al., 2008: 79-100). 그 다음에는 이들을 법률, 시책 등 실현 가능한 구체적인 정책으로 권위를 부여하는 활동이다.

정당의 이익결집 활동은 국민 개인, 집단, 조직, 지역들의 정책적 요구를 정책 프로그램으로 변환시켜 특정 정당의 정책 공약으로 내세우는 것이다. 국민적 정책 수요를 파악하는 역량과 이들 요구를 정책의 형태로 변형시키는 역량, 그리고 이들을 정당의 우선순위에 따라 서열화하는 역량으로 구분할 수 있다.

정당의 권위있는 정책 생산 및 실시 활동은 정당의 정부 수권 능력과 관련이 있다. 수권정당, 즉 집권여당이 되는 것 자체가 정책의 생산과 실시를 가능하게 해준다. 정부 여당이 아니라 하더라도 정부여당과 타협과 흥정을 통해서 자기 정당의 가치와 이념을 집권정당에 제시해 영향을 미칠 수 있다. 다당 체계 아래서는 연립 정당을 구성해 정책 역량을 높일 수 있다.

〈정당의 정책 사례〉 공무원 연금 개혁과 여야 정당 간 경쟁

새누리당이 공무원연금개혁안을 발표하자(2014.10.27) 전국 공무원노조는 연금 개혁에 반발해 100만 총궐기대회를 개최했다. 정부의 개정안(2014.10.17)과 새누리당 개정안(2014.10.27)은 다음과 같이 차이가 있다. 소득재배분 기능에서 정부안에는 없으나 새누리당 안에는 있고, 수급자 대상 재정안정화 기여금에서 정부안은 2016년부터 3% 일괄 부과해 삭감하나, 새누리당안은 2016년부터 수령액에 따라 2~4% 차등 부과해 삭감하며, 지급 개시 연령은 현행 60세에서 정부안은 2025~2033년에 걸쳐 65세로 상향하는데 반해 새누리당안은 2023~2031년에 걸쳐 65세로 상향 이동하며, 납입 기한 상한 연장은 현행 33년에서 정부안은 재직 기간 33년 미만 공무원부터 적용하나, 새누리당은 종전 재직 기간 30년 미만인 공무원부터 적용하는 것을 주된 내용으로 하고 있다.

야당인 새정치민주연합의 공적연금발전TF 1차 회의 결과, 강기정 위원장은 정부안과 새누리당안에 대해 '하향 평준화'라고 하면서 공적연금 전반의 개산안에 대해 사회적 합의 기구 설치에 동의했다. 또한 2014년 11월 13일 새정치민주연합 주도로 열린 '공적 연금의 합리적 개편을 위한 국회토론회' 이후 제출한 공무원연금개혁안의 주된 내용은 다음과 같다. 즉, 적정 노후소득 보장을 위해 반쪽 연금을 극복하고, 중하위직 공무원연금을 현행 수준으로 유지한다. 연금제도의 지속성을 위해서는 보험료를 인상하고 퇴직수당을 현 수준으로 유지한다. 사회적 연대 강화를 위해 현직, 신규 공무원에게는 동일 제도를 적용하며, 수급자 얀금을 한시적으로 동결한다 등이다.

자료: http://img.yonhapnews.co.kr/etc/graphic 2014-11-14 검색.
http://www.npad.kr/npad/?page-id=726&uid=40038&mod=document 2015-04-13 검색.

제 2 절 대한민국 정당의 실태와 정책 역량

1 대한민국 정당의 역사와 특성

1) 대한민국 정당의 역사

「대한민국 헌법」 제8조에는 정당 설립의 자유, 복수정당제의 보장, 정당의 민주

적 활동, 정당운영자금 국고 보조, 그리고 헌법재판소에 의한 정당 해산 등이 규정되어 있다.[3)]

우리나라에서 현대적 의미의 정당이 출현한 것은 1948년 대한민국 정부가 수립된 이후부터이다. 대한민국의 공화국별로 주요 정당을 예시하면 다음과 같다.

제1공화국(이승만 정부)에서 집권 여당은 한국민주당과 자유당을, 야당은 민주당을 들 수 있다. 제2공화국(장면 정부)에서 집권 여당은 민주당이며 이들이 신파와 구파로 나뉘어 정치적 불안정을 초래했다.

제3공화국(박정희 정부 1기)에서 집권 여당은 민주공화당을, 야당은 신민당을 들 수 있다. 제4공화국(박정희 정부 2기)에서 집권 여당으로는 민주공화당과 유신정우회(의사정당임)를, 야당은 신민당을 들 수 있다. 제5공화국(전두환 정부)에서 집권 여당은 민주정의당을, 야당은 전기에는 민한당 등이며 후기에는 신한민주당(약칭 신민당)을 들 수 있다. 제6공화국의 노태우 정부에서 집권 여당은 민주자

표 11-1 대한민국의 공화국별 주요 정당

공화국(기간)	정부 이름	여당	야당
제1공화국(1948~1960)	이승만	자유당	민주당
제2공화국(1961~1962)	장면	민주당	(신파와 구파)
제3공화국(1964~1971)	박정희(1)	민주공화당	신민당
제4공화국(1972~1979)	박정희(2)	민주공화당, 유정회*	신민당
과도정부(1980)	최규하		
제5공화국(1981~1987)	전두환	민주정의당	민한당, 신민당
제6공화국(1988~1992)	노태우	민주자유당	민주 · 평민 · 신민당
제6공화국(1993~1997)	김영삼	민자당/신한국당	민주당 · 국민회의, 자유민주연합
제6공화국(1998~2002)	김대중	국민회의/자유민주연합	한나라당
제6공화국(2003~2007)	노무현	열린우리당	한나라당
제6공화국(2008~2012)	이명박	한나라당	열린우리당
제6공화국(2013~2017)	박근혜	새누리당	새정치민주연합

주: 평민당: 평화민주당의 약어, 신한당: 신한민주당의 약어, 국민회의: 새정치국민회의의 약어.
유정회(유신정우회)는 의사정당임.
자료: 저자 작성.

3) 「대한민국 헌법」 제1조부터 제4조.

유당을, 야당은 민주당, 평화민주당, 신민당을 들 수 있다. 김영삼 정부에서 집권 여당은 민주자유당과 신한국당을, 야당으로는 민주당과 분리된 새정치국민회의, 자유민주연합을 들 수 있다. 김대중 정부에서 집권여당은 새정치국민회의(나중 새천년민주당)와 자유민주연합을, 야당으로는 한나라당을 들 수 있다. 노무현 정부에서 집권 여당은 새천년민주당과 열린우리당을, 야당은 한나라당을 들 수 있다. 이명박 정부에서 집권 여당은 한나라당을, 야당은 열린우리당을 들 수 있다. 박근혜 정부에서 집권 여당은 새누리당을, 야당은 새정치민주연합을 들 수 있다.

2) 대한민국 정당의 특성

첫째, 한국 정당은 이합집산과 정당 체계의 불안정성을 보인다. 우리나라의 정당은 대통령 선거를 전후해 정당의 이합집산이 반복되며 그로 인해 정당 체계가 불안정하다(곽진영, 2009: 115-145). 제6공화국 이후에 대통령의 5년단임제와 대통령의 당내 리더십이 약화되어 집권정당이 분열하는 현상을 보인다. 즉, 정당들의 합당(예: 3당 합당)과 분열이 계속되어 왔다.

둘째, 한국 정당은 양대 정당제를 바탕으로 하고 있으나 일부 다당제 형태를 보일 때도 있다. 양대 정당은 보수 진영은 자유당, 민주공화당, 민주정의당, 민주자유당, 한나라당, 새누리당으로 이어진다. 진보진영은 민주당, 신민당, 새천년민주당, 열린우리당, 국민회의, 새정치국민연합으로 이어지고 있다. 다당제 정당 체계를 보일 때는 제1공화국 초기, 김영삼 정부, 그리고 김대중 정부에서 발견된다.

셋째, 한국 정당은 정책 지향적이기보다는 선거 지향적 경향이 강하다. 한국 정당은 대선이나 총선 등 선거에 승리하기 위해 전력투구하며, 선거의 결과에 따라 정당 체계의 변동을 가져오고 매니페스토 변화나 정책 변화 노선의 선회 등으로 나타나지 못했다(곽진영, 2009: 131-135). 즉, 선거 결과에 따라 정당의 조직화나 조직 변동이 일어난다. 정책 변화는 선거에 승리하기 위해 부수적으로 따라온다.

넷째, 한국 정당의 이념 지향성에 대해서는 관심이 고조되어 왔다. 이념 정당으로는 김대중 정부에서 민주노동당이 출현하면서 정당에 진보적 이념이 반영되어 나왔다. 그 전에 '좌파정당'이라고 하면 북한 공산주의와 동일시되는 사회적 분위기 때문에 한국 정치 현장에서 활동을 못했다. 김대중 정부 들어 2002년 민주노동당 후보가 대통령 후보로 출마했고, 2004년 총선에서는 10석의 국회 원내 의석을 확보했다(최한수, 2004: 161-162).[4] 그런데 2014년 12월 헌법재판소의 통합진보당에 대한 해산 결정으로 이 정당은 해산되었다. 정의당이 진보적 색채를 보인다.

다섯째, 한국 정당은 지역주의의 영향을 받고 있다(장훈, 2003: 197-205). 제3공화국 때까지만 해도 '여촌야도'라는 현상이 노정되었다. 여당은 농촌 유권자의 지지를, 야당은 주로 민주화 세력으로서 변화를 추구하는 도시 유권자의 지지를 많이 받았다. 그런데 제6공화국 이후부터는 민자당, 민정당, 한나라당, 새누리당은 영남지역에, 평화민주당, 새천년민주당, 새정치국민회의, 새정치국민연합은 호남지역에 지역적 연고가 강하다. 한편 자유민주연합은 충청지역에 연고가 강했다.

정책정당의 면에서 볼 때 우리나라 정당은 역사적으로 무정책정당이라는 비판을 받고 있으나 반드시 그런 것만은 아니다. 우리나라의 정당이 정책 대결보다는 권력의 정통성이나 민주화 문제로 대결해 온 것은 사실이지만 이는 정당이 제도화되지 않은 국가에서 자연스러운 현상이다. 그럼에도 불구하고 제한적이나마 민주화와 경제 발전 전략과 관련해서는 정책 대결이 있었다(조기숙, 1996: 295). 더구나 2000년대 이후부터는 복지 문제, 노사 관계, 이념 문제, 남북한 문제 등에서 정책적 대결을 보이고 있다.

2 대한민국의 대표적 정당

2014년 12월 말 현재 우리나라의 원내 정당으로는 새누리당, 새정치민주연합, 그리고 정의당을 들 수 있다.

1) 새누리당

새누리당은 박근혜 정부(2013.2~2018.2)의 집권여당이다. 전신은 이명박 정부의 한나라당으로 정통 보수정당으로서 지위를 계승해 왔다. 박근혜 대통령은 2012년 12월 29일 선거에서 51.55% 득표율로 대통령에 당선되었다. 제19대 국회의원에는 158명이 있으며, 2012년 4월 1일 국회의원 총선에서 127명이, 2014년 7월 30일

4) 2004년의 한 여론조사에 의하면 정당지지도에서 열린우리당 43.5%, 한나라당 22.3%, 민주노동당 21.9%였다.

재보선에서 각각 11명이 당선되었다.

새누리당의 기구로는 전당대회, 대표최고위원과 최고위원회의, 상임고문, 국회의원 및 당원협의회 운영위원장 연석회의, 전국위원회, 상임전국위원회, 의원총회, 중앙사무처 사무총장, 전략기획본부, 중앙위원회, 윤리위원회, 재정위원회, 공직후보자추천관리위원회 등 각종 위원회와[5] 중앙연수원 등이 있다. 의원총회 아래 원내대책위원회와 정책위원회가 있으며, 정책위원회를 지원하기 위해 정책연구원이 있다. 사무총장 아래 기획조정국, 총무국, 조직국, 여성국, 직능국, 청년국, 재외국민국, 국제국, 연수국, 홍보국, 뉴미디어국 등 관리 부서가 있다.[6]

새누리당은 최근 2014년 공기업 퇴출을 내용으로 한 '공기업개혁법 개정안', '공무원연금법 개정안', '규제개혁에 관한 특별법안' 등을 제출했다. 새누리당과 정부는 2014년 6월 13일 국회에서 '주택시장 정상화 대책'에 관해 당정협의를 했다.

2) 새정치민주연합

새정치민주연합은 박근혜 정부(2013.2~2018.2)에서 대표적 야당으로서 전신은 노무현 · 이명박 정부에서의 열린우리당이다. 진보적 색채를 가미한 보수정당으로 평가받고 있다. 제19대 국회의원에는 130명이 있으며, 2012년 4월 1일 국회의원 총선에서 106명이, 2014년 7월 30일 재보선에서 4명이 각각 당선되었다.

새정치민주연합의 기구로는 전국대의원대회, 중앙위원회, 당무위원회, 당대표와 최고위원회의가 있다. 당무위원회 아래 윤리위원회가 있다. 당대표 아래 상임고문/고문, 국정자문회의 등 위원회,[7] 교육연수원, 사무처(사무총장), 정책위원회, 의원총회와 시 · 도당대의원대회 등이 있다. 사무총장 아래에는 당무집행회의, 전략홍보본부, 총무국, 조직국, 대외협력위원회, 국제위원회, 법률위원회가 있다.[8]

---

5) 인권위원회, 인재영입위원회, 국책자문위원회, 여성위원회, 청년위원회, 디지털 정당위원회, 장애인위원회, 홍보위원회, 지방자치위원회, 대외협력위원회, 재외국민위원회, 국제위원회, 통일위원회, 재능나눔위원회, 재해대책위원회, 모바일 정당을 구현하기 위한 특별위원회 등.

6) http://www.ydi.or.kr/cafebbs/list.html?gid=main&bid=report 2014-11-14 검색.

7) 세계한민족민주회의, 전국직능위원회, 참좋은지방정부위원회, 인권위원회, 재외국민위원회, 교육연수원, 당헌당규강령정책위원회, 재정위원회, 예산결산위원회, 사무직당직자인사위원회, 당원자격심사위원회, 전국노동위원회, 전국여성위원회, 전국장애인위원회, 전국청년위원회, 전국노인위원회, 전국대학생위원회, 다문화위원회, 새터민위원회 등 기타 위원회가 있다.

8) http://npad.kr/npad/wp-content/uproads/2014/04/140308-조직기구표1.jpg 2014-11-14 검색.

새정치민주연합에서는 '박근혜 정부는 현실적 일자리 대책을 만들어야 한다'는 논평을 제시했다(2014.11.13). 새정치민주연합의 2015년도 예산안 심사 방안(보도자료)에서는 '법인세 감세 철회 3대 법안'으로 연평균 9.6조 원의 추가 세수를 확보하겠다고 한 바 있다.[9]

3) 정의당

정의당은 박근혜 정부(2013.2~2018.2)에서 소수 원내 야당으로 비교적 진보적 성향을 띤 정당이다. 국회의원이 5명이 있으나 이 중 심상정 의원만 지역구 의원이고 나머지 4명은 비례대표이다.

정의당의 기구로는 당대회, 전국위원회, 상무집행위원회와 중앙당기위원회, 중앙선거관리위원회, 중앙예산결산위원회, 통합인사위원회, 전략협의회, 의원총회와 원내대책위원회가 있으며, 사무총국, 정책위원회, 중앙교육연수원, 부문 · 직능 · 과제별 위원회가 있다.[10]

정의당에서는 2014년 10월 11일 '대북 전단 살포에 대한 대응사격 유감이다'라는 정책 논평을, 2014년 10월 24일 '전시작전통제권 무기 연기, 주요 논점과 비판 및 주장'이라는 정책 논평을 각각 제기했고, 2014년 9월 2일 정의당-민생시민사회 단체 공동기자회견을 가졌다.[11]

4) 기타 및 무소속

무소속 의원으로는 2명이 있다. 그중 1명은 정의화 국회의장이다.

한편 전 통합진보당은 박근혜 정부(2013.2~2014.12.19)에서 소수 원내 야당으로 존재했으며 극진적 진보적 성향을 띤 정당으로 국회의원이 5명이 있었다. 이상규 의원 등 3인은 지역구 출신 의원이고 나머지 김재연, 이석기 의원은 비례대표이다. 2013년 11월 정부는 통합진보당에 대해 위헌정당 해산을 청구했고, 2014년 11월 25일 최후 변론을 들은 후 2014년 12월 19일 헌법재판소가 해산을 심판했으며, 이 정당 소속 국회의원의 자격은 상실되었다.

---

9) http://npad.kr/npad/wp-content/uproads/2014/03/ 2014-11-14 검색.
10) http://www.justice21.org/intro/info06.php 2014-11-14 검색.
11) http://www.justice21.org/bbs/board.php?bbs-code=JS44 2014-11-14 검색.

3 정당의 정책 역량: 정책기구와 인력

1) 정책의 정책 역량 개관

정당의 정책적 역량은 정당에서 정책위원회, 정책연구소 등 기구 운영과 이에 속해 있는 전문 인력에 의존한다. 정책위원회는 정당에 소속하며 주로 국회의원들로 구성한다. 정책위원회에는 새누리당에서는 정책위원장을 두며 분야별 정책조정위원회를 둔다. 정책위원장 아래 정책국, 민원국, 정책조정실을 둔다. 정책조정위원회로는 법사・안행・운영, 외교・국방, 농해수・산자・국토, 보복・환노・여가, 미방・교문의 5개 정책조정위원회로 분화되어 있다.

새정치민주연합에서는 정책위원회(의장) 아래 정책조정회의와 법안심사위원회가 있다. 정책조정회의에는 정책조정위원회와 상임분과위원회가 있다. 정책위원회의 정책 개발을 보좌하기 위해 정책연구소가 있다.

한편 정책연구소는 정당의 정책 역량을 지원하는 기구로 여기서는 독일의 정치재단을 살펴본 후 우리나라 정당의 정책연구소(policy think tank)를 다룬다.

정당의 정책 역량: 정책기구와 인력

정당 정책연구소로서 많이 언급되고 있는 사례는 독일의 정치재단(Politische Stiftung)이다. 독일의 정치재단은 독일 헌법 정신에 그 바탕을 두고 있으며 자유민주주의와 정치적 다원주의를 표방하고 있다. 독일의 정치재단은 특정 정당의 일부나 산하기구는 아니지만 각 인접 정당의 인정을 받아야 한다. 대표적 정치재단으로는 '프리드리히 애버트 재단', '나우만 재단', '한스 자이델 재단', '하인리히 뵐 재단', '로자 룩셈부르크 재단', 그리고 '콘라트 아데나워 재단'이 있다. 그리고 정치재단은 인접 정당이 5% 이상의 득표율을 획득할 경우에만 국고 지원을 받을 수 있다(신두철, 2011: 6-7).

콘라트 아데나워 재단은 1964년에 설립되었으며, 기독교민주당을 지원한다. 헬무트 콜 전 독일 연방수상이 이사회 일원으로 활동하는 등 독일의 정계, 의회와 밀접한 관련을 맺고 있다. 이 재단의 주요 활동은 정치교육, 정치 및 정책 상담(정책 싱크 탱크 역할), 국제협력, 역사 자료 보관 및 정리 등이다. 직원은 530명, 1년 예산은 1억 4천만 유로, 연방하원의 225석을 차지하고 있다(신두철, 2011: 10-13).

2) 대한민국 정당의 정책연구소

우리나라 정당의 정책연구소는 정책 개발을 통해 정치 발전에 많은 공헌을 해왔지만 '장식용' 정당 정책연구소라는 비판을 받는 등 여전히 많은 문제점을 노정시켜 왔다. 정치 권력 구조의 변화에 따라 각 정당은 정치자금법에 따른 정당보조금 지급 수단으로서의 정책연구소를 설치하고 운영해 왔다(황윤원, 2008: 383). 우리나라에서 정당의 정책연구소는 1993년에 출범한 '아태평화재단'과 1995년의 한나라당의 '여의도연구소'에서부터 시작된다. 우리나라는 2004년에 「정당법」과 「정치자금법」이 개정되면서 정당의 정책연구소 설립이 제도화되었다. 즉, 열린우리당은 열린정책연구원을, 한나라당은 여의도연구소를, 민주노동당은 진보정치연구소를, 새천년민주당은 국가전략연구소를, 자민련은 정책연구소를 각 정당의 정책연구소 간판으로 내걸었다(황윤원, 2008: 387-388).

2014년 7월 현재 우리나라의 주요 정당의 정책연구소는 다음과 같다. 새누리당의 정책연구소인 여의도연구원에는 정무기획실, 정책연구실, 여론조사팀, 행정국이 하부기구로 있으며, 이 중 정책연구실이 정책연구의 핵심 부서이다. 정책연구실에는 7인의 연구위원과 1인의 선임연구원이 근무한다. 새정치민주연합의 민주정책연구원에는 연구기획실, 정세전략실, 정책연구실, 민주아카데미실, 운영지원실이 있다. 이 중 정책연구실이 정당의 정책연구의 중심이다. 한편 정의당은 정당연구소로 진보정의연구소를 두고 있다.[12]

3) 정당의 정책 기능 증진

정당의 정책적 기능을 강화하고 증진하기 위해서는 다음과 같은 정당 환경과 관련해 방안을 제시할 수 있다(정진민, 2002: 6-23).

첫째, 후보 선출제도를 변화해야 한다. 일반 유권자들이 정당의 후보 선출에 참여할 수 있도록 정당의 문호를 개방하고 국민들의 자발적 참여를 고양시킴으로써 정당의 사당화(私黨化)를 억제해 정책정당으로 발전시킨다. 정당과 시민사회의 통로를 여는 일이다.

둘째, 원내 중심 정당으로 변화해야 한다. 의원 개인이 자율성을 갖는 원내정당

12) http://www.ydi.or.kr/ydi/ydi 2014.07-24.; http://www.idp.or.kr 2014-07-24 검색; http://www.justice21.org/intro/info06.php 2014-07-24 검색.

으로 발전시켜 당내 민주주의를 확보한다. 그리고 정당민주화가 요구된다.

셋째, 선거제도를 개선해야 한다. 지역별 정당 독점을 줄이기 위해 소선구제에서 중선거구제로 변경이 필요하다. 그리고 비례대표제를 강화하는 것이다. 의원들의 대표성을 최대한 반영할 수 있도록 직능별 대표들을 확대할 필요가 있다.

한편 정당의 정책연구소와 관련한 개선 방안으로는 첫째, 정당의 정책연구소가 국가정책적 기능을 수행하므로 유권자의 일정 득표를 획득한 경우(예컨대 독일처럼 총 유효 투표자의 5% 이상) 재정적 지원을 받아 운영됨으로써 공약 개발 등 정책연구 개발 기능을 보장한다.

둘째, 정책연구소의 정책연구 개발을 뒷받침하기 위해서는 연구 인력의 전문성이 확보되어야 하며, 이를 위해 다양한 분야의 전문가를 충원해야 한다(신두철, 2011: 22-23). 그리고 정책연구소의 독립성과 자율성을 강화하고, 중·장기적 연구를 강화하며 연구 성과에 대한 평가 시스템을 강화해야 한다(황윤원, 2008: 403-407).

셋째, 정당의 정책연구소나 정당의 연수원 등이 정당원들을 위한 정책 프로그램을 만들어 세미나, 토론회, 포럼 그리고 연찬회 등을 통해 일반 정당원은 물론이고 정당 소속 국회의원들의 정책 능력을 향상시킨다.

우리나라에서 유권자들의 정책 선호가 지지 정당에 점점 영향을 미치고 있다. 기존 정당의 정책에 대한 선호가 없어 불만일 때 유권자를 무당파로 만든다(김성연·정효명, 2013: 133). 적지만 조금씩 유권자들의 정책 인식이 변하고 있다. 정당별 매니페스토 등을 강화한다면 정당의 정책 능력은 더욱 향상될 것이다.

제 3 절 당정협의 체제의 역량 증진

1 당정협의 체제의 의의와 수준

1) 당정협의 체제의 의의

정부와 정당 간의 관계는 정책 결정 과정에 많은 영향을 준다. 특히 당정협의 문제의 제도화는 나라에 따라서 다른데 우리나라는 1965년에 대통령 지시각서에 의해 시작되어 1973년에 총리령으로 제도화되어 활용되고 있다.

대부분의 나라에서는 행정부와 주요 정당 간에 다양한 형태로 연계를 맺고 있다. 이를 정당 연계(party linkage)라 부른다(Bolleyer, 2011: 469-494). 당정협의제도는 정당 연계가 제도화된 한 형태이다.

당정협의란 행정부의 측면에서는 정책 결정 과정에서 정당의 의견을 수렴하는 과정이다. 그것은 행정부가 특정 정책에 대해 최종적으로 의사를 결정하기 전에 정당과 협의하는 단계이기 때문이다. 행정부가 정당의 의견을 수렴하는 것은 정책의 민주성을 보완하고 합리성을 제고하는 데 도움이 된다. 그런데 당정협의 과정에서 다루는 정책이 주로 행정부가 발의한 정책이므로 행정부는 집권당에 비해 당정협의에 소극적일 수밖에 없다. 그러나 정당의 입장에서 보면 상황은 매우 다르다. 정당에서 당정협조란 정당이 행정부의 정책 결정에 공식적으로 참여하는 과정이다. 정당이 행정부의 정책 결정에 참여하는 방식과 행태는 나라마다 다양할 것이나 어떤 형태로든지 관여하고 있는 것은 분명하다(권찬호, 1999: 223).

엘더스벨드(Samuel Eldersveld)는 정당의 정책적 기능으로 이익집단이나 일반 국민으로부터의 요구를 수렴해 정책으로 전환하는 기능, 정부의 정책 흐름을 조정·통제하는 기능, 그리고 정부나 당이 입안한 정책을 국회에서 통과시켜 주는 기능을 제시하고 있는데, 정당과 행정부의 정책협의는 집권당이 이 역할을 수행하는 데 유효한 통로가 된다(Eldersveld, 1982: 5).

집권당이 정책 결정 과정에 참여하는 방식은 나라마다 약간씩 상이하나 의회중심주의와 정당중심주의로 나눌 수 있다. 의회중심주의는 정책에 대한 심의가 주로 의회라는 무대에서 이루어진다. 반면 정당중심주의에서는 집권당과 행정부 간의 협의 과정에서 정책의 채택 여부가 실질적으로 결정된다. 의회중심주의는 미국에서, 정당중심주의는 일본에서 발견된다(권찬호, 1999: 228-229).

2) 당정협의의 수준

당정협의의 수준은 행정부를 기준으로 해서 실무(국실) 수준, 부처 수준 그리고 정부 수준으로 구분할 수 있다(민진, 2009: 38-39).

첫째, 실무 수준에서는 당정협의 업무의 구체적 내용에 대한 협의를 하는 것으로 각 부처청의 본부, 실, 국 수준에서 이루어진다. 이들과 정당의 분야별 정책위원회의 전문위원들 사이의 당정협의를 의미한다. 당정협의의 대부분은 이 단계에서 이루어지며, 기술적·전문적인 협의가 진행된다. 우리나라의 경우 상대적으로 행정부의 전문성이 높기 때문에 당의 전문성이 보강되지 않는 한 행정부의 의도에 따라 당정협의가 진행되기 쉽다.

둘째, 부처 수준에서 당정협의는 실무 수준에서 거친 당정협의를 바탕으로 부처의 장·차관이 정당의 정책위원회 소속 분야별 소위원회(국회의원)와 협의를 하는 단계이다. 다소 정치적 성격을 띠게 된다. 특히 국회의원들의 정치성과 전문성이 함께 반영될 수 있는 단계이다. 상당수의 당정협의 사항은 이 단계에서 해결된다. 부처 수준 당정협의 단계에서는 역시 국회의원들의 위원회 소속 계속성 여부 등에 따른 전문성이 뒷받침되어야 각 부처와 소위원회 간에 어느 정도 대등한 당정협의가 이루어질 수 있다.

셋째, 정부나 내각 수준에서의 당정협의는 부처 수준의 당정협의를 거친 사안에 대한 최종적 확인 과정이며, 협의 사항이 정치적 쟁점화하거나 의회의 상임위원회나 본회의에서 의결 문제가 대두될 때 비교적 유효한 단계이다. 이 단계에서의 참여자는 정부에서는 총리, 부총리, 해당 부처 장관, 의회 담당 장관, 대통령의 담당 비서관 등이며, 정당에서는 정당의 대표, 원내총무, 정책위의장 등이다. 때에 따라서는 최고위당정회의를 할 수 있다. 이 경우는 우리나라에서는 대통령이 참여하며, 긴급한 사안을 대상으로 하여 협의가 진행된다.

이러한 일상적인 당정협의 단계와는 별도로 여야 영수회담, 대통령과 여야당 대표와의 회담 등이 개최되기도 한다.

2 주요 국가의 당정협의 체제

우리나라를 비롯해 일본, 영국, 독일, 미국, 프랑스의 당정협의 관련 제도를 정리하면 다음과 같다. 우리나라는 대통령중심제이나 내각제적인 요소를 가미해 당정협의제를 활용하고 있으며, 총리비서실이 이를 담당하고 있고, 정부 수준 그리고 부처 수준에서 고루 활용하고 있다. 일본은 내각책임제이면서, 당정협의제도를 크게 활용하고 있으며, 내각관방에서 이를 담당하고 있고, 부성 수준에서 중점적으로 이루어지고 있다(김광웅 · 강성남, 2004). 영국은 내각책임제국가이나 강한 수상제를 채택하고 있고 수상이 내각을 지배하고 있기 때문에 상대적으로 당정협의제도의 활용이 높지 않다. 미국은 대통령중심제로서 내각 수준에는 비공식적으로 당정협의를 하고 있으며, 부처별 차관보급이 대(對)의회 관련 업무를 담당하고 있다. 국회의원들은 소속 정당에 대한 구속성이 낮고 교차투표제를 실시하고 있다(진영재 외, 2002: 129-131). 다만 실질적으로는 '철의 삼각'과 같이 부처, 상임위원회, 이익집단 간의 관계가 형성되어 운영되는 것 같다. 프랑스의 경우 이원집정부제 국가로서 장관 참모실에서 대(對)국회 업무를 담당하고 있다.

이상의 주요 외국의 사례를 검토한 결과 다음과 같은 시사점을 발견했다. 한 국가가 어떠한 정치 체제를 취하든 간에 행정부나 내각에서 의회 관련 업무에 대한 관심이 많고 내각책임제 국가에서는 의회담당 장 · 차관이나 정무차관을 통해, 대통령중심제 국가에서는 장관비서실이나 참모실에서 의회 업무를 담당하고 있다. 우리나라의 경우 정무차관을 두지 않고 있기 때문에 각 부처 수준에서는 장관비서실이나 기획관리실에서 의회 및 정당 관련 업무를 담당하게 하고, 내각이나 정부 수준에서는 의회담당장관실이 없을 경우에는 대통령실이나 국무총리실에 당정 업무, 의회 업무를 담당할 기구를 두어야 할 것이다(민진, 2009: 40-41).

3 대한민국의 당정협의 체제[13)]

우리나라에서 당정협의제도의 역사는 약 45년 이상이며 총리령으로 제도화된 것은 약 40년이 지났다. 즉, 초기에는 대통령 지시각서로 출발했으나 1973년부터는 총리령으로 제도화되었다. 당정협의제도는 계속적으로 수정되고 보완되면서 절차적으로 잘 정비되어 오늘에 이르렀고 그 결과 제도상으로는 비교적 안정적이라고 판단된다.

당정협의제도의 주요 변화를 세부적으로 살펴보면 다음과 같다. 당정협의 담당기관을 보면, 당정협의 업무는 정무장관실, 제1무임소 장관, 정무 장관, 무임소국무

13) 대한민국의 당정협의 체제에 대해서는 주로 민진(2009)을 참고했음.

위원, 국무총리비서실, 국무총리실을 거쳐 국무총리비서실로 변화되었다. 현재는 상대적으로 정무 기능, 특히 당정협의 기능이 축소되어 운영되고 있으며, 기구, 인력, 예산이 크게 축소되었다.

당정협의의 주체는 정부와 정당이다. 그런데 대상 정당은 여당에서 주요 원내정당으로 확대되었다. 우리나라에서 여당은 대통령중심제로서 대체로 단일 정당이었다. 단일 여당으로 민주공화당, 민주정의당, 민주자유당, 새정치국민회의, 열린우리당, 한나라당, 새누리당으로 이어지고 있다. 그런데 여당이 단일 여당에서 공동 여당으로 확대된 적이 있다. 제4공화국에서의 공화당과 유신정우회 그리고 김대중 정부에서 국민회의와 자유민주연합이다. 또한 노무현 정부에서는 집권 후기에 노무현 대통령이 집권 여당을 탈당하면서 원내 정당을 대상으로 당정협의를 한 적이 있다. 이것은 우리나라의 정치적 환경이 여소야대, 의회의 분점화, 공동정부의 등장, 대통령의 탈당 등에 기인한 것이다.

당정협의 방식은 제도적 장치에 의한 방식과 비제도적 형식이 병용되고 있다. 당정협의제도는 고위당정협의회의, 정당 정책협의회의, 부처별 당정협의회의, 정당에 대한 정책설명회, 그리고 정당에 대한 정책자료 제공 등이 있다. 고위당정회의의 운영 횟수는 노무현 정부에서는 분기별 1회였는데 이명박 정부에서는 월 1회로 증가되었다. 비제도적 방식으로는 대통령을 중심으로 한 당정 협조와 당정 간의 인사 교류(김선문, 2000: 49-55), 기타 비제도적 방법이 있다.

당정협의의 업무 대상은 정책안과 법령안에서 정치적 파급 효과와 국민 생활에 영향을 미치는 정책안, 당 소속 의원이 제출한 법률안으로 확대되었다.

우리나라에서 당정협의제도는 나름으로의 적실성을 갖고 탄생했다. 권위주의적 정부에서의 행정부와 집권여당의 공동 책임 확보와 정치적 정당성 확보라는 점에서, 그리고 일부 절차적 합리성을 확보했다는 점에서 당정협의제도는 그 의의를 찾을 수 있다. 그렇지만 그것은 의회정치가 성숙되지 않는 상황에서 국회, 특히 야당의 입지를 저하시킬 수 있는 제도이기도 했다.

우리나라에서 당정협의제도에 영향을 준 주요 요소로는 의회의 구성, 정부의 구성(공동정부)을 포함한 권력 구조, 대통령의 당적 포기 등 지위 및 국무총리의 지위, 분점정부, 당정협의 담당기관, 정당의 정책 체계 등을 들 수 있었다. 그리고 그 중앙에는 대통령이 존재했다.

4 당정협의 체제의 역량 개선과 전망

당정협의가 순조롭게 진행되었을 때 정책의 결정이 민주적일 수 있었고, 정책 집행 과정에서 탄력을 받았다. 그렇지만 당정협의 과정에 왜곡되거나 잘못되었을 때, 당정 간 이견으로 인한 정책의 혼선, 타협적 정책 결정, 법령의 제정 및 개정의 지연 등의 현상 등이 발생했다(민진, 2009: 44-45).

당정협의가 실효성을 거두기 위해서는 대통령, 국회의원 등 당정협의에 대한 주요 이해관계자들의 인식과 이해가 높아져야 하며, 정치문화가 좀 더 성숙되어야 한다. 당정협의제도는 의회주의의 본질을 해치지 않는 범위 안에서 다른 정책행위자들의 정책공동체에 진입을 제한하지 않는 범위 안에서 이루어져야 한다. 당정협의가 왜곡될 때, 혹은 지나치게 무력화될 경우 정책 결정 과정에서 문제가 될 수 있다.

당정협의의 지나친 활성화가 의회의 민주적 토의 기능을 약화시킬 수 있다. 당정협의의 지나친 활성화가 가져오는 문제점으로는 행정부와 여당 간 협의의 강화로 인해 대의기관으로서의 의회의 기능이 약화될 수 있다. 집권여당과 행정부 간의 사전 협의, 비공식 당정협의로 인해 집권당으로서 국회를 점유하려 해온 적이 있다(곽진영, 2003: 179).

당정협의 체제의 역량을 강화하기 위해서는 정당의 정책 능력의 제고, 담당 정부기관의 조직관리 능력의 향상이 요구된다. 정당의 정책 능력을 향상시키는 데 정당의 공약 개발은 정책 개발을 위한 가장 중요한 과정이다. 정당이 책임 있는 국가적 기구가 되기 위해서는 적실한 정책 능력을 개발해야 하고 이를 위해서는 정책위원회 등 정책보좌기구가 활성화되어야 한다.

당정협의제도를 담당하는 행정부의 담당기구의 역량이 증진되어야 한다. 현재는 국무총리비서실에서 당정협의 문제를 행정적으로 보좌하고 있다. 조직과 기구의 안정성이 요청된다. 그리고 담당 직원들의 조직학습이 요구된다.

앞으로도 정치적 환경은 많은 변화가 있을 것으로 본다. 민주주의 정부 후반에 들어 대통령의 탈당, 중립내각의 요청, 여소야대 등으로 인한 분점정부의 등장에서 볼 수 있듯이 정치적 불안 요소가 상존해 있고, 행정부는 법령을 제정하고 주요 정책 현안을 집행하기 위해서는 여당뿐 아니라 야당의 지지와 협조도 필요한 시대가 되었다. 더군다나 대통령의 권한과 관련한 헌법 개정이 논의되고 있어 당정협의제도와 관련해 영향을 받게 될 것이다. 따라서 당정협의제도는 구조적 변화를 할 수밖에 없는 실정이다. 또한 제도적 장치 못지않게 운영으로 풀 수 있는 경우도 허다하다. 즉, 정치력이 요구된다는 것이다. 따라서 제도로서 필요한 것은 제도화로, 제도로 할 수 없는 것은 운영의 묘를 살리는 보완적인 방법이 필요하다.

제 12 장

언론의 정책 기능

제1절 언론의 의의와 여론

1 언론의 의의와 기능

언론(言論)의 사전적 정의는 "말이나 글로 자기 사상을 발표하여 논의하는 것"이다(이희승, 1990: 1714). 하지만 여기서 다루고자 하는 초점은 '언론 그 자체'가 아니라 '사회 속의 언론'으로서 정책적인 영향력을 가지는 매스미디어(mass media)적인 측면이다. 즉, 언론이 사회 전반에 수행하는 기능, 구체적으로 정책 수립, 집행, 평가 등 일련의 정책 과정에 어떠한 영향을 미치는가에 분석의 초점이 있다. 이러한 측면에서 이 책에서 다루고자 하는 언론은 단순히 대중이 정보를 획득하는 창구로서만 기능하는 것이 아니라 정치·경제·사회·문화 전반에 걸쳐 우리의 삶에 심대한 영향을 미치는 제도이자 조직이다(김해식, 1994: 14-15). 매스컴으로 표현되기도 하는 언론의 특성을 압축적으로 표현하면, 언론이란 전달 내용을 기술적 수단을 통해 분산적 대중에게 공개적으로, 간접적으로 그리고 일방적으로 전달하는 커뮤니케이션이라고 할 수 있다(김경근, 1992: 80-85).

언론의 기능은 학자에 따라 다양하게 분류하고 있는데, 여기에서는 정책 과정에서의 언론의 역할을 살펴보기 위한 이전 단계로서 언론의 사회적 기능을 중심으로 살펴보고자 한다(유재천·이민웅, 1994: 72-76).

첫째, 언론은 정확한 사실을 전달한다. 언론은 사회에서 일어난 제반 사건과 정부의 각종 정책 등과 같은 사실들을 객관적으로 보도·전달하는 기능을 갖는다. 둘째, 언론은 정부에 대한 감시와 견제를 한다. 언론은 정부의 정책 결정 과정을 추적하고 발표되는 정책의 진실성 여부와 그 적실성에 대한 탐사와 비판을 통해 정부를 견제한다. 셋째, 주변 환경을 감시한다. 언론은 사회 전반에서 일어나는 크고 작은 사건도 즉시 알려줌으로써 국민이 환경 변화에 대비하고 적응할 수 있도록 해준다. 여기에는 천재지변, 전쟁 등 위기와 관련된 정보의 제공, 그리고 사회적 부조리와 비리를 추적하고 감시하는 기능도 포함된다. 넷째, 언론은 여론을 형성한다.

정보화와 국제화라는 사회 변화로 인해 국내적으로 매스디디어가 폭증하고, 세계적 언론기관들의 역할이 날로 커가고 있다. 따라서 선진국으로 진입하고 있는 우리나라로서도 주요 언론기관들의 실상과 변화를 정확히 이해하고 협력해야 한다.

표 12-1 세계의 주요 언론

미국	(방송) CNN, NBC, (신문) New York Times, Washington Post,
영국	(방송) BBC (신문) The Times, Guardian
프랑스	(방송)TF1 (신문) Le Monde, Le Figaro
독일	(방송) Das Erste (신문) Die Zeit, Die Welt
중국	(방송) CCTV (신문) 人民日報 (통신) 신화사
일본	(방송) NHK (신문) 讀每新聞(요미우리), 아사히신문
인도	(방송) Puthiya Thalainurai (신문) The Times of India
러시아	(방송) Rossiya, NTV, (신문) Izvestya
중동아프리카	(방송) AlJazeera (신문) Egypt Daily News
대한민국	(방송) KBS, MBC, SBS (신문) 조선일보, 중앙일보, 동아일보, 한겨레신문
인터넷	Google News, Daum,

자료: http://www.en.wikipedia.org/wiki 2014-10-10 검색; http://www.google.co.kr 2014-10-10 검색.

2 언론과 여론의 관계

1) 여론의 정의와 특성

여론(public opinion)이란 어떤 집단 구성원들과 관계있는 문제를 중심으로 집단 구성원들 사이에 자유로운 커뮤니케이션이 행해진 결과, 그 집단 구성원들의 다수가 자발적으로 지지하게 된 의견이라고 할 수 있다(김창희, 2013: 156). 여론이란 정책적 관점에서 일반 국민이나 시민이 정책과 관련해 지니고 있는 공통적인 의견(정정길 외, 2012: 218)이라고 할 수 있다. 쉽게 표현하면 '공중의 의견'이라고 볼 수 있다. 여기서 공중은 개인 또는 사적인 것과 대비되는 개념으로 대중이 한 단계 승화된 상태의 추상적 의미이다. 여론은 사회 구성원의 의지를 집약한 것으로 대

다수의 의견이지만 반드시 대다수의 의견은 아니다. 특히 매스미디어를 통해 여론은 조작될 수 있다(김창희, 2013: 156).

여론의 특성은 그것이 어떻게 형성되는가에 따라 다음과 같이 제시되고 있다(홍득표, 1999: 246-248). 첫째, 여론은 유동적이다. 여론은 쟁점이 부각되거나 다른 관심사가 나타나면 달라진다. 여론은 상황에 따라 변하며 일시적이다. 둘째, 여론은 옳고 그름의 문제가 아니라 선호의 문제이다. 셋째, 여론은 다수의 의견이지만 사회 전체를 대표한다고 볼 수 없다. 여론은 나이, 성별, 인종, 사회적 신분, 지역, 종교에 따라 달라진다. 넷째, 여론은 유언비어와는 달리 구체적인 쟁점이나 관심과 관련해 형성된 것이다.

2) 여론의 형성과 언론

여론이 형성되기 위해서는 개인 의견이 먼저 형성되고, 그런 다음에 개인들이 모여서 집단 의견을 형성하게 된다.

개인 의견의 형성 과정은 어떤 문제에 대해 관심을 갖고서 그 문제를 둘러싼 여러 가지 요인을 인지하고 그러한 요인들을 해석 · 평가 · 판단하며, 그 판단을 표명하는 등의 단계를 거친다. 이렇게 해서 개인이 내린 평가와 판단을 언어로 표현한다. 이러한 과정에서 매스미디어는 개인이 경험할 수 있는 영역 밖의 사상이나 의견 또는 사회 움직임들에 대한 정보를 제공함으로써 사람들이 외부 세계와 접촉할 수 있는 주요 기능을 한다(김창희, 2013: 160-161).

이렇게 표출된 개인 의견은 인간의 끊임없는 사회적 관계를 통해 집단을 형성해 의견을 조직화한다. 개인 의견이 집단 의견으로 발전되기 위해서는 토의와 상호작용이 있어야 한다. 토론의 과정을 거치는 동안 개인의 의견 속에 내포되어 있는 불합리하고 감정적인 요소들이 점차 배제되고 이성적이고 합리적인 의견들로 집약되어 분산되었던 대중의 속성의 개인은 공중의 속성을 띠고 공동의 의견을 표명해 간다(원우현, 1990: 32).

오늘날 대중은 상호이질성을 지니고 있으며, 사회구조는 이전에 비할 수 없이 복잡해졌다. 대중의 여론은 정보의 획득과 상호 의견 교환이 충분히 이루어지지 못한 상태에서 형성되기 쉬우며, 이러한 점으로 인해 신문을 비롯한 매스미디어는 개인의 의견과 집단의 여론 형성에 중요한 역할을 수행하게 된다.

신문을 비롯한 매스미디어는 여론 형성 과정에서 일반대중에게 정보를 제공하고 의견을 매개하는 기능을 할 뿐 아니라, 대중의 의견을 지도하고 일정한 방향으로 유도하는 기능까지 하고 있다. 특히 신문을 중심으로 한 해설적 기능은 일반대중이 이해하지 못하는 문제들을 풀이해서 그들로 하여금 의견을 형성하게 하는 역할도 하고 있다.

매스미디어는 공중 사이의 여론 형성 과정에 두 가지 중요한 역할을 수행한다. 첫째로 매스미디어는 보도 기능을 수행한다. 매스미디어는 중요한 사건과 정치행위를 뉴스와 논평의 형태로 제시한다. 둘째로 매스미디어는 여론조사 기능을 통해 이슈에 대해 공중들이 조직화되어 가는 반응을 보여줌으로써 또 다른 역할을 한다(김영석, 1996: 243-244; 김창희, 2013: 161에서 재인용).

보통은 국민들, 즉 공중의 이슈가 언론의 이슈에 영향을 주지만 때로는 언론의 이슈가 공중, 여론에 영향을 준다(Uscinski, 2009: 796-815). 언론의 집요하고 반복적인 보도가 공중의 마음, 태도를 바꿀 수 있기 때문이다.

3 언론인과 언론기관

1) 언론인: 기자

언론인은 여러 부류로 분류될 수 있으나 정책과 관련해 보면 주요 행위자는 기자이다. 기자는 방송기자, 신문기자 등 분야별로 구분될 수 있으며 수준도 천차만별이다.

기자는 일정 수준의 지식과 윤리적 책임성을 요구하는 직업이다. 기자라는 직업을 선택한 이유로 대표적인 것을 든다면 창조적이고 능동적인 직업이며, 다음으로 사회 정의를 구현하기 때문이라고 한다(장호순, 2012: 204-205).

기자가 갖추어야 할 자질로는 고전적으로는 호기심, 끈질김, 근면성, 공정성, 용기, 사교성, 정직성, 표현력을 들고 있으나 현대적 의미에서는 국제화, 정보화, 전문화 그리고 분석력을 들고 있다(장선화, 2005: 169).

기자들의 직업생리를 이해하면 언론의 본질에 더 가까워질 수 있다. 기자의 생리로는 자유인, 비전문적 전문인, 지사(志士)적 샐러리맨, 하루살이 등을 들 수 있으며 마감 강박, 낙종 강박, 오보 강박 등 강박 관념이 있다. 그들은 보도 내용을 가능한 한 단순화하려 하며, 짧은 시간 안에 판단을 내리며, 대체로 부정적이고 갈등 유도적이다(박진용, 2011: 130-146).

2) 언론 및 언론기관의 종류

언론의 종류는 크게 방송사, 신문사(잡지사 포함), 통신사, 인터넷 매체 등 네 가지로 구분할 수 있다. 매체별 주요 특징은 다음과 같다(박진용, 2011: 71-72, 117-129).

신문은 가장 오래된 대표적 언론매체로서 뉴스 전달과 해석, 즉 보도·논평의 기능을 중시한다. 정치 지향적이며 문제 제기, 비판, 고발에 강하며, 딱딱한 뉴스 보도에 적합하다. 신문은 모든 언론의 기초 단위이며 한 사회의 지적 수준을 반영한다. 신문은 출발부터 편집국 우위의 조직 운영을 해왔다.

방송은 태생적으로 PD들의 매체이다. 전체 방송 운영이 PD들의 손으로 이루어진다. 공영방송을 제외하고는 보도 기능보다는 오락 기능이 중시된다. 방송은 영상의 특성상 접근이 쉽고 친근하며 이미지의 전달력이 강하다. 또한 방송은 시간이라는 절대 조건 아래서 뉴스를 진행한다. 주요 뉴스가 수십 차례 반복되기 때문에 실제 뉴스 취급량은 수십 건에 그친다.

인터넷은 신문과 TV의 약점인 시공간의 제약이 없다. 짧은 시간에 다량의 정보를 광범위하게 유통시킬 수 있으며, 기사 길이도 마음대로 설정할 수 있다. 독자, 시청자들과 즉각적인 의사 교류가 가능하며 이를 보도에 반영할 수 있다. 속보 처리와 생중계에 강점이 있지만, 영상과 글자를 담아주는 모니터 크기가 작다는 데 약점이 있다.

라디오는 TV가 출현한 후부터 뉴스 보도 기능은 약화되고 오락 기능이 강조되고 있다. 생방송의 특징을 살릴 수 있으며 대담과 같은 설명 프로그램에 적합하다.

통신사는 독자적인 뉴스 취재만을 전문으로 하는 언론으로 신문사와 방송국에 관련 뉴스를 전달하거나, 독자적으로 대중에게 전달하기도 한다. 여기에는 연합뉴스, 뉴스와이어, 신화통신사, 로이터 통신사 등이 있다.

언론기관은 조직과 활동에 대한 소유와 지배 양식에 따라 국영언론, 공영언론, 민영언론으로 구분한다(방정배·김민남, 1995: 52-53). 이 구분은 방송사에서 더욱 명확하게 드러난다.

국영 언론기관은 국가가 언론기관의 소유주이고, 국가 예산이 운영재원으로서 언론이 정치 체제에 통합된 하나의 국가기구적 성격을 가진다. 따라서 언론은 자율성을 상실한다. 이 유형은 여론 형성이나 언론적 도구로는 부적합하지만 국가 홍보나 특수 기능의 조직 유형으로는 적합하다.

민간 언론기관은 경제적인 경쟁 모델에 기초해 조직되고 경영된다. 신문구독료, 광고료가 재원이 된다. 이러한 유형에서 언론활동은 국가 권력으로부터 자유롭고 독립된다. 민영언론은 지나치게 사적 이윤을 추구하게 되는 경향이 있으며 재원 조달 문제로 경영난을 겪기도 한다.

공영 언론기관은 공법적으로 조직되고 경영된다. 따라서 방송이 국가와의 관계나 경제 및 특정 사회집단과의 관계에서 독립성을 확보하는 조직 형태를 가진다. 이 경우 재원은 원칙적으로 시청료·구독료에서 충당되며, 그것을 지불하는 수용자로 구성되는 신문 및 방송 통제기구에 의해 언론활동이 통제받게 된다. 공영언론은 그 주체가 시민사회 자체라는 것이다.

4 언론의 제작

언론의 제작은 언론매체에 따라 다르나 여기서는 신문사를 중심으로 다룬다. 신문 제작은 부장회의와 마감 시간이라는 두 축을 중심으로 움직인다(박진용, 2011: 86-88).

신문의 제작 절차는 다음과 같다. 기자는 취재 후 기사를 작성한다. 완성된 기사는 컴퓨터를 통해 데스크에 넘겨진다. 데스크는 기사의 보완, 시각의 조정을 요구하거나 문장을 손질한다. 주요 기사는 국장단에 넘어가고 나머지 기사들은 정치면, 경제면, 사회면 등 자판 제작에 쓰인다. 국장단과 부장들이 1개 지면 단위의 사진과 기사들을 지정해 주면 편집기자들이 기사 제목을 달고 지면을 설계한다.

제작국에서는 편집기자의 편집설계를 받아 조판 준비를 한다. 편집기자의 판짜기가 끝나면 편집부장이 전체적으로 정리한다. 국장단이 검토하면 다시 편집기자가 최종 대장을 출력한다. 지면 기사가 끝나면 광고물이 하단으로 들어온다.

표 12-2 시간대별 신문 제작 일정(A 전국 일간지 편집국)

07:00	출입처 돌아보기
09:30	기사 계획 발제
11:00	편집회의 및 인터넷용 기사 출고
11:30	편집국 주요 부장회의
11:00-17:00	기사 작성, 전송, 편집, 신문 제작
14:00	편집회의: 부장회의, 지면 계획 수정
15:00	제작회의
18:00	기사 마감 및 조판
19:30	편집회의: 초판 지면 검토 및 수정
20:00-03:00	저녁 보고
22:00	편집국회의: 편집국장단과 부장단, 마감회의
24:00-02:30	인쇄
03:00	인터넷판 서비스
04:30	배달 완료

자료: 박진용(2011: 86-88).

제 2 절 언론의 정책적 기능

1 정부와 언론의 관계

1) 정부와 언론 관계의 이상과 현실

정부는 정책을 기획하고 집행하는 주체이다. 따라서 정책에 대한 언론의 개입과 영향력을 살펴보기에 앞서 정부와 언론의 관계를 조명해보는 것이 필요하다. 언론과 정부가 각자 추구하는 이상(理想)이 다르고 상호대립적이다(방정배 · 김민남, 1995: 282-284).

언론의 이상은 언론기관이 기득권을 가진 지배집단과 피지배집단 사이에서 독립적인 사회제도로 유지 · 존속하기 위해 지배집단에의 의존을 탈피하고 정보의 창출·전달에서 공정한 입장을 취하는 것이다. 반면 정부의 이상은 언론기관의 사회적 가치를 올바르게 확보해 주기 위해 그 힘, 즉 국가 권력을 보충적으로 사용해 주는 일이다.

하지만 이해 관계가 첨예하게 대립화되어 있고, 복잡하게 얽혀 있는 현대 사회에서 지배도구화된 언론을 제도언론이라고 부른다. 제도언론과는 반대로 정치·경제·사회·문화적으로 소외된 자들은 자신의 부조리를 제도에 반영키 위해 또 다른 언론활동을 해야만 하는데 이 같은 언론매체를 대항언론이라고 한다.

제도언론의 측면에서 보면 정부와 언론의 관계는 상호 협조적인 성격을 지니지만, 대항언론의 측면에서 정부와 언론의 관계는 갈등 구도를 형성하게 된다.

우리나라에서는 헌법과 법률에서 언론에 관해 규정하고 있다. 「대한민국 헌법」에서는 제21조에 "모든 국민은 언론·출판의 자유를 갖는다."고 규정하고 있으며, 관련 법률으로는 「신문 등의 자유와 기능 보장에 관한 법률」, 「신문진흥법」, 「방송법」, 「뉴스통신 진흥에 관한 법률」 등을 들 수 있다.

2) 정부와 언론의 관계 이론 모형

정부와 언론의 관계는 분류 기준에 따라 다양하게 제시되고 있다. 최경진은 상호의존모형, 정치권력우위모형, 언론우위모형, 상호공생모형, 상호침투모형을 제시한다(최경진, 2003: 85-87).

유재천과 이민웅은 한국적 특수성을 적용해 정부와 언론 간의 관계를 진자운동으로 제시한 바 있다. 이들은 정부와 언론의 관계는 정형화된 것이 아니며, 진자운동처럼 외부 환경에 따라 적대 관계, 견제 관계, 공생 관계, 유착 관계, 일체 관계 사이에 변화할 수 있다고 주장했다(유재천·이민웅, 1994: 34).

황상재 등은 언론과 정부의 영향력에 따라 언론과 정부의 관계가 다양하게 변화할 수 있다고 보고 네 가지 모형을 제시한다(황상재 외, 2012: 643-676). 언론의 영향력이 정부의 영향력보다 크면 경쟁/대립/긴장 관계를 형성하게 되고, 언론과 정부의 영향력이 서로 작으면 공존·자유·방임 관계가, 정부와 언론의 영향력이 서로 크면 보완·협조·경쟁 견제 관계가, 마지막으로 정부의 영향력이 언론의 영향력보다 크면 유착·홍보도구화 관계로 나타냈다.

표 12-3 언론과 정부의 관계: 영향력 관계

		정부의 영향력	
		대	소
언론의 영향력	대	보완 · 협조 · 견제 관계	경쟁 · 대립 · 긴장 관계
	소	유착 · 홍보도구화 관계	공존 · 자유 · 방임 관계

자료: 황상재 외(2012).

2 정부정책에 대한 언론의 영향과 개입

1) 보도 기능과 정책 개입

언론은 보도 기능을 통해 정부정책에 대한 현황을 알리고 여론을 환기한다. 계속적인 사실보도는 특정 문제를 정책의제화하는 데 매우 효과적이다.[1] 즉, 한 언론사가 같은 이슈를 계속 보도함으로써 사회적 관심을 끌어내어 공공의제를 지키는 역할을 하여[2] 국민과 여론의 관심을 계속 유지하게 하면서 결국 정책의제화로 이끈다. 또한 여러 신문사나 방송사가 동일 주제나 유사 주제를 같은 시기에 집중적으로 보도하는 것만으로도 여론을 환기하는 데 크게 기여한다.[3]

보도 기능에서는 보도의 정확성과 신속성이 중요시된다. 이 양자 간에는 상호 대립될 가능성이 크다. 신속할수록 정확성이 떨어지는 경우가 많고 정확할수록 신속성이 떨어질 경우가 많다. 어느 것도 경시할 수 없는 중요 가치들이다.

보도 기능이 정책에 대한 기능을 발휘하려면 단순 사실보도에서 탐사보도로 나가야 한다. 미국에서 탐사보도상은 탐사 저널리즘 분야에서 매우 높게 인정받고 있다.[4] 탐사보도는 기획보도라고 볼 수 있다. 특정 주제에 대해 의도적으로 기획하고, 관찰하고, 분석해 보도하며 비교적 장시간을 필요로 한다. 기획보도가 이루어

1) 예컨대 미국 담배규제 정책에 대한 언론의 영향을 들 수 있다(Forster et al., 2012: 303-330).
2) jTBC 뉴스9(손석희 앵커 진행)에서는 세월호 사건보도를 76일간 해왔다. 팽목항을 톱뉴스로 자리매김한 것이다. 이는 저널리즘의 새로운 시도로서 스스로 '의제지키기'로 자평한다(김민, 2014: 65-69).
3) 러시아의 개방화(Perestroica) 시대에 러시아 정부는 언론사를 최대한 활용했다.
4) 미국 2011년 탐사보도상 대상인 IRE 메달은 방송/비디오 분야에 출품한 ABC 방송 휴스턴 지국인 'KTRK-TV' 등이 받았다. 이 TV사는 텍사스 휴스턴 지역 경찰관들의 부패와 비리를 파헤친 '경찰부패'라는 제목의 10회 연속 보도로 메달을 획득했다(한국언론진흥재단, 2012: 95-99).

지면 정부정책, 사회환경에 지대한 영향을 미칠 가능성이 커진다. 조선일보의 '죄의식 없는 표절 취재기'는 논문 표절의 심각성을 고발하고 이를 방지하기 위한 법안 마련을 촉구한 바 있다.

〈사례〉 조선일보 죄의식 없는 논문 표절 취재기

조선일보 2002년 3월 7일 '서울대 교수, 논문 표절로 첫 사직'이라는 기사는 원선우 사회부 기자가 '서울대 정치학과 교수가 표절을 했다'는 제보를 받고 충혈된 눈 부릅뜨고 수백 개의 논문을 뒤진 후 발견한 산물이다. '교수·목사·스타 강사까지…… 표절로 출세하는 나라'(3월 20일)가 보도되자 스타 강사인 김모 씨가 진행하던 tvN이 폐지되었다. 이어 톱스타 김모 씨 등도 학위를 반납했다. 승려, 목사의 논문 표절이 밝혀졌고 유명 외고, 자사고 교장의 논문 표절(4월 9일)이 확인되었다. 대학교수들의 자기 표절 문제도 잇따라 제기되었다(4월 9일). '너무나 당연시해 왔던 표절! 대학이 나서 비정상화를 바로잡아야'(4월 23일)라는 전문가 대담으로 막을 내렸다.

이어 서울대 등은 표절 관련 윤리 강화를 발표했고, 고려대는 석·박사논문 검증을 벌이겠다고 했으며, 몇몇 국회의원 중심으로 논문 표절을 방지하기 위한 법안 발의 움직임이 있었다.

자료: 원선우(2013: 62-66).

2) 언론사 의견 제시와 정책 개입

언론사는 논설 및 해설 기능을 통해 정부정책에 대해 적극적으로 언론사의 의견을 표명해 정부정책에 대한 찬성과 반대, 중립 등의 입장을 밝힘으로써 여론을 주도한다. 신문사에서는 논설을 '사설'이라는 제목으로 일간신문의 경우 매일 2~3편씩 게재한다. 이 글은 언론사의 이념과 가치 그리고 편집 방향에 맞추어 논설위원들이 작성한다. 방송사에서는 주요한 언론 이슈에 대해 방송사 소속 해설위원들을 통해 해설과 시사비평을 한다.

그런데 논설의 핵심은 논변(argument)에 있고, 논변은 이유 있는 주장(claim with reason)이다. 따라서 이유 있는 주장은 사실적 근거는 물론이고 가치에 의거한 것이어야 한다. 치밀한 객관적 정황과 증거 그리고 언론사나 논설위원 그리고 국가사회가 추구하는 가치와 이념이 반영되어야 한다.

2011년부터 2013년 사이의 '이명박 정부의 4대강 사업에 대한 감사원 감사 결과 보도'나 2012년 '고리원자력 발전소 블랙아웃 사고에 대한 보도'(박진우 외, 2014: 31-74)에서 보듯이 언론사의 편집 가치와 성향은 대(對)정부 정책 영향의 방향이나 내용에 크게 영향을 준다.

언론사는 정당과 상호작용을 한다. 보수언론은 보수정당과 심정적으로 연대하며, 진보언론은 진보정당과 심정적으로 연대한다. 따라서 취재원 역시 유유상종이다. 보수정당이 집권하면 보수언론은 보수정부의 자료 제공에 크게 의존하지만, 진보언론은 보수정부가 아닌 시민사회단체 등으로부터 취재원을 의존한다.

〈사례〉 이명박 정부의 '4대강 사업'에 대한 감사원 감사 결과 신문 보도

이명박 정부의 최대 역점 사업인 4대강 사업에 대한 감사원 감사는 지금까지 모두 세 차례에 걸쳐 이루어졌다. 1차 감사 결과(2011.1.27)는 사업이 문제가 다소 있었지만 사업 목적은 정당했다고 정책홍보를 했다. 그런데 2차(2013.1.17)와 3차(2013.7.10) 감사에서는 사업의 집행 결과를 설계 부실, 비효율적 준설계획, 경쟁 제한 등 비평적으로 평가하는 내용 일색이었다.

이에 대해 4대강 감사에 대한 기사는 경향신문 184건, 한겨레 169건이었으며, 한국일보(134건), 조선일보(118건)도 100건을 넘었고, 동아일보(60건), 중앙일보(45건)는 상대적으로 적었다. 보수적 논조의 신문들은 4대강 사업에 대한 단순 사실을 전하거나 정치적 갈등에 대한 것에 상대적으로 많은 지면을 할애했다. 그리고 공식적 취재원인 감사원과 국토해양부가 제공한 자료에 크게 의존했다.

대부분의 보수 및 중도 신문들이 언론 본연의 역할인 경고와 감시 기능을 소홀히 했으며 정치적 갈등 보도는 홍수를 이루었다. 다만 경향신문과 한겨레신문이 전문가 진단과 현장취재 결과를 탐사보도한 것은 긍정적인 평가를 받을 만하다.

자료: 김춘식(2013: 61-65).

3) 다른 조직과 연대와 협력을 통한 정책 개입

언론사는 전문가나 학회와 학자, 국회의원 등과 함께 포럼, 세미나 등을 통해 개인이나 언론사의 입장을 밝힌다. 언론사는 자기 언론의 지면이나 방송을 통해 자기 언론과 정체성이나 이념이 비슷한 전문가, 학자 등에 칼럼을 쓰게 하며 인터뷰를 함으로써 간접적으로 그들의 견해를 나타낸다. 언론사는 세미나, 포럼, 토론회 등을 학술단체, 협회, 국회의원, 정당 등과 공동으로 개최하거나 주관함으로써 전문성을 보강하고 여론을 환기시킨다. 회의의 결과는 언론사 지면이나 방송으로 보도된다. 언론인 개인의 자격으로 이들 회의에 참가하더라도 언론사의 입장을 어느 정도는 반영하는 것이다.

언론사는 여론조사(사실상 의견조사)를 통해 적시성 있는 여론을 보여준다. 하지만 의견조사로써 엄밀하게 여론을 공정하고 정확하게 반영하는지는 의문이다.[5] 언론사가 직접 의견조사를 하는 경우도 있고 조사전문기관과 공동으로 의견조사를 하기도 한다. 언론사는 보통 전통적인 여론조사를 통해 자료를 수집하고 분석해 보도하는데, 최근에는 SNS와 스마트폰이 보급된 네트워크 사회에서 소셜 여론조사[6]가 많이 활용되고 있다.

언론사가 다른 언론사와 또는 언론단체 간에 연대해 정책 개입을 할 수 있다. 2014년 4월 16일 세월호 사건보도와 관련해 언론 5개 단체(기자협회, 한국신문협회, 한국방송협회, 한국신문방송편집인협회, 한국신문윤리위원회)는 재난보도준칙 제정 관련 토론회의 시안을 바탕으로 2014년 9월 16일 재난보도준칙을 제정・선포한 바 있다(한국신문협회, 2014).

언론과 정부가 함께 보도 기준을 마련할 수 있다. 최근 기자협회와 국방부는 국가안보 위기 시 군 취재 보도 기준을 제정했다. 2010년의 연평도 포격사건이 계기가 되어 2012년 9월 24일 제정되었다. 여기서 언론은 작전 현장에 따라 공동취재단 구성을 원칙으로 한다(김성후, 2012: 71-74).

4) 선거공약 보도, 인사 검증과 정책 개입

선거 시 정책공약에 대한 보도로 정치가를 선출하는 데 영향을 주고 있다. 선거에서는 사실에 입각해 공정하게 균형적으로 보도를 해야 한다. 또한 선거가 정책 경쟁의 장이 될 수 있도록 유도하는 한편, 도덕성과 자질을 심층적으로 분석해 유권자들의 선택에 도움을 주어야 한다.

공직자에 대한 인사청문회제가 도입되었다. 인사청문회의 후보자들에 대한 인사검증은 원래 정부의 몫이므로 대통령비서실, 국가정보원, 검찰청, 경찰청, 국세청,

---

5) 언론의 의견조사에 대한 문제점에 대해서는 이효성(2001: 412-478) 참조.

6) 일반여론조사가 일반인을 대상으로 하며 확률적 표집(sampling)을 하고, 조사자가 응답자를 선별하며, 객관식 응답을 활용하는 데 반해, 소셜 여론조사는 인터넷 및 SNS 이용자를 대상으로, 대체로 비확률적 샘플링을 하며, 자발적 참여자가 많고 대화형과 링크까지 다양한 분석 데이터를 사용한다(박한우, 2012: 84-88).

그리고 과거의 중앙인사위원회 등이 담당하지만 언론에서는 이들을 보완하며, 이들이 발견해 내지 못한 점 특히, 사회적 측면의 도덕성과 자질을 검증하는 데 기여한다. 이런 점에서 '동아일보 인사검증 TF 운영'[7]이 돋보인다.

3) 정부정책의 홍보와 언론

정책홍보는 공공기관에서 만든 정책을 정책 대상자에게 알리는 것을 말한다. 다시 말해 정책홍보는 정책 과정의 전반에 걸쳐 정책 추진조직과 정책 대상집단 간의 정보 제공, 참여, 소통을 관리하는 것을 의미하며, 이에 대한 총괄 책임은 정책홍보조직이 담당한다(김찬동·김정욱, 2011: 13-17). 정책홍보에서 정책 주관기관과 언론기관이 매우 중요한 역할을 담당한다.

정책홍보를 하는 데는 의미 있는 공중(significant publics)이 있다. 이런 공중은 그들의 연령, 성별, 학력, 지역, 가치관, 그리고 이해 관계에 따라 선호하는 매체가 다르며, 정보를 얻고 사람들과 소통하는 방식도 다르다. 언론은 대중매체로서 중요한 정책 통로 중의 하나이다.

정책홍보를 담당하는 부서는 정부기관의 주요 활동에 대해 사전에 평가활동을 하며, 주요 공중의 태도 변화 및 환경 변화를 파악하고 있어야 한다. 그리고 공공정책의 수립과 집행 과정 등 의사 결정 과정에서 자문을 하며, 공중과 정부 각 기관 간의 쌍방향 커뮤니케이션의 매개 기능을 수행한다(신호창 외, 2011). 최근에는 인터넷 시대에 발맞추어 SNS, 페이스북, 소셜 미디어를 담당하는 팀이나 팀원을 두고 있다.

우리나라에서 정책홍보를 담당하는 주무부처는 문화체육관광부이며 제2차관 아래 국민소통실이 있다. 국민소통실 아래에는 홍보정책관과 홍보콘텐츠기획관이 있다. 청와대에서 홍보수석실을 두는 등 개별 기관들도 홍보부서를 운영하고 있다.

우리나라의 정책홍보와 관련해서는 전문성의 부족을 들고 있다. 담당 인력의 부족은 물론, 정책홍보 담당부서의 부족도 제기되고 있다. 또한 최고관리자의 정책홍

---

7) 동아일보사는 1993년 김영삼 정부 시절 장관 3명과 서울시장을 낙마시킨 바 있다. 2012년 선거 때 사회부 몇 명이 인사검증팀을 만든 바 있다. 이 때부터 대법관 후보의 위장전입 문제 등을 밝혔고 대상자가 해명 자료를 내놓았으며, 현재는 채널A와 동아일보가 협업으로 검증팀을 만들어 운영하고 있으며, 병역비리, 재산 형성, 납세, 부동산 투기, 논문 표절 등을 중점적으로 밝힌다(정원수, 2012: 46-51).

표 12-4 주요 정부 및 공공기관의 정책홍보 부서

- 문화체육관광부:
  [홍보정책관] 홍보정책과, 정책여론과, 분석과, 홍보협력과
  [홍보콘텐츠기획관] 홍보콘텐츠과, 주민홍보과, 정책포털과, 온라인소통과
- 대통령비서실: [홍보수석] 홍보기획, 대변인, 국정홍보, 뉴미디어정책
- 통일부: 대변인, 홍보담당관
- 서울특별시: [대변인실] 언론행정담당관, 언론지원담당관
- 병무청: 대변인실
- 한국전력공사: 홍보실

보 인식의 부족, 언론인과 정부의 홍보담당자 사이에 기본적인 인식의 차이를 보이고 있다. 정부가 제공하는 핵심 정보에는 내용이 부족하며, 언론의 부정적 보도에 대해서는 매우 신속하게 대응하는 경향이 있다(황상재, 2012: 18-21).

제 3 절 대한민국의 언론 현황 및 정책 역량

1 대한민국의 언론 현황

한국 사회가 발전하면서 언론 분야 종사자가 많아지고 있다. 매체 유형별로 보면, 2012년 현재 종이신문 분야 종사자는 25,991명, 방송 분야 종사자는 16,536명, 인터넷신문 분야 종사자는 11,464명으로 총 53,991명이 언론 분야에서 일하고 있다(한국언론진흥재단, 2013).

최근 3년간 신문산업의 기자직 종사자의 변동 추이를 총 정원 중 기자가 차지하는 비율을 기준으로 살펴보면, 2010년 19,756명(60.0%), 2011년 21,482명(59.1%), 2012년 22,457명(57.0%)으로(한국언론진흥재단, 2013: 156) 약간씩 증가하고 있다. 총정원 대비 기자율은 약 60% 정도이다.

모든 기자가 국가의 정책에 직접적으로 영향을 미치지는 않지만 간접적으로 영

향을 미친다고 볼 수 있다. 다만 취재기자와 편집기자가 직접적으로 정책에 영향을 미치는 기자군(群)이라고 볼 수 있다.

일간지의 경우 취재기자는 6,923명(72.5%), 편집기자는 1,539명(16.1%), 주간지의 경우 취재기자 3,578명(65.2%), 편집기자 1,274명(23.2%), 인터넷신문의 경우 취재기자 4,823명(65.0%), 편집기자 1,583명(21.3%)이다. 기자 전체로는 취재기자가 15,325명(68.2%), 편집기자 4,395명(19.6%)으로 그 수가 적지는 않다(한국언론진흥재단, 2013: 157).

한편 방송보도 분야를 보면 다음과 같다. 보도채널 현황은 지상파방송의 경우 공영방송, 민영방송, 지역라디오방송, 종교방송, 교통방송, 영어방송, 보도전문으로 나뉜다. 방송채널사용 사업자의 경우 종합편성과 보도로 구분된다. 이 중 전국적 규모로 정책에 영향을 주는 방송매체로는 공영방송의 한국방송공사(KBS 1TV, 2TV), ㈜문화방송 18개 지역 MBC, 민영방송의 ㈜SBS를 비롯해 종합편성채널의 ㈜제이티비씨, ㈜조선방송, ㈜채널 A, ㈜매일방송(mbn), 보도채널의 연합뉴스TV, ㈜와이티엔(YTN)을 들 수 있다.

보도 분야 종사자는 방송직 이외에 임원, 관리행정직, 방송직, 기술직, 연구직, 영업홍보직 등으로 구성된다. 방송직은 기자, PD, 아나운서, 제작 관련(카메라, 조명, 미술, 편집 등), 기타(성우, 작가 등)로 구분되며, 정책에 직접 영향을 주는 방송인은 기자와 PD라 할 수 있다.

2012년 말 기준 우리나라 방송산업 종사자는 전체 33,888명인데, 이 중에 기자는 총 3,794명이며, 지상파 2,258명, 방송채널사용사업 1,232명이다. 또한 PD는 총 4,514명인데 지상파 2,310명, 방송채널사용사업 2,009명이다(한국언론진흥재단, 2013: 201).

매체별 영향력에서는 신문 17.3%, 텔레비전방송 48.2%, 라디오방송 8.4%, 인터넷뉴스 26.0%이다. 한편 매체영역별 영향력 5.0% 이상인 경우를 보면 다음과 같다. 신문에서는 조선일보(24%), 중앙일보(18%), 동아일보(16%), 매일경제(7%), 경향신문(6%), 한겨레신문(5%)을, 텔레비전 방송에서는 KBS(56%), SBS(14%), MBC(13%)를, 라디오방송에서는 MBC 라디오(56%), KBS 라디오(24%), SBS 라디오(8%), tbs교통방송(6%)을, 인터넷뉴스에서는 조선일보인터넷뉴스(8%), 중앙일보인터넷뉴스(7%), 연합뉴스인터넷뉴스(6%), 머니투데이인터넷뉴스(5%)

를 들 수 있다(윤석민, 2013: 59-62). 우리나라에서 공영방송 KBS는 모든 매체 중에서 가장 영향력이 크다. KBS를 제외하고 매체별 영향력의 집중도는 상대적으로 낮다.

2 언론기관의 정책 담당부서

우리나라 대표적 언론사 중에서 자료 수집이 가능한 조선일보, 한겨레신문, 한국방송공사(KBS), 문화방송(MBC) 등에서 정책 관련 부문의 구체적 사례를 살펴본다.

조선일보는 임원실 아래 경영기획실 등, CS본부, AD본부, 편집국, 논설위원실, 총무국, 재경국 등으로 조직이 편성되어 있다. 정책과 직접적으로 관련이 있는 부서는 편집국과 논설위원실이다. 편집국에는 국장단 외, 여론독자부, 편집부, 정치부, 경제부, 산업1부, 산업2부, 사회부, 사회정책부, 주말뉴스부, 국제부, 문화부, 스포츠부, 디지털뉴스부, 특별취재부, 프레미엄뉴스부, 사진부, 동부아시아연구소가 있다. 국제부에는 뉴욕, 도쿄, 워싱턴, 파리, 베이징(北京) 특파원이 속해 있다. 논설위원실에는 논설주간과 12명의 논설위원들이 포진해 있다.[8]

한겨레신문사는 대표이사 아래 편집인과 경영총괄임원을 둔다. 편집인 아래 논설위원실, 편집국, 연구기획조정실, 디지털미디어국을 둔다. 편집국에는 토요판팀, 탐사기획팀, 교열팀, 편집관리팀과 취재 부문, 에디터 부문, 온라인 부문, 미디어디자인 부문으로 구분한다. 취재 부문에는 정치부, 경제부, 사회부, 사회2부, 국제부, 문화부, 스포츠부, 사진부, 사회정책부, 인물탐구부, 콘텐츠기획부, 여론미디어팀을 둔다. 에디터 부문은 종합면, 정치사회, 문화스포츠, 테마편, 토요판, 여론미디어, 탐사기획을 둔다.[9]

한국방송공사(KBS)는 사장, 부사장 아래 편성본부, 보도본부, TV센터, 라디오센터, 제작기술센터로 조직화되어 있다. 이 중 정책과 직접 관련이 있는 본부는 편성본부와 보도본부이다. 편성본부는 콘텐츠개발실, 편성국, 협력제작국, 아나운서

---

8) http://about.chosun.com/images/company/r-16-01.gif 2014-09-27 검색.

9) http://company.hani.co.kr/images/hankyoreh/img-special-09.jpg 2014-09-27 검색.

실, 영상제작국, 아카이브관리국, 편성운영부로 구분된다. 보도본부는 보도국, 디지털뉴스국, 해설위원실, 시사제작국, 스포츠국, 보도영상국, 보도그래픽부, 보도운영부로 구분되며, 정책 영향의 중심지인 보도국은 다시 편집주간, 취재주간, 국제주간으로 구분된다. 취재주간 아래 정치외교부, 북한부, 경제부, 사회1부, 사회2부, 문화부, 과학재난부, 네트워크부로 분화된다.[10]

문화방송(MBC)은 사장, 부사장 아래 편성제작본부, 보도본부, 드라마본부, 예능본부, 디지털본부, 미디어사업본부 등 본부 체제로 운영된다. 이 중 정책 분야와 직접적으로 관련이 있는 본부는 편성제작본부와 보도본부이며, 편성제작본부는 편성국, 시사제작국, 교양제작국으로 세분화된다. 보도본부는 보도국 아래 영상편집부, 취재센터, 편집1센터가 있으며, 취재센터에는 정치부, 경제부, 사회1부, 사회2부, 전국부, 문화레저부, 정보과학부, 국제부, 기획취재부가 있고, 편집1센터에는 뉴스데스크편집부, 주말뉴스부, 컴퓨터그래픽부가 있다.[11]

따라서 신문사에서는 편집국, 취재 부문, 논설위원실을, 그리고 방송사에서는 보도국, 취재센터 혹은 취재담당, 해설위원실을 두어 정책을 취재 · 연구 · 보도하게 하고 있다. 일부 언론사에서는 연구소를 두어 정책연구 역량을 증진시키고 있는데 중앙일보의 중앙경제연구소, 한겨레신문사의 한겨레정책연구소와 한겨레사회정책연구소, MBC의 통일방송연구소 등을 들 수 있다.

3 대한민국 언론의 이념지향성과 정부 정책평가

한국 사회의 이념적 갈등의 특성은 반공 이데올로기를 둘러싼 갈등이 가장 강력한 축으로 작동한다. 언론의 이데올로기적 특성은 사회 각 분야의 주요 쟁점들에 대한 시선을 종합할 때 확연히 드러난다. 예를 들어 노사문제, 남북문제, 여성문제, 환경문제, 교육문제 그리고 지역문제에 대한 매체에 대한 시각을 보면 언론사가 지향하는 가치를 추정할 수 있다. 대한민국의 언론은 보도의 객관성을 내세우면서도 특정한 지향성을 보여왔다는 평가를 받는다(이원섭, 2009: 194-197).

10) http://www.kbs.co.kr/openkbs/organization/sub01.html 2014-09-27 검색.

11) http://aboutmbc.imbc.com/korean/corporateinfo/organization/index.html 2014-09-27 검색.

이원섭은 노무현 정부와 이명박 정부의 남북문제 관련 20개 의제를 제시하고 이들에 대한 우리나라 주요 신문사의 사설을 분석했다(이원섭, 2009: 193-231). 대상 신문사로는 보수신문으로는 조중동으로 대표되는 조선일보, 중앙일보, 동아일보를 선정하고, 진보신문으로는 한겨레신문과 경향신문을 그리고 중립적인 한국일보와 서울신문을 선정했으며, 분석 기간은 이명박 후보 당선 전후 522일간 사설 488건을 수집 분석했다.

분석 결과 남북한 문제와 관련해 조선일보(4.7), 동아일보(4.6), 중앙일보(4.2)는 매우 보수적이었고, 한겨레신문(1.7), 경향(2.0)은 진보적이며, 한국일보(3.0), 서울신문(3.6)은 중립적이었다.(( )은 5점 기준으로 높으면 5점 방향으로 보수적이고, 낮으면 0점 방향으로 진보적임.)

이 연구에서는 신문사들이 정당과 일정한 연대 관계를 갖는다는 전제를 했는데 연구 결과도 이를 지지했다. 보수신문은 한나라당과 친근하며, 진보신문은 민주당 등과 친근하다고 보았다. 보수신문은 노무현 정부의 대북정책에 대해 매우 부정적인 평가를, 이명박 정부의 대북정책에 대해서는 다소 긍정적인 평가를 내린 반면, 진보신문은 노무현 정부의 대북정책에 대해서는 다소 긍정적인 평가를, 이명박 정부의 대북정책에 대해서는 매우 부정적인 평가를 내렸다.

4 대한민국 언론의 정책 역량 향상

2012년 4월 5일 열린 제56회 신문의 날 기념 특별 토론회(한국언론학회와 한국신문협회 공동 주최)에서는 우리나라 언론의 현주소에 대해 언론에 대한 신뢰가 상당히 하락되었다고 진단한 바 있다. 이처럼 언론에 대한 신뢰가 하락하면 언론의 정책 능력이 만족스럽지 못하다는 것을 반증하는 것이다.

1) 기자의 정책 역량 향상 방안

앞에서 기자의 자질을 언급했다. 이에 덧붙여 많은 사람은 기자들에게 단순한 직업인을 넘어서 '기자 정신', 혹은 '언론인 정신'을 갖기를 기대한다. 특히 기자의 정책 역량에 필요한 자질은 통찰력과 전문성이다. 기자들은 단순한 사실 보도에서 나아가 정확하게 현실을 진단하며, 시대 변화를 읽어야 한다. 이를 위해 상황의 평가 및 분석 능력과 예측 능력, 그리고 기사 작성 및 보도 능력이 필요하다.

이런 기자상(記者像)을 구현하기 위해서는 기자 정신이 투철하고 현실적인 업무 수행 능력이 있는 자의 신규 및 경력자 임용에서부터 재직 언론인의 경력 개발을 위한 교육훈련 연수제도, 전문기자 및 대기자 제도의 활성화,[12] 적절한 정년제도 등이 제기되고 있다.[13]

이외에도 대학 및 대학원에서의 언론사 준비를 위한 교육의 적실성이 문제로 제기되고 있다. 융합미디어 시대의 저널리즘 교육에 많은 문제가 있는데, 현대 한국의 대학의 언론학(부) 교육은 디지털 교육에 미흡하다는 지적이 나오고 있다(류현정, 2012: 34-40; 배정근, 2012: 6-11). 언론교육과 언론 현장의 연계고리를 이어가는 교육이 되길 바라고 있다.

2) 언론사와 관련된 정책 향상 방안

언론사의 경영환경이 크게 변화하고 있으며 매우 악화되어가고 있다. 기존의 신문과 방송에 더 나아가 인터넷 언론, 포털사이트 등 새로운 매체의 등장으로 경쟁이 더욱 심화되어가고 있으며, 국제화로 인해 외국 언론에도 많이 노출되어 있다.

편집 방침의 변경 등을 통해 사건 보도의 적시성 및 신속성과 함께 주요 이슈의 심층보도, 기획보도, 탐사보도가 필요하다. 고객을 재정의해 국민 일반인지, 특정 집단이나 계층인지를 확정한 후 언론 소비자의 고객 욕구를 만족시켜야 한다. 언론사는 단순사실 전달자에서 의제설정자로 탈바꿈하도록 여건을 조성해야 한다.

언론사의 대외 협력과 연대가 강화되어야 한다. 하나의 언론사가 모든 것을 다 잘할 수는 없으며 협력과 연대를 통해 상생할 수 있다. 중앙일보와 한겨레신문이 사설 부문에서 협력하듯이 같은 종류의 언론사 간(예: 신문사끼리, 방송사끼리)

---

12) 1994년 중앙일보에서 박사급 대기자를 포함 전문기자 15명을 공개 채용했으며, 이후 문화일보와 조선일보에서도 간헐적으로 이 제도를 활용하고 있는데 남아 있는 전문기자는 극소수로서 실패한 것을 본다. 이들은 환경, 국제, 과학, 의학 분야에 활용되었다.

13) 이재경 교수(이화여대)는 제56회 신문의 날(2012.4.7) 기념 특별기획 토론회에서 기자들의 정년이 짧고 현장에서 일찍 떠나야 하는 한국식 기자제도에 대해 문제를 제시했다. 또한 한 분야에 오래 천착하지 못하게 하는 회전문식 인사제도와 조기정년퇴직제도 때문에 한국식 기자제도는 전문성과 경륜을 갖춘 기자를 배출하지 못하고 있다고 있으며 국민의 신문에 대한 신뢰와 존경도 유지되기 어렵다고 했다. 따라서 기자 경력관리 체제의 근본적 혁신 등을 주장했다(박성희, 2012: 27-29).

협력과 연대가 필요하며, 다른 종류의 언론사 간(예: 신문사와 방송사 간)은 물론, 언론사와 다른 기관(예: 학술단체)과의 협력과 제휴도 필요하다.

언론사의 정부출입처제도는 정책 자료원으로서 매우 유익하지만 제공되는 정보에만 의존하는 언론사가 아니라 정보 분석을 할 수 있는 능력을 갖추어야 한다. 출입처를 1~2년마다 자주 바꾸는 것보다는 한 부처에 오래 출입해 그 분야의 전문가가 되어야 한다. 또한 언론사 자체의 싱크 탱크(think tank)를 두는 것도 바람직하다.

제 13 장

이익집단의 정책 기능

제1절 이익집단의 의의와 활동

1 이익집단의 의의

1) 이익집단의 개념

이익집단의 개념은 학자마다 다양하게 정의하고 있다. 트루먼(B. David Truman)은 "하나 또는 그 이상의 공유된 태도에 의해 형성된 조직으로서, 사회 내의 다른 집단에 대해 특정한 요구를 주장하는 집단"(Truman, 1971: 33)이라고 했다. 베리(Jeffery M. Berry)는 "이익집단이란 어떤 동일한 목표를 공유해 공공정책에 영향력을 행사하려고 노력하는 개인들의 조직화된 집단"(Berry, 1984: 5)으로 정의하고 있다. 또한 키(V. O. Key, Jr.)는 "이익집단이란 관직을 위한 경쟁이나 정부관리의 책임을 지기보다는 정부에 영향력을 행사함으로써 그들의 특수 이익을 반영하고 증진시키려는 조직체"(Key, 1964: 21)라고 정의하는 등 학자들에 따라 다양하게 정의하고 있다.

이러한 정의를 바탕으로 이익집단의 개념을 정의하면, 이익집단이란 "공통된 이익이나 공유된 가치에 의해 결속된 개인 혹은 조직들의 결합체로서, 공통된 목표를 달성하기 위해 특정한 요구를 주장하는 집단"이라고 할 수 있다.

넓은 의미에서 이익집단에 사적 이익집단은 물론, 공적 이익집단 즉 공익 증진을 목적으로 하는 시민사회단체까지도 포함한다. 하지만 여기서는 정치적 활동을 하는 사적 이익집단으로 국한한다.

그런 의미에서 이익집단은 압력단체(pressure group)와 혼용되기도 하는데(이극찬, 2012: 389-397), 압력단체라는 용어는 협의의 개념으로서 지나치게 정치적인 의미만을 포함하고 있으며, 부패된 행위와 협소한 이기적 행태를 포함하고 있는 것을 연상시키기 때문에, 오늘날 대부분의 학자는 중립적이며 포괄적인 광의의 표현으로서 압력단체 대신에 주로 이익집단이란 용어를 사용하고 있다(김영래, 1997: 21).

2) 이익집단의 특성

이익집단의 특성으로는 공통된 이익과 가치의 추구, 집단성, 적극성을 들 수 있다.

첫째 이익집단은 공통의 이익과 공유된 가치를 추구하는 집단이다. 여기서 공통의 이익은 사적 이익을 의미하며 공적 이익은 제외한다. 사적 이익에는 개인의 이익, 집단의 이익, 조직의 이익, 지역의 이익을 포함한다. 공동으로 추구하는 것은 이익뿐만 아니라 공유하는 가치일 수도 있다. 예컨대 자유주의, 민족주의, 특수지역주의, 특정 종파주의 등이다.

둘째, 이익집단은 집단성[1]을 갖는다. 집단성은 집단으로서의 특성을 말하며, 회원이 되려면 일정한 자격 기준이 있다. 그리고 집단에는 회원들이 지켜야 할 규범이 있고, 집단은 상당 기간 상호작용을 하며 상당히 오랫동안 유지되고 존속된다. 회원 가입은 자발적일 수도 있고 강제되는 경우도 있다.

셋째, 이익집단은 적극성을 갖는다. 이익집단은 공통의 이익이나 공유된 가치를 추구하기 위해 매우 적극적으로 활동하며 이를 이익 표출과 집적이라 표현한다. 그들의 이익이나 가치를 정치적 무대에서 드러내 보이며 압력을 가해 정책을 입안한다. 또한 제도 도입을 연장하는 데 정책적으로 영향력을 미치려 한다. 이런 맥락에서 '압력단체'라 부르기도 한다.

3) 이익집단의 분류

이익집단의 형태와 기능은 매우 다양하다. 규모가 작은 것도 있지만 전국 규모도 있으며, 이익집단의 구성원이 개인인 경우도 있지만 조직인 경우도 있다. 또한 이익 표출의 활동이 간헐적인 경우도 있지만 상시적・계속적인 경우도 있다. 따라서 이익집단을 이해할 때 일정한 유형 분류가 필요하다.

이익집단의 분류는 일반적으로 앨먼드(Gabriel A. Almond) 등의 분류를 널리 사용하고 있다. 이는 이익 표출 기능을 조직상의 특성에 따라 분류한 것으로서 다음과 같다(Almond et al., 2008: 64-68).

첫째, 아노미 이익집단(anomic interest group)은 불만이나 항의의 자연 발생적

1) 집단성에 대해서는 민진(2014: 201) 참조.

표현으로 나타나는 비조직적인 군중과 폭도의 집단으로서 집단의 생성을 예상할 수 없으며, 통제할 수 없는 것이 특징이다. 대학 캠퍼스에서 발생하는 데모 등이 대표적인 사례이다.

둘째, 비결사적 이익집단(non-associational interest group)은 아노미집단과 마찬가지로 전문화된 조직을 가지고 있지 않다. 이익의 계속성을 지닌 인종, 언어, 종교, 지방, 직업 또는 혈연과 같은 문화적 내지는 경제적 이익에 기반을 두고 있다.

셋째, 제도적 이익집단(institutional interest group)은 정당, 회사, 입법부, 군대, 관료, 교회 등에서 발견될 수 있는 단체로서, 이들은 고도로 분화된 역할구조를 갖고 있지만, 그것은 이익 표출 이외의 기능을 위한 것이다. 제도적 이익집단은 조직기반이 활용할 수 있는 자원과 정책 결정 기구에 대한 접근 가능성 때문에 강력한 힘을 구사하는 예가 있다.

넷째, 결사적 이익집단(associational interest group)은 이익 표출을 위한 전문화된 구조와 특정한 목표를 대표하기 위한 조직을 지닌 집단으로서 전문요원과 목표추구를 위한 여러 가지 절차를 지니는 단체이다. 결사적 이익집단의 전형적인 예는 노동조합, 상공회의소 등 특정한 노동자들 및 기업인들이 특정한 목표를 성취하기 위해 조직했다.

2 이익집단의 형성, 가입과 유지

1) 이익집단의 집합적 행동

이익집단의 집합적 행동으로는 보통 이익집단의 형성 및 기존 이익집단에의 가입 및 회비 납부 등을 의미한다.

이익집단은 개인이나 조직이 그들의 이익을 대표하는 집단을 만들어서 집합적 행동을 하는 것이 더 많은 이익이라는 판단이 들 때 집단을 만들고 그 집단에 남게 된다. 그들이 어떤 일을 하려 할 때 단독으로는 어렵지만 집단을 만들어 행동할 때 더 쉽고 더 많은 이익을 거둘 수 있거나 손해를 줄일 수 있다면 이익집단을 결성하며 이미 결성된 이익집단에 참여하고 회비를 납부한다.

그런데 이익집단은 '집단'이라는 명칭을 사용하지만 실제는 조직의 모양을 갖추게 된다. 이익집단의 구성원은 그들이 개인이든 조직이든 회원 자격(membership)으로 관여한다. 따라서 특정 조직의 직원에 비해 집단의 회원은 구속력과 소속감이 부족할 수 있다. 이익집단은 회원이 일체감과 소속감을 더 많이 가질 수 있도록 유인(誘因)을 제공해야 한다.

2) 이익집단의 형성과 가입 영향 요인

이익집단의 형성과 가입을 좌우하는 주요 요인으로는 집단의 규모가 큰가 작은가 하는 것과 집단이 추구하는 공통의 편익 이외에 별도의 매력 있는 선택적 편익이 제공되느냐의 여부이다(황수연, 1994: 213-244).

이익집단은 규모, 즉 회원 수에 따라 대규모집단과 소규모집단으로 구분된다. 대규모집단은 회원 수가 많은 중소기업협회, 한국소비자보호단체와 같은 것을 들 수 있으며, 소규모집단은 전국경제인연합회처럼 회사(대기업)들이 회원인 경우이다. 이익집단의 로비 대상은 정부기관이므로 정부 정책에 영향을 미치고자 하는 것이며 그것이 공공재적 성격을 갖게 된다. 따라서 비용은 개별적으로 부담하지만 편익은 공통의 이익이 될 가능성이 크다. 소규모 조직은 규모가 작으므로 특별히 이해 관계를 조정할 필요가 없지만, 대규모 조직은 개별 회원이 기여를 하든 하지 않든 눈에 띄는 차이를 가져오지 않기 때문에 무임승차하려 한다.

이익집단에 대한 가입은 강제의 방식과 자발적 가입의 방식으로 나뉜다. 강제의 방식은 일정한 자격을 갖춘 자는 자동적으로 가입하며 가입이 의무화되어 있고 회비를 납부해야 한다. 대한의사협회, 대한약사협회, 그리고 대한변호사협회 등이 이에 해당한다. 반면에 자발적 가입 방식은 회원들의 가입과 탈퇴가 자유롭다. 자발적 가입의 경우 회원을 확보하는 문제가 발생한다. 이 때 회원을 많이 확보하려면 선택적 유인을 제공해야 한다. 편익이 개인 회원에게 돌아가도록 하는 것이다.[2]

3) 민주주의 국가에서 이익집단의 형성 배경

이익집단이 민주주의 국가에서 형성된 배경은 다음과 같다(김영래, 1997: 22-

---

2) 중소기업협동중앙회에서 정부에 건의해 정부로부터 융자를 받을 때 해당 업종의 협동조합에서 확인서를 받아 제출하도록 하는 등 중소기업협동조합 회원에게만 편익을 주도록 하는 것이다(황수연, 1994).

26). 다원주의 사회의 대두와 이익의 다양화, 대의정치제도의 발달과 대표 원리의 변질, 정당의 과두제화와 역할의 저하, 참여적 정치문화의 증대와 조직지도자의 출현, 그리고 민주화·자유화에 따른 정치 체제의 변화 등을 들 수 있다.

3 정부와 이익집단의 관계

1) 정부와 이익집단의 관계 개관

이익집단과 정부의 관계는 다양하게 논의되고 있다. 김영래는 이익집단의 성장 과정이 정부와의 관계에서 종속적인가 자율적인가에 따라 그리고 활동 양태가 협력적인가 갈등적인가에 따라 종속적 협력형, 종속적 갈등형, 자율적 협력형, 자율적 갈등형으로 구분한다(김영래, 1990: 96).

첫째, '종속적 협력형'은 이익집단으로 성장하는 과정에서 이익집단의 정부에 대한 관계가 종속적이었으나 이익집단의 활동은 서로 협력하는 관계로 전국경제인연합회를 예로 들 수 있다. 둘째, '종속적 갈등형'은 이익집단으로 성장하는 과정에서 이익집단의 정부에 대한 관계가 종속적이었으나 이익집단의 활동은 정부와 갈등을 갖는 관계로 한국노동자조합총연맹을 예로 들 수 있다. 셋째, '자율적 협력형'은 이익집단으로 성장하는 과정에서 이익집단의 정부에 대한 관계가 자율적이었으나 이익집단의 활동은 정부와 서로 협력하는 관계로 대한의학협회(현재의 대한의사협회)를 예로 들 수 있다. 넷째, '자율적 갈등형'은 이익집단으로 성장하는 과정에서 이익집단의 정부에 대한 관계가 자율적이었으나 이익집단의 활동은 정부와 서로 갈등을 갖는 관계로 한국기자협회가 이에 해당한다.

표 13-1 김영래의 이익집단의 분류 모형

성장 과정 / 활동 양태	종속적	자율적
협력적	종속적 협력형(전경련)	자율적 협력형(대한의학협회)
갈등적	종속적 갈등형(한국노총)	자율적 갈등형(한국기자협회)

2) 이익집단의 관계 및 활동 영향 요인

이익집단과 정부의 관계 또는 이익집단의 정책활동에 영향을 미치는 요인으로는 국가별 정책이나 국가문화, 정책 내용과 이슈, 개별 이익집단의 집단으로서의 특성 등을 들 수 있다.

첫째, 특정 국가의 이익집단에 대한 정책이나 국가문화가 이익집단에 영향을 미친다. 각국은 부문별로, 개별법이나 규정에 따라서 이익집단의 설립이나 참여, 경제 부문 혹은 사회 부문에의 진입의 허용과 제한에 따라 개별 이익집단의 활동에 영향을 미친다. 또한 각국의 문화는 이익집단의 활동이나 관계에 영향을 미친다. 동일 문제에 대해 나라의 차이가 이익집단에 영향을 미친다. 예컨대 노사정협의시스템은 영국과 아일랜드에서 상당히 차이가 있다(선학태, 2009: 171-206). 영국에서는 다원주의 노사정(勞使政) 체제를 운영하고 있는데 노동과 자본이 정책의 결정과 집행에 영향을 미치나 궁극적으로는 정부가 주도권을 쥔다. 이에 반해 가톨릭적 전통이 강한 아일랜드에서는 노사정 정책협의가 운영되고 있는데 공공정책이 노사정 간에 네트워킹과 파트너십에 의해 이루어진다.

둘째, 정책 내용과 이슈는 이익집단의 활동과 관계에 영향을 미친다. 정책 부문별로, 경제정책 분야의 이익집단, 사회문화교육정책 분야의 이익집단, 안보통일 분야(외교국방 포함)의 이익집단, 기타 정책 분야의 이익집단의 활동과 관계는 다른 모습을 보인다. 그리고 구체적인 정책 이슈에 따라 이익집단의 활동과 관계가 달라질 수 있다.

셋째, 이익집단의 개별적 특성이 그들의 활동이나 관계에 영향을 미친다. 이익집단의 규모, 구성원 자격, 재정적 역량, 정치적 관계, 정보력, 대(對)국민 영향력 등이 그들의 활동과 관계에 영향을 미친다. 이익집단이 독립적으로 존재하는 경우, 이익집단의 경쟁 상대나 갈등 상대가 있는 경우 등은 이익집단의 활동에 영향을 준다.

3) 다원주의, 조합주의와 통제주의

이익집단과 정부와의 관계에 관련해 소개되는 주제 중의 하나는 다원주의, 조합주의 그리고 통제주의이다(Almond et al., 2008: 69-70; Grant, 2003: 156-157).

첫째, 다원주의 이익집단 체제(pluralist group system)는 다양한 이익집단이 하나의 사회를 대표할 수 있으며, 집단 구성원의 가입은 자발적이거나 강제적이며, 집단은 분권적 구조를 띠며 이익집단과 정부는 엄격하게 구분된다. 미국, 캐나다, 뉴질랜드에서 보이는 것으로 복수의 노동조합, 복수의 기업집단이 존재하고 그들은 각각 정부에 영향을 미친다. 따라서 정책은 다양한 이익집단과 정부와의 상호작용에서 나오는 산물이라고 본다.

둘째, 신조합주의적 이익집단 체제(neo-corporatist interest group systems)는 하나의 사회의 이익을 대표하는 집단은 하나이며, 상급집단에의 가입은 강제적이나 거의 의무적이고, 상급집단은 중앙집권적이며, 집단은 정책 결정 및 집행에 체제적으로 포함되어 있다. 신조합주의는 독일, 멕시코 그리고 브라질 등에서 발견된다. 선진국에 비해 개발도상국에서 신조합주의의 각국의 모습은 상대적으로 다양하다.

셋째, 통제주의 이익집단 체제(controlled interest group system)는 신조합주의의 특징과 대체로 유사하나 이익집단이 정부나 정부정책을 지지하기 위해 동원된 대리인에 의해 통제된다. 이 유형은 공산당 지배 국가에서 확인할 수 있다. 군부, 관료제와 같은 기관은 이익을 표출한다.

4) 철의 삼각 관계

철의 삼각 관계(iron triangle)는 국회의원, 관료 그리고 이익집단 간에 형성되는 정책 형성 관계(policy formulating relation)를 의미한다. 철의 삼각 관계는 정치기구, 관료기구 그리고 행위자들이 그들의 권력을 강화하기 위해 창출되고 강화된다. 특히 입법기구의 경우 자신의 권력의 원천이 일반 시민 유권자가 아니라 철의 삼각 관계에 상대 파트너인 이익집단이 될 수 있으며, 관련성을 갖는 특정 관료일 수 있다. 철의 삼각 관계는 정책 입안, 결정, 집행 전 과정의 운영에 영향을 미치는 것이고, 소수의 엘리트에 의해 결정되는 정책 메커니즘을 설명하는 대표적인 개념이다(정연정, 2008: 173). 철의 삼각 관계는 주로 미국의 의회정치와 관련해 언급되고 있으나, 일본에서도 과거에 자민당 분과위원회, 행정기관 그리고 이익집단이 철의 삼각구도를 형성했다(강성남, 1999: 216-251).

제 2 절 이익집단의 정책적 기능

1 이익집단의 이익 표출활동

1) 이익집단의 이익 표출활동 양식

이익집단은 정부 정책기관에 영향을 미치기 위해 여러 가지 활동을 한다. 이를 '이익 표출'이라 한다. 정부는 이들의 활동에 일정한 반응을 하게 되는데, 반응의 정도에 따라 이익집단의 영향력의 내용과 정도를 판가름할 수 있다.

이익집단의 활동 양식은 제도적인 방법과 비제도적인 방법, 합법적인 방법과 비합법적인 방법으로 보통 나눈다. 이들은 서로 중첩이 된다. 이 밖에도 직접적 방법과 간접적 방법, 그리고 독자적 활동과 연대적 활동 등으로도 나눌 수 있다.

표 13-2 이익집단의 활동 양식(합법적 방법과 비합법적 방법)

- 합법적인 활동: (공식적 활동) 간담회, 공청회, 민원 청구, 위원회 참가
  (비공식적 활동) 개인적 연계, 여론 조성, 합법적 시위
- 비합법적인 활동: 항의, 시위, 폭력

이익집단의 활동 양식은 합법적인 것과 비합법적인 것으로 나눌 수 있는데, 합법적 방식은 다시 간담회, 공청회, 민원창구, 각종 위원회 등을 통한 공식적(제도적) 활동과 개인적 연계, 여론 조성, 합법적 시위와 같은 비공식적(비제도적) 활동으로 나뉜다. 합법적·공식적 이익 표출의 경우, 정치 체제에 따라서는 행정기관이 정책을 마련할 때 관련 이익단체들의 견해와 충고를 구하도록 의무화하는 법규를 두어 이를 제도적으로 보장하기도 한다. 스웨덴·노르웨이·독일 등이 대표적인 경우로서, 이익집단은 정책 과정상 공식적 참여자들과 거의 대등한 위상을 부여받아 단순한 투입이 아니라 내부 투입의 역할을 맡게 된다.

비합법적 방식은 행정기관과의 관계에서 좌절을 겪는 이익집단이 정부와 마찰

을 빚으면서 자신들의 입장과 관점을 표현하는 것으로서 항의·시위·폭력 등을 포함한다. 비합법적 방식에 대한 이익집단의 의존도는 이익집단의 활동을 용납하는 정치 체제에서보다도 그러한 활동을 억압하는 정치 체제에서 더 높다(박천오, 1999: 245).

이익 표출 방법은 정책 주관기관에 대한 접근 방식의 직접성 여부에 따라 직접적 접근 방식과 간접적 접근 방식으로 구분할 수 있다. 정책 주관기관인 입법부, 행정부, 그리고 때로는 사법부에 대해 이익집단이 직접적으로 의사를 전달해 이익을 표출하는 방식으로 대표의 선출과 파견, 개인적 접근, 청원과 민원, 집단시위 등을 들 수 있다. 간접적 접근 방식은 일반시민이나 언론매체를 상대로 하는 것으로 여론 조성과 같은 우회적 방법으로, 교육과 같은 장기적 침투 방법으로 이익집단의 이해를 표출하고 전달한다.

이익 표출활동은 다른 집단과의 관계에 따라 독자적 활동과 연대적 활동으로 구분할 수 있다. 독자적 활동은 이익집단이 독자적으로 하는 활동 방식을 말하며, 연대적 활동이란 둘 이상의 이익집단이 협력해 활동을 하는 방식으로 전자보다 파급력이 훨씬 크다.

이 밖에도 로비, 시위와 파업, 홍보와 교육, 정책 건의, 간담회 및 성명서 등이 있다.[3]

2) 이익집단의 이익 표출활동 방법

이익집단의 구체적인 활동 중에서 정책 주관기관의 책임자로 직접 임용, 정책 건의 및 간담회 참여, 홍보 등 여론 조성, 시위와 파업 등이 있으며, 이들은 독자적으로 혹은 둘 이상이 함께 사용되기도 한다. 가장 일반적인 방법은 정책 건의나 여론 조성이다.

(1) 정책 주관기관의 책임자로 직접 임용

대통령(행정수반), 입법부, 행정부 그리고 사법부는 대표적 정책 주관기관이다. 선거를 통해 일정 기간 정책기관이 되는 것은 입법부이다. 일부 국가에서는 장·차관과 행정수반 보좌관이 정치적으로 선출될 수 있다. 정부 내의 정무직 공무원

3) 이익 표출 방법에 대해서는 양경미(2010: 31-34) 참조.

을 이익단체 소속원이나 그들의 이해를 대변할 수 있도록 임용해 고위공직자가 정책을 결정하거나 집행, 평가할 때 영향을 미칠 수 있는 자리에 있게 한다. 예컨대 의사나 약사 출신 그리고 교사 출신이 국회의원이 되어 보건복지위원회나 교육위원회 소속 국회의원이 되면 자신의 소속 이익집단의 이해를 좀 더 잘 반영할 수 있다. 또한 개방직 고위공무원에 이익집단 소속 전문가가 임용에 지원해 이해를 반영할 수 있다. 이익집단은 선출직 공무원 선거에서 관련 분야에 대한 정책공약[4]을 제안할 수 있다.

(2) 정책 건의, 간담회, 세미나 등 참여

이익집단은 다양한 정책 아이디어를 정부(행정부, 국회, 사법부)에 건의하며 의견을 전달한다. 정부가 주관하는 정책간담회, 위원회, 공청회에 참가해 자신들의 의견을 정부에 전달하는 창구로서 활용한다. 이익집단은 전문가들로 하여금 정책이나 제도를 연구하게 하여 정책 수립을 하는 데 직접적으로 도움을 줄 수 있다. 또한 정부 정책 관련자를 포럼에 초청해 강연하게 하면서 정부의 정책 의견도 듣고 자신들의 의견도 제시한다. 전문학술단체나 연구기관 그리고 언론기관이 주관하는 세미나, 토론회, 심포지엄 등을 참가하거나 직접 이들을 개최해 여론의 관심을 끌려는 노력을 하게 된다. 세미나에서는 특정 정책에 대한 찬반 토론으로 국민들의 여론을 형성하는 데 도움을 주려고 한다.

(3) 홍보 등 여론 조성

이익집단이 홍보를 통해 여론을 환기시킨다. 홍보 방법은 언론을 통한 홍보가 주를 이룬다. 즉 기자회견, 성명서 발표, 담화문, 광고 포스터 제작, 영상자료 제작 등을 통해 이익집단 자신들의 견해를 정책에 반영시키고 대국민 홍보를 통해 여론을 조성한다. 이 밖에도 각종 저서의 발간, 일간신문 및 월간지 등 정기간행물의 발간, 정책연구자료의 발간 등도 궁극적으로 홍보의 수단이 된다. 예를 들면 전국교직원노동조합이 『따돌림, 폭력 없는 평화로운 학교 만들기』를 출판해 좋은 학교를 만드는 데 크게 기여하고 있다는 것을 홍보하는 것이다.

4) 한국교원단체총연맹이 교육감 선거 등과 관련해 교육공약 100대 과제를 내건 바 있다(2014.03.20).

(4) 시위, 파업 그리고 로비

합법적인 로비가 허용되지 않는 경우 이익집단이 자신들의 의견을 표출시키는 방법 중에 가장 많이 사용하는 방법은 시위이다. 합법적 그리고 불법적인 시위를 통해 자신들의 의견과 목적을 여론에 호소하거나 또는 정책에 반영시킨다. 특히, 노동조합이 허용되고 시민사회가 단체를 구성하면서 시위를 통한 이익집단의 의사 표출은 최근 들면서 크게 늘어났다. 의사들의 진료 거부행위나 노동자 단체들의 파업 등도 자신들의 이익을 반영시키기 위한 집단행동이라고 할 수 있으며, 이는 시위보다 그 강도가 한 단계 더 높은 집단행동의 행태라고 할 수 있다.

이 밖에 로비(lobby)가 있다. 로비란 정부(입법부, 행정부 또는 사법부)의 의사결정에 영향을 미치기 위해 그 소속의 공무원 또는 정치인을 상대로 접촉하는 일체의 행동을 말한다. 로비는 이익집단이 정부의 정책에 영향을 미쳐 자신들의 이익과 목적을 추구하는 데 가장 효과적인 방법이라고 할 수 있다. 미국과 같은 선진국에서는 로비스트가 존재해 정부의 관료나 국회의원에게 로비활동을 하는 것이 합법적으로 허용되어 있다. 그러나 신흥 개발도상국들은 로비를 합법적으로 허용하지 않고 있다. 왜냐하면 문화적으로 근본적인 차이가 있기 때문이다.[5]

3) 이익집단의 이익 표출활동 방법별 영향력

이익집단의 구체적인 활동 방법들은 정책기관의 수용에 어느 정도 영향을 미치는가? 지방정책 수준에서 미치는 영향에 대한 박천오의 연구(박천오, 2013: 129-150)에서는 활동 방식별 효능을 연구 조사했는데, 1위 자치단체장과 직・간접적 접촉, 2위 지방의회(지방의원)와 접촉, 3위 자치단체 자문위원회 등에 참여, 4위 자치단체 주최의 공청회, 간담회, 설명회 참여, 5위 언론 동원, 6위 청원과 건의, 7위 의견서 제출, 8위 공무원과 막후 접촉, 9위 자치단체장 혹은 고위공무원 초청 간담회와 조찬회 개최, 10위 각종 캠페인, 심포지엄, 공개토론회 개최, 11위 시위 파업 등 충격 요법 등으로 나타났다.

---

5) 즉, 미국의 경우 일반시민들이나 정치인이나 관료들 모두 뇌물 수수 행위와 건전한 로비행위를 구분할 수 있는 사회적 의식이나 문화가 형성되어 있다. 그리고 정책결정자들이 지연, 학연, 혈연 등 1차적 관계나 혹은 뇌물 등 금품의 유혹에 얽매이지 않고 정책을 결정할 수 있는 법적・제도적 장치를 가지고 있다.

2 정책 과정에서 이익집단의 기능

이익집단은 정책 과정의 모든 단계에 걸쳐 영향력을 행사할 수 있는데, 각 과정별 내용을 구체적으로 살펴보면 다음과 같다(박천오, 1999: 247).

첫째, 의제 설정 단계에서 자신들에게 피해를 주는 문제를 정책의제화시키거나 자신들이 원하지 않는 문제가 정책의제화되는 것을 방지하기 위해 다양한 활동을 전개할 수 있다.

둘째, 정치적 피임명자들이나 고위 직업관료들을 대상으로 로비활동을 하거나 그들에게 문제 해결에 필요한 전문지식이나 자료를 제공하는 등의 방법으로 행정기관의 정책 결정에 영향을 미칠 수 있다.

셋째, 자신이 정책의 수혜자인 경우에는 정책 집행의 성공을 위해 행정기관을 독려·자극할 수 있고, 정책비용의 부담자인 경우에는 행정기관이 정책 집행의 강도를 완화시키거나 정책의 내용을 자신에게 덜 불리한 방향으로 수정·변경시키게 설득할 수 있다.

넷째, 여론을 유도하거나 행정기관에 정보를 제공하는 방법으로 정책 결과의 평가에 영향을 미칠 수 있다.

이에 대한 박천오 교수의 이익집단의 정책 과정별 영향에 관한 실증적 조사 결과를 소개하면 다음과 같다. 이익집단은 정책의제 설정 단계에서 영향력을 행사하는 것이 바람직하다는 의견이 71.6%로 가장 많았지만, 실제로는 정책 결정 단계에서 영향력을 행사하고 있음을 알 수 있다. 이는 향후 정책의제 설정의 패턴이 행정기관에 의해 일방적으로 좌우되던 기존의 동원형에서 사회 세력의 입김이 더 강화되는 외부 주도형으로 전환될 수 있는 가능성을 보여주고 있다.

3 이익집단의 정책 역량

이익집단의 자원은 이익집단의 활동과 영향력을 좌우한다. 이런 자원으로는 회원 규모, 회원의 견고함, 그리고 재정적 자원을 들 수 있다(Jillson, 2008: 133-135).

이들을 바탕으로 정책 역량을 키운다.

이익집단의 정책 역량은 정책 표출 및 전달 능력으로 집약될 수 있다. 이익집단의 정책 영향은 정책결정자나 정책집행자 그리고 매개 집단 등 관련 체계에 접근해 그들의 이익을 표출하고 영향을 미치는가에 달려 있다.

첫째는 정책연구 및 개발 능력이다. 이익집단의 이해 관계와 관련된 이슈에 대해 문제를 정의하고 이에 대한 정책대안을 마련할 수 있는 능력이다. 이러한 능력은 정책연구 기구나 연구 인력, 연구 예산 등으로 뒷받침된다.

둘째는 정책 요구의 직접적 표출과 전달 능력이다. 이익집단이 정책 결정 체계에 영향을 미치기 위한 각종 동원 수단과 접근로의 확보 등을 통해 이익집단의 이익을 표출할 수 있다.

4 정책 사례

다음은 이익집단 간의 활동과 관련한 정책 사례들이다. 정책 사례를 통해 한국의 이익집단들이 어떻게 정책 과정에서 영향을 미치는가를 개괄적으로 알 수 있게 해준다. 여기서는 사례 수집이 가능한 범위 내에서 1999년 교원 정년 단축 사례, 2001년 의약분업 정책사례, 1995년 ROTC 복무 기간 연장 번복 사례를 중심으로 다루기로 한다.

가. 교육정책 사례: 1999년 교원 정년 단축 사례

> 국민의 정부에서는 1998년 교육개혁을 추진하면서 교원정년을 65세에서 60세로 단축할 계획을 발표하게 된다. 이러한 배경에는 정부의 예산 절감, 교육 현장의 변화와 질 높은 교육의 유도, 사회 전반의 구조조정에 대한 교육계의 형평성 있는 동참, 교원임용 적체 해소, 교육 수요자의 요구 수용 등의 이유가 있었다. 하지만, 교총을 비롯한 교원단체 등은 정부의 재정 부담 가중, 교육의 독특한 전문성 무시, 교원의 사기 저하와 교직사회의 불안정 등을 이유로 이에 대해 강력히 반대했다. 특히, 교육위원 대부분의 정년 단축 반대와 교육위원 출신 지역조직의 교원들이 지구당을 방문하거나 전화 등의 방법으로 지속적인 반대활동을 펼쳐, 정부의 60세안을 62세로 수정하는 데 결정적인 기여를 했다(공병영, 2002: 1-108).

나. 보건정책 사례 : 2001년 의약품 분업정책에 관한 사례

2001년 7월 약사법 개정안이 국회를 통과함으로써 의약 분업에 관한 결정이 마무리되었다. 의약 분업이란 환자의 치료에 사용되는 의약품을 의사가 환자의 증상을 진단해 처방하고 그 처방전에 따라 약사가 조제·복약 지도한 후 환자가 사용하도록 하는 제도이다. 의약품의 오·남용을 예방하고 의약품의 적정 사용으로 약제비 등을 절감하며, 환자의 알 권리 및 의약 서비스의 수준을 향상시키는 것이 주된 목적이다.

약사와 의사의 직능 간 업무 분화에 대한 것은 오래 전인 1963년부터 논의되어 왔으며 1982년에는 목포 등에서 시범 실시가 있었다. 그런데 의약 분업에 관한 구체적인 갈등은 1983년부터 1993년까지 대한의사협회와 대한약사협회 등이 정부를 중심에 두고 표출되기 시작했으며 정부의 약사법 개정안은 표류했다. 1993년 의약분업이 법제화되어 국무총리 직속의 의료개혁위원회가 의약분업안을 마련했으나 실시가 연기되었다. 1999년 의료계가 두 차례의 파업을 하는 등 의료대란이 일어났으며, 2001년 가까스로 의료계와 약계의 요구를 반영해 합의를 이루어냈다(최종원, 2006: 117-144).

다. 국방정책 사례: 1995년 ROTC 복무 기간 연장 번복 사례

정부에서는 1994년 12월 ROTC 복무 기간을 기존의 2년 4개월에서 3년으로 연장하기로 결정했다. 이러한 배경은 초급 장교의 지휘 통솔 능력을 향상시키고 녹음기인 6월에 소대장의 대량 교체로 인한 하부조직의 불안정성과 지휘 공백의 문제를 해결하며 다른 과정 출신과의 복무 기간의 형평성을 유지하기 위한 조치였다. 하지만, 이러한 결정 이후 정부 밖에서 ROTC 복무 연장 방침 철회를 주장하는 정책공동체의 활동이 활발히 이루어졌다. 특히, 국방정책 분야의 이익집단인 ROTC 예비역 중앙회를 중심으로 한 전국적인 움직임은 결국 정부로 하여금 복무 기간 연장 정책 결정을 번복하는 선택을 하게 만들었다(이정훈, 2007: 1-99).

제 3 절 대한민국 이익집단의 구조와 정책 역량

1 대한민국 이익집단의 의의

1) 대한민국 이익집단의 변천

우리나라는 1960년대 중반 이전까지는 주로 비결사적 이익집단의 형태를 지니고 있었으며, 발전되지도 못했다. 그러나 1960년대 중반부터 공업화, 산업구조 등의 변화에 따라 결사적 이익집단으로 변모하는 현상이 나타나기 시작했다.

한국 이익집단들은 1980년대 중반 이후, 특히 1987년 6월 민주항쟁 이후, 한국사회에서 일기 시작한 민주화·자유화와 더불어 그동안 억압·통제되었던 이익분출의 폭발적인 현상이 일어났으며, 이익집단 수의 폭발적인 증가[6]를 가져왔다.

양적 변화와 함께 질적 변화도 일어났다. 이익집단의 조직 양상이 더욱 분화되었으며, 이익 추구의 내용도 변화되었다. 즉, 노동조합의 경우 제조업 분야에서 전문직과 공공 부문에도 노조가 조직되었으며, 이익 추구에서는 구체적인 이익을 추구하기 위한 단체를 조직하고, 유사한 이익 추구에서도 상호 갈등적인 단체를 조직해 단체 간에 대결 현상을 보이는 경우도 나타났다(김영래, 1997: 66-69).

2) 대한민국 이익집단 개관

우리나라에는 수많은 이익집단이 활동하고 있다. 분야별로 집단 간의 대립과 경쟁이 있는 이익집단들도 있다. 개별 이익집단은 상황이나 문제에 따라 이합집산할 수 있다. 공동의 이익이나 목표를 달성하기 위해 동맹과 연대를 하거나, 이해 관계가 상치될 때 경쟁과 적대하는 상대가 될 수 있다.

이익집단 형성의 양태를 보면 공동 이익을 추구하는 사람, 분야 등을 중심으로 이루어진다. 이념과 가치를 중심으로 모이기도 한다. 특히 전문가들을 구성원으로 하는 이익집단으로는 대한변호사협회, 한국의사협회, 한국약사협회, 한국무대예술가협회, 한국사진작가협회, 한국번역가협회 등을 들 수 있다.

경제 분야의 이익집단으로는 한국과학기술단체총연합회, 대한상공회의소, 한국경영자총연합회, 대한양돈협회, 대한미용사회중앙회, 한국선주협회 등이 있다,

스포츠, 레저 분야 이익집단으로는 대한골프협회, 대한볼링협회, 대한배드민턴협회, 대한레슬링협회, 대한민국태극회, 대한궁도협회, 대한검도회 등이 있다,

종교 분야로는 한국기독교회협의회, 한국천주교중앙협의회, 한국불교종단협의회 등이 있다.

교육 관련 이익집단으로는 한국교원단체총연합회, 한국대학교육협의회, 한국대

---

6) 이익집단의 수는 1974년 1,034개, 1984년 1,322개, 1994년 2,181개로 1980년 후반에 비약적인 증가가 이루어졌다(김영래, 1997: 67).

학법인협의회, 한국유치원총연합회, 한국학원총연합회 등이 있다.

성별, 연령별, 신체적 특성에 따라 한국여성단체협의회, 대한노인회, 한국장애인협회, 한국농아인협회, 한국맹인여성회 등이 있다.

과거 근무 경력과 관련해 해병대전우회중앙회, 대한민국재향군인회 등이 있으며, 이념성 이익집단으로는 한국자유총연맹 등이 있다.

2 대한민국 주요 이익집단의 구조와 정책 역량

우리나라에서 비교적 영향력이 큰 대표적인 이익집단을 선정해 개관하고 구조와 정책 역량을 살펴본다. 이익집단의 정책 역량을 정책기구와 인력의 면에서 살펴보고자 한다. 이익집단은 정책 업무를 직접적으로 담당하는 기구나 조직을 통해 정책 역량을 발휘하고 있다. 사례 대상으로는 경제 분야에는 전국경제인연합회, 한국노동조합총연맹, 교육 분야에는 한국교원단체총연합회, 전국교직원노동조합, 전문가이익집단으로는 대한의사협회, 대한변호사협회 그리고 대한민국재향군인회를 제시한다.

1) 전국경제인연합회의 구조와 정책 역량

전국경제인연합회(약칭: '전경련')는 경제 분야의 이익집단으로 1961년 8월 민간 경제인들의 자발적인 의지에 의해 설립된 순수 민간종합경제단체로서 사단법인이다. 회원사로는 2014년 10월 18일 현재 일반회원(기업) 497개와 단체회원 85개, 명예회원 4개로 총 586개이다. 전경련의 주요 활동으로는 기업경쟁력 제고를 위한 인프라 개선, 기업시민의 역할 선도와 시장경제 실현, 회원 서비스 확대와 구심체 역할 수행, 글로벌 민간경제 협력 선도 등을 내용으로 하며, 언론홍보(예: 서방의 대러시아 다시 보기), 조사연구(예: 2014 규제개혁 종합 건의), 포럼(예: 2014 한미 혁신 심포지엄) 등을 들 수 있다. 포럼에는 구체적으로 차이나포럼, 바이오포럼 그리고 한중일 비즈니스 포럼이 있다.[7]

---

7) http://www.keri.or/images/introduce-02 2014-10-18 검색.

전국경제인연합회 소속으로 민간인 위원회로는 경제정책위원회, 노동복지위원회, 산업정책위원회, 관광위원회, 문화위원회, 사회공헌위원회, 국제협력위원회 등이 있으며 회원사로 구성된다. 회장 아래 사무국을 두고 있으며 사무국에는 경제본부, 산업본부, 국제본부, 사회본부, 기획본부, 홍보본부, 경영지원실, 경제교육실이 있다. 정책연구기관으로는 한국경제연구원이 있다. 연구원은 기본정책연구실, 공공정책연구실, 거시정책연구실, 미래전략연구실로 분화되어 있으며, 연구위원 등 26명의 전문 연구인력이 있다. 연구원의 주요 발간 자료는 『월간전경련』, *Economy Focus* 등이 있다.[8)]

2) 한국노동조합총연맹의 구조와 정책 역량

한국노동조합총연맹(약칭: '한국노총')은 노동사회 분야의 대표적 이익집단으로 1919년 근로회를 모체로 하여 설립되었으며 독립운동, 노동야학을 통해 뿌리를 내렸다. 회원조합 현황을 보면 산하에 금융산업노조 등 26개 회원조합으로 구성되어 있으며, 16개 지역지도본부, 55개 지역지부가 있다. 한국노총은 '노동이 존중되는 평등복지통일국가'를 미래노동사회 비전으로 설정하고 민주진보정치, 경제민주화, 다층적 노사 관계, 보편적 복지, 녹색공동체 그리고 평화통일 체제를 7대 목표로 제시하고 이를 추진하고 있다.[9)]

한국노동조합총연맹은 사무처 아래 정책본부, 전략기획본부, 홍보선전본부, 조직강화처, 대외협력본부, 여성본부, 사업지원본부, 산업안전보건본부를 두고 있으며, 부설기관으로 중앙교육원, 중앙법률원, 중앙연구원, 장학문화재단을 두고 있다. 대부분의 부서가 한국노총의 정책 역량을 보여주는 부서들이지만 특히 정책 역량과 관련이 부서는 정책본부와 중앙연구원이다.[10)] 정책본부는 한국노총의 핵심 부서로서 사회정책국, 고용정책국, 노동인권국, 경제정책국, 국제국으로 분화되어 있으며, 중앙연구원은 박사학위자 5명을 포함해 6인의 전문 연구인력이 포진되어 노동 분야의 정책을 연구하고 있다.

---

8) http://www.keri.or/images/introduce-02 2014-10-14 검색.
9) http://www.inochong.org/images/intro/orga-img1008.jpg 2014-10-18 검색.
10) http://www.inochong.org/images/intro/orga-img1008.jpg 2014-10-14 검색.

3) 한국교원단체총연합회의 구조와 정책 역량

한국교원단체총연합회(약칭: '한국교총')는 1947월 11월 13일 설립된 학술 분야의 이익집단으로 회원 상호 간의 강력한 단결을 통해 교원의 사회/경제적 지위 향상과 교직의 전문성 확립을 기함으로써 교육진흥문화의 창달에 기여하는 것을 목적으로 한다. 다수의 산하단체를 갖고 있다. 주요 활동으로는 교원의 처우 개선 및 복지 증진, 근무 조건 개선 등을 들 수 있다. 최근의 역점 과제로는 현장 정책의 주도와 경쟁의 강화, 교권 보호와 교육정보 서비스 확대 등이 있다.[11]

한국교원단체총연합회은 대의원회와 이사회가 있으며 회장, 부회장 그리고 사무국과 20여개의 정책자문위원회, 조직자문위원회가 있다. 사무총장 아래 교권본부, 정책본부, 조직본부, 복지관리본부, 편집출판본부, 국제협력본부 등으로 분화되어 있으며, 이 중 교육정책과 직접적으로 관련이 있는 부서는 정책본부이다. 정책본부는 전략기획국과 정책지원국으로 다시 분화된다. 또한 정책자문위원회에 교육정책개발위원회, 교육정책추진위원회 등이 있다.[12] 한국교총의 정책 관여 활동[13]으로는 한국교총의 입장 발표, 성명 발표, 정책자료 발간, 건의서 제출, 기자회견 등이다.

4) 전국교직원노동조합의 구조와 정책 역량

전국교직원노동조합(약칭 '전교조')은 1989년 5월 28일 설립되었으며, 교육의 자주성, 전문성 확립, 교육민주화 실천 등을 설립 목적으로 하고 있다. 회원 수는 2013년 현재 5만 명 정도이다. 주요 활동으로는 단체교섭을 통해 교원 처우 개선, 교육법 개정운동, 참교육 실천운동, 부패 사학 근절 위한 사학법 개정에 앞장섰다. 진보적 교육감, 교육위원과 연대해 교육정책에 영향을 주고 있다.[14]

전국교직원노동조합은 본부 집행부서로서 1처(사무처) 3실(정책실, 편집실, 참교육실)을 두어 각종 회의 단위에서 논의된 사항들을 집행하고 해당 부서의 고유

11) http://www.kfta.or.kr/guide/guide.asp 2014-10-18 검색.

12) http://www.kfta.or.kr/guide/guide.asp 2014-10-18 검색.

13) 예컨대 '9시 등교 추진에 관한 교총의 입장'(2014.09.03), '교총의 정책선거를 위한 교육공약 100대 과제 발표'(2014.03.20), '학교보건법 일부 개정 법률에 대한 한국교총 의견서'의 건의(2014.03.14), '교육자치법 개선 및 교육자치 수호를 위한 교총·전교조 공동 기자회견'(2014.03) 등이다.

14) http://www.eduhope.net/html/images/introduction/corebiz-move9.jpg 2014-10-18 검색.

기능에 관련한 업무를 수행하고 있다. 이 중 정책 업무를 직접 담당하는 정책실은 정책기획국, 정책연구국, 정책교섭국이며 정책연구국은 조합의 정책연구를 총괄하고 정책교섭국은 조합의 단체교섭업무를 관장한다. 참교육실의 정책국에서는 참교육정책 수립에 관한 사항을 관장한다. 특별위원회에는 교육자치특별위원회 등이 있다.[15] 전교조의 정책 관여 활동[16]으로는 성명서 발표, 논평, 정책 연구자료의 발간, 전교조의 간행물과 책자의 발간, 토론회와 공청회의 개최를 들 수 있다. 그리고 전국참교육실천대회의 개최 등은 구성원 간의 교육정체감을 높인다.

5) 대한의사협회의 구조와 정책 역량

대한의사협회는 106년의 전통을 가진 전문 이익집단으로 의사자격증을 가진 전문의료인으로 구성되어 있다. 대한의사협회는 국민의 건강과 회원을 위한 양질의 서비스를 제공하기 위해 1908년 11월 15일 설립되었다. 대한의사협회는 회장, 이사회, 상임 및 특별위원회 그리고 사무처로 이어지는 수직적 조직 체계를 갖고 있으며, 대의원총회, 의학회(143개 전문학회), 협의회(개원의, 공직, 전공의, 병원의사)와 지부 그리고 의료정책연구소가 있다. 주요 활동으로는 의료정책 수립 및 연구, '손 씻기' 등 공익활동, 회원 연수교육 등 대의원 활동, 연구학술 지원 활동 그리고 발간사업 등이다.[17]

대한의사협회는 사무처와 싱크 탱크로 의료정책연구소가 있다. 대한의사협회 소속 의료정책연구소는 의료정책 수립을 연구하고, 손 씻기 운동 등 공익활동을 수행하며, 대의원 활동, 연구 및 학술 지원 활동, 그리고 발간사업을 하고 있다. 의료정책연구소는 보건의료정책의 개발과 추진을 위해 설립되었다. 이 연구소는 국민과 환자 그리고 의사가 함께 공감할 수 있는 한국보건의료정책의 장단기 발전 과제 및 현안 과제를 종합적으로 연구하는 기관이다. 소장 아래 연구조정실이 있으며, 그 아래 연구원그룹과 연구지원부가 있다. 연구원그룹에는 연구위원 포함 12명의 전문연구원이 있다. 최근 연구자료로는 「미국의 건강 보험 개혁 동향과 시사점」

15) http://www.eduhope.net/html/images/introduction/corebiz-move9.jpg 2014-10-18 검색.

16) 예컨대 교원정책 연구로는 '시간제 교사제도의 문제점'(2013.12.20), 토론회, 공청회로는 '고교서열심회, 일반고 황폐화시키는 자사고, 어떻게 폐지할 것인가?'(2013.05.24.), 출판사업으로는 '따돌림, 폭력 없는 평화로운 학교 만들기' 등이 있다.

17) http://www.rihp.re.kr/images/sub-0101.gif 2014-10-14 검색.

(2014.2) 등이며, 국회 계류 법안 등을 모니터링하고 의료정책에 대한 법원 판례를 수집한다.[18]

6) 대한변호사협회의 구조와 정책 역량

대한변호사협회(약칭: '대한변협')는 1905년 11월 8일 설립된 시민사회 분야의 전문 이익집단으로 기본적 인권의 수호와 민주적 기본질서 확립을 목표로 설립되었다. 대한변협이 하는 일은 인권옹호사업, 정부정책 감시, 법률문화 창달, 변호사 연수교육 등이며 관련법으로 「변호사법」이 있다. 회원 수는 2014년 8월 31일 현재 변호사는 17,941명, 법무법인 소속 변호사 2,255명, 법무법인(유한) 소속 변호사 1,028명, 공증인가 합동사무소 32개, 공동법률사무소 163개 등이다.[19]

대한변호사협회는 총회와 협회장, 상임이사, 사무국, 상설위원회와 특별위원회가 있다. 사무국에는 사무총장과 차장, 사무국장 등이 있으며 사무국장 아래 총무과, 재무과, 인권과, 회원과, 연수과, 홍보과, 심사과, 사업과, 기획과, 국제과 등 집행부서가 있다.[20] 상임위원회에는 10개 위원회가 있는데 직접적 정책활동기관으로는 법제위원회와 공보위원회를 들 수 있다. 또한 특별위원회에는 사법제도개선특별위원회, 세제위원회, 법조제도위원회 등에서 정책과 제도를 연구한다. 대한변협은 사법 및 인권과 관련해 각종 성명서를 발표하며, 수시로 변호사로 하여금 개별 법률에 대한 의견을 제출하게 하여(소위 '법률안의견서')[21] 이를 법과 제도 개선의 기초 자료로 다룬다.

7) 대한민국재향군인회의 구조와 정책 역량

대한민국재향군인회(약칭: '재향군인회')는 국방 분야의 대표적 이익집단이다. 재향군인회는 회원 상호간의 친목을 도모하고 회원의 권익을 향상시키며, 국가 발전과 사회 공익의 증진에 이바지함을 목적으로 1952년 2월 1일 설립된 이익집단이다. 재향군인회는 정회원 130만 명, 일반회원 720만 명의 총 850만 명의 대규모 단

---

18) http://www.rihp.re.kr/images/sub-0101.gif 2014-10-14 검색.
19) http://www.koreanbar.or.kr/info/info07.asp 2014-10-18 검색.
20) http://www.koreanbar.or.kr/info/info07.asp 2014-10-18 검색.
21) 예컨대 2014년 5월 1일 이언주 변호사와 박영선 변호사는 각각 형사소송법 일부 개정 법률안에 대한 의견을 제시했다.

체이다. 재향군인회는 호국용사 묘지 안장 지원 등 회원 복지 증진사업은 물론, 참전 기념 행사를 통한 국제협력 사업을 하고 있으며, 인터넷신문인 「코나스」와 안보연구소를 운영해 안보 관련 여론을 주도한다.[22)]

대한민국재향군인회는 본부에 기획행정국, 조직복지국, 호국안보국, 국제협력실 및 경영총괄본부를 두고 있다. 재향군인회의 정책적 역할은 주로 호국안보국의 안보기획부, 안보대응부, 인터넷안보부 등에서 이루어지며, 대(對)국회 관계는 기획행정국의 기획부에서, 각종 시위는 조직복지국에서 담당한다. 소속 안보문제연구소에서는 주요 안보 현안에 대한 정책연구를 통해 국방부 등에 자문하고 건의한다.[23)]

22) http://korva.or.kr/sub010101.asp 2014-10-18 검색.
23) http://korva.or.kr/sub010101.asp 2014-10-18 검색.

제 14 장

시민사회단체(NGO)의 정책 기능

제 1 절　시민사회단체(NGO)의 의의

제 2 절　시민사회단체(NGO)의 정책적 기능

제 3 절　대한민국 시민사회단체(NGO)의 구조와 정책 역량

제1절 시민사회단체(NGO)의 의의

1 현대 사회와 시민사회단체

현대 사회에서 시민사회단체를 포함한 NGO 부문은 사회의 변화를 주도하는 주요 세력으로 급성장하고 있다. NGO(Non Governmental Organization)를 넓은 의미에서 비영리단체, 민간비영리단체, 비영리법인, 공익법인, 시민단체, 시민사회단체, 시민운동단체, 그리고 관변단체를 포함한 비정부조직을 총괄하기도 하나(김준기, 2006: 15-26), 여기서는 한국 사회에서 주로 받아들이고 있는 것처럼 NGO를 좁은 의미에서 시민사회단체로 보고[1] 논의를 전개한다.

우리나라의 경우 정치·사회적 환경이 급격히 변화하면서 정부와 시장 부문에 대한 불신이 깊어져 왔으며, 이러한 불신은 NGO 부문의 급격한 양적 성장과 함께 공공 부문과 관련된 전통적인 거버넌스를 바꿀 정도로 큰 변화를 일으키는 배경이 되고 있다.

즉, 1987년 6월 민주화 항쟁 이후 권위주의적 정부의 퇴진과 함께 등장하기 시작한 한국의 NGO들은 정부가 NGO 구성원들을 체제에 흡수함으로써 양적 성장과 질적 발전을 거듭해 오고 있지만 시간의 흐름에 따라 관성화, 관료화, 그리고 권력 지향적인 정치성을 띠면서 위기에 놓이고 있다(김태룡 외, 2013: 6).

NGO들은 우리 사회에서 일어날 수 있는 모든 문제에 대해 정부와 갈등적인 관계와 협력적인 관계를 유지하고 감시자로서 역할을 수행하면서 사회 정의와 발전을 주도해 왔다. NGO의 활동은 정부의 정책 과정에서도 정보의 제공이나 이슈의 생산, 여론 형성과 집회, 위원회의 참여 등 다양하게 전개되고 있다. NGO들은 환경, 인권, 노동, 문화 등 다양한 분야에서 활동하고 있으며, 정부와의 갈등과 협력을 통해 시민의 이익을 대변하고 정책에 반영하는 등 시민사회의 한 축으로서 역

1) 미국에서 사용되고 있는 NGO가 넓은 의미의 개념인데 반해 한국에서는 주로 시민사회단체나 대변 기능집단으로 보고 있다(김태룡 외, 2013: 57).

할을 확대해 나가고 있다. 아래에서는 NGO의 의의와 NGO의 정책적 기능, NGO와 관련된 정책 사례들을 살펴보도록 하겠다.

2 시민사회단체(NGO)의 의의와 유형

1) NGO의 정의

우리나라에서 사용되는 NGO(Non-Governmental Organization)는 주로 외국에서 수입한 개념이기 때문에 심한 개념상의 혼란을 겪고 있다. NGO를 비정부기구 또는 비정부조직으로 번역해 비영리단체, 시민사회단체, 민간단체, 사회단체, 공익단체, 자원봉사단체, 제3섹터 등과 혼용하고 있다(민진, 2001: 86). 한편 일본의 츠지나카 유타카는 시민사회조직의 조건으로 외부에서 파악할 수 있을 정도의 일정한 계속성, 항상성을 가진 집단이며 활동체이며 공공성을 의식해서 스스로 결성할 것을 조건으로 내건다(츠지나카 유타카, 2006: 36).

우리나라에서 NGO는 비정부·비정파·비영리 결사체로 시민의 자발적인 참여로 결성되고, 회원 가입의 배타성은 없으며, 주로 자발적 활동에 입각해 공익 추구를 목적으로 하는 단체를 말한다(박상필, 2008: 73-74).

시민사회단체(NGO)는 1987년 6월항쟁 이후 기존의 시민사회를 지배하고 있던 민중단체와 관변단체[2]에 상대적인 개념으로 등장했다. 시민사회단체는 시민들이 자발적으로 결성해 각종 공익활동을 하는 단체로 우리나라에서는 거의 NGO와 교환되는 개념이다(박상필, 2008: 86). 여기에서는 시민사회단체를 포함하는 개념으로 NGO를 사용해 논의를 전개하도록 한다.

2) NGO의 특성

일반적으로 NGO는 사회운동 차원에서 활동하며, 자율성을 가지고, 자발성에 기초해 조직되었으며, 이윤 창출을 목적으로 하지 않고, 민간 결사체를 지칭하는 특

2) 민중단체는 민중적 주체성을 가진 사람이 체제 변혁을 목표로 모인 단체로 시민단체에 비해 계급 지향적인 개념이며, 관변단체는 정부 주도로 설립되어 재정 지원을 받고 체제 유지에 협력적인 단체로 시민단체에 비해 정부 종속적인 개념을 말한다.

성을 갖는다.

첫째, NGO는 사회운동의 차원에서 활동한다. NGO는 개인적 차원이나 국가의 차원에서 이루어질 수 없거나 불완전하게 이루어지는 것을 추구하기 위해 시민들의 참여를 유도하고 촉진시키는 방식으로 활동이 이루어지는 집합적 활동을 의미한다(신광영, 1999: 31-32).

둘째, NGO는 자율성을 갖는 조직이다. NGO는 국가나 시장으로부터 상대적으로 독립적이고 자율적인 공공 영역으로 시민사회 영역의 주요 행위자로서 국가와 기업 사이에 존재하면서 상대적인 자율성을 가지는 중간 매개체로서의 특징을 지닌다. NGO는 자율적 단체로서의 성격을 지니지만 국가와 기업 사이에서 이중적인 자율성을 지니는 특징이 있다(공보처, 1997: 13).

셋째, NGO는 자발적인 조직이다. NGO는 시민사회가 주도해 만든 단체이다. 국가가 주도해 만든 관변단체들은 행정조직의 하위조직으로서 기능을 행사한다.

넷째, NGO는 이윤 창출을 목적으로 하지 않는다. NGO는 이윤 창출을 위해 노력하지 않으며, 혹시 이윤이 생긴 경우에도 조직 구성원에게 분배되지 않는다. NGO 활동의 결과로 생긴 편익의 대부분은 사회 구성원 전체에 귀속된다는 의미를 가진다(이근주, 1999: 8).

다섯째, NGO는 결사체이다. NGO는 그 활동이나 운영이 상설적으로 이루어지며, 조직의 성원이 제한되지 않아서 참여의 의사만 있으면 참여가 가능한 결사체이다. NGO는 조직의 개방성이 크기 때문에 조직이 느슨하며 조직의 경계가 불분명할 수도 있다(신광영, 1999: 31-32).

3) NGO의 유형

(1) 국내 중심형 NGO와 글로벌 NGO

국내 중심형 NGO는 그 활동의 범위가 국내에 한정되어 있는 경우이다. 이는 각 나라의 조건과 환경이 다르기 때문에 그 지역에 적합한 운동 형태가 발생하게 된다. 우리나라의 경우 '경실련'이나 '참여연대', '녹색연합' 등이 있다. 이들은 대부분 외국의 NGO들과 매우 활달하고도 긴밀한 연대활동을 하고 있다. 예컨대 '지구의 날'에는 전 세계 NGO들과 연대해 함께 행사를 한다.

글로벌 NGO는 국제적으로 활동하며 인류가 공통적 문제를 해결하기 위해 전지구적인 차원에서 활동하는 조직을 말한다. 이들은 대개 선진국에 본부를 두고 각국에 지부를 두어 운영하며, 환경문제와 같은 범지구적 문제를 다룬다. 예컨대 '그린핀스(Greenpeace)'를 들 수 있다. 한국의 경우 YMCA, YWCA, Amnesty International 등이 있다(차명제, 2001: 29-30).

(2) 단일 과제 NGO와 종합 NGO

단일 과제 NGO는 활동 영역이 하나인 NGO를 말한다. 선진국일수록 한 문제를 전문적으로 다루는 NGO가 증가한다. 예컨대 환경 NGO는 환경문제만을, 여성 NGO는 여성문제만을 다룬다.

종합 NGO는 사회 전 분야에 걸쳐 다양한 문제를 다루는 NGO를 말한다. 예를 들어 한 NGO가 정치, 경제, 사회, 문화 등 여러 분야의 문제를 다루는 것으로 우리나라의 경제정의실천연합, YMCA, YWCA 등을 들 수 있다(차명제, 2001: 23-25).

3 정부와 NGO의 관계

시민사회단체(이하 'NGO'라 함)와 정부의 관계 유형에 대해서는 여러 가지 견해가 제시되고 있다. 기드런(Benjamin Gidron) 등은 재정 공급의 주체와 서비스 공급 주체를 기준으로 정부와 NGO의 관계를 정부 주도형, 이원형, 협동형, NGO 주도형으로 구분한다(Gidron et al., 1992). 코스턴(Jennifer M. Coston)은 정부의 NGO에 대한 접근의 관점에서 억압형, 대항형, 경쟁형, 용역형, 제3자 정부형, 협력형, 보충형, 공조형 등의 유형으로 구분하고 있다(Coston, 1998: 358-382). 정부와 NGO 사이의 관계에 대해 살펴보면 다음과 같다.

1) NGO의 요구에 대한 정부의 수용 정도에 따른 관계

NGO의 성격과 시민사회의 요구에 대한 정부의 수용 정도에 따라 정부와 NGO의 관계를 살펴보면 〈표 14-1〉과 같이 포섭적 관계, 갈등적 관계, 협조적 관계, 지배적 관계로 구분할 수 있다(민진, 2001: 90-92).

표 14-1 NGO 요구의 수용 정도에 따른 정부와 NGO의 관계

구분		정부	
		수용적	비수용적
비정부조직 유형	갈등형	포섭적 관계	갈등적 관계
	합의형	협조적 관계	지배적 관계

자료: 민진(2001: 91).

첫째, 포섭적 관계는 갈등형 비정부조직의 요구를 정부가 적극적으로 수용하는 경우에 나타나는 경우이다. 유럽의 경우 조합주의적 국가 형태에서 나타나는 갈등적인 시민사회의 이해 관계를 정부를 포함한 이해당사자들이 참여해 이해 갈등을 조정하는 방식으로 나타났다. 정부의 NGO의 요구에 대한 태도는 바뀌는 경우가 있기 때문에 포섭적 관계가 지속적으로 유지되는 것은 아니다.

둘째, 갈등적 관계는 대부분의 시민사회 내 사회운동단체들과 정부와의 초기적 관계에서 찾아볼 수 있다. NGO의 대부분은 사회운동단체의 형태로 존재하기 때문에 정부의 정책이나 권력의 행사에 대한 비판과 저항이 이들 단체들의 주된 활동이었다. 오늘날 두드러지게 활동하고 있는 환경운동 비정부조직들이나 반핵운동 비정부조직들과 과거 1970년대 유럽 국가들과의 관계가 전형적인 갈등 관계에 속한다.

셋째, 협조적 관계는 인도주의적 관점에서 활동하고 있는 비정부조직과 이를 후원하는 정부의 관계에서 발견할 수 있다. 협조적 관계 가운데 빈민 구호나 의료 지원, 후진국 개발 지원활동과 같은 경우는 지나치게 정부의 후원을 받아서 이루어질 정도로 NGO와 정부와의 관계가 밀착된 경우도 있다.

넷째, 지배적 관계는 합의형 비정부조직을 비수용적 국가가 지배하는 유형으로 권위주의 국가들에서 시민사회 조직에 대한 국가의 통제 형태로 등장했다. 국가가 동의형 비정부조직의 장을 임명하거나 재정을 통제하는 방식으로 NGO를 지배해 NGO로서의 의미를 상실하는 경우가 발생하기도 한다.

2) 자원의존모형에 의한 정부와 NGO의 관계

자원의존모형의 관점에서 조직의 관계는 양자가 서로에게 제공할 수 있는 자원

의 중요성과 대체가능성에 따라 상호의존도가 결정된다고 할 수 있다. 양자의 상호의존도에 따라 정부와 NGO의 관계는 〈표 14-2〉와 같이 상호의존형, 정부 주도의 일방 관계, NGO 주도의 일방 관계, 상호독립형으로 구분할 수 있다(김준기, 2006: 139-160).

표 14-2 상호의존도에 따른 정부와 NGO의 관계

구분		정부의 NGO에 대한 의존도	
		높음	낮음
NGO의 정부의존도	높음	상호의존형	정부 주도의 일방 관계
	낮음	NGO 주도의 일방 관계	상호독립형

자료: 김준기(2006: 158).

첫째, 상호의존 관계는 정부가 재원을 제공하고 NGO는 서비스를 제공하는 형태로 이루어지는 협력적 관계를 들 수 있다. 사회복지 분야와 시민질서운동에서 정부가 수행하기에는 비효율적이거나 실험적 성격을 띠는 사업의 경우 NGO와의 협력을 통해 수행한다.

둘째, 정부 주도의 일방 관계는 NGO가 정부의 자원 보조 등에 일방적으로 의존하는 경우로 NGO의 생존전략 차원에서 나타나기도 한다. 정부의 지원이 NGO의 생존에 중요한 요인으로 작용할 경우 이러한 단체는 정부 프로그램에 참여하거나 정부정책의 대변인 역할을 수행하기도 한다.

셋째, NGO 주도의 일방 관계는 NGO가 유무형 자원의 보유에서 정부보다 우위에 있는 경우이다. 정부정책에 대해 지지 기반이 필요한 경우나 정부가 재정 축소를 위해 공공 서비스 공급을 민간으로 위탁하는 경우 또는 NGO가 높은 신망과 전문성을 가진 경우에 NGO의 활동에 대한 정부의 의존도는 높아지게 된다.

넷째, 상호독립적인 관계는 정부와 NGO가 전문성과 조직 생존에 필요한 자원을 적절히 확보하고 있어 양자가 견제와 균형이 존재하는 상태이다. 이런 경우에 양자는 독립적인 관계를 유지하나 사안에 따라 협조적인 공조 체제를 유지할 수도 있다. 이런 유형의 대표적인 사례로는 예산감시운동이나 '푸드 뱅크(Food Bank)' 운동 등이 있다.

제 2 절 시민사회단체(NGO)의 정책적 기능

1 NGO의 정책 참여

NGO의 정책 참여란 넓은 의미로서 정책의제 설정 단계부터 정책평가 단계까지 정책 과정에 영향력을 행사하기 위한 직·간접적인 모든 행위를 의미한다. 최근에는 NGO가 양적으로 증가했을 뿐만 아니라 분석적이고 전문적인 능력을 갖춤에 따라 정책 과정에 대한 NGO의 참여 기회와 영향력이 확대되고 있다.

1) NGO의 정책 참여 방식

NGO의 정책 과정에 대한 참여 방식을 분류하는 기준으로서는 제도성, 합법성, 공식성, 능동성, 연대성 등을 제시할 수 있다. 여기서는 제도성과 연대성을 기준으로 참여 방식을 살펴보고자 한다(박상필, 2008: 163-167).

NGO의 정책 참여 방식을 제도성을 기준으로 분류하면 〈표 14-3〉과 같다. 제도적 참여란 정부의 의사와 공식적인 절차에 따라 이루어지는 참여를 말하고, 비제도적 참여란 NGO가 정부의 의사와 관계없이 비공식적인 방법을 통해 참여하는 방식을 말한다. 제도적 참여와 비제도적 참여는 상충 관계여서 제도적 참여 기회가 많으면 비제도적 참여의 필요성이 그만큼 적어지게 된다(박상필, 2008: 163-167). 일정하지는 않지만 대체로 제도적인 참여는 합법적이고 공식적인 참여

표 14-3 제도성에 따른 NGO의 정책 참여 방식

구분	내용
제도적 참여	정부회의·위원회 참가, 공청회·청문회 참가, 입법청원, 사법부 고발, 위탁-계약 업무 수행
비제도적 참여	시위·집회·캠페인, 서명운동·유인물 배포, 성명서 발표·기자회견, 전화·투고·방문, 공청회·세미나 개최, 정보 제공, 감시활동

자료: 박상필(2008: 164).

가 많고, 비제도적인 참여는 비공식적인 참여가 많다. 제도적·비제도적 참여 모두 정책 단계에 따라 각각 다르게 적용될 수 있는 부분이 있다. 제도적 참여가 주로 정책 결정과 집행 과정상 NGO의 참여로 대표되는 데 반해, 비제도적 참여 방식은 정책의제 설정과 정책평가 과정에 집중되어 있다는 점도 주요한 특징이다(김준기, 2006: 240).

NGO가 정책 과정에 참여할 때 연대적으로 참여하는 것을 지향하지만 이것은 참여 단계나 방식에 따라 다수연대, 소수연대, 단독 참여 등 다양하다. 다수연대는 5개 이상의 단체가 공동으로 참여할 경우, 소수연대는 2~4개 단체가 공동 참여할 경우, 단독 참여는 개별 단체가 단독으로 참여하는 경우를 말한다.

우리나라에서 NGO가 정책 과정에 참여할 때에는 사회적 수용도, 참여 비용, 영향력 등을 중시하고 있다. 대체로 제도적 참여와 연대적 참여는 사회적 수용도가 높고 참여 비용이 적으며 영향력이 강하다고 볼 수 있다. 비제도적 참여와 개별적 참여는 대체로 그 반대이다.

2) NGO의 정책 과정에 대한 영향력

정책 과정에 대한 NGO의 영향력은 단체의 크기, 정부의 성격, 정책의 단계, 참여방식, 리더십의 영향력 등에 따라 다르다. 예를 들면 단체가 클수록 민주적인 정부일수록 정책의제 설정 단계에서 제도적 참여 방식이 대체로 영향력이 크다.

정책 과정에 대한 NGO의 영향력 정도를 측정·구별하는 것은 간단하지 않다. 영향력이 강하다는 것은 제도적인 참여에서 정부가 NGO를 정책 과정의 파트너로 인정해 NGO의 주장이 상당히 수렴되고, 비제도적인 참여에서 정부가 어떤 이슈를 정책의제로 받아들이거나 정책 결정과 집행을 앞당기고 미루고 수정하거나 정책평가에서 NGO의 의사를 반영하는 등 NGO의 주장을 수렴하는 것을 말한다. 영향력이 약하다는 것은 제도적인 참여 방식에서는 NGO가 정책의 정당성을 확보하기 위한 수단으로 동원하거나 단순한 자문 역할에 그치고, 비제도적인 참여에서는 NGO의 주장이 거의 반영되지 않는 경우를 말한다.

실질적인 민주주의 심화라는 측면에서 볼 때 국가에 대한 시민사회의 통제는 바람직한 것이다. 그런 측면에서 본다면 시민사회의 자발적인 결사체인 NGO가 정책 과정에 일정한 영향력을 행사할 수 있어야 한다. 물론 NGO의 과도한 영향력

행사는 정책 과정에 참여하는 행위자 간의 세력 균형을 깨뜨려 시민사회의 다른 집단이나 다른 공식적 행위자의 견제와 비판을 받기도 한다.

2 NGO의 정책 과정에서의 역할

NGO는 현대 사회에서 정부관료제와 함께 강력한 행위자로 부상하고 있으며, 정책 과정에서 NGO의 영향력과 역할이 증대되고 있다. NGO들이 정책에서 수행하는 사회적 역할은 다음과 같다(김병환·민현경, 2002: 231-256).

1) 이슈생산자

이슈 생산이란 사회적으로 드러나지 않는 사회문제에 관심을 가지고 이를 이슈화시켜 사회 표면에 드러나게 하는 기능을 말한다. NGO의 이슈생산자로서의 역할은 정책 형성 과정에서 수많은 문제를 사회적 이슈 또는 관심사로 부각시켜 정부가 진지하게 고려하도록 만드는 역할을 수행하며, 이와 같은 역할은 개인이 하기 어려운 일을 집단의 힘을 통해 제기할 경우 좀 더 효과적이고 정치 체제에 중요한 압력 요인으로 작용할 수 있다는 것이다.

정책 형성 단계에서 NGO의 역할은 우선 사회문제를 정책 이슈화하는 것으로부터 시작되어 사회문제가 발생하고 문제 의식이 형성되는 과정에서 NGO는 시민의 불만과 고충을 표명함으로써 정책문제를 제기한다. 사회 발전과 더불어 다양한 문제들이 정부가 아닌 NGO에 의해 구체화되고 쟁점화되고 있다. 이런 경우 NGO는 이러한 과제에 관여하는 동시에 사회적으로 문제를 제기한다. 이 단계에서 시민단체는 여론 조성을 통해 정부의 정책을 촉구하거나 반대를 표명하기도 한다. 이러한 NGO의 활동을 통해 사회적 쟁점들이 정책의제로 형성된다.

2) 정보제공자

정보제공자로서의 역할은 NGO가 정책 형성 과정에서 미치는 영향력은 자신들의 주장이나 요구를 담아 여론 확산을 통한 정부에의 요구 투입을 위한 장치라는데 있다고 보고 NGO는 개인이나 시민사회에 대해 자신들이 제기한 문제들에 대해 관심 및 지지를 갖도록 노력하며, 다양한 문제들에 관한 정보를 제공함으로써 그들 구성원 및 시민들의 관심을 동원하거나 지지를 획득하고자 한다. 이들은 주로 언론이나 잡지 등의 대중매체를 통해서나 시위, 서명운동, 공청회, 각종 프로그램의 시행, 시민교육 등을 통해 이러한 역할을 수행한다.

3) 감시자 및 견제자

NGO의 역할 중 가장 핵심적인 위치를 차지하고 있는 것은 감시자로서의 역할로, 이는 본질적으로 시민이 자신들의 대표를 선출해 공직을 맡기는 민주주의를 시정 내지 보완한다는 점에서 중요한 의미를 갖는다. 감시자의 역할은 주로 정책이 집행되는 과정에서 정책이 원래 목적대로 올바르게 집행되고 있는가를 모니터하는 것인데 이러한 감시자의 역할은 집행 단계에서는 물론이고 정책의제 설정이나 정책 결정 단계에서도 이루어질 수 있다.

NGO는 국가와 시장이 지닌 권력을 비판하고 견제하는 기능을 수행한다. NGO는 국가 권력과 시장의 힘을 견제해 사회개혁을 추진하고 시민의 권리를 보호하는 역할을 한다. 현대 사회에서 강력한 중앙정부가 모든 일에 개입하고 통제하는 단계에서 비효율성이 지적되는 등 많은 문제점을 야기했다. 이런 상황에서 NGO의 비판·감시 기능은 행정 책임을 확보하는 역할을 수행한다.

4) 대안제시자

NGO의 대안제시자 역할은 견제자나 감시자의 역할에서 나아가 적극적으로 해결책을 제시하는 것을 말한다. NGO들은 여론 조성이나 권고를 통해서도 정책결정 과정에 참여할 수 있지만 오늘날 NGO들은 단순히 이슈를 제기하는 수준에 그치지 않고 이슈와 관련된 분야의 전문가들을 동원해 전문지식을 제공하거나 적극적으로 정책 대안을 개발해 제시하고 있는데 이를 통해 정책 내용에 영향력을 행사할 수 있다.

5) 정책참여자

정부정책에 대한 견제에서 한 걸음 더 나아가 NGO가 좀 더 전문화되어 정책 형성 및 결정에 직접 참여하는 것을 말한다. NGO는 사회의 중심조직으로서 다원화와 참여민주주의의 매개체가 되고 있기 때문에 정책결정자로 참여하게 된다. 정부의 각종 위원회에 공식적 또는 공식적으로 참여해 정책의 입안에서부터 집행에 이르기까지 사회적 영향력을 행사하는 역할을 수행한다.

6) 중개자 및 중재자

현대 사회에서 집단 간의 갈등과 이해 관계의 대립 상황에서 NGO는 갈등문제에 대해 정부와 시민을 연결하는 중개자로서 의사소통의 원활한 수행과 의견의 조정, 정보 교환 등의 역할을 수행한다. NGO의 중개자로서 역할은 미래에 발생할 수 있는 갈등을 최소화하고 민주적인 의사소통과 담론을 가능하게 하는 기능이다.

집단 간 대립이 갈등을 빚어 분쟁이 발생했을 때 NGO는 제3자로서 협상을 가능하게 하는 중재자의 역할도 수행한다. NGO는 공식적인 중재기관이나 정부의 중재 역할보다 편견이 적고 시민의 의견이 반영된다는 점에서 효과적이라고 할 수 있다.

7) 서비스 공급자

NGO 스스로가 서비스를 직접 공급해 그 주체가 되는 역할을 하고, 다른 한편으로는 공공 서비스의 공동 생산 및 집행 업무를 수행하는 데도 참여하는 것이다. 각종 교육・상담사업, 환경을 비롯한 각 분야의 실천운동을 통한 관리 서비스, 정보서비스, 재화 생산 서비스 등의 역할을 수행한다. 이들이 제공하는 서비스는 그 규모와 상관없이 사회의 조화와 통합을 강화하는 역할을 수행하기도 한다.

NGO의 정책 참여는 결국 정부의 정책 과정에서 NGO가 제도적 방식을 통해서든 비제도적 방식을 통해서든 정부정책에 영향력을 미치는 과정이라고 할 수 있다. 정부의 정책 과정은 크게 정책의제 설정, 정책 결정, 정책 집행, 정책평가의 4단계로 구분하고, 각 단계에서 NGO가 어떤 역할을 수행하는지 연결시키면 [그림 14-1]과 같다(김준기, 2006: 238-246; 주성수, 2006: 225-230; 김병완・민현경, 2002: 231-256).

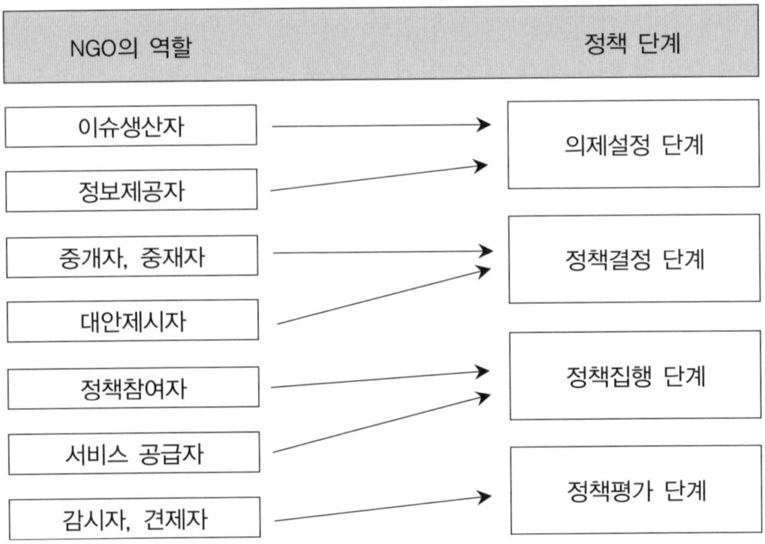

그림 14-1 **정책 단계별 과정과 NGO의 역할**

자료: 이재풍(2007: 25).

3 NGO의 정책 사례

1) 영월 동강댐 사례

영월 동강댐은 1997년 10월 용수 부족과 홍수 방지를 위한 목적으로 건설교통부와 한국수자원공사에 의해 추진된 정책사업이다. 정책사업 초기 환경부 및 관계 지방자치단체의 반대에도 불구하고 대통령의 지원 아래 건설교통부와 수자원공사에 의해 동강댐 사업이 적극적으로 추진되었다. 그러나 정부 외적으로 환경단체를 비롯한 지역주민들의 거센 항의에 부딪혀 동강댐 사업은 극심한 논란의 대상이 되었고, 정책사업 자체에 대한 재검토 논의까지 이어지게 된다. 영월 동강댐 건설사업과 관련해 건설교통부와 수자원공사를 중심으로 이루어지고 있던 정책 과정에 환경운동연합을 비롯한 환경 NGO의 참여는 결국 2000년 6월 김대중 대통령의 댐 건설 백지화 발표라는 정책 내용의 전면적인 수정을 가져오게 되었다.

영월 동강댐 건설과 관련해 중요한 영향을 미친 환경단체는 환경운동연합이었다. 환경운동연합이 동강댐 건설 반대운동에 참여한 것은 1997년 8월 이후이며 본격적인 운동은 1998년 2월 이후이다. 환경단체의 참여 이후 나타난 중요한 변화는 동강댐 문제의 성격이 수질과 수량을 중심으로 한 댐 건설 보상 차원의 문제에서 댐의 안정성과 자연환경의 훼손 문제로 변경된 점이다. 또한 정책 과정에 지역주민, 지방자치단체 등 더 많은 이해관계자의 의견을 반영할 기회를 제공했으며, 이를 통해 정책 내용이 변동되는 결과를 가져온 사례라고 할 수 있다. 환경단체는 동강의 가치를 홍보해 많은 사람이 동강 문제에 관심을 갖게 하는 홍보행사와 문화행사를 개최하고 동강댐에 관한 세미나를 개최하거나 적극적으로 참석하고, 집회나 시위를 통해 동강댐 건설 반대를 주장하고, 낙선운동과 연계하는 활동을 펼쳤다. 또한 1998년 10월 국정감사 시 정책제안서를 제출하고 환경문제에 대한 소송 등을 통해 정책에 참여했다(김준기, 2006: 273-278).

2) 평택 미군기지 이전 사례

미군기지 이전은 1988년부터 우리가 미국 측에 요구한 사업이다. 1990년 일부 추진 중에 이전비용 문제 등으로 우리가 중단을 요청한 후에 2003년 한·미 정상이 재추진키로 합의했으며, 일부 단체도 당시 용산 미군기지의 이전을 적극적으로 요구했다. 2003년 35차 한미연례안보협의회는 평택으로 이전을 결정하고 2005년 강제 토지 수용을 결정했다. 주민들은 이 결정에 대해 이의신청서를 제출하고 이주를 거부했다. 국방부는 주민들의 거주 조치에 대해 주민들의 땅과 집 등에 대해 강제 수용 조치를 취했으며 공탁을 거쳐 주민들의 토지수용권을 국방부로 강제 이전했다. NGO의 활동으로 평택의 문제는 지역주민에서 전 국민의 관심사로 확대되었으나 정부정책이 확고해 NGO의 의견이 거의 반영되지 못해 정부와의 갈등을 이어가고 있다(이재풍, 2007: 80-85).

이와 관련해 '평택미군기지 확장저지 범국민대책위'가 2005년 2월 발족해 평택 미군기지 이전 저지활동을 펼치고 있다. 2003년 7월 용산기지 이전문제가 여론화되면서 '미군기지 확장반대 평택대책위원회'가 결성되어 기지 이전 반대활동을 하고 있다. 이전 반대와 관련해 NGO들은 궐기대회, 마라톤대회, 촛불집회, 성명서 발표 등의 활동을 실시했으며, 이 과정에서 기지 이전비용의 부담 주체와 비용, 토지 강제수용 문제, 지역민에 대한 보상과 생계 수단 확보 방안의 제시 등의 정보

제공 및 대안을 제시하는 역할을 수행했다.

제 3 절 대한민국 시민사회단체(NGO)의 구조와 정책 역량

1 대한민국 NGO의 현황

1) 대한민국 NGO의 현황: 변천과 현황, 규모

우리나라에서 NGO활동이 활성화된 것은 1980년대 후반부터이다. NGO의 활동 영역은 시대별로 약간의 차이는 있으나 국가정책 혹은 국민생활 전 영역에 걸쳐 있는데 환경문제, 여성문제, 건강 및 보건문제, 의식개혁 문제, 청소년문제, 소비자 보호문제, 교육문제, 통일문제, 국가안보 관련 문제 등이다(민진, 2006: 94).

『한국민간단체총람 2006』에 따르면 한국 시민단체 수는 1996년에는 지부까지 합쳐 9,500여개였고, 1999년에는 20,000개의 단체가 존재했다. 2006년 기준으로는 5,556개의 시민운동단체와 17,400여개의 민간단체가 있다. 이는 2003년 3,937개의 시민운동단체와 7,243개의 민간단체 등 11,180개의 단체가 있었던 것에 비한다면 3년 동안 2배 이상 증가한 것이다. 직능단체, 법적 지휘단체가 아닌 공익적 활동, 자발적 결성 등의 특징을 갖는 단체들을 정리한 시민운동단체 분야는 〈표 14-4〉와 같다. 2006년 조사 결과에서는 시민운동단체의 약 55%가 수도권에 편중(서울은 37%)되어 있으며 시민운동의 중앙집중 경향도 나타나고 있다.

표 14-4 분야별 NGO 현황

구분	계	시민사회	사회 서비스	환경	온라인 단체	문화	교육·학술	지역자치·빈민	여성	노동·농어민	국제 연대 협력	종교
현황	5,556개	1,336	1,030	736	638	549	355	325	296	170	93	28

2) 대한민국의 대표적 NGO

우리나라의 대표적 NGO로는 '경제정의실천시민연합', '참여연대', '환경운동연합' 등을 들 수 있다. 우리나라의 NGO들은 주로 1980년대 후반 제6공화국이 들어서면서 민주화라는 시대적 상황 속에서 많이 설립되었고 지금까지 그들이 NGO의 주류를 이루고 있다. NGO의 활동은 노무현 정부에서 정부 차원의 참여 보장과 강화라는 정책 기조에 따라 활동이 활발했으며 2015년 현재 다소 활동이 저조하다. 분야별로 우리나라 NGO의 현황은 다음과 같다.

종교 및 청소년, 여성 관련 분야에서는 '한국YMCA', '한국YWCA', '흥사단', '색동회', '한국걸스카우트연맹', '한국보이스카우트연맹' 등이 있다.

이념과 통일, 남북한 분야에서는 '한국자유총연맹', '민족의 화해와 통일을 위한 종교인협의회' ,'북한시민연합', '북한민주화네트워크' 등이 있다.

환경보호 분야에는 '환경운동연합', '녹색연합', '고리원자력민간환경감시기구', '생명의 숲가꾸기국민운동' 등이 있다. 일반적인 환경문제에서 원자력, 생명과 같은 주제에 관심을 갖고 있다.

경제와 노동자, 농민 분야에서는 '전국농민회 총연맹', '한국 4-H연맹'이 있다.

사회복지 분야에서는 '민주사회를 위한 변호사모임', '호주제 폐지를 위한 시민모임', '한국정신대대책협의회', '한국이웃사랑회' 등이 있다.

교육문화 분야에서는 '좋은 부모되기운동본부', '교수 공정임용을 위한 모임', '교육개혁시민운동연대', '좋은 엄마모임', '참교육전국학부모회', '문화실천연합' 등이 있다.

국방 분야에는 '미군기지 되찾기 시민모임', '불평등한 소파(SOFA)개정 시민운동', '안보를 생각하는 사람들' 등이 있다. 주한미군 관련 시민사회단체가 일부 있다.

정부와 정치, 행정 영역에서는 '정치개혁시민연대', '한국여성유권자연맹', '의회를 사랑하는 사람들', '사법개혁을 위한 시민사회단체연대회', '행정개혁시민연합' 등이 있으며, 입법부, 사법부, 행정부 그리고 선거 등 정치 일반에 걸쳐 설립 운영되고 있다.

지역자치 분야에서는 '부천시민연합', '용인시민연합', '전북포럼', '해남포럼', '천안시민포럼', '우리땅미군기지찾기 의정부시민연대회의' 등이 있다. 특정 지역을 대상으로 하며, 대체로 지역의 여러 가지 문제를 포괄적으로 관심을 가지는데, 일부 시민사회단체에서는 특수 영역 이슈에 관심을 갖는다.

표 14-5 대한민국의 주요 NGO 25개

분야	이름	설립일	회원 수
일반	경제정의실천연합	1989.	14천 명
일반	참여연대	1984.9.10	15천 명
환경	한국환경운동연합	1993.4.2	53천 명
환경	녹색연합	1991.06.	1만 명
환경	생명의숲가꾸기국민운동	1998.3.18	16천 명
환경/지역	고리원전민간환경감시기구	1998.12.10	7명
여성	한국정신대문제대책협의회	1990.11.16	22단체
의회	의회를 사랑하는 사람들	1998.9.17	1천 명
행정부	행정개혁시민연합	1997.12.7	200명
사법부	사법개혁을 위한 시민사회단체연합회	1999.7.20	13단체
정치일반	정치개혁시민연대	1998.9.25	500명
체제 이념	한국자유총연맹	1989.4.1	23만 명
체제 이념	민주사회를 위한 변호사모임	1988.5.28	297명
여성/정치	한국여성유권자연맹	1969.6.12	5천 명
종교	한국YMCA서울	1903.10	32천 명
사회 일반	호주제폐지를 위한 시민의 모임	1998.11.4	250명
농민	전국농민회총연맹	1990.4.24	5만 명
농민	한국4-H연맹	1988.3.28	3만 명
교육	좋은 부모되기 운동본부	1996.3.28	1,900명
국방	한국대인지뢰대책회의	1997.10.21	27단체
사회 일반	매매춘 근절을 위한 소리회	1986.10.	16단체
북한 통일	민족화해협력범국민협의회	1998.9.3	미확인
사회 일반	흥사단	1913.5.13	36천 명
지역	부천시민연합	1999.6.8	200명
지역	목포포럼	1996.12.20	50명

자료: 기관별 홈페이지에서 발췌. 회원 수 일부는 직접 전화 통화해 확인.

2 대한민국 주요 NGO의 정책활동과 역량

우리나라에 NGO가 많이 있지만 대표적 NGO의 정책활동과 역량을 살펴본다. 일반적 NGO로는 '경제정의실천시민연합', '참여연대'를 선정했고, 환경 분야 NGO로는 '환경운동연합'과 '녹색연합'을 선정했으며, 특수문제에 대한 NGO로는 '한국정신대협의회', '민주사회를 위한 변호사 모임', '한국자유총연맹'을 선정했다.

1) 종합적 NGO의 정책활동과 역량

(1) 경제정의실천연합[3)]

경제정의실천연합(약칭: '경실련')은 1989년에 설립된 종합적 NGO이다. 경실련은 시민의 뜻과 힘과 지혜를 합해, 일한 만큼 대접받고(경제정의) 약자가 보호받는(사회 정의) 정의로운 사회 건설을 위해 기여한다. 경실련은 활동의 자율성을 위해 정부로부터 보조금을 전혀 받지 않는다. 우리나라에서 대부분의 정책 분야에서 가장 영향력이 큰 NGO이다.

경실련의 활동 원칙으로는 비당파성, 실사구시, 합법적 운동, 균형과 조화 등을 들 수 있다. 2014년 현재 주요 활동으로 정치・입법・지방자치 분야에서는 국정원 등 국가기관 대선개입 사건 대응, 기초지방선거 정당공천제 폐지, 박근혜 정부 100일 평가, 국정감사 모니터링 등을, 경제 분야에서는 동양그룹사태 대응, 경제민주화 실현을 위한 활동, 공평과세 실현을 위한 재정세제 개혁운동을 펼치고 있다.

그리고 사회복지 보건의료 분야에서는 건강보험의 보장성 강화, 노후 보장 강화, 보육 공공성 강화, 의료영리화 저지 등을, 부동산 국책사업에서는 KTX 민영화 저지 및 상하 통합운동, 민자사업 3대 특혜사업 폐지운동, 부동산 정책후퇴 감시활동, 최저낙찰제 사수 등을, 국제연대 분야에서는 Post 2015 정책사업 등을 하고 있다.

주요 조직으로는 회원대회 → (공동대표, 고문 및 지도위원) → 중앙위원회 → 상임집행위원회를 두고 있으며, 이 아래 조직위원회, 윤리위원회, 국제위원회, 시민입법위원회, 정책위원회를 두고 있으며, 5개 지역 경실련을 두고 있다. 또한 특별기구로는 (사)경제정의연구소, (사)경실련 도시개혁센터, 시민권익센터, (사)경

3) http://www.ccej.or.kr/index.php?mid=page-intro-setup 2014.10.30 검색.

실련통일협회, 소비자정의센터를 두고 있다. 경제정의연구소에는 주요 대학 교수진 15명이 소속되어 있다. 특별위원회로는 국책사업감시단, 아파트값거품빼기운동본부, 소비자정의센터가 있다. 특히 상임집행위원회는 44명으로 구성되며, 대부분이 대학교수이고, 일부 변호사와 경실련 관계자로 되어 있어 자체적으로 정책연구 역량이 매우 높다고 평가된다.

(2) 참여연대[4)]

참여연대는 1994년 9월 10일 설립되었으며 14,700명의 회원을 갖는 종합적 NGO이다. 참여연대는 각계각층 국민들의 자발적인 참여로 국가 권력을 감시하고, 구체적인 정책과 대안을 제시하며, 실천적인 시민행동을 통해 자유와 정의, 인권과 복지가 바르게 실현되는 참여민주사회를 건설하는 것을 목적으로 한다.

참여연대의 사업은 첫째, 민주사회를 바르게 세우며 구체적으로 실현하기 위한 정책과 방법에 관한 연구와 토론 그리고 시민들의 의사 형성을 위한 사업, 둘째, 입법·사법·행정 등 국가기관의 활동에 대한 시민들의 감시와 참여, 셋째, 인권을 옹호하고 향상시키기 위한 사회적·제도적 노력, 넷째, 정치, 경제, 사회, 문화 등 사회 각 분야의 비리와 부정을 고발해 사회 정의와 공익을 실현하기 위한 활동, 다섯째, 참여민주주의 실현을 위한 시민교육, 여섯째, 기타 활동을 한다.

2014년 현재 최근 활동으로는 반도체 직업병 예방 대책 마련을 위한 토론회(2014.10.30), 국회소위원회시민방청단(2014.10.31), 시민의 눈으로 본 안보교육(2014.10.31), 새정치민주연합의 위기, 미래는 있는가?(2014.11.12) 등이다.

기구를 보면 총회 아래 공동대표가 있고, 고문과 운영위원회가 있으며 아래 집행위원회 → 상임집행위원회 → 사무처로 내려간다. 사무처에는 운영기획팀, 정책기획팀, 미디어홍보팀, 시민참여팀, 경제조세팀, 복지노동팀, 평화국제팀, 시민감시1팀, 시민감시2팀으로 분화되어 있다. 정책기구로는 정책자문위원회, 정책위원회, 시민위원회, 재정기획위원회가 있다. 부설기구로는 공익법센터, 참여사회연구소, 아카데미 느티나무 그리고 회원모임협의회가 있다. 활동기구로는 민생희망본부, 노동사회위원회, 사회복지위원회, 경제금융센터, 조세재정개혁센터, 평화군축센터, 국제연대위원회, 의정감시센터, 사법감시센터, 행정감시센터, 공익제보지원센터가

---

4) http://www.peoplepower21.org/about/sub.php?sub=m12 2014-10-30 검색.

있는 등 광범위한 분야에 많은 전문가가 활동하고 있다.

2) 환경 분야 NGO의 정책활동과 역량

(1) 환경운동연합[5)]

환경운동연합은 환경 분야의 대표적 NGO로서 1993년 4월 2일 설립되었으며, 회원은 약 5만 3천 명 정도이다. 환경운동연합의 설립 목적은 환경문제를 해결하기 위해 환경적으로 건전하고 지속 가능한 사회 건설, 산업구조의 친환경적 개조, 독점과 집중의 사회 상황을 분배와 분산의 방향으로 개선하는 것이다. 환경연합은 현장성, 대중성, 전문성에 기반한 활동으로 전국 및 세계 네트워크를 가진 환경단체로 성장했다.

주요 사업으로는 연구조사활동(쓰레기종량제 관련 연구과제 수행), Agenda 21 Ecocheck 개발 국제연대활동, 환경조사연합활동, 교육활동(어린이 생태학교 운영 등), 골프장 반대운동 그리고 회원 참여활동 등이다. 몇 가지 사례를 보면 1998년 2월 동강댐 건설계획 대응을 위한 대형댐 건설 불가피한가 토론회 개최, 1998년 12월 인간배아 복제 규탄집회 및 생명안전윤리법 제정 촉구, 1998년 3월 생명의숲가꾸기 운동본부 발족, 2000년대에 천성산 살리기, 석면피해 구제법안 제정 의결, 라면 내 나트륨 권고 기준치 하향 조정, 한반도 대운하 백지화 등 환경 관련 활동을 해왔다.

조직으로는 대의원회의 → 전국대표자회의 → 공동대표 → 중앙위원회 → 사무총장과 중앙사무처로 이어진다. 고문, 감사, 지도위원회의가 있고, 협력기관으로는 기후변화행동연구소, 환경교육센터, 환경보건시민센터, 에코피스아시아, 북미디어가 있다. 지역조직들이 있으며, 전문기관으로는 시민환경연구소, 에코생활협동조합, 월간 함께사는 길, 환경법률센터, 시민환경정보센터가 있고, 상설위원회로는 정책위원회, 인사위원회, 조직위원회, 재정위원회, 습지DMZ위원회, 국제협력위원회, 에너지기후위원회, 교육위원회, 바다위원회가 있으며, 특별위원회로는 미디어홍보위원회, 녹색정치위원회가 있다. 중앙사무처에는 에너지기후팀, 생태사회팀, 국제/정책팀, 시민참여팀, 미디어팀, 조직팀 그리고 운영팀이 있다.

---

5) http://kfem.or.kr/?page-id=52 2014-10-30 검색.

(2) 녹색연합[6)]

녹색연합은 환경일반 분야의 대표적 NGO로서 1991년 6월 설립되었으며, 회원은 53,000명 정도이다. 녹색연합의 설립 목적은 기존 환경운동의 한계를 극복한 대안 문명으로서 녹색생명운동을 전개하고 북한의 환경문제 및 전 지구적 환경문제를 해결하기 위한 지구촌 NGO들과 연대하며 궁극적으로 자연과 인간이 공생하도록 하는 데 이바지하는 것이다.

녹색연합은 백두대간, 연안해양 등 한반도의 생태축을 보전하는 운동과 그곳에 살고 있는 야생동식물을 보호하는 자연생태계 보전운동을 중심으로 활동하고 있다. 주요 활동으로는 새만금간척사업 백지화를 위한 시민위원회 구성, 유전자 조작 콩 수입 반대 시위 등이 있다.

녹색연합은 지역별 녹색연합이 있으며, 부설기관으로 환경소송센터, 배달환경연구소 등이 있다. 공동대표 5명, 본부 녹색연합 35명, 전문기구 14명이 근무하고 있다. 회원의 회비가 재정의 45%를 차지하고 있으며 공익재단사업비, 후원금 등으로 재정이 충당된다. 주요 기구로는 사무처에 정책팀(4인), 에너지기후국(4인), 자연생태국(3인), 평화생태국(4인), 회원더하기팀(6인), 상상공작소(3인), 조직국(3인)이 있으며, 각 부서에는 관리자와 활동가가 함께 근무한다.

'녹색운동 20선'을 보면 김포수도권 쓰레기매립지 반입갈등 중재(1992년), 민간 '한국환경보고서' 창간(1994년), 새만금간척사업 반대운동과 미래세대 환경소송(1999년), 4대강 사업 반대운동과 강의 친구 365(2010년) 등 활발하게 전개하고 있다.

3) 특수문제 NGO의 정책활동과 역량

(1) 한국정신대협의회[7)]

정신대협의회는 1990년 11월 16일 설립한 사단법인 형태의 조직으로 시민사회조직이다. 회원 수는 22개 회원단체로 구성된다. 설립 목적은 정신대 일본군 위안부 범죄에 대해 일본 정부로 하여금 진상 규명, 범죄 인정, 국회 결의 사죄, 법적 배상, 역사 교과서 기록, 위령비 건립, 책임자 처벌 등의 목적으로 설립되었다. 산

6) http://www.greenkorea.org//page-id=5327 2014-10-30 검색.

7) http://www.womenandwar.net/general/general.nx?page-str-menu=0101 2014-10-31 검색.

하기구로는 한국여성단체연합, 한국여성민우회, 한국교회여성협의회, 가톨릭여성복지회 등이 있다.

주요 사업으로는 정신대 일본군 범죄에 대한 진상조사/연구사업, 일본 정부에 대한 일곱 가지 요구를 시행시키기 위한 사업, 국제연대사업 등이 있다. 간행물로는 한국정신대문제 대책협의회 소식지(계간)가 있고, 출판물로는 『일본 군 위안부 문제의 진상』(1998)이 있다.

주요 기구로는 총회 → 공동대표 → 실행이사회 → 사무처로 이어진다. 실행이사회에 전문위원과 정책기획위원회, 생존자복지위원회, 국제협력위원회, 문화홍보위원회, 교육위원회, 대외협력위원회, 전쟁과 여성인권 박물관위원회, 그리고 재정위원회가 있다. 부설기구로는 전쟁과 여성 박물관, 평화와 우리 집, 평화와 치유가 만나는 집이 있다. 사무처에는 쉼터, 평화 팀, 인권 팀과 간사로 구성된다.

(2) 민주사회를 위한 변호사모임[8)]

민주사회를 위한 변호사모임은 1988년 5월 28일 설립된 NGO이며, 설립 목적은 인권 옹호와 사회 정의 실현을 위한 연구, 조사, 변론 등을 통해 사회의 민주적 발전에 기여하는 것을 목적으로 하며 회원 수는 297명이다.

주요 사업으로는 연구와 현장조사이며, 인권 중심의 법 개정 및 제도개선 연구 및 실태 조사, 구치소 및 교도소 내 인권 상황 조사/ 변론활동(정치범에 대한 형사 변론), 여론 형성활동(성명서 발표, 각종 보고서 및 책자 발간, 공청회 및 토론회 개최), 대외활동(사회민주단체 연대활동)을 들 수 있다.

주요 조직으로는 총회(회장, 부회장) → 집행위원회 → 사무처가 있다. 사무처에는 변론팀, 회원팀, 교육팀, 출판홍보팀, 대외협력팀, 총무재정팀이 있다. 8개 지부가 있으며, 위원회로는 미군문제, 통일, 여성 인권, 환경, 노동, 사법, 과거사 청산, 민생경제, 교육청소년, 국제연대, 소수자, 외교통상위원회가 있다.

(3) 한국자유총연맹[9)]

한국자유총연맹은 1954년 6월 15일 아시아반공연맹으로 출발해 1989년 4월 1일

---

8) http://minbyun.or.kr/?page-id=6 2014-10-31 검색.

9) http://www.koreaff.or.kr/intro/history.html 2014-10-31 검색.

설립되었으며, 이 땅의 자유민주주의 수호와 선진 한국 건설을 위해 앞장서온 이념운동단체이다. 회원은 23만 명이고 사단법인의 형태를 띠고 있다.

한국자유총연맹의 설립 목적은 대한민국의 자유민주주의를 옹호·발전시키고, 이와 관련된 민간단체와의 협력을 증진시키며, 세계 자유우방과의 교류 및 유대를 강화하는 것이다. 주요 사업으로는 자유민주주의 체제 수호 및 자유민주주의 이념 확산, 자유민주주의 역량 강화 활동, 성숙한 자유민주주의 구현을 들 수 있다.

주요 기구로는 총회(회장) 아래 사무총장과 본부 그리고 시·도지부, 시·군·구지회, 읍·면·동분회로 이어진다. 총회 아래 이사회, 감사, 고문이 있다. 회장 아래 중앙운영위원회, 자문위원회 그리고 특별위원회가 있다. 본부에는 전국시도청년협의회와 전국시도여성협의회가 있다.

4) 대한민국 NGO의 평가와 전망

1980년대 민주화운동 이후 증가된 NGO의 정책 참여는 다양한 분야에서 다양한 방법으로 이루어지고 있다. NGO가 시민사회의 의견을 대변하고 각종 사회문제에 대한 견해를 표명하며 공익을 위해 정부정책에 참여하는 것은 참여민주주의 정착을 위해서도 필요한 일이다. 특히 정부의 정책 과정 독점에 따른 부작용을 최소화하기 위해서도 시민사회의 참여는 긍정적인 효과가 있다고 하겠다.

NGO 중 경실련, 참여연대, 환경운동연합 등 비교적 회원 규모가 크고 전문가도 많으며 재정 규모나 사업 내용에서 정책 역량이 크기 때문에 정부에 많은 영향을 주고 있는 시민사회단체가 있지만 일부 NGO는 정부로부터 재정 보조를 받거나 전문가가 부족하고 활동가도 부족한 경우도 상당수 있다.

NGO의 정책 참여는 앞으로도 NGO의 지속적인 성장과 함께 그 영향력이 증대될 것으로 보인다. 그렇지만 단체의 내부 운영과 관리에서는 책임성이 다소 결여되어 있다. NGO가 정책 과정에 참여해 긍정적인 효과를 거두기 위해서는 NGO 스스로 전문성과 대표성을 확보하고 다른 정책참여자와 건설적인 네트워크를 구축해야 할 것이다. 또한 정부와의 관계 역시 건설적으로 설정되고 책임을 바탕으로 제도적인 참여 방식을 확대해 나가야 할 것이다.

제 15 장

전문가 집단(싱크 탱크)의 정책 기능

제1절 전문가 집단(싱크 탱크)의 의의와 종류

1 전문가 집단(싱크 탱크)의 의의

1) 전문가 집단의 등장

정부가 당면한 문제가 복잡해지고 그 해결을 위해 정부가 가지고 있는 것보다 높은 분석 능력이 요구됨에 따라 전문적인 정책연구자의 도움이 필요하게 되었다. 그러므로 대학, 연구기관, 그리고 특정 정책 및 이슈 영역에 관한 전문가 집단(think tank)에서 일하는 연구자들이 정책 과정의 중요한 행위자로 등장했다. 이런 전문가들은 소속기관별로, 혹은 개인적으로 연구 및 발표를 통해 전문가 집단으로서 역할을 한다.

우리나라에서 전문가 집단은 정부출연기관과 대기업 연구소를 중심으로 활동하고 있으며, 정치사회와 시민사회의 전문가 집단은 상대적으로 활동이 저조하다. 한편 대학(혹은 대학교수 개인)이 비공식적으로 정책 내용의 생산자로서 기능을 하고 있다. 우리나라는 전문가 집단을 발전시키는 과정에서 미국식 모델과 독일식 모델을 받아들인 것 같다.

전문가 집단의 원형은 미국의 랜드연구소(the RAND Corporation)인데, 제2차 세계대전 후 공군의 원조자금에 의해 설립되어 인공위성 시스템을 개발했다.

독일의 경우 전문가 집단은 20세기 초에 설립되었으며 제2차 세계대전 이후 활성화되었고 1990년대에 분화를 거듭하고 있다. 독일에서 전문가 집단은 국가와 정당, 기업, 노조의 충분한 재정 지원과 전문가 집단의 독립과 자율, 균형이 공존한다. 특히 정당과 깊은 관계를 맺고 있으며, 사회과학 분야 연구소들이 막스플랑크 연구회 등에 소속되어 있어 우리나라의 전형이 되고 있다(박명준, 2012: 5-7).

세계적으로 최근 전문가 집단의 현안 문제는 자금 조달, 전문가 집단의 확산과 NGO 전문가 집단, 정파 정치의 부상, 다양한 미디어와 인터넷의 발달, 전문가의 부상, 정책 조언의 국제화 및 수요 증가 등이다(McGann, 2007: 12-24).

〈사례〉 미국의 랜드연구소(the RAND Corporation)

미국에서 군사문제에 대해 가장 정평 있는 전문가 집단(think tank)으로 소개되는 기관이 랜드연구소이다. 랜드연구소는 미국의 대표적 전문가 집단 중의 하나로 미국 방산재벌 맥도넬 더글러스의 전신인 더글러스 항공이 1948년에 설립했다. 2008년의 예산은 2억 3천만 달러에 이르며, 1,600명의 직원을 두고 있다.

RAND 연구소의 비전은 정책분석과 정책 아이디어에서 세계에서 가장 신뢰받는 원천이 되는 것이다. RAND연구소는 학제적 연구, 가장 광범위한 연구, 객관적인 연구, 투명하고 열린 작업 등을 추구한다. 주요 연구들은 연속 간행물의 논문, 보고서 그리고 연구 요약(research brief)으로 발간되어 활용된다. 최근 발간된 것으로는 『쿠르디스탄 지역에서의 현재 및 미래의 노동시장에 대한 평가』(보고서) 등이 있다. 주요 연구 주제는 예술, 아동정책, 교도행정, 교육, 에너지와 환경, 보건 및 의료, 국가안보, 공공안전, 과학기술, 테러와 국토안보, 교통과 토지기반시설, 노동 등 정책 전방에 걸쳐 있다.

(http://www.rand.org/pubs.html 2014-11-28)

세계의 주요 전문가 집단을 열거하면 다음과 같다. 미국은 랜드연구소, 브루킹스연구소, 의회조사국(CRS), 헤리티지재단, 미국기업연구소를, 영국은 국제전략연구소(IISS), 국제사회경제연구소를, 스웨덴은 스톡홀름 국제평화연구소를, 프랑스는 국제행정연구소를, 일본은 아시아경제연구소, 총합연구개발기구를, 독일은 막스플랑크연구회와 독일경제연구소를, 중국은 사회과학원을, 러시아는 러시아과학원(IMEMO)을, 싱가포르는 동남아연구소를 각각 들 수 있다(황윤원 외, 2003: 330-334).

2) 전문가 집단의 개념

전문가란 일반적으로 어떤 특정 분야에 고도의 전문성을 지닌 사람을 의미하며, 정책 과정에서 정부 외의 사람들을 말한다. 이들은 일반시민과는 달리 문제 해결을 위한 구체적인 정책 대안을 제시하거나 정책의 영향 및 정책의 내용 등에 대한 평가를 행함으로써 정책 과정에 개입한다. 이들이 정책 결정에 참여하게 되는 것은 크게 두 가지 이유로 인한 것이다. 하나는 정부 내의 공무원이 갖는 전문성의 부족으로 인한 것과 다른 하나는 국민의 지지를 쉽게 받고자 할 때이다(전남련, 2005).

전문가 집단은 정책에 영향을 미치기 위해 학제간 연구를 수행하는 독립된 조직이다(노화준, 2007). 이러한 조직들은 광범위한 정책문제에 관심을 가지고 종합적인 관점을 발전시킬 수 있도록 다양한 전문가를 채용한다. 전문가 집단의 가장 중요한 두 가지 특성은 독립성과 비영리성이다. 전문가 집단과 연구조직은 순수한 학술기관과 유사하게 정부와 정당으로부터 독립성과 자율성을 유지한다는 이미지를 가져야만 정책결정자가 그 연구 결과를 진지하게 받아들이게 된다. 이런 특성은 토론에서 필수적으로 요구되는 기본적 요건이다(남궁근, 2008: 290-291).

전문가 집단은 모든 학문 분야 전문가의 두뇌를 조직적으로 결집해 조사・분석 및 연구개발을 행하고 그 성과를 제공하는 것을 목적으로 하는 집단이다. 주로 정부의 정책이나 기업의 경영전략을 연구한다(네이버 용어사전).

전문가 집단은 두뇌집단・두뇌공장・두뇌회사라고도 한다. 일반적으로 사회과학・자연과학을 불문하고 모든 전문 분야의 이질(異質)적 두뇌를 조직적으로 결집시켜 연구개발이나 조사・분석에 전념하게 하여 여기서 얻어낸 지식이나 기술을 제공한다. 일반적인 연구소나 조사기관과는 미래 지향적, 소프트웨어(software), 학제적(學際的, interdisciplinary), 시스템 분석적 수법 등에서 구별된다. 단순한 아이디어나 신제품 개발이 아닌 빅 사이언스(big science: 우주 개발, 해양 개발)나 사회 개발(공해 방지, 도시 개발) 등과 같은 좀 더 복합적 기술이나 시스템의 개발을 대상으로 한다.

3) 전문가와 전문가 집단의 기능 및 장단점

전문가와 학자는 정책의제 결정 과정에서 간접적으로 개입한다. 즉, 전문적인 조언자 또는 분석가의 역할을 통해 개입하게 된다. 이들은 망각하기 쉬운 사회문제의 심각성을 제시하고 정책 대안 제시 및 관계 자료와 정보를 제공한다(안해균, 1987: 116-117).

이들의 참여가 수반하는 장점으로는 ① 이들이 공무원에 비해 고도의 전문지식을 가지며, ② 관료 이익이나 기득권에 사로잡히지 않고 객관적으로 생각할 수 있으며, ③ 공사 간의 이해, 의사 전달에 유익하며, ④ 연구기관 소속이 아닌 전문인일 경우 일시적으로 참여하므로 상용할 필요가 없어 예산 절약이 된다는 것이다.

한편, 단점으로는 ① 직업공무원들이 하는 경우보다 시간과 비용이 많이 들며,

② 외부인이므로 현실 적합성보다는 합리성만 추구하려는 경향을 지니기 쉽고, ③ 직업공무원이 아니어서 결정에 대한 책임을 지는 위치에 있지 않으므로 결정의 결과에 대한 신중한 배려가 적을 가능성이 많으며, ④ 외부의 전문인은 내부의 행정인들 간에 지니고 있는 이해 관계 및 갈등을 잘 알고 있지 못해 공무원 간 및 이들과의 혼란을 조장할 가능성이 있다(박동서, 1989: 390-391).

2 전문가와 전문가 집단(싱크 탱크)의 종류

1) 전문가의 유형

정부 관료는 정책 분야의 전문가라 할 수 있다. 정부 관료 중에도 공무원의 신분으로 정책연구와 분석 업무만을 담당하는 사람이 있다. 정부 관료가 아닌 외부 전문가로서 정책 결정에 큰 영향을 미치는 전문가나 지식인은 크게 두 가지 부류가 있다. 첫째, 연구기관에 종사하는 연구원 등이고, 둘째, 대학교수들이다.

첫째, 주로 행정부처 산하의 연구기관에 종사하는 전문가들은 우리나라 정책 과정에 큰 영향을 미치고 있다. 예를 들면, 경제정책 분야에는 한국개발연구원(KDI), 산업연구원(KIET) 등이 있으며, 교육정책에서는 한국교육개발원(KEDI), 외교정책에는 외교안보연구원, 국방정책에는 한국국방연구원(KIDA) 등이 있다.

둘째, 대학의 연구자들은 대체로 정책문제에 관해 좀 더 이론적이며 철학적인 관점에서 연구함으로써 그 결과를 직접 정책 목적으로 사용하기 어려울 수 있다. 그러나 그들이 직접 정책 토론에 참여하기 위한 연구를 담당할 경우 전문가 집단과 유사한 기능을 수행하게 된다(Howlett & Ramesh, 2003: 78; 남궁근, 2008: 290에서 재인용). 우리나라에서는 교수들이 1960년대 군사정부에서부터 지금까지 정책 과정에 대거 관여했다. 경제학자들이 1960년대 이후 최근까지 경제정책의 결정 과정에 크게 관여했으며, 행정학자들도 정부의 행정관리 개선을 위해 자문위원으로 대거 관여했다.

셋째, 정책공동체가 활성화됨으로써 학자, 전문가들이 자문위와 같은 공식적인 참여 장치를 통하거나 정책공동체를 통해, 직접적인 정책 결정 담당자가 되는 것 못지않게 영향력이 증가하고 있다. 즉 학자, 전문가들이 정책공동체 또는 인지공동체의 일원으로서 각종 공식·비공식 접촉 기회를 통해 관료와 국회의원들과 의견을 교환함으로써 의식적·무의식적으로 이들의 사고에 영향을 미치고 결과적으로 정책에 영향을 미치고 있다. 또한 학자와 전문가들이 공익집단, 이익집단 등에 참여해 정책에 영향을 미치는 경우도 증가하고 있다(정정길 외, 2012: 209).

2) 전문가 집단의 종류와 유형

전문가 집단은 규모, 재원, 목적 등에 따라 매우 다양한 형태를 지니고 있어 일정한 틀에 따라 분류하기가 쉽지 않다. 여기서는 정부 수준별, 부문별, 부설 여부별, 정부 소속 여부별, 그리고 특정 현안별로 구분해 실태를 예시해 보고자 한다.

첫째, 정부 소속과 수준별 전문가 집단을 분류할 수 있다. 전문가 집단은 정부 소속(3권분립)에 따라 행정부 소속, 입법부 소속, 사법부 소속으로 구분할 수 있다. 입법부 소속으로는 국회입법조사처를, 사법부 소속으로는 사법정책연구원과 헌법재판연구원 등을 들 수 있다. 또한 정부 수준에 따라 중앙정부 수준과 지방자치단체 수준으로 구분할 수 있다. 중앙정부 수준의 전문가 집단과 함께 지방자치 시대를 맞이해 지방정부가 자체의 전문가 집단을 갖는 것이 보편화되고 있다. 지방정부에 대한 지역 주민들의 기대 수준이 높아지고 지방정부가 각종 정책을 자체 수립하고 집행해야 하는 시대가 되면서 그동안 자체 정책연구 기능이 없거나 미약했던 지방정부들이 잇따라 산하 출연 전문가 집단을 세우고 지원을 확대하게 된 것이다.

둘째, 부문별로 전문가 집단을 분류할 수 있다(서병철, 2003: 107-109). 최근 기업이나 시민단체의 정책 참여가 활발해지면서 비영리 전문가 집단과 민간 전문가 집단의 등장이 일반화되고 있다. 정부의 전문가 집단은 정부부처나 특수기관의 형태로 운영되고 있으나 대부분의 정책연구는 정부출연 연구기관에 의해 수행된다. 정부출연 연구기관은 주로 공공 부문에 대한 연구와 자문을 담당한다. 비영리 전문가 집단은 두뇌집단 중심으로 형성된 것이거나 비영리단체의 산하에 존재하는 것으로서 국가정책에 대한 연구와 자문 역할을 수행한다. 민간 전문가 집단은 개인이나 민간기업이 출연해 구성한 것으로서 기업의 이윤 추구를 목적으로 설립되었지만 때로는 국가정책에 대해서도 연구 및 자문 역할을 수행한다. 여기서 한 가지 유의할 것은 NGO와의 구별이다.[1]

전문가 집단(think tank)의 종류

- 공공 부문 ① 부처, 기관 형태: (예) 국회입법조사처, 통계청 조사부, 한국은행 조사국
  ② 국책연구기관 형태: 한국개발연구원, 한국행정연구원
- 민간 부문 ① 기업 및 이익집단: 삼성경제연구소, 한국경제연구원
  ② 시민 및 사회단체: 희망제작소
  ③ 대학교: 서울대학교 사회과학연구원 등

셋째, 조직의 부설 여부(type of affiliation)에 따라 독립적 전문가 집단과 부설의 전문가 집단으로 구분할 수 있다(McGann, 2007: 12-24). 독립적 전문가 집단은 사적인 기부에 의한 공공에 의해 지지받는 연구기관이다. 정부로부터 자금 지원을 받은 경우도 있다. 이 유형의 조직은 학문적으로 다원화되어 있고, 전문화되어 있고 계약에 의해 연구를 수행하며, 정책을 옹호하고 변호하며, 정책기업으로의 특징을 갖는다.

표 15-1 미국의 독립적 전문가 집단(think tank)의 조직구조와 문화

조직	설립일	조직 유형
Brookings Institution	1916	학문적/다양성
National Bureau of Economic Research	1920	학문적/전문화
Rand Corporation	1948	상담/계약에 의한 연구
Institute for Policy Studies	1963	옹호
Heritage Foundation	1973	정책기업

자료: McGann(2007: 17).

이에 반해 부설의 전문가 집단은 행정적·재정적으로 정책연구기관이지만 법적으로는 정당에 부설하거나, 정부의 보조금을 받거나, 사기업 혹은 비영리조직이거나 아니면 대학에 기반을 둔 조직에 부설한다.

1) NGO는 단순히 정책정보의 생산과 정책 대안의 제시에 머무르지 않고 실제로 현장에 직접 참여해 감독하고 확인하는 행동 지향적 모습을 보이고 있다. 그러나 엄밀히 NGO 자체에서도 적극적인 정책개발 활동을 하고 있으며 자체 활동을 위한 싱크 탱크를 두는 경우가 있기 때문에 확실한 구분이 모호한 경우도 있다.

넷째, 독일의 서너트(Martin Thunert)는 학술 전문가 집단과 이해옹호형 전문가 집단, 정당 전문가 집단, 수탁연구 등으로 분류했다. 학술 전문가 집단은 대학에서의 정책연구기관으로 독일 전문가 집단의 절반 이상을 차지한다. 정부 창출과 독립운영형, 비대학 학술연구 전문가 집단형, 대학 내부 전문가 집단형 그리고 사적 재원조달형으로 구분된다. 이해옹호형 전문가 집단은 특정 집단의 이해를 대변하고 옹호하는 기관이다. 정당의 전문가 집단은 정당과 관련해 정책연구를 하는 기관이다. 기타 독일연방정부나 주정부로부터 수탁해 정책을 연구한다(박명준, 2012: 38-39).

제 2 절 전문가 집단(싱크 탱크)의 정책적 기능

1 전문가 집단의 정책 기능

1) 정책적 기능의 의의

전문가 집단과 대학 등 연구조직에 소속된 전문가와 지식인들은 문제 해결을 위한 정책 대안을 제시하거나 정책의 영향(효과나 비용)이나 정책의 내용에 대한 비판적 평가를 통해 정책 과정에 영향력을 행사한다(정정길 외, 2012: 204-206). 전문가와 지식인은 전문지식을 근거로 문제 해결을 위한 정책 대안을 제시하고 정책 대안이 추진되었을 때 나타날 결과를 예측한다. 또한 추진된 정책의 효과를 평가하거나 정책의 내용을 비평하는 것도 마찬가지이다. 이러한 전문지식 속에는 외국의 경험이나 과거의 정책에 대한 것도 있고 순수하게 이론에 유추하는 것도 포함되어 있다(남궁근, 2008: 291).

홀렛과 라메쉬(Howlett & Ramesh, 2003: 79)는 최근 전문가 집단의 기능, 운영 및 영향력과 관련해 다음과 같은 추세가 나타나고 있는 것으로 본다. 첫째, 정책 토론의 복잡성이 증가하고 있다. 민주화와 다양화의 영향으로 역사적으로 국내 문제와 국제 문제에서 대표되지 않았던 여성, 원주민, 비정부기구 등이 정책 과정에 관여하게 되었다. 이에 따라 새로운 전문가 집단과 공공정책 연구기관이 등장하게 되었다. 둘째, 오늘날 많은 정책문제가 국제적 성격을 가지고 있어 전문가 집단과 정책연구소의 국제적 네트워킹이 이루어지고 있다. 국제적 수준에서는 세계화와 국제화가 동시에 진행되면서 남반구와 북반구, 동양과 서양의 국가들을 연계시키고 있다. 에이즈(AIDS), 빈곤, 지구온난화와 같은 문제는 세계적 대응을 필요로 한다. 이러한 문제에 대응하기 위해 일부 전문가 집단은 초국가 조직이 되어가고 있으며, 각국의 연구기관들의 협력도 강화되고 있다. 셋째, 정부의 다운사이징(downsizing)으로 전문가 집단들 사이에 재원을 둘러싼 경쟁이 심화되었다. 많은 국가에서 중앙정부와 지방정부가 정책연구 재원을 감축했다. 이에 따라 정책연구기관들이 민간 부문으로부터 기금 마련을 위한 경쟁을 포함해 경쟁이 치열해지고 있다는 것이다(남궁근, 2008: 291-292).

2) 정책 과정상의 역할

전문가와 지식인들은 문제 해결을 위한 정책 대안을 제시하거나 정책의 영향(효과 및 비용)이나 정책의 내용에 대한 비판적 평가 등으로 정책 과정에서 상당한 영향력을 행사한다(정정길 외, 2005: 204-206; McGann, 2007: 40).

첫째, 정책의제 설정 과정에서 간접적인 역할을 한다. 학자들은 흔히 많은 사람이 잊어버리고 있는 사회문제를 분석·검토해 그 심각성을 경고하는데, 이것이 그 사회문제가 정책의제화하는 과정에서 점화 역할을 하는 수도 있다. 그러나 전문가나 지식인이 이 과정에서 좀 더 크게 영향을 미치는 것은(역시 간접적이긴 하지만) 정책 대안의 제시(다음 단계에서 보는)에 의한 것이다. 즉, 사회문제를 해결할 수 있는 정책 대안을 해결책으로 제시함으로써 그 사회문제가 정책문제화할 수 있는 조건을 갖추어 주는 것이다. 객관적으로 보아서 아무리 심각한 문제라도 그것을 해결할 가능성이 없으면 정책문제가 될 수 없다. 전문가나 지식인은 특정한 사회문제의 해결책을 제시하거나 해결책이 없다고 판단함으로써 그 문제의 정책문제로서 채택에 커다란 영향을 미친다.

둘째, 정책 결정에서 전문가들은 문제의 해결책이나 정책 대안을 제시하고 또 이들을 비교·평가하는 등 중요한 지적·분석적 작업을 수행한다. 정책의 결정은 지적·분석적 작업과 정치적 갈등의 조정 등 양자에 의해 이루어지는데, 이 중에서 전문가나 지식인은 전자에 대해 가장 중요한 영향을 미친다. 즉, 지식 제공자로서의 역할을 한다. 정책 대안을 고찰하거나 찾아내려면 그 방면에 대한 풍부한 전문지식과 정보가 있어야 하기 때문이다.

셋째, 정책 집행 단계에서 전문가 집단은 계약에 의해 서비스를 공급하며, 자문하고, 관리를 공급하며, 훈련하고 데이터베이스를 유지한다. 정책 집행 과정에서 일어나는 문제는 지엽적·기술적이며 복잡해 집행담당자나 직접 관련된 이외의 사람들은 내용을 이해하지 못하거나 정보가 부족해 전문가나 지식인들은 영향을 미치지 못한다.

넷째, 정책 평가 단계에서 전문가나 지식인은 커다란 영향을 미친다. 정책의 효과가 발생했는지의 여부를 판단하거나 정책 내용의 잘잘못을 비판적으로 평가하는 것은 전문가들이 큰 역할을 하는 부분이다.

3) 전문가 집단의 기관 독립성과 정책연구 결과의 객관성

전문가 집단 및 정책연구자의 정책연구 결과는 객관성이 있는가, 신뢰할 수 있는가? 정부나 특정 기업과 집단에 편향된 결과를 포함하고 있는 것은 아닌가? 주로 전문가 집단과 정부의 관계에서 독립성과 의존성이 문제가 된다.

정부기구형과 정부출연 연구기관형은 정부에 대한 의존도가 높아서 민간기관에 비해 정부의 입장과 반대되는 정책보고서나 의견을 밝히기가 어렵다. 즉, 연구 산물이 정부의 정책 의지를 반대하거나 거부하기 어렵기 때문에 객관성과 공정성을 보장하기 어렵다. 반면 민간 싱크 탱크는 정부의 입장과는 다른 견해를 피력할 수는 있어서 정부에 대해서는 독립적이지만, 그들이 소속한 민간기관이나 집단 혹은 용역 발주기관의 의사를 따르지 않는 것은 실질적으로 어렵기 때문에 전문가 집단이나 용역 발주기관의 의사와 반대되는 정책연구 결과를 제출하기 어렵다.

4) 전문가 집단의 정책영향력 측정 지표

전문가 집단의 정책영향력을 측정하기 위한 지표로는 자원 지표, 산출 지표, 활용 지표, 영향 지표로 나눌 수 있다(McGann, 2007: 42).

첫째, 자원 지표(resource indicator)는 선도적 학자 및 분석가의 충원 및 유지 능력, 재정적 지원의 수준, 질, 그리고 안정성, 정책결정자 및 기타 정책 엘리트에의 접근가능성, 규명, 분석, 적시 및 구체적인 분석자료의 생산 능력, 제도적 신뢰성, 네트워크의 질과 신뢰성, 정책, 학계, 그리고 언론계와의 핵심 계약 등이다.

둘째, 산출 지표(output indicator)는 생산된 정책 제안과 아이디어, 그리고 생산된 인쇄물(저서, 간행물의 논문, 정책 브리핑 등)의 수와 질이다. 실시된 뉴스 면접, 조직화된 보고회, 세미나 그리고 회의, 자문과 정부기구에 지명된 직원의 수 등이다.

셋째, 이용 지표(utilization indicator)는 자치단체의 미디어와 정책 엘리트에 의해 진행 중인 평판, 미디어 출현, 웹사이트 출현, 그리고 의회에서의 청문회 횟수, 관료 및 부처/기관으로부터 브리핑, 임용 그리고 상담, 판매 책수, 배포된 보고서, 조직화된 회의와 세미나에 출석한 사람의 수 등이다.

넷째, 영향력 지표(impact indicator)는 정책결정자 이슈 네트워크에서 고려되거나 채택된 건의안, 정당, 공직선거 후보, 인수팀에 대한 자문 역할, 상금, 학술잡지나 미디어에서 공적 인용 회수, 웹사이트 방문자 수, 자치단체의 관료나 정무직 공무원의 전통적 지혜나 표준운영절차(SOP)에 대한 도전에서 성공 정도 등이다.

2 전문가 집단(싱크 탱크)의 정책활동

1) 전문가 집단의 정책활동

전문가 집단이 정책에 영향을 미치는 활동으로는 대표적으로 정책보고서를 작성해 그것을 토대로 세미나, 회의, 포럼 등을 한다. 간접적으로 정책결정자 등이 요청하는 바에 따라 그들이 주관하는 세미나 등에 간접적으로 발표자나 토론자로 참여할 수 있다.

전문가 집단은 웹사이트를 개설하거나 블로그를 개설해 정책 관련 자료를 탑재하고, 웹사이트에 접속하는 정책기관, 관련 전문가나 일반인들로 하여금 이들 정보를 읽게 하여 정보와 사고의 공유를 할 수 있다. 박근혜 정부가 들어서면서 정부 3.0시대를 내걸고, 정부가 생산하는 많은 정보와 자료를 디지털화해 공개하도록 의무화하고 있다.

전문가 집단은 정당, 정부부처나 기관, 또는 정부정책을 반대하는 이익집단이나 시민사회단체에 정책문제에 관해 원인과 결과 과정, 이해관계자 집단에 대한 분석, 장단기 전망 등을 보고(briefing)하거나 대면해 의견을 개진할 수 있다. 특정 집단들은 특정인을 포럼의 연사로 초청해 정책적 견해를 듣기도 한다.

전문가 집단은 여론, 즉 신문이나 방송에 출연해 특정 정책 주제에 대해 그들의 견해를 밝힘으로써 여론의 형성에 영향을 준다. 신문에서 칼럼이나 시평 등을 발표하거나 방송에서 해설 기사를 논평하는 등 정책에 영향을 미친다. 정책 주제에 대한 세미나나 토론회 등에서는 주제에 대한 찬성과 반대 의견이 명백히 갈릴 때 전문가들의 지식과 견해가 지적 근거를 제공할 수 있다.

전문가 집단은 개인이나 집단의 자격으로 학술회의에서 정책적 견해를 개진한다. 학술회의는 원래 학술적·이론적 토론이 중심이 되나 때로는 정책 현안 문제를 학술적으로 탐구하거나 현실적인 정책문제에 대한 발표와 토론이 있기도 하다.

2) 정책보고서 등 발간물의 작성

전문가와 전문가 집단은 각종 연구자료를 발간해 정책 고객에게 제안한다. 그들 중에는 보고서 정기간행물의 논문, 요약 브리핑 자료 그리고 기초자료집 등이 있다.

보고서(Report)는 정책연구자나 정책연구기관에서 특정한 주제에 관해 1인 혹은 2인 이상이 공동으로 연구한 결과물을 보고서의 형태로 발간한 것으로 대체로 자체 연구용역사업이나 대외 연구용역사업으로 수행된다. 보고서는 보통 특정 문제의 해결과 관련해 다양한 견해, 조사 결과, 대안 등을 포함하고 있어 분량이 많아서 다른 발간물에 비해 상세하고 집중적이라는 장점이 있으나 어떤 보고서는 분량이 지나치게 많아 읽는데 시간이 많이 걸린다는 단점이 있다. 대체로 특정 전문가 집단에서는 연도별로 발간보고서의 일련번호를 매기기 때문에 상대적으로 자료원을 찾기 쉽다. 그러나 대외에서 이용할 때는 접근상의 한계가 있다.

정기간행물의 논문(Journal Article)은 학술단체, 대학, 연구소 기타 등에서 발간하는 각종 정기간행물에 논문의 형태로 실리는 경우이다. 논문의 형태는 논문 발간기관의 편집위원회에서 엄정한 심사를 거쳐 채택된 것만 발간되므로 상대적으로 논문의 질이 높다고 할 수 있으나 일부 학술지에서는 정책보고서보다는 학술논문을 선호하기 때문에 정책연구가 게재될 가능성은 상대적으로 낮으며 발간에 많은 시간이 걸린다는 단점이 있다.

요약 브리핑 자료(Research Brief)는 주로 현안 이슈에 관해 전문가 집단에서 단기간에 집중적으로 연구해 그 결과물을 이해하기 쉽게 정리한 책자로 의사소통의 장점, 적시적인 정보와 자료의 제공이라는 장점이 있다. 예컨대 국회입법조사처에서는 4쪽 정도의 브리핑 자료를 수시로 제공하고 있다. RAND연구소에서는 『뉴헤이븐 지역 약속(*New Haven Promise*)』이라는 연구요약서를 2014년 11월 21일 발간했다.

주요 전문가 집단은 자기 기관의 명성을 걸고 각종 실태보고서를 단행본 또는 매월, 분기별, 매년, 격년 등의 형태로 생산해 활용하도록 한다. 통계청의 수많은 '국가통계자료집', 한국은행의 '매월 소비자동향조사', '분기별 실질 국내생산', 삼성경제연구소의 '소비자태도조사' 등을 들 수 있다. 영국의 IISS(국제전략연구소)는 *Military Balance*를 연간으로 발간하고 있다.

3) 좋은 정책보고서의 구성 요소와 기준

정책보고서는 정책 용역을 발주하는 기관이나 그것을 사용하는 소비자들의 입장에서 좋은 정책보고서로 인정받고 활용되어야 한다. 정책보고서는 정책분석보고서와 정책평가보고서 등으로 나눌 수 있으나 여기서는 전자를 중심으로 다룬다.

던(William N. Dunn)의 견해에 따르면 정책분석보고서의 표준적인 구성 요소는 보고서요약문, 문제의 배경(점검), 문제의 중요성(평가), 문제의 진술(문제 구조화), 대안분석(예측), 결론과 정책 대안(처방), 참고 문헌과 부록이다. 이 중 핵심 단계를 정리하면 〈표 15-2〉와 같다(Dunn, 2013: 525).

좋은 정책보고서가 되기 위한 조건은 다양하나 현재(2014년 11월) 우리나라의 H 정부출연연구기관에서 정책보고서를 평가할 때 사용하고 있는 기준과 계량화된 배점을 보면 다음과 같다.

정책보고서를 평가할 때는 연구 과정(35점)과 연구 결과(65점)로 나눈다. 연구 과정에서는 연구의 필요성(10점), 연구 방법의 타당성(10점), 연구 결과 제시의 논리성과 명료성(15점)으로 나눈다. 연구의 필요성에서는 기관의 설립 목적 및 사회정치적 요구에의 부합성, 기존 다른 연구와의 차별성 등을 평가한다. 연구 방법의

표 15-2 정책분석보고서의 구성 요소

구성 요소	세부 내용
1. 문제의 배경	고객의 요구, 문제 상황 검토, 기존 노력
2. 문제의 중요성	과거 정책 성과, 문제 범위와 심각성, 분석의 필요성
3. 문제 진술	문제진단, 주요 이해관계자 기술, 목표 정의
4. 대안분석	정책대안 기술, 결과 예측, 제약 조건과 실현가능성
5. 결론과 정책 대안	평가 기준과 결정규칙, 결론 과정책 대안, 선호정책 대안, 집행전략, 점검과 평가계획 요약, 한계

타당성에서는 연구 방법의 적절성과 자료 수집과 분석의 적절성을 평가한다.

연구 결과의 기여도는 학술적 기여도(10점), 정책 활용 가능성(55점)으로 구분한다. 학술적 기여도에서는 이론적 기여도와 연구 결과의 영향력과 파급력을 평가한다. 정책 활용 가능성에서는 정책 방안의 우수성(15점), 정책 방안 추진 방법의 구체성(15점), 정책 방안의 실현가능성(15점)을 평가한다.

3 정책 사례: 새만금사업과 갈등 조정기구의 대응

새만금사업은 전라북도 군산시, 김제시, 부안군 등 2시 1군 18읍·면·동에 걸쳐 농지와 공단 조성을 목적으로 하는 대규모 국토 확장 간척사업으로 1991년 공사를 시작했다. 그런데 1996년 시화호 오염이 사회적 문제로 대두되어 새만금호를 둘러싼 대규모 간척사업에 대한 부정적 시각이 확산되었다. 이에 새만금사업은 공사 강행과 백지화의 두 대안으로 상충되었다. 이러한 정부의 딜레마 상황은 합리적으로 분석하고 냉정하게 평가해야 할 전문가들이 분야별 혹은 학문적 배경과 신념에 따라 전혀 다른 견해를 밝힘에 따라 극명해졌다.

새만금사업의 정책 과정에서 전문가 집단의 역할에 대한 평가는 다소 부정적이다. 서로 다른 의견이 팽팽하게 맞서는 갈등과 긴장의 상황을 해결하기 위해서는 갈등 당사자뿐만 아니라 제3자의 개입 또는 독립적 조정기구를 통해 조정을 시도하나 이것이 반드시 성공을 보장하는 것은 아니라는 것을 보여주었다(김병섭 외,

표 15-3 갯벌과 농지의 경제적 가치 비교

구분	농지 가치 우세		갯벌 가치 우세		
	한국산업 경제연구원	세종대 세종연구원	한국해양연구원	한국해양수산 개발원	『네이처(*Nature*)』지 (1997.5)
연구 대상	영산강 Ⅳ단계	새만금지구	갯벌과 농지	영산강 Ⅳ단계	바다, 갯벌, 농지 등 16개 생태계별 경제적 가치 연구
책임 연구자 (기관)	김용갑 부원장	세종대(주명건 교수) 목포대(조영길 교수) 농기공(최강원 박사)	이홍동 박사	표희동 박사	Costanza 교수 (메릴랜드대학)
발표 연도	1998. 7	1999. 12	1996. 12.	2000. 3	1997. 5
농지와 갯벌의 가치 비교	농지가 1.85배 높음	농지가 2.64배 높음	갯벌이 3.3배 높음	갯벌이 4배~59배 높음	갯벌이 100배 높음
특기 사항	갯벌의 가치 중 자연재해 조절 및 대기 정화 기능 미반영	간척으로 인한 농지 이외의 담수호에서 얻을 수 있는 수자원과 생태적 가치 반영	- 생태적 가치를 중시한 외국의 습지연구 사례를 우리나라 갯벌에 적용 - 농경지는 미곡 생산 가치만 고려	한국산업경제연구원 연구 결과(1998)를 재검토	16개 생태계별로 연간 경제적 가치를 영양 축적, 순환 기능, 어패류 생산 기능 등 17개 기능별로 계산

자료: 해양수산부 내부 자료, 『새만금 갯벌 살아 숨 쉬는 해양국토』, 2001. 1.

2006: 345-365).

제 3 절 대한민국 전문가 집단(싱크 탱크)의 현황

1 대한민국 전문가 집단의 부문별 개관

1) 정부출연 정책연구기관

정부출연 연구기관이란 정부가 출연하고 연구를 주된 목적으로 하는 기관을 말한다. 우리나라에서 중요한 싱크 탱크 가운데에는 정부출연 연구기관이 많은데 이들은 정부부처가 정책 아이디어를 개발하기 위해 그들의 산하기관으로 설치함으로써 출발했다. 한국개발연구원(KDI)이 그 좋은 예이다. 그렇기 때문에 자율성의 요건을 충족하지 못해 전문가 집단으로서 역할을 제대로 수행하지 못한다는 비판을 조직 내외에서 받기도 했다(노화준, 2007).

그동안 설립되어 운영되어 오던 많은 정부출연기관을 정비하고 법제화해 「정부출연 연구기관 등의 설립 · 운영 및 육성에 관한 법률」(약칭: 정부출연기관법)(법률 제11934, 2013.07.16)과 「과학기술 분야 정부출연 연구기관 등의 설립 · 운영 및 육성에 관한 법률」(약칭: 과학기술 분야 정부출연기관법)(법률 제12844, 2014.11.19)에 따라 우리나라 정부출연 연구기관은 경제인문사회 분야와 과학기술 분야로 나뉜다.

표 15-4 우리나라의 정부출연 연구기관

구분		
경제인문사회 분야 (2013.7.16. 현재)	1. 한국개발연구원 2. 한국조세재정연구원 3. 대외경제정책연구원 4. 통일연구원 5. 한국형사정책연구원 6. 한국행정연구원 7. 한국교육과정평가원 8. 산업연구원 9. 에너지경제연구원 10. 정보통신정책연구원 11. 한국보건사회연구원 12. 한국노동연구원	13. 한국직업능력개발원 14. 한국해양수산개발원 15. 한국법제연구원 16. 한국여성정책연구원 17. 한국청소년정책연구원 18. 한국교통연구원 19. 한국환경정책 · 평가연구원 20. 한국교육개발원 21. 한국농촌경제연구원 22. 국토연구원 23. 과학기술정책연구원
과학기술 분야 (2011.12.31. 현재)	1. 한국과학기술연구원 2. 한국기초과학연구원 3. 한국천문연구원 4. 한국생명공학연구원 5. 한국과학기술정보연구원 6. 한국생산기술연구원 7. 한국학의학연구원 8. 한국생산기술연구원 9. 한국건설기술연구원 10. 한국철도기술연구원	11. 한국표준과학연구원 12. 한국식품연구원 13. 〈삭제〉 14. 한국지질자원연구원 15. 한국기계연구원 16. 한국항공우주연구원 17. 한국에너지기술연구원 18. 한국전기연구원 19. 한국화학연구원 20. 한국원자력연구원

자료: 정부출연연구기관법, 과학기술 분야 연구출연기관법.

2) 민간 분야 정책연구기관: 기업 부설 정책연구기관

민간 분야 정책연구기관은 주로 대기업(재벌급 기업그룹)에서 운영하고 있으며, 기업들의 연합으로 이를 운영하기도 한다.

민간기업 분야의 전문가 집단은 주로 기업의 이윤 추구를 위해 설립되며, 일부는 기업 이익의 사회적 환원을 위해 설립되기도 한다(황윤원·허만형, 2003: 50-51). 민간 기업 싱크 탱크로는 삼성그룹의 삼성경제연구소, 현대그룹의 현대경제연구원, LG 그룹의 LG경제연구원, 포스코의 포스코경영연구소 등을 들 수 있다. 민간 기업 분야의 싱크 탱크는 주로 경제 분야 연구를 하나 과학기술 분야에도 진출하고 있다. 예컨대 삼성종합기술원, LG종합연구소를 들 수 있다.

기업은 회원제로 운영되는 기업 단체로서 전문가 집단을 운영하고 있는데, 전국경제인연합회에서는 한국경제연구원을, 한국무역협회는 국제무역연구원을, 대한상공회의소는 조사본부 내에 경제연구실을 두고 있다. 이들은 규모의 경제에 따라서 대규모 전문가 집단을 운영하며, 경제·경영 관련 정책보고서를 생산해 회원사에 제공한다.

3) 사회단체(시민사회단체 포함) 등 부설 정책연구기관

NGO를 포함한 사회단체에서는 정책적 영향력을 행사하기 위해 부설 연구소를 설치해 운영한다. 경제정의실천연합에는 (사)경제정의연구소를, 참여연대에는 참여사회연구소를, 환경운동연합에는 시민환경연구소를 두어 정책을 연구하고 있다. 그러나 대부분의 시민사회단체는 활동가는 있으나 독자적인 부설 정책연구기구가 없다.

일부 이익집단에는 부설 정책연구소를 두고 있다. 예컨대 한국노동조합총연맹에는 중앙연구원이 있으며, 대한재향군인회에는 안보연구소가 있다. 한국교원단체총연맹에는 소속기구로 정책본부가 있다.

4) 대학 등 학교 부설 정책연구기관

대학교는 지식생산의 보고이다. 대학교에는 소속 교수가 개인적으로 혹은 집단으로 그리고 대학교 부설 연구소 이름으로 정책연구를 통해 활동한다. 특히 4년제

대학교 이상, 그리고 대학원대학교에서 학문 분야별 정책연구를 수행한다. 교수는 개별적으로 정부 각 부처나 위원회에 자문위원, 평가위원, 심의위원 그리고 기타 자격으로 참석해 정책 아이디어를 제안하거나 조언한다. 일반적 대학교에는 학교 내에 수많은 연구소가 있는데 반해 특수대학의 경우 거대 부설기구가 있는데 국방대학교에 국가안보문제연구소가, 경찰대학에 치안연구소가 있다.

대부분의 교수와 전문가들은 학술기관인 학회에 회원 자격으로 가입해 활동한다. 사회과학 분야의 대표적 학술단체로는 한국정책학회, 한국정치학회, 한국행정학회, 한국국제정치학회, 한국경제학회, 한국사회학회, 한국사회복지학회, 한국신문방송학회, 한국헌법학회, 한국역사학회 등이 있다.

5) 기타 개별 전문가 집단 및 전문가

최근 독립적인 전문가 집단이 많이 설립되어 운영되고 있다.

2 주요 전문가 집단의 구조와 활동

우리나라의 주요 전문가 집단의 활동을 예시하면 다음과 같다. 정부출연기관으로는 한국개발연구원, 한국전자통신연구원을, 민간기업으로는 삼성경제연구소를 선정했다. 학술단체로는 한국정책학회를, 대학교로는 서울대학교 소속 연구소를, 그리고 독자적 연구기관으로는 세종연구소를 선정했다.

1) 한국개발연구원

한국개발연구원(KDI)는 1971년에 설립된 이래 우리나라 사회과학 분야의 연구를 선도하는 대표적인 정부출연 연구기관으로 평가받아 왔으며, 국내외 경제·사회 여건 및 향후 전망에 대한 심층적 분석에 기초한 선제적이고 실천적인 연구를 통해 우리나라 경제정책 수립에 크게 기여해 왔다.

최근 한국개발연구원의 정책활동을 보면 KDI-OECD 공동콘퍼런스 '한국의 사회정책 과제'(2013.2.5)를 개최한 바 있고, '창조경제경제 구현을 위한 KDI 정책세미나'(2013.4.29)를 개최한 바 있다. 그리고 매년 수많은 경제정책 관련 보고서를 생산해 국내외에 제공하고 있다. 2014년에는 '일본의 1990년대 통화정책과 시사점' 그리고 '가계부채의 연령별 구성 변화: 미국과 비교를 중심으로' 등을 연구하고 있다.

한국개발연구원은 원장, 부원장, 연구기획실, 행정실, 대외협력실, 중앙전산실, 중앙도서실 등 지휘부와 연구 지원 부서들이 있다. 한국개발연구원의 연구 인력은 수석 이코노미스트 2인 아래 연구부에 소속해 있는데(( )은 순수 연구인력의 수), 거시경제연구부(22명), 금융경제연구부(15명), 경쟁정책연구부(15명), 인적자원정책연구부(12명), 산업서비스경제연구부(21명), 재정복지정책연구부(21명), 북한경제연구부(9명)로 구성된다. 이 밖에도 경제정보센터(56명), 공공투자관리센터(99명), 국제개발협력센터(10명), 국제연구센터(13명) 그리고 국제정책대학원이 있다.

한국개발연구원은 연구 역량을 확대하기 위해 국내외 기관과 교류 협력을 강화해 왔는데 그들은 World Bank, OECD, IMF, UNDP, ADB, Brookings, East-West Center, 스위스의 ISN, 중국의 DRC, 미국 하버드대학교, 한국은행, 국회도서관, 통계청 등 무수히 많다.

2) 한국전자통신연구원

한국전자통신연구원(ETRC)은 정보, 통신, 전자, 방송 및 전파 관련 등 복합기술 분야의 성과 확산을 통해 국가경제, 사회 발전에 기여하는 것을 목적으로 하여 1976년 12월 30일에 설립되었다. 동 연구원은 대부분의 자연과학기술 분야 전문가 집단처럼 과학기술에 대한 직접적인 연구를 주로 하며 과학기술 정책연구는 부분적으로 이루어지고 있다.

연구소의 주요 구성은 SW콘텐츠연구소, 융합기술연구소, 정보통신부품소재연구소, 방송통신미디어연구소, 통신인터넷연구소, 창의미래연구소, 사업화본부로 구분되며, 이 중 창의미래연구소에서 전 부서의 협력, 통섭 연구를 기반으로 하여 ICT 핵심 정책과 전략 수립 및 표준화를 추진하고, 미래 ICT 기술 개발 로드맵을 생성하며, 차세대 핵심 창의기술 발굴과 기획을 통해 미래 수요 기술 선정 및 창조경제 구현에 기여하고 있다.[2)]

2) http://www.etri.re.kr/etri/int/int-02000000.etri 2014-11-26 검색.

3) 삼성경제연구소

삼성경제연구소는 현대경제연구원 등과 더불어 대한민국의 대표적 기업그룹 전문가 집단이다. 동 연구소는 1986년 7월 삼성생명 부설 연구기관으로 설립되었으며, 1991년 주식회사 삼성경제연구소(Samsung Economic Research Institute: SERI)로 전환해 오늘에 이르고 있다.[3)]

삼성경제연구소는 앞선 연구, 현장 연구, 그리고 열린 연구를 강조하고 있다. 동 연구소는 소장 아래 금융산업실, 글로벌연구실, 경제정책실, 연구조정실, 사회공헌연구실, 인사조직실, 산업전략1실, 산업전략2실, 산업전략3실, 그리고 베이징(北京) 사무소를 두고 있다. 외국에 대해서는 중국 경제 연구에 치중하고 있다.

삼성경제연구소는 경영, 경제, 정책 분야의 다양한 이슈를 심도있게 분석한 보고서를 생산해 내는데, 한국 사회에서 연구보고서의 질에 대한 평판이 매우 높다. 보고서 중에는 멀티미디어보고서, 연구보고서, 소비자태도조사, 그리고 심포지엄 및 세미나 자료 등이 있다.

4) 한국정책학회 등 정책 관련 학회

한국정책학회는 1992년 6월 우리 사회가 안고 있는 다양한 정책 현상에 대해 독자적인 연구 프레임워크와 이론을 개발하고 국가사회 발전에 건전한 이바지를 하고자 출범한 학문공동체이다. 2014년 현재 6,506명의 회원을 갖고 있으며, 이 중 개인 회원은 2,331명으로 학자, 연구원, 공무원, 기타 등으로 구성되어 있다.[4)]

한국정책학회와 유사하게 정책연구를 주로 하는 학자들의 공동체로는 한국정책분석평가학회가 있고, 부분적으로 정책연구를 하며 정책용역 연구를 하는 학회로는 한국행정학회, 한국정치학회, 한국경제학회, 한국사회학회, 한국사회복지학회, 한국교육학회, 한국의회학회, 한국공법학회, 한국조직학회, 한국인사행정학회 등이 있다.

따라서 대부분의 정책 관련 학술단체들인 학회는 학술적 연구가 우선이고 정책연구는 부차적이다.

---

3) http://www.seri.org/acb/images/seri05/as-m02.gif 2014-11-26 검색.
4) http://www.kaps.or.kr/src/main/page.php?code=11 2014-11-26 검색.

5) 서울대학교 소속 연구소

서울대학교는 대한민국의 가장 대표적 대학으로서 국립대학법인 형태를 띠고 있다. 모든 교수와 연구원이 학술적 연구를 하고 있으며, 그중 일부 특히 사회과학 분야 대학(원)은 학술연구와 동시에 정책연구를 한다. 서울대학교는 교수 개인 수준과 교내 연구소 수준에서 연구 업무를 수행하면서 연구중심대학으로서 역할을 다하고 있다.

서울대학교 내 연구소는 본부 직할 연구소(5개)로 통일평화연구원, 생명공학공동연구원, 금융경제연구원, 지속가능발전연구소, 과학기술연구원이 있다. 대학 주관 연구소는 68개 기관이 있는데 인문대학에 역사연구소 등 6개, 사회과학대학에 국제문제문제연구소 등 9개, 자연과학대학에 기초과학연구원 등 6개, 간호대학에 1개, 경영대학에 노사관계연구소 등 4개, 공과대학에 반도체공동연구소 등 13개, 농업생명과학대학에 농업생명과학연구원 등 3개, 미술대학에 1개, 사범대학에 교육종합연구원 등 4개, 생활과학연구소 1개, 수의과대학 1개, 약학대학 2개, 음악대학 3개, 의과대학 6개, 행정대학원에 한국행정연구소 등 3개, 환경대학원 1개, 국제대학원 국제학연구소 등 3개, 치의학전문대학원 1개, 법학전문대학원에 법학연구소 등 2개 등이 있다.[5)]

서울대학교 사회과학대학에는 유수한 정책 관련 싱크 탱크가 많이 있으며 그중 하나가 사회과학연구원이고, 사회과학연구원에는 다시 한국정치연구소, 세계경제연구소, 비교문화연구소, 사회복지연구소, 중국연구소가 있다.

중국연구소는 서울대 내 중국 연구의 학제적 연구의 활성화를 위해 만든 연구소로서 2004년 설립되었으며 중국포럼, 중국정책포럼 등 집담회를 정기적으로 개최하고 국내용 정책 중심의 심포지엄, 국제학술회의, 외국의 저명학자 초청 학술회의 등 다양한 학술회의를 하고 있다. 고문단에 전 주중대사, 중국 및 미국의 학자, 주요 인사 등이 포함되어 있다.

6) 세종연구소

세종연구소는 1983년에 개원했으며, 현재 4개 연구실(안보, 남북한 관계, 지역,

---

5) http://www.snu.ac.kr/research/institution 2014-11-25 검색.

국제정치경제연구실), 2개 센터(북한연구, 일본연구센터), 1개 위원회(민주주의포럼위원회)와 연구 지원부서가 있다. 세종연구소에는 16명의 안보 및 군사 분야 전문연구가가 있다.[6] 주요 발간물로는 『국가전략』, 『정세와 정책』, 『세종논평』, 『세종정책총서』, 『세종정책연구』 등이 있다. 또한 국가 고급 공무원 40여명에 대한 교육훈련도 담당하고 있다(민진, 2007: 36).

6) 예컨대 안보연구실에는 이상현 연구실장, 송대성 연구위원, 이대우 연구위원, 홍현익 연구위원, 백종천 연구위원이 있다. 남북한관계연구실에는 정성장 연구실장, 백학순 연구위원, 양운철 연구위원, 이종석 연구위원이 재직하고 있다. 지역연구실에는 정은숙 연구실장, 이태환 연구위원, 이면우 연구위원, 정한구 연구위원이 재직하고 있다. 국제정치경제연구실에는 김성철 연구실장, 강명세 연구위원, 김기수 연구위원이 재직하고 있다.

참고 문헌

국내 문헌

강성남 (1999). 『비교행정론』, 서울: 장원출판사.

강성철 · 권경득 · 강인호 · 강문희 외(2006). 『지방정부 간 갈등과 협력』, 서울: 한국행정DB 센터.

고대원 · 현성수 · 강철준 (2012). 『국회 내 정책지원기구의 정책능력 제고 방안 연구』, 국회 사무처 연구보고서, 한국의회발전연구회.

공병영 (2002). "교원 정년정책 변동과정 연구," 서울대학교 석사학위 논문.

공보처 (1997). 『민주공동체 시민운동의 새로운 지평』, 서울: 공보처.

곽진영 (2003). "국회-행정부-정당 관계의 재정립: 분점정부 운영의 거버넌스," 『의정연구』, 9(2).

______ (2009). "한국 정당의 이합집산과 정당 체계의 불안정성," 『한국정당학회보』, 8(1).

구광모 (1984). 『대통령론』, 서울: 고려원.

국무총리 국무조정실 (2003). 『국무조정실 30년사』, 서울: 국무조정실.

국회법제실 (2011). 『2011 국회법제실무』, 서울: 국회사무처.

국회사무처 (1991). 『외국 의회의 의사제도』, 서울: 국회사무처.

______ (2004). 『의정자료집』, 서울: 국회사무처.

______ (2014). "각 위원회별 공무원 정원 현황." 서울: 국회사무처.

권기헌 (2007). 『정책학의 논리』, 서울: 박영사.

권영성 (2013). 『헌법학원론』, 서울: 법문사.

권오성 (2012). 『이명박 정부 주요 정책의 성과와 과제(1권)』, 서울: 한국행정연구원.

권찬호 (1999). "한국 정당과 행정부의 정책협의제도에 관한 연구: 이론적 근거를 중심으로,"

『한국행정학보』, 33(1).
금창호 (2012). "지방의회의 전문성 제고 방안," *KRILA Focus*, 제50호, 한국지방행정연구원.
김경근 (1992). 『언론 현상과 언론정책』, 서울: 현문사.
김광웅 (2003). 『바람직한 정부』, 서울 : 박영사.
김광웅 · 강성남 (2004). 『비교행정론』, 서울: 박영사.
김근세 · 유홍림 · 송석휘 · 박현신 (2014). "대부처주의 정부기관의 효과분석: 교육과학기술부 공무원의 인식을 중심으로," 『한국행정연구』, (23(1): 91-123.
김대순 (2013). 『국제법론』(제17판), 서울: 삼영사.
김대식 · 노영기 · 안국신 (2006). 『현대경제학원론』(제5판), 서울: 박영사.
김덕준 (2007). "대법원 판결에 대한 정책학적 분석," 『정책분석평가학회보』, 17(3): 199-218.
김도균 · 최병조 · 최종고 (2006). 『법치주의의 기초: 역사와 이념』, 서울: 서울대학교출판문화원.
김동훈 (1987). 『대통령제와 의원내각제』, 서울: 일조각.
김렬 (2014). 『인사행정론』, 서울: 박영사.
김명식 (2001). "생명복제, 합의회의, 심의민주주의," 『과학기술연구』, 1(1).
김민 (2014). "JTBC '뉴스 9'의 '세월호' 보도," 『신문과 방송』, 2014.08.
김병록 (2001). "국민투표제도 소고," 『연세법학연구』, 서울: 연세대학교출판부.
김병섭 외 (2006). 『정책사례 연구』, 서울: 대영문화사.
김병진 (2002). 『정책학개론』(전정판), 서울: 박영사.
김병환 · 민현경 (2002). "한국 NGO의 역할 유형에 관한 경험적 분석: NGO 활동가들의 자기인식을 중심으로," 『한국정치학회보』, 36(4).
김부찬 (2014). 『국제법특강』, 서울: 도서출판 보고사.
김석준 (2002). 『현대대통령연구1』, 서울: 대영문화사.
김선문 (2000). 『한국의 당정협의에 관한 연구: 집권당을 중심으로』, 고려대학교 석사학위논문.
김선택 (2011). "위헌적 헌법 개정에 대한 위헌심사론," 『공법학연구』, 12(4): 267-300, 한국비교공법학회.
김성연 · 정효명 (2013). "정책선호가 정당 지지에 미치는 영향," 『한국정치학회보』, 48(1).
김성후 (2012). "국민 알 권리 위해 언론과 군이 손잡다," 『신문과 방송』, 2012.11.
김순양 (2010). "정책과정 분석에서 정책 네트워크(policy network)모형," 『한국정책학회보』, 19(4): 177-205.
김승대 (2008). "헌법재판과 정책결정," 『법학연구』, 부산대학교 법학연구소.
김승환 (1987). 『입법학에 관한 연구』, 고려대학교 법학박사학위 논문.
김영기 (1997). 『지방자치행정론』(제2판), 서울: 대영문화사.

김영래 (1990). 『한국이익집단과 민주주의 발전』, 서울: 대왕사.
______ (1996). “한국 이익집단의 발전 과정,” 김영래 편, 『이익집단정치와 이익갈등』, 서울: 한울.
______ (1997). “이익집단의 개념과 유형,” 김영래 편, 『이익집단정치와 이익갈등』, 서울: 한울.
김영석 (1996). 『여론과 현대사회』, 서울: 나남출판.
김영평 · 신신우 (1990). “한국관료제의 기관갈등과 정책조정,” 『1999년도 연례학술대회자료』, 서울: 한국행정학회.
김정건 (1987). 『국제법』, 서울: 박영사.
김정균 · 성재호 (2006). 『국제법』(제5개정판), 서울: 박영사.
김정해 (2013). 『대통령비서실의 기능과 역할에 관한 연구』, 서울: 한국행정연구원.
김종갑 (2004). “영국 하원의 입법 지원 기능과 조직,” 『국회도서관보』, 41(4), 국회도서관.
김준기 (1999). “비영리단체의 생성과 행태,” 정용덕 외, 『합리적 선택과 신제도주의』, 서울: 대영문화사.
______ (2006). 『정부와 NGO』, 서울: 박영사.
김찬동 · 김정욱 (2011). 『서울시 정책홍보의 효과성 제고 방안: 언론매체를 중심으로』, 서울연구원, 서울연구원 정책과제 연구보고서 333호.
김창희 (2014). 『비교정치론』(제2판), 경기 고양: 삼우사.
김천권 (2014). 『현대도시행정』, 서울: 대영문화사.
김철수 (2010). 『헌법학개론』, 서울: 박영사.
김춘식 (2013). “4대강 사업에 대한 신문보도 비평,” 『신문과 방송』, 2012.10.
김충남 (2006). 『대통령과 국가경영』, 서울: 서울대학교출판문화원.
김태룡 · 권해수 · 정정화 · 안희정 (2013). 『현대사회와 NGO』, 서울: 대영문화사.
김태홍 (2012). “헌법상 선거관리 위원회의 권한과 구성상 문제점,” 『공법학연구』, 13(3).
김필두 (2011). “2012년 자치행정의 동향 및 전망,” *KRILA Focus*, 제42호, 한국지방행정연구원.
김한택 (2007). 『현대국제법』, 서울: 지인북스.
김해식 (1994). 『한국언론의 사회학』, 서울: 나남출판.
김헌 (1994). 『의원내각제』, 서울: 은하출판사.
김현우 (1999). “국회의 조직과 운영,” 한국정치학회 편, 백영철 외, 『한국의회정치론』, 서울: 건국대학교출판부.
______ (2010). 『한국국회론』, 서울: 한국학술정보(주).
김호균 (2004). 『한국의 장관론 연구: 역할과 직무 수행을 중심으로』, 서울: 한국학술정보(주).
남궁근 (2008). 『정책학: 이론과 경험적 연구』, 서울: 법문사.
남복현 (2011). 『헌법불합치 결정의 현안』, 서울: 한국학술정보(주).

노화준(2006). “생명윤리 및 안전에 관한 법률 제정 사례,” 이달곤 외, 『정책사례연구』, 서울: 대영문화사.
______(2007). 『정책학원론』(제2판), 서울: 박영사.
______(2012). 『정책학원론』(제3전정판), 서울: 박영사.
대한민국국회(2008). 『대한민국국회 60년사』.
______(2012). 『국회사(제17대)』.
도회근(2013). “사회통합을 위한 국민 개념 재고,” 『저스티스』, 134(2), 한국법학원. 특집호.
류재택(2006). 『대통령직 인수』, 서울: 법문사.
류현정(2012). “기자 양성제도의 문제점과 개선 방안,” 『신문과 방송』, 2012.03.
매일경제신문, ‘주민투표 해외는 어떤가?’ 『매일경제신문』, 2011.7.15.
문화체육관광부(2008). 『한국의 종교 현황』.
민진(1993). “중앙행정기구의 분화에 관한 연구,” 『한국행정학보』, 27(3): 793-805.
______(2001). “국가안보 관련 국내·외 NGO 현황과 협력 방안 연구,” 김덕영 외, 『전환기의 국내안보』, 서울: 국방대학교 안보문제연구소.
______(2002a). “국무회의의 구성원에 관한 연구,” 『교수논총』, 제28집, 서울: 국방대학교.
______(2002b). “국무회의의 규모에 관한 탐색적 연구,” 『한국사회와 행정연구』, 12(4), 서울: 서울행정학회.
______(2006a). “국회 입법지원 조직의 조직 변동,” 『의정논총』, 1(1), 한국의정연구회.
______(2006b). 『행정학의 이해』(제3판), 서울: 대명출판사.
______(2007). “안보 국방정책 관련 정책공동체의 실태 및 연계 방안,” 국방대학교 안보문제연구소, 안보연구시리즈, 8(1).
______(2009). “우리나라 당정협의 체제의 변화의 특징,” 『의정연구』, 4(1).
______(2014). 『조직관리론』(제5판), 서울: 대영문화사.
박규하(1997), “미국의 통치체계에 있어서 대의제적 요소와 국민투표적 요소,” 『미국헌법연구』, 8, 미국헌법학회.
박남규(1984). 『국민투표의 헌법적 기능과 그 전개와 관한 연구』, 동아대학교 박사학위 논문.
______(1985). 『의회와 입법 과정』, 서울: 법문사,
______(1989). “정책결정 참여자와 행정인의 역할”, 서울대학교 행정대학원, 『행정논집』, 27(1).
박동서(2003). 『장관론』, 서울: 나남.
박동진·정연구(2010). “정부조직의 언론관계 인식,” 『홍보학 연구』, 14(1).
박명준(2012). 『독일싱크탱크산책』, 서울: 이매진.
박명호·금혜성·정수현(2013). 『뉴미디어 시대에 국민의 국회인식 개선 방안』, 연구보고서, 서울: 국회사무처.

박상필 (2008). 『NGO와 정부 그리고 정책』, 서울: 한울.
박성희 (2012). 신문의 날 기념 특별토론회 소개, 『신문과 방송』.
박수철 (2011). 『입법총론』, 서울: 한울아카데미.
박영도 (2008). 『입법학입문』, 서울: 한국법제연구원.
박영원 (2011). "정무직 공무원의 인사형평성에 관한 실증적 연구," 『한국인사행정학회보』, 10(3): 239-257.
박재영 (1998). "의사결정 방식을 중심으로 본 주권국가와 국제기구와의 관계," 『국제정치논총』, 38(2): 43-62, 서울: 국제정치학회.
박재창 (2003). 『한국의회정치론』, 서울: 오름.
______ (2004). 『한국의회개혁론』, 서울: 오름.
______ (2010), 『한국의 거버넌스』, 서울: 아르케.
박재희 (1996). 『중앙행정부처의 정책결정 역량 제고 방안』, 서울: 한국행정연구원.
박정택 (1996). 『국제행정학』, 서울: 대영문화사.
박종흡 (1998). 『의회행정론』, 서울: 법문사.
박중훈 (1996). 『대통령비서실의 조직과 기능』, 연구보고서, 서울: 한국행정연구원.
박진용 (2011). 『언론과 홍보』, 서울: 커뮤니케이션북스.
박진우 · 이형민 · 한동섭 (2014). "고리 원자력발전소 블랙아웃 사고에 대한 매체별 보도 프레임 분석," 『언론과학연구』, 14(2): 31-74.
박찬욱 · 박찬표 · 전진영 (2005). 『국회의원 입법활동 증진 방안에 관한 연구』, 연구보고서, 국회사무처.
박찬표 (2002). 『한국 의회정치와 민주주의』, 서울: 오름.
박천오 (1999). "한국 이익집단의 정책 과정상의 영향력과 활동 패턴: 정부관료제와의 관계를 중심으로," 『한국행정학보』, 33(1).
______ (2013). "이익집단의 이익 표출: 한국 지방정책 과정에서의 영향력과 활동 패턴," 『한국사회와 행정연구』, 24(3): 129-150.
박천오 · 강제상 · 권경득 · 조경호 · 조성한 · 박홍엽 (2007). 『현대인사행정론』, 서울: 법문사.
박한우 (2012). "소셜 여론조사의 실제와 과제," 『신문과 방송』, 2012.07.
방정배 · 김민남 (1995). 『언론과 현대사회』, 서울: 나남출판.
배민식 (2004). "일본 국립국회도서관의 입법 지원 기능과 조직", 『국회도서관보』, 41(4), 국회도서관.
배정근 (2012). "대학저널리즘 교육분석," 『신문과 방송』, 2012.06.
배종인 (2009). 『헌법과 조약 체결: 한국의 조약 체결 권한과 절차』, 서울: 삼우사.
서병철 (2003). "외교 · 안보 · 통일과 싱크탱크," 황윤원 외, 『싱크탱크와 국가경쟁력』, 서울: 나남출판.

서복경 (2005). 『주요국 입법지원조직의 구성과 운영』, 서울: 국회도서관 입법전자정보실.
서상원 (1998). 『금융실명제 결정과정 분석』, 고려대학교 대학원 행정학 박사학위 논문.
선학태 (2009). "글로벌 시장의 충격에 대응하는 노사정 시스템: 영국과 아일랜드의 비교," 『민주주의와 인권』, 9(3): 171-206, 전남대 5·18연구소.
성낙인 (2013). 『헌법학』, 서울: 법문사.
성상문·손진영·우태주 (2013). 『생산적·효율적 입법을 위한 보좌조직의 활성화 방안』, 2013년 국회사무처 연구용역보고서, (사) 입법정책연구회.
소순창·이진 (1996). "광역 및 기초자치단체 간 조례의 중복성," 『한국지방자치학회보』, 23(1), 한국지방자치학회.
손주찬 (2005). 『신법학통론』(8정판), 서울: 박영사.
신광영 (1999). "비정부조직과 국가정책," 『한국행정연구』, 서울: 한국행정연구원.
신두철 (2011). "지구화시대의 정당정책연구소 모델과 전략," 『한국사회과학논총』, 21(3).
신창우 (1990). "정책자문," 이영창 편저, 『한국정책연구』, 서울: 대영문화사.
신현기 (2013). "대통령 선거공약의 입법화에 관한 연구," 『한국행정연구』, 22(1).
신호창·이두원·조성은 (2011). 『정책PR』, 서울: 커뮤니케이션북스.
안문석·김지혜·황민섭 (2002, 2003). "한국 국회의원의 정책성향 분석," 『평화연구』, 11(1), 2002/2003년 겨울, 고려대학교 평화민주주의연구소.
안병만 (1993). 『한국정부론』, 서울: 다산출판사.
안성호 (1995). 『한국지방자치론』, 서울: 대영문화사.
안전행정부 (2014). 『2014 안전행정통계연보』, 서울: 안전행정부.
안해균 (1987). 『정책학원론』, 서울: 다산출판사.
양경미 (2010). 『한국 영화산업의 보호정책과 이익집단의 역할에 관한 연구: 스크린쿼터를 중심으로』, 한양대학교 박사학위 논문.
양승함 편 (2010). 『한국 국가관리와 대통령 리더십의 비전과 모델』, 서울: 연세대학교 국가관리연구원.
양현모 (2004). 『대통령과 총리의 업무 분담에 관한 연구』, 서울: 한국행정연구원.
어수영 편저 (2006). 『한국의 선거 V』, 서울: 오름.
오석홍 (2014). 『조직이론』(제8판), 서울: 박영사.
오재일 (2014). 『지방자치론』, 서울: 도서출판 오래.
외교부 (2012). 『외교백서 2012』, 서울: 대한민국 외교부.
외교통상부 (2012). 『대한민국조약집: 양자조약 제34권(2011)』, 서울: 대한민국 외교통상부.
원선우 (2013). "조선일보 죄의식 없는 논문 표절" 취재기, 『신문과 방송』, 2013.06.
원우현 (1990), 『여론선전론』, 서울: 법문사.
유병화 (1987). 『국제법 1』, 서울: 진성사.

유재일 (2003). “정당의 기능,” 심지연 편저, 『현대정당정치의 이해』, 서울: 백산서당.
유재천 · 이민웅 (1994). 『정부와 언론』, 서울: 나남출판.
유홍준 (2009). “건국 후 한국의 산업 및 직업구조 변동,” 한국사회학회 편,『대한민국 60년의 사회변동』, 경기 일산: 인간사랑.
윤석민 (2013). “여론집중도 조사의 성과와 과제,” 『선거와 방송』, 2013.02.
이공주 (2013). “국민주권 실질화를 위한 국민투표제도 활성화 방안,” 『법학연구』, 제49집, 한국법학회.
이광희 (2008). “정책 결정과 조정,” 한국행정연구원, 『한국행정 60년: 국정관리』, 서울: 법문사.
이극찬 (1999). 『정치학』(제6전정판), 서울: 법문사.
이근주 (1999). 『정부와 NGO 간의 파트너십에 관한 연구』, 서울: 한국행정연구원.
이부하 (2011). “국민참여정책에 대한 법정책적 조명,” 『공법학연구』, 12(4).
이상신 (2009). “직접민주주의 소수자 차별,” 『한국정치연구』, 18(2), 서울대학교 한국정치연구소.
이상안 (2001). 『지식국정운영론』, 서울: 대명출판사.
이성우 (1993). 『행정부의 정책조정체계에 관한 연구』, 서울: 한국행정연구원.
이성환 (2000). “선거관리의 공법적 문제,” 『공법연구』, 28(1).
______ (2009). “입법 과정에 있어서 국민참여,” 『법학논총』, 21(2), 서울: 국민대학교 법학연구소.
이송호 (2002). 『대통령과 보좌관』, 서울: 박영사.
______ (2008). 『관계장관회의』, 서울: 대영문화사.
이승종 (2014). 『지방자치론』(제3판), 서울: 박영사.
이영형 (2006). 『지정학(*Geopolitics*)』, 서울: 엠-애드.
이옥연 (2008). “미국 주의 직접민주주의 운영 사례,” 『국회도서관보』, 서울: 국회도서관
이원섭 (2009). “수평적 정권교체와 한국 언론의 남북문제 보도 변화 분석: 노무현 정부와 이명박 정부 시기 신문 사설의 이데올로기 성향과 정부정책 비교,” 『동아연구』, 57: 193-231, 서울: 서강대학교 동아연구소.
이재경 (1994). “전문기자제 현실과 과제,” 『전문기자』, 서울: 한국언론연구원.
이재풍 (2007). 『NGO활동이 국방정책 과정에 미치는 영향에 관한 연구』, 경상대학교 박사학위 논문.
이정훈 (2007). “장교 인력정책 변동에 관한 연구,” 국방대학교 석사학위 논문.
이준형 (2000). 『시스탬의 이해: 이론과 응용』, 인천: 인하대학교출판부.
이창길 (2008), “국정관리조직,” 한국행정연구원, 『한국행정60년(국정관리)』, 서울: 법문사.
______ (2013). 『인적자원행정론』, 서울: 법문사.

이현출 (2004). “미국 의회의 입법 지원 기능과 조직,” 『국회도서관부』, 41(4). 국회도서관.
이효성 (2001), “언론의 의견조사와 보도,” 김진홍 편, 『한국저널리즘의 쟁점』, 서울: 법문사.
임승빈 (2006). 『지방자치론』(제2판), 서울: 법문사.
임종휘 · 박수철 · 임송학 · 박장호 (2000). 『입법과정론』(개정판), 서울: 박영사.
장선화 (2005). “취재환경 변화에 따른 기자의 정보 추구 행태 연구,” 『한국문헌정보학회지』, 39(3).
장영수 (2014a). 『헌법학』, 서울: 홍문사.
______ (2004b). “신행정수도의 건설을 위한 특별조치법 위헌 확인 결정의 찬반 논쟁,” 『고시계』, 2004.12.
장준호 (2008). “스위스연방의 직접 민주주의,” 『국제정치논총』, 48(4).
장호순 (2012). 『신문의 이해』, 서울: 나남출판.
장훈 (2003). “정당과 선거,” 심지연 편, 『현대 정당정치의 이해』, 서울: 백산서당.
전남련 (2005). “영유아보육법(2004) 과정에 나타난 이익집단 간 갈등분석”, 평택대학교 박사학위 논문.
전학선 (2009). “프랑스 헌법재판제도의 개혁과 한국 헌법과의 비교,” 『공법학연구』, 10(1): 267-300, 한국비교공법학회.
전형준 · 김학린 (2013). “언론보도 대응에 있어서 정부의 메시지 전략: 4대강 정책해명자료를 중심으로,” 『홍보학연구』, 17(1): 217-251, 한국PR학회.
정구종 (2006). “16대 대통령 선거분석: 정치 변동에서 사회변혁으로,” 어수영 편저, 『한국의 선거 V』, 서울: 오름.
정근식 · 씨에리종 공편 (2013). 『한국과 중국의 사회변동 비교연구』, 서울: 나남.
정연정 (2008). “이익집단,” 한국정치학회 편, 『정치학 이행의 길잡이』, 서울: 법문사.
정원수 (2012). 채널 A사회부기자, “동아일보인사검증 TF 운영,” 『신문과 방송』. 2012.04.
정인섭 (2014). 『신국제법강의』(제5판), 서울: 박영사.
정정길 (1996). 『정책결정론』, 서울: 대명출판사.
정정길 · 이달곤 (1999). 『한국행정의 연구』, 서울: 박영사.
정정길 · 최종원 · 이시원 · 정준금 · 정광호(2012). 『정책학원론』, 서울: 대명출판사.
정진민 (2002). “정책정당 실현을 위한 내부조건,” 『한국정당학회보』, 1(1).
정회옥 (2006). “19대 총선에서 나타난 매니페스토 정책선거의 현실과 한계,” 『한국정당학회보』, 11(2), 통권 21호.
조경호 · 진종순 · 박석희 (2010). 『공무원의 역할연구』, 서울: 대영문화사.
조기숙 (1996). “정당과 정책,” 윤정석 · 신명순 · 심지연 편저, 『한국정당정치론』, 서울: 법문사.
조석주 (2012). “지방행정 체제 및 자치구 개편 동향과 정책제언,” *KRILA Focus*, 제46호, 한국지방행정연구원.
조석준 (1994). 『한국행정조직론』, 서울: 법문사.
조성호 · 이현우 · 신종호 (2010). "분권국가 구현을 위한 지방정부의 자치역량 강화 방안," *CEO Report*, No.16, 수원: 경기개발연구원.
조정찬 (1990). "법령안 입법예고제도의 도입 및 운영 현황," 『법제』, 제312호, 법제처.
조한상 (2012). "국민의 헌법적 의미: 객관주의와 주관주의를 중심으로" 『법학연구』, 48, 한국법학회.
주성수 (2005). "국가정책결정에 국민여론이 저항하면?: 심의민주주의 참여제도의 탐색," 『한국정치학회보』, 39(3).
______ (2006). 『NGO와 시민사회』, 서울: 한양대학교출판부.
중앙선거관리위원회 (2014). "제5회 지방선거 자료," 『역대선거관리시스템』, http://info.nec.korea.kr 2014-08-13.
진영재 · 함성득 · 임동욱 (2002). "한국의 여소야대 정국과 교차투표: 제13대, 제14대, 제15대, 제16대 국회를 중심으로," 『의정연구』, 8(1).
차동욱 (2008). "사법부", 한국정치학회 편, 『정치학 이해의 길잡이: 정치과정』, 서울: 법문사.
차명제 (2001). "NGO들의 활동분야와 유형," 김동춘 외, 『NGO란 무엇인가?』, 서울: 아르케.
최경진 (2003). "한국의 정부와 언론의 갈등적 관계에 관한 일고찰," 『언론과학연구』, 3(3): 95-132.
최월화 (2000). 중국 관료제의 변천과 개혁전략, 『한국행정연구』, 2000년 여름호, 서울: 한국행정연구원.
최종고 (2014). 『법학통론』, 서울: 박영사.
최종원 (2006). "의약분업 정책사례," 이달곤 외, 『정책사례연구』, 서울: 대영문화사.
최창호 (2006). 『지방자치학』(제5판), 서울: 삼영사.
최창호 · 강형기 (2014). 『지방자치학』, 서울: 삼영사.
최평길 (1997, 2002). 『대통령학』(제1판, 제2판), 서울: 박영사.
최평길 · 박석희 (1999). "대통령실의 조직, 정책, 관리 기능의 비교 연구", 『한국행정학보』, 28(4), 서울: 한국행정학회, 1999년 겨울.
최한수 (2009). "한국 정당정치의 현재와 미래: 현상의 함의와 문제의 제기," 『한국정당학회보』, 8(1).
최호택 · 류상일 · 정석환 · 이민규 (2012). "지방자치단체장의 주요 정책경향 분석(1): 민선5기 선거공약을 중심으로," 『한국콘텐츠학회논문지』, 12(12).
표시열 (2014). 『정책과 법: 원리와 판례』, 서울: 박영사.
한국갤럽조사연구소 (2011). 『한국인의 철학』, 서울: 한국갤럽.
한국신문협회 (2014). "언론 5개 단체 공동검토위원회 제정 과정," 연구보고서/세미나리포트,

2014.09.16.
한국언론진흥재단 (2012). "미디어월드와이드," 『신문과 방송』, 2012.05.
______ (2012-2014). 『신문과 방송』, 2012.03~2014.08.
______ (2013). 『2013한국언론연감』, 서울: 한국언론재단.
한국정치학회 · 관훈클럽 (2007). 『한국의 대통령 리더십과 국가발전』, 서울: 인간사랑.
한국지방자치학회 (1995). 『한국지방자치론』, 서울: 삼영사.
한국행정연구원 (2008). 『한국행정60년(1948-2008) : 2.국정관리』, 서울: 법문사.
한국NGO총람편찬위원회 (2003). 『한국NGO총람』, 서울: 한국NGO총람편찬위원회.
한배호 (2000). 『비교정치론』(제3판), 서울: 법문사.
한정택 (2009). "국회의원 보좌기구 연구," 『한국정당학회보』, 8(2).
함성득 (1999, 2003). 『대통령학』(초판, 제2판), 서울: 나남.
해양수산부 내부 자료 (2001). 『새만금 갯벌 살아 숨쉬는 해양국토』.
행정자치부 (2014), 정부조직관리정보시스템 자료.
허영 (2013). 『한국헌법론』, 서울: 박영사.
홍득표 (1999). 『정치과정론』, 서울: 학문사.
홍성수 (2012). "지방자치단체의 인권조례에 관한 연구," 『민주주의와 인권』, 12(3), 전남대학교 5 · 18연구소.
홍완식 (2014). 『입법학연구』, 경기 고양: 피엔시 미디어.
홍준형 (2008). 『법정책의 이론과 실제』, 서울: 법문사.
황상재 (2012). "효율적 정책홍보를 위한 정부와 언론과의 시스템 개선방안," *Local Administration*, May.
황상재 · 정연구 · 박성순 · 홍석민 (2012). "정부와 언론간의 바람직한 관계 모색에 대한 연구: 정부홍보 담당자와 언론인의 인식 비교를 중심으로," 『언론과학연구』, 12(4) : 643-676, 한국지역언론학회.
황성수 (2012). "스마트 정부 시대에 맞는 참여적 거버넌스 모색," 『한국지역정보화학회지』, 15(4) : 29-46.
황수연 (1994). "한국 이익집단의 형성과 성장의 요인," 『한국사회와 행정연구』, 5(1) : 213-244.
황윤원 (2008). "우리나라 정당 싱크탱크의 실태 분석과 발전 방향," 『한국거버넌스학회보』, 15(3).
______ 외 (2003). 『싱크탱크와 국가경쟁력』, 서울: 나남출판.
황윤원 · 허만형 (2003). "싱크탱크의 실태," 황윤원 외, 『싱크탱크와 국가경쟁력』, 서울: 나남출판.

던(William N. Dunn) 지음, 남궁근·이희선·김선호·김지원(옮김) (2013). 『정책분석론』(제5판), 서울: 법문사.

마야, 마르가리따 로뻬스 지음, 우석균 옮김 (2009). "베에수엘라, 국민투표 이후", 『라틴 아메리카 연보』 1. 서울대학교 라틴아메리카연구소.

小林孝輔·星野安上郎 지음, 윤용희·유재곤 옮김 (1991). 『각국 의회정치론』, 서울: 대왕사.

쑨 치엔 지음, 정이근·이성연·손한기 옮김 (2013). 『중국검찰제도』, 서울: 오름.

츠지나카 유타카 편저, 정미애 옮김 (2006). 『현대일본의 시민사회, 이익단체』, 서울: 아르메.

Debbasch, Charles 지음, 박연호·박균성 옮김 (1991). 『프랑스 행정의 이해』, 서울: 박영사.

Flint, Colin 지음, 지정학연구회 옮김 (2007). *Introduction to Geopolitics*, New York: Routledge, 『지정학이란 무엇인가?』, 서울: 도서출판 길.

UFJ 總合研究所 國土·地域政策部 지음, 차성수·제성수 옮김 (2006). 『메니페스토, 전략과 과제』, 서울: 삼인.

국외 문헌

Ackerman, B. & Fishkin, J. (2004). *Deliberation Day*, New Heaven: Yale University Press.

Alan, Boyle & Chinkin, Christine (2007). *The Making of International Law*, Oxford: Oxford University Press.

Aldag, R. J. & Kuzuhara, L. W. (2002). *Organizational Behavior and Management*, Cincinnati, Ohio: South-West.

Almond, G. A., Powell, Jr. G. B., Dalton, R. J. & Strøm, K. (2008). *Comparative Politics Today: A World View*, 9th ed., New York: Pearson Longman.

Altschull, J. H. (1984). *Agents of Power: The Role of the News Media In Human Affairs*, New York: Longman.

Anderson, J. E. (1979). *Public Policy Making*, 2nd ed., New York: Holt, Rinehart and Winston.

Aust, Anthony (2013). *Modern Treaty Law and Practice*, 3rd ed., Cambridge: Cambridge University Press.

Axtmann, Roland (eds.) (2003). *Understanding Democratic Politics: An Introduction*, London: Sage Publications.

Berry, Jeffery M. (1984). *The Interest Group Society*, Boston, Mass.: Little, Brown & Co.

Bibby, J. F. & Schaffner, B. F. (2008). *Politics, Parties, Elections in America*. 6th ed.,

Boston, MA: Thomson Wadsworth.
Binder, Guyora (1988). *Treaty and Political Contradiction*, New York: Praeger Publishers.
Birch, Anthony H. (1998). *The British System of Government*, 10th ed., London: Routledge.
Birkland, T. A. (2001). An *Introduction to the Policy Process*, New York: M. E. Sharpe.
Blume, D. (2001). "Engaging Citizens in the Danish Health Care Sector," OECD, *Citizens as Partners: Information, Consultation, and Participation*: 107-123, Paris.
Bolleyer, Nicole (2011). "The Influence of Political Parties on Policy Coordination," *Governance*, 24(3): 469-494.
Boston, J., Martin, J., Pallot, J., & Walsh, P. (1996). *Public Management: The New Zealand Model*, Auckland: Oxford University Press.
Brody, Richard A. (1991). *Assessing the President*, Boulder, Stanford, California: Stanford University Press.
Brown, L. David & Moore, Mark H. (2001). *Accountability, Strategy, and International Non-Governmental Organization*, Cambridge, MA: The Hauser Center for Non-Profit Organization, Harvard University Press.
Burch, Martin & Holliday, Inn (1996). *The British Cabinet System*, London: Prentice Hall, 1996.
Burke, John P. (2002). *The Institutional Presidency: Organizing and Managing the White House From FDR to Clinton*, 2nd ed., Baltimore: The Johns Hopkins University Press.
Cabinet Office (2007). *List of Ministerial Responsibilities: Including Executive Agencies and Non-Ministerial Departments*, London: Cabinet Office.
Callahan, Kathe (2007). *Elements of Effective Governance: Measurement, Accountability and Participation*, Boca Raton, FL: CRC Press.
Coston, Jennifer M., (1998). "A Model and Typology of Government-NGO Relationships," *Nonprofit and Voluntary Sector Quarterly*, 27(3).
Criddle, Byron (2003). "Parties and Party Systems," (ed.). Roland Axtmann, *Understanding Democratic Politics*, London: Sage Publications.
Daft, Robert L. (2007). *Organization Theory and Design*. 9th ed., St. Paul: West Publishing Company.
Dahl, Robert A. (1991). *Modern Political Analysis*, 5th ed., Englewood-Cliffs, NJ: Prentice Hall Inc.
Davidson, W. Phillips (1965). *International Political Communication*, New York: Frederick Praeger.
Dixon, Martin (2013). *International Law*, 7th ed., Oxford: Oxford University.

Dolenec, Danijela (2012). "The Absent Socioeconomic Clevage in Croatia: A Failure of Representative Democracy?" *Politica misao*, 49(5): 69-88.

Dunham, A. & Stone, D. (2004). *Think Tank Traditions: Policy Tank Traditions: Policy Research and the Politics of Ideas*, New York: Manchester University Press.

Easton, David (1965). *A System Analysis of Political Life*, New York: John Wiley and Sons, Inc., 1965.

Eldersveld, Samuel (1982). *Political Parties in American Society*, New York: Basic Books Inc.

Elgie, Robert (2001). "What is Divided Government?" in Robert Elgie(ed.), *Divided Government in Comparative Perspective*, Oxford and New York: Oxford University Press.

Europa Publications Limited (1991, 1996, 1998, 2003, 2010). *Europa World Year Book*, Vol.1, Vol.2.

Forster, C. et al, (2012). "Agenda-Building Influence on the News Media's Coverage of the U.S. Food and Drug Administration's Push to regulate Tobacco, 1993-2009," *Journal of Health & Human Services*, 35(3): 303-330, Winter 2012.

Fuller, Lon L. (1969). *The Morality of Law*, London: Yale University Press.

George, Alexander L. (1980) *Presidential Decision-making in Foreign Policy*, Boulder, Colorado: Westview Press.

Gershenfeld, Napier (1999). *Groups: Theory and Practice*. 6th ed., New York: Houghton Mifflin Company.

Gidron, Benjamin, Kramer, Ralph M., & Salamon, Lester M. (ed.)(1992). *Government and the Third Sector: Emerging Relationships in Welfare States*, San Francisco: Jossey-Bass Publisher.

Goldstein, Leslie Friedman (2004). "From Democracy to Juristocracy," 38, *Law and Society Review*, 3, Sep. 2004: 611-629.

Grant, Wyn (2003). "Interest Groups," Roland Axtmann (ed.), *Understanding Democratic Politics*, London: Sage Publications.

Hays, S. W., Kearn R. C., & Coggburn, J. D. (2009). *Public Human Resource Management Problems and Prospects*, New York: Prentice Hall.

Held, D. (1996). *Models of Democracy*, Oxford: Stanford University.

Heywood, Andrew (1999). *Political Theory: An Introduction*, 2nd ed., New York: St. Martin's Press.

Howlett, M. & Ramesh (2003). *Studying Public Policy: Policy Cycles and Policy*

Subsystems, 2nd ed., Oxford: Oxford University Press.

Howlett, M. & Walker, R. M. (2012). "Public Managers in the Policy Process: More Evidence on the Missing Variables?" *The Policy Studies Journal*, 40(2): 211-233.

Hudson, J. & Lawe, S. (2004). *Understanding Policy Process*, Bristol, UK: The Policy Press.

IPU (1986). *Parliament of the World*.

Janice, Morphet (1993). *The Role of Chief Executive in Local Government*, London: Longman.

Jillson, Cal (2008). *American Government*, 4th ed., New York: Routledge.

Keane, John (2003). *Global Civil Society*, Cambridge: Cambridge University Press.

Keating, Michael (2003). "The Territorial State," Roland Axtmann (ed.), *Understanding Democratic Politics: An Introduction*. London: Sage Publications.

Key, Jr., V. O. (1964). *Politics, Parties and Pressure Groups*, New York: Thomas Y. Crowell.

Kingdon, J. (1991). *Local Government and Politics in Britain*, London: Simon & Schuster.

Klign, Erik-Hans & Koppenjan, Joop F. M. (2002). "Rediscovering the Citizen: New Roles for Politicians in Interactive Policy Making," Peter McLaverty (ed), *Public Participation and Innovations in Community Governance*, Hants, England: Ashgate Publishing Limited.

Lane, Jan-Erik & Ersson, Svante (1997). *Comparative Political Economy: A Developmental Approach*, London and Washington: Pinter.

Lautenbach, Geranne (2013). *The Concept of the Rule of Law and the European Court of Human Right*, New York: Oxford University Press.

Lewis, Jane (2011). "The Search for Coordination: The Case of Central Policy Review Staff and Social Policy Planning, 1971-1977," *Social Policy and Administration*, 45(7): 770-787.

Liivoja, Rein & Petman, Jarta (2014). *International Law Making: Essays in Honour Jan Klabbers*, London: Routledge.

Lippmann, W. (1992). *Public Opinion*, New York: McMillan.

Macridis, Roy C. (1986). *Modern Political Regimes*, Boston: Little Brown and Company.

Mahood, H. R. (2000). *Interest Groups in American National Politics: An Overview*, Upper Saddle River, NJ: Prentice-Hall.

Mair, Peter (1997). *Party System Change: Approaches and Interpretations*, Oxford: Clarendon Press.

Massey, Andrew (2011). I*nternational Handbook of Civil Service Systems*, Cheltenham,

UK: Edward Elgar.

McAllister, L. (1998). "The Welsh Devolution Referendum: Definitely, Maybe?" *Parliamentary Affairs*, 51(2).

McGann, James G. (2007). *Think Tanks and Policy Advice in the United States*, Abingdon, Oxon: Routledge.

Miller, D. (1998). "Nation and Nationalism," *Routledge Encyclopedia of Philosophy*, vol. 6, New York: Routledge.

Moen, Matthew C. & Copeland, Gary W. (1999). *The Contemporary Congress: A Bicameral Approach*, Belmont, CA: Wadsworth Publishing Company.

Olson, David M. (1980). *The Legislative Process*, New York: Harper and Row Publishers.

Painter, Martin & Pierre, Jon (eds.)(2005). Challenge to *State Policy Capacity: Global Trends and Comparative Perspectives*, New York: Palgrave Macmillan.

Peschek, J. G.(1987). *Policy Planning Organizations' Elite Agendas and America's Rightward Turn*, Philadelphia, PA: Temple University Press.

Peters, Guy B. (1995). *The Politics of Bureaucracy*, New York: Longman.

Qvortrup, Matt (2014). "Referendums on Independence, 1860-2011," *The Political Quarterly*, March: 57-64.

Rasubayev V. & Verrall, D. O. (1992). "The Russian Press and Foreign Policy in the Age of Perestroica," *Social Alternatives*, 11(1).

Reisenfeld, Stefan A. & Abbott, Frederick M. (1993). *Parliamentary Participation in the Making and Operation of Treaties: A Comparative Study*, Dortrecht, The Netherlands: Martinus Nijhoff Publishers.

Rhodes, R. A. W. & Dunleavy, Patrick (ed.)(1995). *Prime Minister, Cabinet and Core Executive*, New York: St. Martin's Press.

Rich, Andrew (2004). *Think Tanks, Public Policy, and the Politics of Expertise*, Cambridge: Cambridge University Press.

Ripley, Randall B. & Franklin, Grace A. (1980). *Congress, the Bureaucracy and Public Policy*, 2nd ed., Homewood. Ill.: Dorsey Press.

Sabatier, Paul A. (2007). *Theories of the Policy Process*, Boulder, Colorado: Westview Press.

Schbert, Frank A. (2004). *Introduction to Law and Legal System*, New York: Houghton Mifflin Company.

Schemerhorn Jr., J. R., Hunt, J. G., & Osborn, R. N. (2008). *Core Concept of Organizational Behavior*, Danvers, MA: John Wiley and Sons, Inc.

Snyder, James M. & Ting, Michael M. (2002). "An Informational Rationale for Political Parties," *American Journal of Political Science*, 46: 90-110.

Strøme, Kaare (1990). *Minority Government and Majority Rule*, Cambridge: Cambridge University Press.

Svara, James H. (1997). "Professional Administration(and Representative Governance) in the Council-Manager City," Jonn J. Gargan (ed.), *Handbook of Local Government Administration*, New York: Marcel Dekker, Inc.

Truman, David B. (1971). *The Government Process*, New York: Alfred A. Knopf.

Uscinski, Joseph E. (2009). "When Does the Public's Issue Agenda Affect the Media's Issue Agenda(and Vice-Versa)? Developing a Framework for Media-Public Influence," *Social Science Quarterly*, 90(4): 796-815.

van Dech, Jan W. (1998). *Comparative Politics: The Problem of Equivalence*, New York: Routledge.

Vienna Convention on the Law of Treaties, 1986.

Vogler, David. J. (1980). *The Politics of Congress*, Boston: Allyn and Bacon Inc.

Wyszomirski, M. J. (1989). "Presidential Personnel and Political Capital: From Roosevelt to Reagan," in M. Mogan (ed), *Pathways to Power: Selecting Rulers in Pluralist Democracies*, Boulder, Colo.: Westview Press.

정부 법령

「국무총리 훈령」(당정협의업무 운영규정, 개정 2008. 3.18. 제506호)

「국무총리 훈령」(당정협의업무 운영규정, 제정 1973. 4.24. 제112호)

「국민투표법」(개정, 2005.3.31 법률 7427호).

「국회법」(개정, 2014.3.18 법률 제12502호)

「대한민국헌법」(개정 1987.10.29 헌법 제10호)

「법원조직법」(개정, 2014.12.30 법률 제12886호)

「정부조직법」(법률 제8867호, 개정 2008.2.29)

「정부출연연구기관 등의 설립·운영 및 육성에 관한 법률〉(법률 제11934호 일부 개정 2013. 07.16.)

「헌법재판소법」(개정, 2014.12.30 법률 제12897호)

인터넷 자료

http://about.chosun.com/images/company/r-16-01.gif 2014-09-27.

http://aboutmbc.imbc.com/korean/corporateinfo/organization/index.html 2014-09-27.

http://company.hani.co.kr/images/hankyoreh/img-special-09.jpg 2014-09-27.

http://ecos.bok.or.kr 2015.1.21.

http://jpri.scourt.go.kr/ri/intro/intro-01/index.html 2014-12-21

http://kfem.or.kr/?page-id=52 2014.10.30.

http://korva.or.kr/sub010101.asp 2014-10-18.

http://likms.assembly.go.kr/law/jsp/prt/Print 2014-09-23.

http://minbyun.or.kr/?page-id=6 2014.10.31.

http://namesearch-app.seoul.go.kr/main/org/org-chart.jsp 2014-08-11.

http://nanet.go.kr/06- introduce/03-importantwork/02/e-libraryintro.jsp 2014-08-26.

http://nas.na.go.kr/servlet/print

http://npad.kr/npad/wp-content/uproads/2014/04/140308-조직기구표1.jpg 2014-11-14.

http://www.ccej.or.kr/index.php?mid=page-intro-setup 2014.10.30.

http://www.ccourt.go.kr/cckhome/html/history/print/printHistory.html 2014-07-28.

http://www.ccourt.go.kr/cckhome/html/kor/print/printKorHome.html 2014-07-28.

http://www.ep.go.kr/CmsWeb?viewPage.req?idx=PG0000001129 2014-08-11.

http://www.etri.re.kr/etri/int/int-02000000.etri 2014-11-26.

http://www.greenkorea.org//page-id=5327 2014.10.30.

http://www.haenam.go.kr/index.do?menuCd=DOM-000000203008050000 2014-08-11.

http://www.idp.or.kr 2014-07-24.

http://www.inochong.org/images/intro/orga-img1008.jpg 2014-10-14.

http://www.jdi.re.kr/images/sub01/organ.gif 2014-08-08.

http://www.jeonman.go.kr/mbs/jeonnam/images/sub07/organization-new201408.jpg 2014-08-11.

http://www.justice21.org/bbs/board.php?bbs-code=JS44 2014-11-14.

http://www.justice21.org/intro/info06.php 2014-07-24.

http://www.kaps.or.kr/src/main/page.php?code=11 2014-11-26.

http://www.kbs.co.kr/openkbs/organization/sub01.html 2014-09-27.

http://www.keri.or/images/introduce-02 2014-10-14.

http://www.koreaff.or.kr/intro/history.html 2014.10.31.

http://www.koreanbar.or.kr/info/info07.asp 2014-10-18.
http://www.kosis.kr 2015.1.21.
http://www.mofa.go.kr/trade/treatylaw/treatykorea/activities/index.jsp?menu=m-30..., 2014-05-19.
http://www.moleg.go.kr, 2014-09-21.
http://www.nabo.go.kr/Sub/03Information/02-01-Contents.jsp 2014-08-26.
http://www.nars.go.kr/contentView.do?/cmsCd=CM0066 2014-08-26.
http://www.nec.go.kr/common/forprint.jsp. 2014-07-10.
http://www.peoplepower21.org/about/sub.php?sub=m12 2014.10.30.
http://www.rand.org/html 2014-11-28.
http://www.rihp.re.kr/images/sub-0101.gif 2014-10-14.
http://www.seri.org/acb/images/seri05/as-m02.gif 2014-11-26.
http://www.si.re.kr/sites/all/themes/seoulinstitute/images/img-sub-ko.png 2014-08-08.
http://www.snu.ac.kr/research/institution 2014-11-25.
http://www.womenandwar.net/general/general.nx?page-str-menu=0101 2014.10.31.
http://www.ydi.or.kr/cafebbs/list.html?gid=main&bid=report 2014-11-14.
http://www.ydi.or.kr/ydi/ydi 2014.07-24.
http://www1.president.go.kr/cheongwadae/organization/commission.php 2014-05-22.

찾아보기

저자 소개

민 진

- 건국대학교 행정학과 졸업(행정학사)
- 서울대학교 행정대학원 졸업(행정학석사 및 행정학박사)
- 입법고등고시 및 행정고등고시 합격(국회 입법조사국 사무관)
- 입법고시, 행정고시, 사법시험 등 시험위원
- 서울행정학회 회장, 한국조직학회 회장 역임
- 국무총리실, 국방부, 행정안전부, 산림청 등의 정책평가위원 등 역임
- 미국 조지아대학교, 플로리다주립대학교, 영국 옥스퍼드대학교 방문연구교수
- 국방대학원 교수(1982~1999), 국방대학교 교수(2000~현재)
- 국방대학교 도서관장, 국방관리대학원장 역임
- 국방대학교 교수 겸 부총장(2013~현재)

[주요 저서]

- 『행정학개설』, 서울: 고시연구사, 제5판(2000)
- 『행정학의 이해』, 서울: 대명출판사. 제3판(2006)
- 『조직관리론』, 서울: 대영문화사. 제5판(2014)
- 『조직의 건강과 질병』, 서울: 대영문화사(2012)
- 『국방행정』(공저), 대명출판사(2005).

한국정책체계론
-기구와 기능-

펴낸날 / 제1판 제1쇄 2015년 4월 30일

지은이 / 민 진
펴낸이 / 임춘환
펴낸곳 / 도서출판 대영문화사
주소 / 서울특별시 용산구 청파로 61길 5(청파동 1가) 제일빌딩 2층
등록 / 1975년 12월 26일 제3-16호
전화 / (02)716-3883, (02)714-3062
FAX / (02)703-3839
홈페이지 / http://www.dymbook.co.kr

ISBN 978-89-7644-524-7

〔값 20,000원〕